ノーザンミラーズ

北の合わせ鏡

高 橋 一 夫

ノーザンミラーズ(Northern Mirrors)・・・北の合わせ鏡

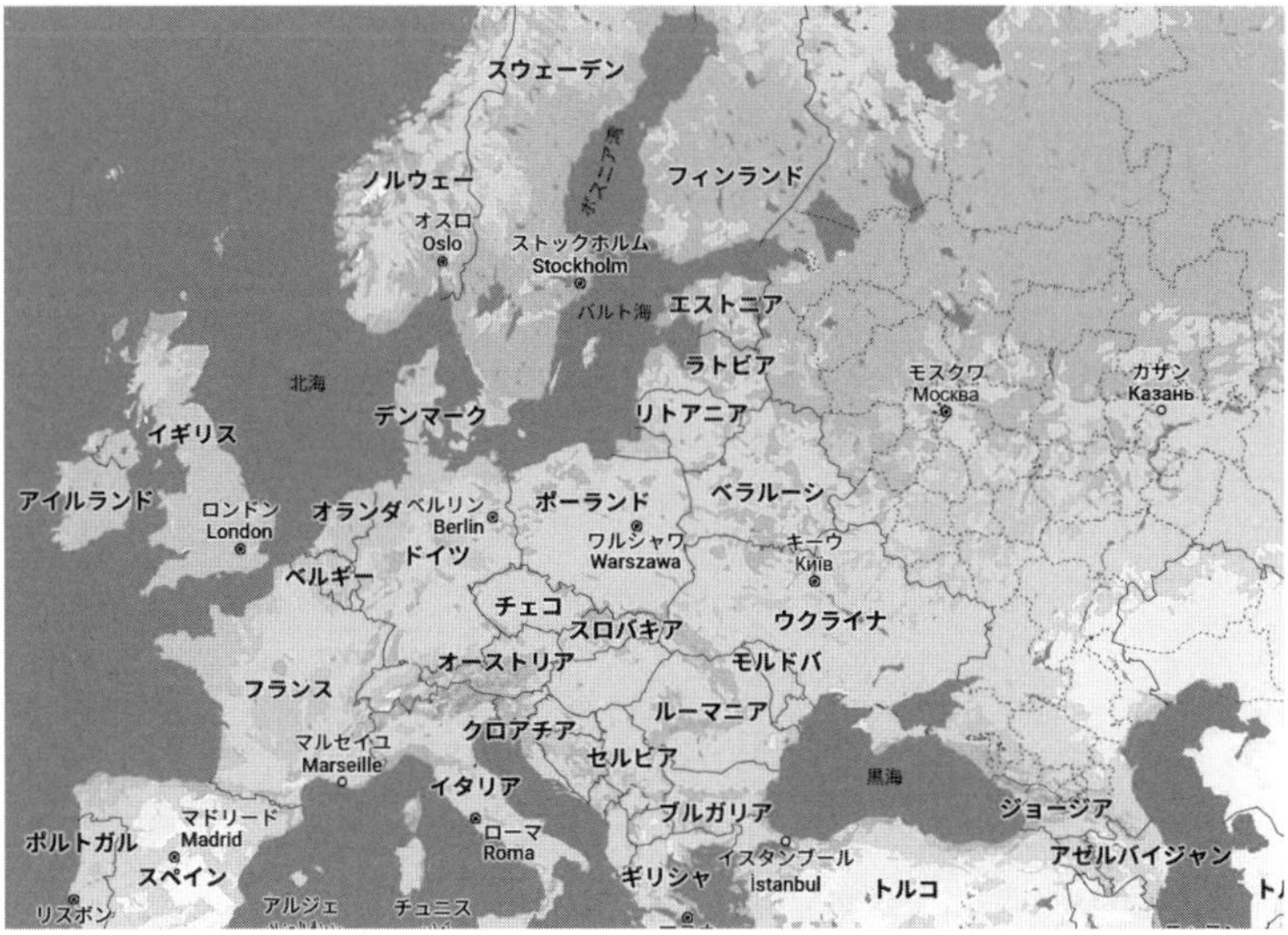

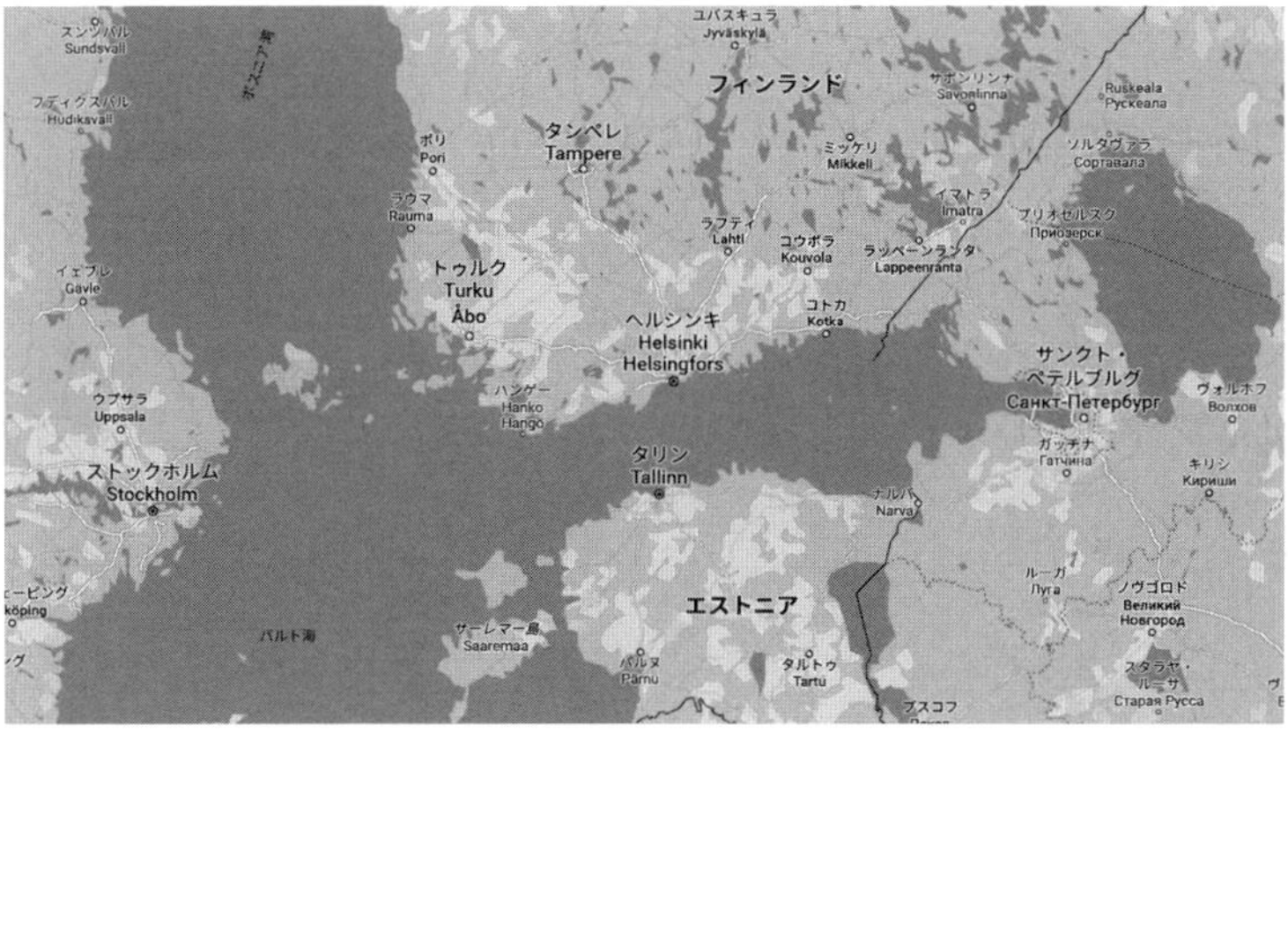

ファーストステーション

三面鏡に向き合ってスウェーデン、フィンランド、ロシアへと旅に向かう。鏡に写る風物詩、そして、その土地の歴史や文化。それらは虚像なのだろうか、実像なのだろうか。三つの鏡から心の姿も考えてみたい。

歴史は人類の出現から人々に付き纏ってきた物語である。だが、その「歴史」という言葉によって国々が領土や資源を求めて争ってきた。ならば、その歴史のどの時点まで遡れば互いが理解を得るのだろうか。第二次世界大戦を分水嶺として、あるいはソ連崩壊の時点を、あるいはロシア・ウクライナ戦争の直前、それともその後だろうか。どこを起点で地球の時空を、どう截ちきればよいのだろうか。

多くの戦争や紛争の原因は、領土や資源のみならず、文化、宗教、民族、そして人権問題に至るまで、それぞれが糾う縄のごとく絡み合ってきた。人類はこの呪縛から、いつ、どのように逃げ去ることができるのだろうか。逆に、現時点の世界秩序を国際法で人類が肯定するならば、多くの問題と国際紛争が解決するのだろうか。誰が、どの組織で、どのようにして決めるのだろうか。これも超難問である。

歴史に関すれば史実を正確に述べることはもちろん重要である。私たちは過去に幾度も、偽造された歴史によって多くの惨禍を経験してきた。でも、素朴に作られた民衆の炉辺談話を否定することはできないだろう。ただし、歴史の真実に拘泥するあまり、人々の心にある歴史までも捨象してよいのだろうか。迷路に入るだけである。過度な客観性と真実だけを追究すれば大きなうねりと市井の生活が鏡の中で歪んでしまう。

最近、多くの歴史的な記述が新資料や新解釈、新しい価値観で改定されている。学校の教科書でさえも新しい史実の出現で改訂版を刷り重ねている。

それらの中で「真実」と「物語」の交譲、そして人々の叡智を求めた旅物語、これが「ノーザンミラーズ」が求めたものである。できるだろうか。精一杯やってみましょう。

さて旅と言えば古くから多くの紀行文が書かれている。玄奘の『大唐西域記』、イブン・バットゥータの『大旅行記（リフラ）』、スヴェン・ヘディンの『さまよえる湖』、ゲーテの『イタリア紀行』などなど、数えればきりが無い。北に映えるスウェーデン、フィンランド、そしてロシアの街角で異文化を体験することで知の旅を試みたい。心を含めた五次元空間の旅は、読者にどのような効果をもたらし、感じて頂けるだろうか、私にはわからない。でもいえることは、あのアップル社の共同設立者が言った言葉「旅の過程にこそ価値がある」である。一ページ読むことで一歩の旅をする。一〇ページ読むことでひとつの旅を経験する。小さな旅の誘いとなることを期待したい。そうです。あなたの心の旅を始めるのです。

最後に鏡についてひとこと。

朝永振一郎は『鏡の中の物理学』で二〇世紀の物理学の基本問題を理解するためには三枚の鏡を用意せよといっている。そうすればミクロの法則は必ずもとに戻り、法則の法則が見いだされると語っている。またミヒャエル・エンデは『鏡のなかの鏡—迷宮』で鮮やかなイメージとゆたかなストーリーを三〇の話でひとつずつ順番に、大きく歪んだ鏡像を映している。そして、前の話を映し出し、最後の話を最初の話につなげている。その物語は、論理や因果関係の連鎖ではなく音楽の進行であるという。エンデのこの変奏曲のような迷路にあまり入ることなく、あなたがどこにもない島に辿りつけば幸いです。[1]

鏡に映し出される現在のイメージ、引き出しから取り出した過去の歴史、その鏡に写る未来への展望、北にある三つの未完の鏡から「北に映るアイデンティティ」を拾い読みしてください。

遥かなる旅路

北の合わせ鏡

ボスニア湾の支配者
金色に輝くメーラレン湖の女王
バルト海を渡り
遠い東の地に黄金とシルクを求めんとする

あるとき、霧の海辺に佇むフィンランドの乙女を鏡に見る
女王は早速、乙女を召して御側とする
乙女から故郷に咲く青白な鈴蘭の話を聞く
乙女にそれを摘み
ラドガ湖の岸を領ずる青銅の騎士へ
愛の印として届けることを命ずる
女王の裾を東へ広げるためにも
騎士には永遠の眠りを望む

青銅の騎士、湖岸で出会ったこの乙女に心打つ
高貴な白、栄誉の紺、愛と勇気の赤
騎士は三色のネックレスを乙女に与え

忠節と愛を求める

鏡よ、鏡、見せておくれ
右と左と正面に
鐙と青白なドレス姿を
睦まじき二人の姿
香る鈴蘭の賜はいかにせん

乙女は青銅の騎士に忍従し続ける
女王との過ぎし思い出
騎士の重なる所望に悩む
故郷の深緑の森、青い湖、白銀の雪
望郷の思いは募る

早朝、霧のラドガ湖を発つ
歩けども、歩けども緑の大地と青い水
ある月の夜、乙女は波濤の先に星環を見る
目指すはあの星だろうか

ノーザンミラーズの関係図

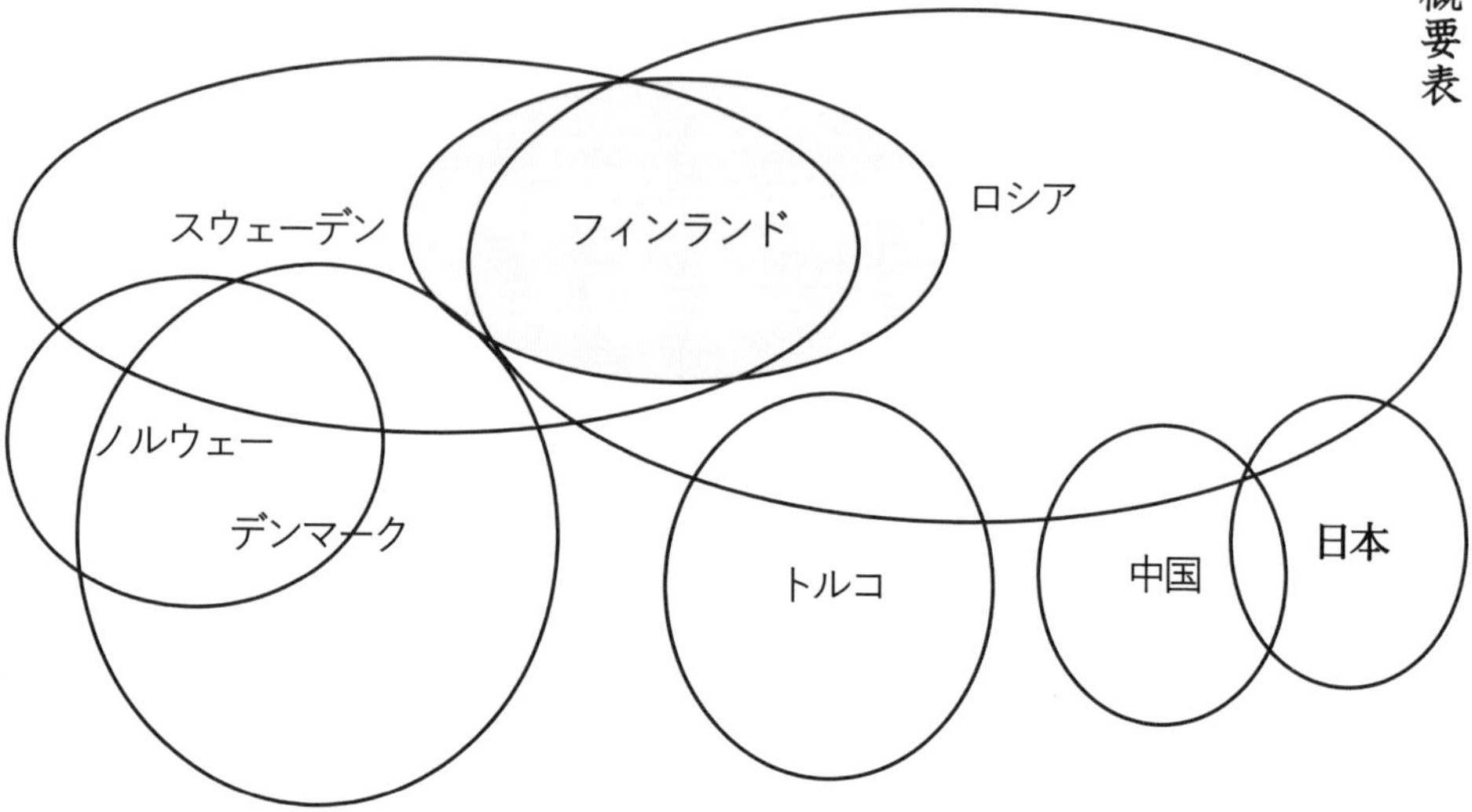

主な条約

デンマーク／スウェーデン：１３９７～１５２３　カルマル連合
1814 キール条約　1645 ブレムセブルー条約（バルト海覇権、デンマーク衰退）
スウェーデン／ロシア：
1809 フレードリクスハムン条約（フィンランド・オーランド諸島の割譲）
ロシア／中国：1689 ネルチンスク条約　1727 キャフタ条約　1858 アイグン条約
／日本：1855 日露和親条約　1875 樺太千島交換条約
スウェーデン／ノルウェー：１８１５～１９０５　同君連合
1905 カールスタード協定（ノルウェーの独立）
フィンランド／ソ連：
1948 フィン・ソ友好協力相互援助条約　1952 対ソ賠償支払い完了
(オスマン)トルコ／ロシア
1878 ベルリン会議（オスマントルコがバルカン半島を喪失、ロシア南下政策挫折）

右の鏡　メーラレン湖の女王　ストックホルム

1・ミレスガーデン

スウェーデンから一通のエアメールが届いた。発信者を読むとスヴェンソン・ベンクトと書かれていた。さて、誰だろう。

あのときのノーベル賞晩餐会のコックさんだ。

ふと、北欧四か国ツアーでストックホルムを訪れたときのことが思い出された。ガムラ・スタンの大広場からストックホルム最古の大聖堂、そしてスロッツバッケンの坂を下るときに、コック帽に白い姿の男性が王宮側に横切ろうとしていた。とっさに駆け寄り**ノーベル賞晩餐会のコック**さんかと聞くと、「そうだ」と答えてくれた。ほんの短い会話であった。四〇年以上もスウェーデンに関心を持ち、しばしばこの地を訪れていることを話した。名前を聞くとベンクトと答えてくれた。急いでいる様子で、ひと言話すと直ぐに王宮に消え去った。でもなにか親近感が持てた。その年、ノーベル賞晩餐会の報道に接したときに彼の姿が思い出された。

だが、あの短い会話からどうしてこのメールが私に届いたのだろうか。不思議であった。とにかく、封を切り、中を読む。

「あなたが次回スウェーデンに来た折に、ストックホルム市庁舎にある黄金の間でメーラレン湖の女王に会ってほしい」とルーン文字と英文で記されていた。理由はなかなか理解できなかったが、これが私のノーザンミラーズの旅となったのである。

スウェーデン。それは多くの顔を持ち、多くの姿が報道されている。ノーベル賞の国、福祉先進国、社会の実験国家、二〇〇年間戦争をしなかった国。そして一部の出版物には、理想的なモデル国家などと書かれている。逆にその社会の影も多くの人々により議論されてきた。

確かに記憶の坩堝からすれば、私のスウェーデンの社会像は、世界と日本の社会的推移、私の年齢、知識量、そして私の度重なる北欧の旅で変遷してきた。それは多色刷りのグランデーションである。その社会像は次第に私の身体に刷り込まれて多層化したのかもしれない。その刷り込みがファクトなのか、あるいは疑似体験なのか、それともひとりの旅人の願望なのか、もう一度確かめようと思った。

その意味でストックホルム市庁舎の黄金の間でメーラレン湖の女王に会い、スウェーデンとは、北欧とは、そして北の合わせ鏡とは何かを問いかけてみたい。

翌月、成田、コペンハーゲン経由ＳＡＳで出発した。西回りの日付で夕方にはストックホルム・アーランダ空港に着いた。かつての話であるが、ストックホルムには直行便があったが、長くは続かなかった。[2]

私が初めて北欧を訪れたときは、アラスカのアンカレジ経由・アムステルダム、そしてヘルシンキであった。現在ではロシア上空から大圏航路でヘルシンキ、ヨーロッパ、そしてアフリカ北部まで行けるようになった。この路線ではフィンランド航空やアエロフロートを利用する日欧の旅行者が多くなった。米ソ両国の緊張緩和（デタント）の賜物といえよう。だが二〇二二年以降のウクライナ問題でロシア上空飛行はどのようになっていくのだろうか。平和な世界のありがたさを感じるこの頃である。

アーランダ空港は、いまや私の人生では深い思い出の場所となっている。

スウェーデンを訪れるたびに、この空港に降り立つ。地下鉄があっても（一九五〇年に開業）利用することはなかった。バスに揺られて市街地へ。そしてストックホルム中央駅（一八七一年、アドルフ・ウィルヘルム・エーデルヴァルトの設計）に着くのである。

中央駅正面ではＦ・ニルス・エリクソン像が私を迎えてくれる。エリクソンはスウェーデンやフィンランドの多くの運河や国有鉄道のシステム計画・建設に貢献している。軍事的な理由や競争相手の運河業者への配慮から内陸寄りのストックホルム・イェーテボリィ線、ストクホルム・マルメ線、西のノルウェーや北の路線などを提案している。これらのマスタープランは現代の鉄道路線とは多少違っているが、スウェーデン鉄道路線のグランドデザインであった。

ホテルのチェックインはまだ早すぎた。

かつて駅前でホテルの客引き案内に応じて宿泊したこともあった。今回は予約済みである。チェックインまで十分時間がある。前回雨で十分に見学できなかったミレスガーデンにもう一度行ってみようかと思い立った。荷物を駅のロッカーに預ける。駅の全面的な増改築の後に新設されたロッカールームでは苦い経験をしたことが思い出された。利用時間が過ぎて、出入り口のシャッターが下りてしまい、荷物を出せなかったのだ。確かに防犯重視のヨーロッパである。行動が甘かった。やむなく秋の寒い夜（九月初旬）に明け方までストックホルムの街を彷徨した。北への一番電車が発つのを待って、荷物を取り出したときはホッとした。

北欧都市の石畳みについては、環境にやさしく、デザインも素敵だと絶賛する旅行者もいる。だが、キャリーバッグを運ぶ私の手先は、振動でこの石畳みには馴染まない。トラムの線路を渡る度に全力でキャリーバッグを持ち上げなければならない。ついバッグ内のカメラが気になってしまう。

ミレスガーデンはストックホルム・北東のリンディンゴー島にある。地下鉄ロプステン駅から市バスで行き、彫刻庭園前で降りる。

庭園エントランスには、コリント式オーダーの円柱がある。一七八二年にグスタヴ三世が作らせたオペラハウス由来のものである。この柱頭にあるミレスの作品「ウイングス」（ナショナルミュージアムの外でも見られる）が羽を広げて迎えてくれた。

入り口にあるミュージアムショップの奥には、メインビルディング、スタジオ、ミュージックルーム、アンティークギャラリィなどが配置されている。これらの一部はミレスや妻オルガの日常生活の場でもあり、そこには彼らに関わる多くの作品が展示されている。作品のレプリカと素材、ヨーロッパやアメリカ旅行で集めたアンティークな品々や美術品、そしてイタリア、ギリシア旅行で収集した品々、特に中央アジアの探検家スヴェン・ヘディンから贈られた唐王朝の陶器には異色な物語がありそうで印象深かった。部屋の展示物からは、ミレスの古代ギリシアやローマへの憧憬がよく理解できた。

ミレスの簡単な生涯を辿ってみよう。

彼は一八七五年、スウェーデン・ウップサラ郊外のレッガに生まれ、ストックホルムの寮からヤコブ・スコーランに通っていた。学校を卒業後、木工キャビネットメーカーで修業しながら、ストックホルムテクニカルスクールの夜間コースに出席して、木工、彫刻やモデリングを学んだ。その後二年間は全日制クラスで学び、スウェーデン芸術工芸協会から二〇〇クローナの奨励金を得ている。

一八九七年、ミレスはチリ・サンチャゴを旅行中にスウェーデンの高校から仕事の依頼があった。だが彼は旅の途中でパリに寄った。彼はパリに魅了された。そのまま滞在し、キャビネットメーカーや装飾家たちと仕事を楽しむことになった。

パリではオーギュスト・ロダンとも仕事をした。時間のある時は、コラロッシ・アカデミーの講義にも出席している。アカデミーは保守的なフランス国立高等美術学校に比して、リベラルな雰囲気の私立美術学校で、特に外国人美術家や女性美術家が多く学んでいた。学校は一八七〇年から一九三〇年まで存続した。一八九九年にはフランス学士院を構成する権威あるアカデミー・デ・ボザールの「サロン・ド・パリ」に初出品し、一九〇六年まで出品を続けている。

一九〇二年、ミレスはウップサラ大学のシニア・ステーン・ステューレ記念コンペに彫刻マッス（小さくシンプルな立体像）を出したが、残念にも四位であった。しかし、学生を含めた投票で優勝を獲得し、スウェーデンにおける評価の足場となった。だが、作品は資金難や批評家たちとの合意が得られないまま、作品完成は一九二五年まで延びてしまった。現在、そのステーン・ステューレ像は現代的デザインの甲冑を纏い、兵士たちを従え、ウップサラ城や大聖堂を見下ろしている。

追記であるが、シニア・ステーン・ステューレは、グスタヴ・ヴァーサやエンゲルブレクトと並ぶスウェーデン自立の立役者で、一九世紀スウェーデンナショナリズムの象徴であった。[3]

コンペ作品完成までの間、ミレスは西ヨーロッパ旅行、オルガとの結婚、ミレスガーデンの建設、芸術・ロイヤルアカデミーのメンバーやそのモデリング部門教授に就任。ノルディク・ミュージアムのグスタヴ・ヴァーサのモニュメント（北方民族博物館の正面ホールにある巨大な樫の彫刻）の依頼などで多忙であった。

病にも悩んだが、マルメでのバルト博覧会やイェーテボリィ三〇〇年記念博で新たな素材と作風を確立していった。国内外での評価も次第に高まっていったが、なお彼の作風に対する厳しい批判も見られた。

私見ではあるが、彼に対する批判は、そのシンプルなデフォルメによるものと思われる。ヘンリー・ムーアやジャコメッティに代表される二〇世紀彫刻の先駆者として、個性的なロマンチシズム・パブリックアートであったといえる。やはり、過去の流れを超越するには少し時間を要したのかもしれない。

その人生の大きなターニングポイントは一九二五年以降になった。

アカデミー・デ・ボザールの金賞などに続いて、ロンドン、ハンブルグやリューベックなどの海外展示で評価も高まり、スウェーデン傑出の彫刻家と評されるようになった。

一九三一年、アメリカ旅行中、デトロイトニュース社社長ジョージ・G・ブースと知己を得て、設立間もないクランブルーク芸術アカデミーの常勤彫刻部門責任者に招かれた。彼はこの知的財団から物心両面で多くの支援を受けて、アメリカ各地で展示会を開催し、数々の名作品を残している。

ミレスと妻オルガは、スウェーデンに縁のあるこのミシガン州に落ち着き、一九四五年、アメリカ市民権を得ている。財団は彼の作品群を包括的に取得して、現在多くのコレクションを保存している。

第二次世界大戦終了後、一時スウェーデンに帰国し、ミレスガーデンの拡充に注力している。

一九五〇年、ローマのアメリカンアカデミーから招聘され、クランブルーク芸術アカデミーを引退すると、ローマで作品を作り続けている。一九五五年九月、青い海、紺碧の空を背景とするミレスガーデンで亡くなっている。

ガーデンに出ると、春の夕日と海の光景が彫刻群像を引き立たせていた。右のオルガテラスには噴水がある。ギリシア神話・ヘリコン山の麓にあるアガニッペーの泉のごとく、彫刻のミューズたちがイルカの背に足を乗せて、歌い踊っている。彼の作品はギリシア神話からのモチーフが多く、その代表作といえる。

この噴水はニューヨーク・メトロポリタン美術館のために制作されたもので、オリジナルは現在サウスカロナイナ・チャールストンの郊外にあるブルークグレン・ガーデンに移設されている。ミレスガーデンに展示されている作品はレプリカが多い。だがオリジナルであろうと複製であろうと、作品の迫力と繊細さ、その物語性は変わらない。

左側のテラスの壁際には黒いブロンズ「ダンシングガール」がある。その下にある小さな作品は見逃しがちである。この像は、ミレスの貧しいパリ時代を記憶に留めたものである。ベンチで抱擁する二人の姿「ホームレスの二人」は、彼の不遇時代に出会ったオーギュスト・ロダンとミレスの乗法である。ほのぼのとしたロマン主義を感じる。

テラスを下りると、それぞれの彫像が彼らの物語を続けてくれた。

テラス右側にある異様な騎馬像はヴェルネル・フォン・ヘイデンスタムによる小説『フォルクング家』（一九〇五〜一九〇七）から抽出した「フォルク・フィルビィター」である。

オリジナルは、フォルクング家発祥地といわれるリンチョーピング市の噴水広場にある。ネット写真で広場を見ると、ガーデンテラスと異なり、噴水と彫像との階調が別な意味で美しい。類似の騎馬像はいくつかあり、トリミングされたフィルビィターの胸像もこの庭園で見られる。

フォルクング家は、中世初期、小国分立のスウェーデン史の中でどうにかスウェーデン中央部を支配して、消え去っている。

詳細な史実は歴史家に委ねるとして、ストックホルム創設者で、フィンランド支配を確立し、スウェーデン中央部の実質的な支配者であったビルイェル・ヤールがその家系の代表者といえる。

ヘイデンスタムの小説によると、フォルク・フィルビィターは、ヴァイキング遠征から帰国後、荘園フォルクツーナで守銭奴のような生活をする。二人の息子はロシアに新たな冒険を求めて去り、もう一人の息子は、死に際の少女を誘拐してしまう。その少女はフィルビィターとの間に子供を産んでいるのだから、話の裏は複雑な家族関係になってしまう。

また、彼は頑固な無神論者で、異教徒の神々を破壊し続けている。子供たちがキリスト教に改宗すると、その孫を旅の僧に預けてしまう。家族との齟齬はますます広がり続き、孫や子供たちは彼から去ってしまう。だが、息子や孫への愛は変わらず、彼らを探しに旅に出る。この旅の一コマが彫像に刻まれている。その探し求める形相と馬の視線は相反し、二つの荒々しい容姿は物語の流れを象徴している。騎馬像は彼の趣向である中国彫刻から着想を得ていると説明されている。

最後に孫と子供たちに出会うが、子供たちの父に対する侮蔑感を埋めることができなかった。再会は彼にとって悲劇であり、自己犠牲であり、屈辱であったかもしれない。最後の彼の言葉は「心からの愛を、子供たちよ、それが私の求めたすべてであった」と・・・。

中世初期の異教徒、無神論者、そして新たな信仰であるキリスト教というカオス。その中で、スウェーデンの支配者であったフォルクング家のひとりの男が人生の殺伐さと悲哀を味わう物語であった。

一九一六年、ノーベル文学賞以外の受賞者はなく、唯一ヘイデンスタムがノーベル賞に輝いている。

若いころに画家を目指していたが、ストリンドベリィの影響を受けて文学を志す。一八八八年、南ヨーロッパやオリエントを旅して、処女詩集『巡礼と放浪の歳月』を発表し、多くの称賛を得る。その後、新ロマン主義の旗手として、また愛国詩人として、スウェーデン文学界に大きな影響を及ぼす。彼の詩作「スウェーデン」は第二国歌となっている。

扇型に広がる下段テラスにはミレスの創作テーマが広がっている。

それらの中で、特に「ポセイドン」、「神の手」、「ペガソスとマン」は印象深い作品群である。

高い角柱にあるペガソス（ペガサス）と裸の男は、同じ方向を目指して飛んでいる。彫像の素晴らしさはもちろんであるが、重力に抗する着想そのものに匠としての偉大さを感じる。芸術家の自由への憧れを象徴しているといわれ、ミレスの後期傑作のひとつである。オリジナルはアメリカ・アイオワ州の州都デモインにあるが、レプリカは日本の箱根彫刻の森美術館、下関市立美術館、早稲田大学所沢キャンパスに見られる。ただ、このタイトルはギリシア神話を紐解くと、少々、作品との乖離と神話の人間臭さを感じる。神話の面白さ、現代人からの視点、そして芸術の奥深さと多様性を鑑賞する機会ともなった。

諸説ある神話から、自分なりに話を纏めてみよう。

実父にポセイドンを持つ英雄ベレロフォンは重大な殺人を犯して、ティリュンスのプロトズ王の下に亡命する。ところが、プロトスの王妃ステネボイアがベレロフォンの罪を清めてくれ、さらに彼に恋慕してしまう。だが、彼は拒絶する。王妃は怒り、夫プロトスにベレロフォンから凌辱されたと偽証する。だが、話を信じた王プロトスであるが、彼の殺害までは躊躇した。そこで亡き者にするため、王妃の実家リュキアのイオバテス王に彼の命を預ける。そこでイオバテスは命がけの難題を彼に与える。そこで彼は予言者に相談すると、黄金の轡（くつわ）を得てペガソスを調教することを教えられる。ペガソスは英雄ペルセウスによって切られたメドゥサの血から生まれた有翼の駿馬である。幸いアクロポリス上の泉で水を飲むペガソスを得ることができた。ペガソスに乗った彼は、縦横無尽に活躍、キマイラ退治、アマゾネスとの戦い、ガリアの海賊撃破などで武勲を立てる。それでもイオバテス王の疑いは晴れず、ベレロフォンを殺害しようとする。

ベレロフォンはポセイドンの力で大波を起こす。難を逃れようとする女たちが操を彼に捧げることを望む。だが、彼は受け入れずに大波を鎮める。結局、王は彼の忍耐と禁欲を知り、ティリュンスから彼が持参した厳封書を検め、事情の裏を理解する。イオバテス王は彼に謝罪し、娘を与えてリュキア王国の後継者とする。だが、ベレロフォンは次第に驕り高ぶり、自らをオリンポスの神々の座に加えようとして、ペガソスに乗って昇天しようとする。この場面が「ペガソスとマン」である。その後の顛末はミレスの鑿で刻まれていなかったようである。

この話を知ったゼウスはペガソスの尻を虻で刺させた。ペガソスは驚き、身体を大きく揺すった瞬間、ベレロフォンは落馬して、死んだとも、その後、目や足が不自由となり彷徨い続けて、亡くなったともいわれる。他方、ペガソスは無事にそのままオリンポスに着き、雷霆（雷鳴と雷光）を運ぶ名誉ある役を命じられる。ペガソスは満天の星座として輝き続けている。教訓臭いところもあるが、夜空に永遠に輝くスパンコールの話かもしれないね。

ミレスはこの下段テラスを設計する際に、高い柱に彫像を置き、そのシルエットを青天に映えるように配置している。いくつもの角柱と彼の傑作がこのガーデンで一望できるように着想した。

もうひとつ物語を加えよう。

ポセイドン噴水の手前に多義性に富む**「神の手」**が聳えている。

男は上を見詰めて、人差し指と親指を跨ぐようなポーズをとっている。手の平のスケッチはミレスの左手といわれている。まるで孫悟空が釈迦如来の手の平から飛び出せないでいるようである。

ミレスはパリ時代、「手」に魅了されたピエール・オーギュスト・ルノアールの作品から影響を受けたと

いわれる。確かにルノアールの作品には手の描写が多くあり、その手型も多様で美しい。さらに、彫像の足先はバランスを重視し、腐食防止のために内部構造をステンレスで補強している。

本来、この彫刻はスウェーデンの起業家、発明家、そしてスウェーデン最初の特許取得者といわれるＣ・Ｅ・ヨハンソンを讃えたものであった。オリジナルはメーラレン湖南西部にあるヨハンソンの故郷、そして彼の最初の起業地エスキルストゥーナにある。この町は、現在でもなお精密測定器やボルボの自動車産業で栄えて、よく知られている。

ヨハンソンは精密測定装置ＪＯブロック（精密なブロックを継ぎ足すことで、長さや厚みを自在に測定できる）の発明でアメリカ、イギリス、さらに世界標準化の仕掛人といわれている。特にキャデラック、フォードなどの自動車産業から多くの協力を得て、深く関わり、誤差のより少ない装置を開発しつづけていた。

他方、ミレスもまたオルガとミシガン州に住み、多くの傑作をこの地域で残している。ヨハンソンやミレスの中には、スウェーデンから移住し、苦難な歴史を経てアメリカ北西部（ミネソタ、イリノイ、ミシガンなど）に根を下ろしたアメリカン・スウェディッシュの姿を見ることができる。ヨハンソンもこの地で成功、引退し、ミレスと同じようにスウェーデンに帰国している。

一九四三年、ヨハンソンは、死の直後にスウェーデン科学技術アカデミーからゴールドメダルと多くの栄誉を授与されている。二人とも多くのスウェーデン人に見られるように大西洋の絶え間ない往来者であった。

これらの経緯からすると、最初のレプリカがＵＡＷ（全米自動車労働組合）のために鋳造されて、デトロイト市に寄贈されているのも頷ける。それぞれの彫像は、大きく勃興するアメリカ産業の只中にいるスウェーデン人の足跡といえる。その後、この「神の手」のレプリカはスウェーデンとの友好関係の象徴として、オーストラリア、インドネシア、北京などでも見られるようになった。

日本では箱根彫刻の森美術館にある。美術館のホームページによると「〈宇宙〉とも名づけられ、ミレス晩年の代表作である。天空を背景にシルエットとして見るように作られ、宗教と天文学を基底として、宇宙の真理への探究を渇望する人間を表している。・・・」と紹介している。その他、九州大学医学部庭園にもある。医学部創立七五周年を記念して、同窓会や第二外科教室から寄贈されたといわれている。

「神の手の上でひたすら天来の光を求める男の姿は、晩年に失明の恐怖にさらされたミレス自身の悲願の姿でしょう。一九四九年から取り掛かり亡くなる前年、一九五四年に完成している」（井口潔消化器・総合外科学分野（旧第二外科）名誉教授によるネット上の説明から引用・二〇二四アクセス時、以前と表現が少々異なっていた）。

なお、脳神経外科医・福島孝徳の手術手技（キーホールオペレション）も「神の手」と称されて多くの関心と称賛を受けている。類似のタイトルはテレビや映画にもなっている。

だが、ミレスが意図したヨハンソンの「神の手」とは、本当は何を意味したのだろうか。

庭園の南壁には、ミレスガーデンをスウェーデンへ寄贈したという刻印パネルが埋め込まれている。

壁の先には静謐な海、シリアラインの客船が接岸する姿が見える。遠くカークネス塔がガーデンの彫像群の背後に映えて、点滅している。ノーザンミラーズの夕景である。

さて、ホテルに戻り、チェックインしようか。

2・ストリンドベリィ博物館

朝から雨だった。

北欧の春雨は強風が吹き荒れても、経験上、長雨になるようなことはない。だが、今日は肌寒く、一日中降り続きそうな空模様である。

春のストックホルム。一九八〇年代に読んだ水田洋の『十人の経済学者』(日本評論社)に出てくる言葉「スカンディナヴィアの春」を思い出した。経済学の北欧(ストックホルム)学派の祖ヴィクセルの簡単な伝記である。この小伝に出てくる群像は、一九世紀後半から二〇世紀にかけてバルト海の春を駆け抜けた北欧知識人たちの小さな物語である。[4]

プラハの春、アラブの春。春は凍てる冬の雪が解けて、新たな草木が芽吹くように、政治経済文化で自由を求める変革の象徴でもある。この本で書かれているクヌート・ヴィクセル、ビョルンスティルネ・ビョルンソン、ヘンリク・イプセン、ゲオルク・ブランデス、そしてストリンドベリィもまた一九世紀末から二〇世紀初期に駆け抜けた北欧変革の群像であった。

かつて北欧ガイドブックの片隅にこの群像のひとりであるストリンドベリィの博物館について説明があった。「ストリンドベリ博物館(Strindberg Musset)・・・スウェーデンが生んだ大劇作家、小説家であるオーギュスト・ストリンドベリィ(一八四九~一九一二)が最後の四年間を過ごしたアパートで、現在、博物館として公開されている。彼の創作活動をしのばせる原稿、手紙や文房具などが展示されている」[5]だが、最近のガイドブックには、このような紹介記事は見当たらない。あるのはホテル・ストリンドベリィの案内で、この近所に彼が住んでいたからだろう。どうもストリンドベリィは一部の文学や演劇愛好家に語り継がれるだけで、人々の関心から消え去ったのだろうか。なにかすっきりしない思いであった。

だが、この旅でストックホルムのガイド地図を見ているときに、この博物館の印を見つけることができた。クリスティーナ女王に因んだドロトニング通りの端にある。この街路は国会議事堂のあるヘランズホルメン島から観光客や市民で賑わう街中を抜け、旧天文台のある森まで延びている。

早速、降り続ける雨の中を「スカンディナヴィアの春」を求めて外出した。

ストックホルムの街角には街路表示があるために目的地を簡単に見つけることができると思った。ところが、残念にも迷子になった経験が多々ある。今回も地図で見ると、ストックホルム中央駅、ヴァーサ通りを経て、北東のドロトニング通りに抜ければよいと思い、試みたが、すぐには辿り着けなかった。これも旅の楽しさかもしれないが、少々苛立つ。雨が強まり人影が少なくなる。歩いた距離と時間を考えると不安が過った。通りがかりの女性に博物館を訊ねてみた。だが、どうしても私の発音「ストリンドベリィ」が通じない。そのうちにスウェーデンの有名な小説家であると説明すると、やっとそれは「ストリンドバリ」でないかと言われた。なるほど現地ではそう発音するのか。日本人による北欧人の人名や地名表記が多々あるのも頷けた。中には我流の発音表示であると最初から断っている著者もいる。頷ける。改めて外国語の地名・人名表記の難しさを知った。

しばらく行くと通りの分岐点があった。正面に赤いLOの文字と褐色の建物があった。もしや、あのスウェーデンの代表的な労働組合である「スウェーデン全国労働組合連盟」ではないだろうかと周囲を見渡した。すると、小さな木立の下に雨に濡れた前屈みの老人像を見つけた。手にハットと杖をもっている。近づいてみると視線十五度で、はるか遠くを見つめている。台座には「マスター・パルム」と刻まれていた。確かにスウェーデン政治史にしばしば見かける名前である。

帰国後、スウェーデンの歴史書と地図を参照し、その詳細を知った。

一八七〇年代から一九〇〇年代にかけて、スウェーデンは多くの民衆運動が勃興した。新興宗教活動、禁酒運動、協同組合運動や労働運動などで、社会に与える影響は大きかった。また経済的には工業化が離陸の段階を迎え、農業の共同作業から私的農業経営となる「囲い込み」（エンクロージャ）法が施行された。労働人口は流動化し、都市化が進展していった。

他方、農業の停滞や深刻な農作物の不況にもかかわらず、衛生環境の改善や医療技術の進歩などで常に出生率は死亡率を上回っていた。ここで知識人の間で産児制限問題が議論され始めた。余剰人口は移民として、特に夢と希望を追いアメリカ大陸へと渡っていった。

オーガスト・パルム（August Palm）はこのような時代背景の中、一八四九年にマルメ近郊に生まれ、一〇歳の時に父を亡くしている。その後、マルメの洋服仕立屋に弟子入りしたが、一八歳の時、ドイツ、デンマークへ見聞の旅に向かっている。

一八六九年、イギリスへ渡航する予定であったが、渡航証明が得られず、一度スコーネに強制送還されて、今度はドイツへ渡っている。デンマーク、ドイツを巡る中で、まるでスポンジのように新しい社会思想を吸収し、多くの実体験をものにする。

特にドイツでは、一八六一年にヴィルヘルム一世がプロイセン王位に就くと、翌年、オットー・ビスマルクが宰相に就任する頃であった。デンマーク戦争、普墺戦争、普仏戦争などを経て、ドイツ帝国の創設と鉄血宰相時代を迎えている。

一八六三年、普通選挙と新たな社会政策を求めてラッサール（一八二五〜一八六四）派指導のもとに親ビスマルク的な全ドイツ労働者同盟が結成された。これがドイツ社会民主党の前身といわれている。

他方、ラッサールの親ビスマルクに反対して、一八六六年にヴィルヘルム・リープクネヒトとアウグスト・ベーベルはザクセン人民党を創設し、一八六九年にアイゼナハでマルクス主義的な社会民主労働党を結成（アイゼナハ派）している。両派は一八七五年、社会主義者会議でゴータ綱領を採択し、ラッサール派とアイゼナハ派が合同した。ここにドイツ社会主義労働者党が結成されて、社会主義思想と社会民主主義政党活動が活発化する。しかし、ラッサール派の色彩が強く、F・エンゲルスはこれを激しく批判している。

パルムもこのような背景の下で数次にわたって開催されたインターナショナル大会に参加し、ドイツ各地で政治的活動を行っている。思想的にはアイゼナハ派のベーベルからの影響が強いといわれる。晩年のベーベルは党内のマルクス主義革命派と日常活動を重視する修正主義派の論争の中で、党幹部議長として両派の和解を求めて苦悩していた。

だが、ビスマルクの社会主義者弾圧はますます強化されて、一八七八年に社会主義者鎮圧法が時限的に制定された。パルムはその前年に社会主義者としてドイツ国内から退去させられて、一時デンマークに逃れている。そこで結婚もしている。

一八八一年、彼はスウェーデンに帰国し、マルメで社民協会を設立。マルメのストックホルムホールで最初の社会主義思想の公開演説を行っている。この時期、パルムはゴータ綱領をデンマーク語からスウェーデン語に翻訳し、また一八八二年にはスウェーデン最初の社会民主主義新聞「フォルクヴィリアン（人民の意志）」を発刊している。スウェーデンにおける社民主義思想の出発点である。

パルムは演説活動家としてストックホルムへたびたび行き、リリーヤーン公園（ノーラバーン・トーリェット の北）で演説集会を催している。だが、官憲との抗争から名誉棄損や侮辱罪で半年以上も投獄された経験を持つ。その後も全国的な政治演説とアジテーター活動をしている。しかし、言論統制下で演説会場の確保ができずに、神出鬼没、取り締まりの難を逃れながらの活動となった。

一八八五年、ストックホルムに転居し、新しい新聞「社会民主主義」を創刊する。この新聞は一九五八年まで続き、スウェーデン社民主義の重要な役割を果たした。一八八九年には、J・エングストレムと同じ年、最年長、四〇歳でスウェーデン社会民主労働党の設立メンバーとなっている。

しかし、結成時に党員仲間であったハインケ・ベルイグレンとは生涯、明確な距離を取り続けている。ベルイグレンは「社会民主」編集者・ブランティングの秘書であり、ジャーナリスト、アナーキスト、産児制限と避妊（「子供のいない愛」）の主唱者としても有名であった。しかし、テロと「小さな殺人」を是とするベルイグレンの思想は、一部の若い党員は別として、ブランティンググループには受け入れられなかった。ベルイグレンはコミンフォルムに反対するスウェーデン社会主義者党（スウェーデン共産党）を創設している。彼と距離を置いたのは、「暴力を非とする」パルムのスウェーデン社民主義者の矜持だったのだろう。

ただ残念なことに、党内組織での彼の行動は破天荒であり、仲間や側近などとのトラブルも絶えなかった。最大の理由は社民内部の自由主義的勢力やマルキシズムとの非妥協的な思想対立であった。結局、知識人あがりの理論家で、中間層・自由主義者も包摂する次世代のブランティングに「社会民主」の編集主幹を渡さざるをえない状況に陥った。一八八〇年末、党内はブランティングを中心に結集することとなり、彼は孤立していった。その後、アジテーターとして彼なりの人生を送ることとなった。この間、一八八九年、彼はまたしても社会主義者出版統制の罪で三か月の投獄を経験することになる。一九〇〇年、アメリカの「ロードアイランド社会主義労働党」のスカンディナヴィアクラブから招かれて、労働者組織の強化方法とメンバー増強について講演している。翌年にはその書籍化がされている。一九〇六年までのアメリカツアーは、アジテーターとして冥利であったろう。

彼の晩年は党リーダーから離れた官僚制、軍国主義、禁酒主義との闘いであった。最後に目指したものは禁酒の立法化であった。一九二二年、スペイン風邪と卵白障害（生卵の卵白の過食によるビオチン欠乏）によって自宅で死去している。禁酒と卵とに因果関係はあるのだろうか・・・残念だが、私には分からない。

パルムの最大の貢献は、もちろん一貫した政治的演説や社会主義思想の普及である。さらに言えることは、現在のスウェーデン社民主義が到達したリベラル左派の思想を労働者一人ひとりに直接伝えた労働者の友人であったといえる。ブランティングが新聞「社会民主」の編集主幹になると、左派で親友のアクセル・ダニエルソンがマルメへ去り、活動拠点を変えた。しかし、パルムはストックホルムに留まり、その後もスウェーデン社会民主主義に対する彼の姿勢と思いは変わらなかった。パルムの先駆的アジテーションがあってこそ、スウェーデン社会民主主義への道は開かれたといえよう。「社会主義闘争とは兵器として紙の飛礫によって民主的に行うべきである」という言葉を彼は常日頃に呟いていた。

パルムを労働運動の先駆者とすると、現代に至るスウェーデン社民主義を支え、共に歩んできたのはLOの労働運動であった。

このLO本部付近は、ノーラバーン・トーリェットといわれて、最初、「ストックホルム北駅」が建てられていた。駅の周辺はメーデーなどの労働運動の広場となり、全スウェーデンの労働者が集まった。LOの建物を中心に労働運動アーカイヴ図書館、ロシア社会民主党の第四回会議場となったフォルケット・フス。そして、ノーラバーン・トーリェット公園の中央には、ブランティングを先頭に社民党員が集結する群像レリーフがある。あまり目立たないが、オロフ・パルメのモニュメント「地球の心臓」などもある。その南側の通りはオロフ・パルメ通りと称されている。一九八六年、映画鑑賞の帰宅の際にこの通りでパルメ首相が暗殺されている。まさしく、このエリアはスウェーデン社会民主主義の聖地といえる。

他方、LO本部の建物はLOカスル（城）ともいわれている。

建物は一八九九年に材木商人グスタヴ・カールベリィが著名な建築家フェルデナント・ボーベリィに依頼して建築された。正面の両端にあるタワーランタンは、ボーベリィ出身のファールン（ダーラナ地方にある銅鉱山都市・世界遺産）を想わせる銅板葺で、労働者たちに明日への道を照らしている。一九二六年、LOが取得し、住居から事務所へ改装している。その折、エントランスに画家・イラストレーターであるオーレ・ヒョルツベリィが労働者の壁画を描いている。建物は二〇世紀前後を代表する建築モデルと評価されている。一時はノーベル委員会やスウェーデンアカデミー・ノーベルライブラリーも同居していた。現在、ストックホルム歴史文化建造物として保存されている。

LOの組織についても簡単に述べておこう。

一九八〇年代、工業化の進展に伴い、労働運動も活発化していった。各地、各業種によるストライキなどで労働改善要求を求めていったが、経営者の壁は厚かった。次第に単発的な団体交渉は行き詰まり、全国的な団結と政治的な解決策が求められるようになっていった。労働運動は、自らの頂上組織を確立し、その政治力を背景に労働環境整備の実現を目指すようになった。

一八八九年、パルムによるマルメ社会民主協会、ストックホルム社民クラブ、ストックホルム社会主義新聞などを中心に、スウェーデン社会民主労働者党（社民党）が結成される。その支援の下に、九年後、全国組織LOが結成された。初代議長は「ニュー・チデュ（新時代）」の編集者でもあったフレデリック・ステルキィである。労働組合員は自動的に社民党員になるクローズドショップシステムであった。その後、LOは私的・半公的組織としてスウェーデンの人々の日常生活で重要な役割を演じるようになっていった。さらに社民党長期政権を支える組織へと成長していったのである。

今日では一般労働者（ブルーカラー労働者の六〇％、二〇一九）を中心とするLOの他に、スウェーデンホワイトカラー中央労働組合（TCO）やスウェーデン専門職連盟（SACO）がある。労使交渉（現在、企業代表にはスウェーデン企業連盟（SN））では、それぞれの労働団体が協力関係にある。LO中心の時代は産業構造の変化などにより翳りが見られるが、労使協調のスウェーデンモデルはなおスウェーデン社会の中心的役割と影響を持ち続けている。

本来の目的がストリンドベリィ博物館の紹介であったが、プロローグが長くなってしまった。理由はストリンドベリィその人にあって、読み進むと結びつきが理解できると思う。

LOの東側にあるウップランズガータンを北に上ると、愛国詩人エサイアス・テグネル（一七八二〜一八四六）を冠した森がある。テグネルはナポレオン戦争の結果、フィンランドがロシアへ割譲されたことに抗して、詩「スヴェア」を謡い上げている。ビショップであり、ギリシア語教授でもある。さらに古代アイルランドのサガ「フリチョフのサガ」や古ノルド語の研究で高い評価を受けている。

この緑豊かなテグネルルンデンは一八九〇年に作られたものである。一九四〇年、ストックホルム都市計画に大きな影響を与えた景観設計家エリック・グレンムによって再設計されている。二〇〇〇年代に入ると遊具、灌流、パーゴラ、子供用プール、照明など人々の憩いの場として充実させている。東端にはカール・エルドゥによる巨大なストリンドベリィの裸体像があり、南東にはアストリッド・リンドグレンのデフォルメ像がある。彼女のファンタジー作品『ミオ、私のミオ』はこの森から始まるといわれている。

森の東側にあるドロトニング通りに沿って南に行くと、テグネル通りに当たる。この一角に面した建物の一部がストリンドベリィ博物館である。

ストリンドベリィはこの建物を「ブルータワー」と称し、人生の最後の四年間を住み親しんだ。

彼がスウェーデン文学の巨匠、北欧のシェイクスピアと高く評価された割には、質素な博物館であった。

ただ、当時としてはモダンな建物で、ダイニングルーム、書斎、そしてベッドルームから成り、セントラルヒーティング、電気、電話、リフト、水洗トイレなどが完備されていた。建物の完成（一九〇七）の翌年の夏にここに転居している。

このアパートは彼の実験小劇場「インティマ」（「親和」・・・ゲーテからの影響だろうか？）に近かった。第三の妻ハリエット・ボッセとの離婚（一九〇四年）もあり、大きなアパートから転居することで心の整理をしたかったのだろう。確かにこの時期は彼の人生のラストスパートともいえる。

一九一〇年から一九一二年にかけて、彼は政治的なものを含めて五〇本以上の論評を新聞に投じている。いわゆるストリンドベリィフュード（長く続く激しい論争）ともいわれている。

スウェーデン中を巻き込んだプレスディベートである。単なる芸術論争だけではなく、国防や王制、民主主義などを含めた大きな問題で激しく論敵に挑んでいる。これらの議論をストリンドベリィの芸術論と狭く理解する論者もいるが、スウェーデン史上に残る大きな政治社会的イオロギー論争であったと私は理解したい。これこそ彼の次世代への遺産といえる。労働者側は常に彼に味方し、彼もまた労働運動を擁護し、その代弁者として論陣を張った。[6]

論争中、一九一一年、クリスマスの頃に肺炎を患い、その後、完全に回復することはなかった。また、一九〇八年頃から胃の不調に悩み、最後の数週間は鎮痛剤を多用した。が、効果なく最期を迎えることになった。胃癌であった。この闘病の間、毎日、ストックホルム各紙は彼の病状を掲載し、多くの励ましの手紙や電報が枕元に届けられた。

看護婦のヘドヴィック・クリストナーは彼の最後の時間を述べている。

「私は彼の枕を直すために起き上がり、それから再度戻り、椅子に座った。すると彼は言った。あなたが前にいた場所で横になりなさい、私に気を使わないでください。もはや私はいなくなるのですから。・・これらが最期の言葉となった。そして死が訪れる前に深い眠りに陥った。・・もし一時間に数回も発する苦しみの叫びを彼が意識したならば、彼の苦悩は大変なものとなっただろう。もはやモルヒネも何ら目に見える効果はなかったのです。彼が苦しみから最後の息を引き取ったのは、五月一四日午前四時三〇分でした」[7]

波乱に富んだ稀有な人生が閉ざされた。

彼の遺体は郊外にある有名なノーラ教会墓地に葬られた。その後、長い間、彼の部屋は生存中のまま保存されていた。一九七三年、オリジナルの家具や内装などが復元されて、博物館としてオープンすることになった。現在、テーマごとに設定された常設展示と現代から未来を見据えた臨時展示がされている。

博物館入口の木枠の掲示板には、開閉曜日と時間などの他に四枚のポスターが掲示されていた。彼の描いた嵐の海の挿絵、そして展示テーマ「ストリンドベリィと労働運動・労働者たち」である。彼の絵画・写真はいまなお高く評価されている。彼の才能の多様性を思わせる構成である。もう一枚のポスターは赤い文字（社民党のシンボルカラー）によるテーマ、そして骨と皮だけのストリンドベリィを描いた風刺画である。絵には転がっている教会と王のシンボルである典礼帽と王冠。さらに彼が富豪な商人を打ちのめさんばかりの形相で農具を振りかざしている。権力複合体や権威に対する彼の憎悪を込めたシーンなのだろうか。権力への反抗をまともに表現している絵である。

　エレベータで四階に上がると、彼の最後の生活の部屋と展示室があった。六階にはストリンドベリィ図書室があり、多くの蔵書や遺品、内外の彼に関する出版物、研究資料が所蔵されている。

　エレベータから降りて彼の部屋へ入ると、エントランスホールと小さなユーティリティ・ルームがあった。ドアの背後には王立劇場ホールにあったオスカー・ビョルク（特に当時のスウェーデン中産階級を反映した作品が特徴といわれる）の複製水彩画があった。その下に彼好みの冷えた飲み物入れに使ったアイスボックスがあった。

　順路に従い**書斎**に入ると、デスクは几帳面に整えられていた。筆記用具は、イギリス製ペン先にフランスのインク、スウェーデンで有名なレッセボーの手作りの上質な原稿用紙などと、拘りの文具類であった。

　当時、アパートは書籍類で埋まっていたが、現在はごく一部だけを書棚に残して整理されている。壁にある月桂樹の輪飾りは、六〇歳の誕生日に彼の小劇場スタッフが贈ったものである。残念だが、小劇場は三年で経営が行き詰まり、閉じている。

　黄色い笠のランプが机の上に正座するように置かれ、端には『メステル・ウーロフ』の分冊原稿が置かれている。この最初の歴史ドラマは王立劇場から上演を断られた因縁の五幕ものである。

一八七二年初版のこの物語は、一六世紀にローマ・カトリック教会と闘った改革派オラウス・ペトリが主人公である。理想と現実、願望と落胆という狭間でひとりの青年が葛藤する姿であった。しかし、上演までにはさらに十年（一八八一）待たねばならなかった。ストリンドベリィは散文と詩の両方で何度もこれを書き直している。だがその捌け口として書いたリアリズム小説『赤い部屋』（一八七九）がブランデスなどによってデンマークで高い評価を得ることになる。さらにスカンディナヴィア諸国に広がり、人気と名声を得ることになった。世間の風向きは吹いてみないとわからない。その端緒が海外となると故国への思いもプライドも少々捻じれたようである。

風がピンクのカーテンを揺らして彼の思い出を誘い出している。カーテンは内装と同じように劇場の雰囲気を醸し出すように彼自身が工夫した仕様である。

書斎隣りあるリビングルームはドロトニング通りに面している。

ここは、黄色、緑や赤などでカラフルに演出されている。まるで彼の演劇舞台に立っているかのようで、調度品類も当時のまま配置されている。

部屋の中央にはテーブルがあり、緑の格子模様のクロスにピンクの花が活けられていた。どの部屋の内装も自らのもので、そのマルチな才能ぶりを示している。三食以外に他のサービスも付いていたが、軽食やコーヒーなどは自ら楽しんでいた。五階から毎日運ばれる食事もこのテーブルだったのだろうか。賄いが休みの時は、近くのレストランを利用していた。

この部屋は劇場的な雰囲気以外に、さらに彼の個性と興味が充満している。

気品のあるシラーの胸像、ゲーテのマスク、そして彼自身が撮った愛娘アンネ・マリエの幼き写真などである。縦型ピアノにはデフォルメされた二つの女性型蝋燭立が置かれている。背後の壁には真っ赤なビロードに厳しい顔でベートーヴェンのマスクが正面を睨んでいる。楽譜台にはベートーヴェンの「ソナタ」楽譜があった。兄のアクセルや作曲家で指揮者のトー・オーリン、彫刻家カール・エルドゥなどと飲みながら、定例的にベートーヴェン愛好会を催していた。ピアノの左にある金色の大きなレリーフはグスタヴ・ヴァーサである。ストリンドベリィは歴代のヴァーサ王朝の中で彼を最も高く評価し、代表的な歴史劇を創作している。

テグネル通りに面してバルコニー付きのベッドルームがある。ここは彼にとって記念すべき部屋である。彼が六〇歳、そして六三歳の誕生日を迎えたときに、松明を持った大勢の労働者たちや市民が行列を組み、この下で彼の誕生日を祝ったのである。友人リチャード・ベルファァへの手紙の中で「病のために人々の祝いの歓呼へ十分応えることができなかったのは残念だった」と述べている。だが、彼はテグネルルンデンに向かって愛用の電気ランプで赤い光を放っている。娘アンネ・マリエと共にバルコニーに姿を見せると、労働者たちは一段と大きな歓声を送った。心の温まる彼のエピソードである。

この祝賀行列を組織立てたのは、次世代を支えた社民党青年たちで、ヤルマール・ブランティングもそのひとりであった。

次に今回のテーマである「ストリンドベリィと労働運動」の展示内容をいくつか書き残そう。

多くの資料、写真や新聞の切り抜き、ポスターや短い解説文などで両者の関係を浮き彫りにしようと試みている。ただ、大枠はスウェーデン社会民主主義の歩みともいえる。それが当時の社会的思想の反映かな。

最初の説明文は「ストリンドベリィと社会主義」である。

「ストリンドベリィは政治的にもラジカルであった。しかも労働運動に関する考え方も同様であった。ヨーロッパの教育ある人々は社会主義者であると彼は主張している。だが、マルキシズムについてはかなり懐疑的であった。農業労働者が直面する問題に最も関心を持っていたが、ドイツの工場労働者に対しては信頼できないと思っていた。むしろ彼の人生の終わり頃には、「キリスト教社会主義」を語ることが多くなった。ただし、多くの社会主義者が認める神の否定は好きではなかったようだ。この件でただ言えることは、彼が常に労働者側に立っていたことである」（拙訳）

赤いビロードの展示幕には、九人の主たる社民党メンバーを顔写真と短評で紹介している。

社民党初期のオーガスト・パルム、次いで長期の社民党政権の礎を築いたヤルマール・ブランティング、最後は暗殺されたパルメを継いでスウェーデンを国際場裏へ離陸させたイングヴァール・カールソンである。それに付随して内外の歴史年表がストリンドベリィ生誕の頃から没年までを扱っている。いくつかを拾ってみよう。

ストリンドベリィ誕生の前年はフランス二月革命・一八四八年である。革命の烽火はドイツの三月革命をはじめ、ヨーロッパ中に広がり、ウィーン体制の崩壊を引き起こした。

二月革命はフランス大革命（一七八九）や栄光の三日市民革命（一八三〇年、七月革命）と異なっている。プロレタリアートを主体とする選挙法改正を求めた群衆暴動から始まり、社会主義者ルイ・ブランを含む臨時政府が樹立される。だが、新政府に労働者の生存権を確約させたものの、四月に実施された男性普通選挙では急進的な政策を望まない農民や保守派、ブルジョア派によって敗退させられた。社会主義勢力の後退である。さらに穏健な共和派も社会主義者を排除して、失業対策として造られた国立作業所閉鎖に反対する暴動を軍事力で鎮圧し、ブルジョア体制確立を試みた。だが、逆に事態はフランス社会を一層複雑にして、混乱の度合いが増していった。

一八五二年、擾乱に乗じてナポレオン三世が第二帝政として登場する。第二共和政は約三年で終焉となった。同じく一八四八年、マルクス・エンゲルスは「共産主義者同盟」の綱領を宣言し、労働者の団結を呼びかけた（共産党宣言）。スウェーデンではその共産党宣言をペール・ゲートレックがキリスト教的見地から翻訳している。後に、宣言文は社民党の有力メンバーであるアクセル・ダニエルソンやゼース・ヘーグルンドによって、より正確に再翻訳されている。

ストリンドベリィはダニエルソンの妻エルマ・ダニエルソンについて「宝石のように輝くフィアンセを持ってアクセルは幸せな奴だ」と称賛している。ダニエルソンは「社会民主」の編集に携わり、不敬罪でヤルマール・ブランティングと共に投獄されている。獄中、彼の執筆した貴重な労働の価値理論はエルマによって無事に管理され続け、出版された。また、彼女は「社会民主」の最初の女性編集者である。ヘーグルンドの方は、一九四〇年から一九五〇年まで社会民主党から出馬してストックホルム市長となっている。

ギルド制廃止による手工業熟練者らによるスウェーデン最初のストライキもこの年一八四八であった。

二月革命は「諸国民の春」ともいわれている。労働者による政治変革の要求、社会主義思想の拡散、各国のナショナリズムの勃興、そして新たな自由主義運動を呼び寄せた。それらはその後、北欧諸国の社会・政治・思想・文学などに、もちろん、ストリンドベリィにも大きな影響を与えることになった。

展示はパリ・コミューンについても言及している。

一八六八年、スペイン王位継承問題でプロイセンとナポレオン三世が紛争となる。長い間ドイツは政治的に分裂した領邦体制であった。宰相ビスマルクは富国強兵策と巧みな外交政策でドイツ統一を目指していた。他方、ナポレオン三世は南北からのプロイセンの脅威とドイツ統一を避けたかった。スペインでプロイセン関係者が王位を継承することも認め難かった。だが、ビスマルクは保養地エムスからの電報事件などを策略してドイツ内で反フランスの世論を喚起させた。両国世論の対立は激化していった。一八七〇年、ナポレオン三世はついに宣戦布告し、普仏（フランスと南北ドイツ同盟）戦争が勃発する。[8]

フランスはメッツで敗北し、さらにセダンで多数の兵士とナポレオン三世自身が捕虜となる。

パリではプロイセン軍に包囲されながらも国民防衛政府を樹立し、地方においてもプロイセン軍に抵抗が続いていた。しかし、穏健派ティエールはヴェルサイユでプロイセンとの仮講和を結び、武装解除を命じる。対してパリの労働者や小市民、学生などは反乱を起こし、パリ・コミューン（パリ自治政府）を設立する。

コミューンは三権を掌握し、民主的な諸政策を実施する。実質的には、労働者による世界で初めての自治政府となる。だが、ティエールの臨時政府はドイツの支援の下にパリを包囲し、約一週間の市街戦の後にコミューンを壊滅させる。普仏間では戦争の後処理として、フランクフルト条約を締結する。一八七五年、第

三共和政が成立する。議会制民主主義によるベル・エポックから一九四〇年のナチスドイツの占領とビシー傀儡政権まで続いた政体である。

ミュージアムの解説によるとパリ・コミューンについて次のように述べている。

「パリ・コミューンを**ストリンドベリィ**は早くから革命思想と捉えていた。一八七二年の最初の歴史ドラマ『メステル・ウーロフ』、一八七九

年の『赤い部屋』でも、当時のヨーロッパにおけるラジカルな政治的進展を反映させたものであった。だから一八七一年のパリ・コミューンは、彼の中で新鮮でしっかりと記憶され続けたのであった。また、ストリンドベリィ自身、確固としたルソーからの影響を受けたリベラル・アナーキズムの先駆者であった」(拙訳)

ストリンドベリィはウップサラ大学に復学していたが、一八七一年の秋、単位未修得となっている。そこでロイヤル給付金の見込みもなくなった。一八七〇年に書いたデンマークの彫刻家トルヴァルセンについての韻文・一幕喜劇『ローマで』が王立劇場で公演されて、脚光を浴びていた。だが、キルケゴール、ジョージ・ブランデスやヴィクトル・ユーゴーなどの哲学や文学などに関心を寄せてはいるが、どうしても熱意が湧かなかった。いずれにしても、演劇俳優になりたいという夢を捨てきれなかったのである。

一〇月、ウップサラ・カロリンスカ図書館からオラウス・ペトリの伝記を借りている。後の歴史ドラマ『メステル・ウーロフ』の資料である。そして一八七二年の三月、彼はウップサラの薄暗い部屋からストックホルムへと新たな人生を歩み始めたのであった。

一八七九年、ボスニア湾に面するヴェステルノールランドのスンズヴァルで大規模な労働争議が発生している。ここの木材産業はスウェーデン産業革命の起源ともいわれている。木材産業労働者は前年度の賃金補償、禁酒のために酒屋閉鎖などを要求して大規模なストライキを始めた。しかし軍隊を導入することによって鎮圧されて、労働者たちは敗北を経験する。労働者たちはストライキによる問題解決は困難であり、その限界を知ったのであった。この時点で彼らの政治的組織力が未熟あることを実感した。このことはスウェーデン労働運動の大きなターニングポイントとなった。彼らが学んだことは、前述しているように全国的な労働組合の団結と政治的支援の必要性であった。現在この地域は社会民主党の牙城となっている。

この一八七九年には、ストリンドベリィの『赤い部屋』が出版されている。『赤い部屋』のスウェーデンでの批評は複雑であった。が、デンマークのエドヴァルド・ブランデスは「読者を偽善と反動に対する戦いへ参加させようとしている」と絶賛している。作品の評価は北欧だけではなく、ヨーロッパへと浸透して行く。一九二二年には、アメリカのヘレン・ケラーの師サリヴァンの夫・ジョン・アルバート・マーシーが文学批評の中で、「彼の作品の風刺は厳しく、時に過酷でさえある。だが、そこには意地悪さや利己的なものは全く感じさせない」といっている。

作品は、スウェーデンの自然主義文学、リアリズム文学の端緒であり、さらに伝統的なスウェーデン散文を現代的な口語体に置き換えた画期的なものと現代では評価されている。自己の直面する貧しさを土台に、芸術家や作家たちの日常生活を通して当時のストックホルム社会を風刺しているのである。

理想主義者の若い役人、アルヴィード・ファルクはジャーナリストや作家になるために、エスカレーターに過ぎない役所を辞める。彼は政治、出版、劇場、慈善活動や海上保険事業などいろいろな社会活動を追い求める。が、それらは彼が考えた以上に偽善と政治的な腐敗に満ちていることを知る。そこで彼はボヘミアン仲間へと逃げ込む。彼ら芸術家や作家たちは「赤い部屋」に集まってこれらの問題を議論する。だが、彼らに対する冷めた感情を感じると同時に、どこか彼らを否定できない共感も得るのであった。

「ベルンスの「さろん」は、不健全なるカフェ・シャンタンの生活―それは六〇年代に首都に栄えて、もしくは流行を極めて、そのところから全国中に広がったものだった―に終局を置くことによって、今やストックホルムの生活にその文明史的な役割を演じ始めていた。このところには、七時過ぎから両親の家を去ることに始まって自分自身の家庭を拵えるまで継続するところの変則な状態に生活する若い人々の群れが集まってきた。・・・こうしてベルンスの「さろん」は全ストックホルムの独身者倶楽部になった。各団体はそれぞれの自分の角を選んだ。リール・ヤンスの植民者は、南の回廊のうしろにある内部の将棋部屋を占領していた。それはその赤い家具と簡単な呼び方のために次第に「赤い部屋」と名づけられるようになったのだった。仮にもみ殻のづかさ（注・野阜）に撒き散らされていた時でも、彼らはいつでも安全にそこで出会った。困窮が甚だしかったり、資金が是非調達されなければならなかったりする時は、文字通りの略奪がこの場所から広間の周りにおいて企てられた。・・・」9

『赤い部屋』は北欧の社会史、ヨーロッパや世界の演劇や文学、そして社会思想に大きな影響を及ぼした。オロフ・パルメの写真短評の中で言及していることは、「保守党員の指物師はストリンドベリィの『赤い部屋』を読むべきだった。・・・そこにいた家具職人たちは言った。われわれに仕事を与え、我々にリスペクタブルな賃金を与えよ。そうすればあなたたちに強い警告などをする必要もないのだ。それがストリンドベリィ時代の権利であり、それが今日以上に動かないものとして厳然と存在していたのだ」（拙訳）

同時にこの年は、イプセンの『人形の家』がデンマーク王立劇場で上演されている。

ストリンドベリィはイプセンの『人形の家』についてブルジョア視点からの女性解放にすぎないと批判している。二人は元々不仲であったといわれている。が、ジョージ・ブランデス弟がイプセンに手紙で『赤い部屋』を勧めると、イプセンは若い文学仲間たちにこの作品の賛辞を送っている。

またストリンドベリィは、後の自叙伝で「実際に『人形の家』を読んだのは出版の二年後のことであった」と書いている。ストリンドベリィは一八八二年に反体制の短編小説『新しい王国』を書き上げると、イプセンの『人形の家』への返礼として自著書を届けている。

「両極端のような二人（注・イプセンとストリンドベリィ）の十九世紀北欧作家が行きついた果ては、どちらも雪の山頂への憧れであり、アウトサイダーとしての死だということは示唆的です。・・・ときには文明社会の否定となって、ややもすると非常に危険な性格を帯びてくることもありますね。・・・その点で、ストリンドベリが死ぬまで人民のがわに立ち、反権力的姿勢を崩さなかったことは重要です。・・・一九一二年の六三歳の誕生日を祝ってくれたのも労働者たちでした。・・・一九一二年五月一四日に永眠します。スウェーデン学士院は彼の死を無視しましたが、数百人の参列者で葬儀は騒然たるものだったようです。ストリンドベリは静かな埋葬をしてくれと遺言していたのですがね」[10]

いずれにしても「スカンディナヴィアの春」の群像的な諍いは、ストリンドベリィの最初の妻シリ・フォン・エッセンとのあつあつムードの中で論じられている。彼にとってこの時期、イプセンなどの女性解放どころの話ではなかったようだという批評を見つけて苦笑してしまった。[11]

ストリンドベリィは一八八三年（三四歳）から自称エグザイル（EXILE）という旅に出て一八八九年（四〇歳）にデンマークを経て一時ストックホルムに帰国している。

一八八三年の秋、ストリンドベリィはストックホルム群島キメンドウを後にした。この島は小説『ヘムソの人びと』の舞台であり、彼自身にとってウップサラの友人や妻シリとの思い出の場所、そして代表的な作品の書斎でもあった。そこからの脱出にはそれなりの理由があった。もちろん、結婚による子供たちの養育費などの経済的なもの、長い間のパリやジュネーヴへの憧れなどが挙げられている。だが、納得いかない国内での彼の評価に対してヨーロッパ、そして世界を文学で征服すること、片隅のスウェーデンを世界に、そしてスウェーデンの人々の目を彼自身へ向けさせたかったという。このエグザイルのロールモデルはヴィクトル・ユーゴーやイプセンに従ったとの説もある。この主張は誇大すぎではあるが、面白く頷ける。12

友人画家カール・ラーソンの挿絵で精魂込めた文化的貢献作『スウェーデンの人々』を書き遂げると、彼自身、旅へ出ることを決する。家族を共にする旅は人生を賭けることであったのだろう。出発の際、友人宛ての手紙で一年以上の海外生活はしたくないと書いている。だが、約七年に及ぶ異境での生活は、思索の糧となり、ストリンドベリィという大木の幹となったことは確かである。

最初に落ち着いたのはパリの南にある小さな町グレ・シュル・ロワンであった。ここはラーソンが勧めた芸術家村である。美しいロワン川、フォンテーヌブローの森、多くのスウェーデン出身者が住み、パリにも近かった。その後、喧噪と不潔な塊であると酷評していたパリへ移ることになった。

自らはポットボイラーと卑下した民話幻想劇『幸福者ペールの旅』から稿料が入ると、それなりのゆとりができた。憧れのスイス、ローザンヌ南にあるウシーへ移り、ここで数年間生活することになる。

特にルソー主義を自認する彼にとって、スイスは憧憬の地であった。しかもストリンドベリィの思想的な背骨はこの地で構成されていった。スイスの自然と歴史が山岳氷河の如く心の大地に染み込み、その後の人生で伏流水が溢れ出たのであろう。この地の代表作『スイス小説集（真のユートピア）』は彼の社会主義思想を大きく振動させ、この地での経験は他の作品群、さらに自身の社会との関わりに深く影響を与えている。

J・J・ルソーは時計職人の子としてジュネーヴで生まれ、心はスイス人といわれる。ジュネーヴに対するルソーの愛憎の話しもあるが、故郷への愛と思い出は忘れることがなかったであろう。

一八八四年には短編集『結婚』を出版している。最初の編では、人間の平等、特に女性の権利を支持した物語を、後編では特別な結婚形態の物語を書いている。出版は一八八五年に延びている。

この序文で宗教的迫害、戦争、そして歴史上の多くの不幸は女性たちの責任であると批判した。そこでストリンドベリィは女性嫌いと見なされるようになった。また内容が宗教的冒涜であると告訴されて、フランスから国外退去を求められる。スウェーデンでもこの件では裁判で争うようになった。結果的には判決で無罪を勝ち取るが、上流階級や右寄りのメディアから厳しく攻撃され、精神的にも意気消沈する。逆に民衆は、この小説からスウェーデン女王ソフィアの影の部分を読み取り、彼に好意的であった。

当時、ソフィアは国王オスカル二世による不倫や彼女のカトリックという宗教上の問題から国王との間に溝ができていた。後にソフィアが本来のスウェーデン国教であるルーテル派に戻ることで危機を回避している。

ただ、事件はスウェーデン王室にとって新たな宗教という難題を経験することになった。

この時期、ストリンドベリィもまた、自らの宗教的信条であったルーテル派から無神論者となっている。ルソー、キルケゴール、ニーチェ、そして最後はキリスト教社会主義者（スイスの神学者カール・バルトが有名である）という思想的遍歴が続いていったのである。

一八八五年、パリに戻る。

この頃（一八八六）、スウェーデンでは普通選挙を求めた運動が活発となっていた。印刷や郵便の全国的な組合が組織化されて、労働運動も発展していった。ヤルマール・ブランティングはこの年、労働者に呼び掛けている。「なぜ労働者は社会主義でなければならないのか」と。

この有名な言葉は、その後のスウェーデン社会に大きなインパクトを与えることになった。展示の下欄では世界の出来事が扱われていた。アメリカは工業化の進展に伴い労使紛争が激化し、八時間労働を求めてゼネラルストライキを起こしている。年末にはアメリカ労働総同盟（ＡＦＬ）が結成されている。

一八八七年にはオーストリアとスイス国境にあるボーデン湖のドイツ領リンダウに滞在する。そして、最後にブランデス兄弟の招待でコペンハーゲンへ、その間デンマーク各地を巡っている。

この時期、妻シリと彼女の女性友人マリェ・デビットとの間で不倫関係があったと疑い、またシリの飲酒癖を理由に二人は泥沼の離婚騒動に陥っていった。経済的にこの時期は最悪の困窮状態であった。

ストリンドベリィとシリは、一八九一年頃まで離婚騒動を続けていた。ただ短期間だが、シリがコペンハーゲンのスカンディナヴィア実験劇場でマネージャーになると、和解の雰囲気も生まれていった。しかし、一年も経たずに、一八九二年、公式に離婚をしている。この間ストックホルムに約二年滞在する。経済的にも精神的にも行き詰まるが、一八九二年一〇月、ドイツ・ベルリンへと再び旅に出る。他方、シリは、一八九三年、子供たちを連れて故郷フィンランドへ戻ることになる。

これらは、ストリンドベリィにとって次の九〇年代の「地獄」時代の始まりとなった。

ドイツ・ベルリンやオーストリアでの生活は、『赤い部屋』に描かれたボヘミアンのごとき生活で、貴重な友人たちと出会い、多くの思索を得る機会となった。またドイツは、現在に至るまで強力な彼の読者地盤となっている。一八九三年、酒場で知り合ったオーストリアのジャーナリスト、フリーダ・ウールと第二の結婚をしたのもこの地であった。だが、一八九四(一八九五)年、彼女と最後のキスをした後に二度と会うことはなかったという。正式には一八九七年に離婚している。彼女はアメリカに渡り多くの男性遍歴や発砲騒動を起こし、一九四三年、七一歳でオーストリア湖畔モンドゼーで亡くなっている。彼についての伝記『天才との結婚』を書いている。離婚の原因は彼女の新規事業や男性関係とされが、ストリンドベリィの女性観によるものと私は思う。

一八九〇年代、パリのホテルや下宿に滞在するが、激しい幻聴・幻覚を伴う精神異常に悩まされる。彼の告白書『インフェルノ(地獄)』から地獄危機の時代と称されている。パリでは、植物学、化学実験、錬金術やオカルト研究などに没頭し、魔法使い作家といわれた。妻フリーダの母親の奨めで、スウェーデンボリー（一六八八〜一七七二）の著作に出会い、この危機をどうにか脱出することができた。その後、パリを去り、スウェーデン南部のイスタッド、ルンド、そして再度パリに戻り、ベルギーのマレゾウス修道院へ向かうが、定住することなく、一八九九年、再三なる旅路は終わった。ヨーロピアンでありたい、ヨーロッパの目をスウェーデンに向けさせたいという彼の旅の願望は達成されたのだろうか。ストックホルムの北にある温泉地フルスンドで心と身体を癒したのである。彼の終着駅はストックホルムであった。

安住の地ストックホルムでの活躍は「灼熱の舞台」といわれるほどのラストスパートとなった。その好例として彼の魂の鏡といわれる「ダマスカスへ一-三」（一八九八〜一九〇一、一九〇四出版）を書きあげている。特にこの頃の作品は象徴主義やシュール・リアリズムの先駆者として、現代文学から高い評価を得ることになる。自然主義文学からの決別である。また演劇作品では、異化効果を提唱したブレヒト演劇からスウェーデン映像文化の巨匠イングマール・ベルイマンに至るまで大きな影響を及ぼしている。フランツ・カフカ（一八八三〜一九二四）は、「我々はストリンドベリィの時代に属し、またその継承者である」といっている。確かに初期の歴史演劇を止揚させて、ストリンドベリィ歴史観と評されるほどの新たな作風を築き上げているが、後期のキリスト教的神秘主義や象徴性は二〇世紀演劇を切り開いたといえる。

彼の旅を詳細に述べれば、エンドレスになる。流浪期間についてミュージアムの短評から紹介しよう。「（旅は）彼の知的な、そして政治的な地平線を広げた。彼は（旅によって）ますますラジカルになった。亡命とも流浪ともいえるスイスでは、ロシアニヒリズムに対する複雑な関心をもつようになった。そのことでいかにスイスが自由の聖域の国であるかにも気づいたのであった。

ここスイスでは、彼のニヒリズム小説といえる二冊の短編小説を書いている。その『新築』と『ぶり返し』は、一八八五年、ストリンドベリィ・コレクション『現実の中のユートピア』として出版されている。

一八八六年の秋、ゲルサウでロシアニヒリストに変装した自撮り写真からこの頃の彼の考えを見ることができる」[13]

ゲルサウはスイス連邦発祥地・中央スイスにあり、一八一八年にスイス連邦へ併合されるまで、最も代表的で自由なミニ国家であった。この短評はストリンドベリィのスイスでの思想的な遍歴とロシア社会主義に対する彼の立ち位置をよく記述している。ペルシャ帽にボタンのない冬コートを着た彼の姿は、アイロニーに富むロシアニヒリストの象徴であった。

一八八一年、ロシア皇帝アレクサンドル二世はアナーキズムやニヒリズム台頭の中、テロによって暗殺されている。ロシア情勢はスウェーデン人、そしてストリンドベリィにとっても強い関心事であったろう。

もちろんこの展示テーマは労働運動、特にその具現であるロシア社会主義に対峙するスウェーデン社民主義とストリンドベリィであるようで、詳細な説明はない。晩年、彼が社民党と労働者、キリスト教社会主義へと寄り添っていくことを考えれば、頷ける短評である。同時にゲルサウでは珍しく落ち着いた家族生活であったが、シリとストリンドベリィの間には「秋」が忍び寄っていたのもこの時期であった。

一九〇一年、彼はスウェーデン系ノルウェー人の女優ハリエット・ボッセ（一八七八〜一九六一）と結婚をしている。ストリンドベリィ五二歳、彼女はまだ二三歳の若さで、劇作『ダマスカスへ』、『夢の劇』、『復活祭』などのヒロインでもあった。今回も彼のパラノイア的な嫉妬心から一九〇四年に離婚している。が、彼女のために多くの作品を書き、彼女もまた彼に尽くしている。三度の離婚理由は彼の父権主義と知的に独立した心の強い女性との齟齬にあったと論じる批評家もいる。だが、それは一部の男性からの感想と偏見であると私は思いたい。父権主義とはいったい何を意味する概念だろうか。私には難しい。

一九〇九年、彼の最後のドラマ『大いなるハイウェー』を書き上げている。作家の分身である狩人が人生の不条理の中で誘惑者の甘言を退ける。そして約束の地にある雪に覆われた山頂への憧れを語らせている。雪の山頂を目指す人物戯画を展示の中で見ていて、なにか不思議に思っていた。調べてみると旧約聖書のカナンに擬えているようである。この作品の執筆時期のノートにはヘブライ人に関する多くの疑問が書き込まれているという。現代的に解釈すれば、イスラエルの約束の地の真偽は少々問題を含む象徴といえる。しかし、不条理の中で真の頂を失って模索を続ける姿は現代のわれわれであるとも理解できる。

なお晩年の随筆集『青書』にみられるように、一九〇七年から一九一二年頃にかけて、再び強い社会主義への関心を示している。

最後に、一八九六年の刻みにある「ブランティング、社民党から初めて国会議員となる」を私なりに考えて、展示テーマの纏めとしてみたい。

まず展示の写真短評からブランティングの言葉を紹介しよう。

「若いストリンドベリィに対する評価はパイオニア、世論の覚醒者、あらゆるオマージュと賞賛の的・・・しかし、多くの旗を抱えて、紳士録にも掲載されているストリンドベリィ・・・われわれが心から望むことは、彼がもう一度彼自身であってほしいということである。譬えると『メステル・ウーロフ』や『赤い部屋』の作者のように」（拙訳）

この言葉はブランティングとストリンドベリィの深い友情関係を示したもので、彼に対するいくらかの危惧と配慮を率直にのべている。言葉の記述の時期と引用資料が明示されていないが、晩年の「反ノーベル賞」

でストリンドベリィのために奔走するブランティング。言葉の深さと二人の友情が理解できる。

ブランティングの功績を端的にいえば、国内的には国会議員となったあと、非暴力と議会主義を通じて普通選挙制度の確立とスウェーデン社会民主主義の基礎を築いたということであろう。スウェーデンを現在の政治形態に導き、「スウェーデン政治の父」といわれ、三度にわたる首相経験者であった。

さらにその国内政治を安定させるために、国際平和を希求していった。ノルウェーの独立に理解を示し、対フィンランドのオーランド問題解決を模索し、そして一九一九年のパリ平和会議、一九二〇年から二一年の国際連盟総会軍縮委員会議長、一九二〇年から一九二四年に同委員会メンバー、一九二四年の軍縮協議会メンバー、ギリシア・イタリア紛争やイギリス・トルコ問題などの仲裁、さらに国際連盟創設に大きな貢献をしている。一九二一年にノルウェーのクリスティアン・ランゲと共にノーベル平和賞を受賞している。北の小国から国際的な発言をし続けた先駆者であった。そして、その後のスウェーデン政治家たちは国際場裏で彼の目指した国際的な役割を引き継いだのであった。

肉体的には常に鍛錬を重ねていたが、遺伝的には健康に恵まれず、超多忙な活動を克服することができなかった。一九二四年の選挙の結果、三期目の首相就任し四か月後、一九二五年二月二四日に急死している。

ではブランティングとストリンドベリィとの関係はどうであったのか。ブランティングの前半の人生にそのヒントがあるように思える。

一八六〇年、ブランティングはギムナジウムの教授と、貴族の娘でピアニストである母のひとり息子としてストックホルムに生まれている。彼が九歳の時に両親は離婚している。経済的には恵まれたブルジョア家庭に育っている。小さい頃からフランス語を学び、ギムナジウム創設間もない有名校ベスコウスカ・スクールに入学、次の国王であるグスタヴ五世とはクラスメイトであった。特に学生時代はラテン語が優れていたが、彼の興味は自然科学と数学であった。

一七歳の時、大学入学資格で数学・ラテン語いずれも抜群な成績を残し、一八七八年から一八八二年にかけてウップサラ大学に在学している。専攻は天文学に関する研究で、数学と天文学に専念していた。しかし、卒業することなく、一八八二年、ストックホルム天文台長のアシスタント（幹部候補生）として勤務することになった。

だが、ブランティングは自然科学だけではなく、社会や文化問題にも深い関心を抱いていた。旅行や文学を通じて、早くからヨーロッパ、特にドイツのマルクス主義に接して、その観察者であった。

ひとつのエピソードがある。一八八一年、ストックホルム労働者研究所から労働者のための研究授業を依頼された。しかし、研究所は市からの財政援助がなく困窮していた。彼は多くの私財を注ぎ、労働者のために研究所の維持存続を図ったといわれている。

一八八三年、彼はヨーロッパに渡ることを決意する。パリでマルクスの娘婿・社会主義者ポール・ラファルグの講義を聞き、チューリッヒでドイツの社会主義者エドヴァルト・ベルンシュタインの主義主張を学んでいる。当時、ベルンシュタインは機関紙「社会民主主義」の編集に携わり、スイスに長期滞在していた。どこにいようが、ブランティングは多くの労働者や思想家と議論し、自分の思想を鍛えていった。ストリンドベリィと同様にスイスでの思想遍歴が後の人生に大きく影響したのであった。

その後一八八四年、帰国し、自然科学研究を断念し、急進的な新聞「ザ・タイムス」、そして社会主義新聞「社会民主主義」の編集者となり、さらにジャーナリスト、社会民主主義者、党首として新たな道を歩み始めていった。

ブランティングに関わる三つの視点に注目したい。

ひとつはウップサラ大学時代である。

この時代、ウップサラ大学では彼の友人カール・スターフやストリンドベリィを中心とする自由で急進的な「ヴェルダンディ」という学生交流団体が活動していた。

ヴェルダンディとは、北欧神話に登場する三女神ノルンたちのひとりである。彼女は木片にルーン文字を刻み、人々の運命を決定する。彼らウップサラ大学の団体は、女神ヴェルダンディ同様に過去よりもむしろ現在、さらに未来を見据えていた。参政権、宗教の自由、反王制、禁酒運動、労働運動などの社会問題が彼らの関心事であった。ブランティングが国会議員に初当選したのも、この時の親友カール・スターフの自由党からの枠内協力を得たものであった。その後、参政権を中心に反国家宗教、文化的反保守、軍縮などを掲げて戦い続け、社民党の政権を盤石なものにしたのであった。ストリンドベリィとは多少考えの異なる時期があったものの、ウップサラのヴェルダンディとの関わりと視点は軌を一にしていたのである。

さらに、経済学者クヌート・ヴィクセル、詩人グスタフ・フレーディング、女権活動家ホワイトロック・アンナなどもこのグループに加えられている。

現在のウップサラ大学ヴェルダンディはリベラリズムと労働者階級の思想的伝統を基に、国際主義、自由、ヒューマニズム、そして閉鎖的社会に反対するグループとして新たなスタートを切っている。

二つ目はブランティングの文化政策である。

社会主義思想が海外渡航などで持ち込まれた初期においては、多様な解釈と実践が試みられた。当然、社民党内の幅も広がり、活動方針もそれぞれの人生観や経験が反映されていった。特に労働の実体験グループと学問を得て政治改革を目指したグループは激しく対立していった。前者に代表する人物がパルムである。

労働者にはあくまで独自の文化があり、文化は階級闘争に従うものであるという。他方、後者を代表するブランティングは市民文化こそ民主主義の根底にあり、社会主義はリスペクタブルな市民によってのみ実現可能となると主張している。この思いは終生持ち続けたようで、ストリンドベリィとの交流の原点となっている。ブランティングの妻アンナはペンネームを「レーン」と称してストックホルム新聞の演劇批評家であった。当然に斯界で名が通っていた。アンナは王立劇場に永久席を持ち、鋭く、ウイットに富む批評で知られ、多くの人々から尊敬を得ていた。ブランティングもまた、作家としての素養を持ち、アジテーション活動にその一端を垣間見ることができる。ストリンドベリィ著『結婚』などが激しく非難されると、二人とも眉をしかめつつ、アンナの機知溢れるストリンドベリィ批評によって彼への理解を示している。

このリスペクタブルな市民については、石原俊時が「スウェーデン社会民主主義における教養理念」としてこの概念を詳述しているので披露したい。

「スウェーデン社会民主主義は、教養・理性を持って人格的に自立した市民を主体として、社会改良の積み重ねの上に調和的社会発展を実現し、その延長線上に社会主義社会の実現を展望していた。こうした展望を現実にしたのは、一九世紀前半には中間層の台頭とそれに伴って市民的公共性が発達し、この世紀転換期には議会主義がある程度機能し、自由主義勢力と協力しつつ保守支配層の専制的な権力行使をチェックし、政治的影響を拡大しうる状況が存在したことであったろう」[14]

「「リスペクタブル」な労働者は、集会で議論し、学習サークルを結成し、酒飲みでなく、約束を守り、自己統御し、思慮深い労働者であり、自らを真の教養理念の体現者として自己の存在を社会にアピールしていたのである」[15]

一九九〇年前後、スウェーデン語夏季講習に私が数度参加したときのことが思い出された。

禁酒運動、読書活動、スポーツクラブ、協同組合活動、文化活動への国家補助金などを目の前にして、多くの文化活動は北欧の長い冬の季節的産物と理解していた。しかし、これらの活動がリスペクタブルな人間を作り、民主主義の基盤となることをいま知ったのである。私には少々きつい部分もあるが・・・。

労働者と中間階層の交流接点が市民文化を通じて新たなスウェーデンの政治と文化を融合させて、北欧型民主社会主義が形成されていった。「リスペクタブルな市民」、これこそがブランティングが理想的な人間像として生涯追い求めたキーワードだったのかもしれない。

またデンマークのブランデス兄弟、ストリンドベリィなどによる急進的文化活動もこの第二の視点に加えることができよう。その価値観は、基本的には宗教批判、社会規範への反発、特に倫理規範としての反ヴィクトリアン、そして反軍備、古典的西欧文化よりも新たな文化への共鳴である。これらはスカンディナヴィア諸国に広がり、若い人々の政治、社会、文化へ大きな影響を与えたのであった。

これらのグループの中にクヌート・ヴィクセル（ストリンドベリィより二歳下のウップサラ大学出身者・経済学者）が含まれている。一八七八年にウップサラで開催されたスカンディナヴィア学生祭で貧富の差と女性解放の問題を詩的にアピールして、全国に反響を呼んでいる。特に人口問題に関する避妊は、保守派から激しい攻撃をうけて、議論を激化させた。彼もまた発言と行動がストリンドベリィに類似している。例えば、晩年の保守化にもかかわらず、労働者への一貫した理解である。彼の人生の節目にはスウェーデン社会民主党や労働者から祝福を得て、逝去時には彼らから大きな弔辞を得ている。

ただ、彼の対ロシア評については「軍備拡張でロシアと争う必要はない。ロシアの一州でも構わない」との文章を読んだときは少々落胆した。国の自主独立とは何だろうかと戸惑いを感じたのである。

最近の日本の動きをみると、文化と政治の関わりについていえば、選挙地盤の後援会活動に使われて、選挙目当ての被選挙人による文化公演となっている。単なる集票目的では民主主義への危惧を感じるのである。これはブランティングが目指すリスペクタブルな市民活動からの逸脱と思えるが・・・。

　ブランティングの三つ目の視点は、スイス・チューリヒでのエドワルド・ベルンシュタインとの出会いである。エドワルド・ベルンシュタインは、一八五〇年、現在のベルリンの一部であるシェーネブルグに生まれた。両親はユダヤ人で、父は鉄道の機関手であった。学校卒業後に銀行員を勤めて、この間、社会民主党員として活動していた。

　一八七八年、彼はスイス・チューリッヒで雑誌編集者・社民党員カール・ヘーヒブルグの私設秘書をしていた。だが、ビスマルクによる厳しい社会主義者鎮圧法によってドイツへ帰国できなくなる。カール・カウツキーもまた同じ状況でヘーヒブルグに師事してチューリッヒに残留している。この時期、ブランティングはヨーロッパ旅行の中で彼らと出会っている。

　一八八〇年、ベルンシュタインはマルクス・エンゲルスによって批判されたヘーヒブルグの論説を釈明するため、ベーベルと共にロンドンを訪れている。スイスに戻ると、その後一〇年以上「社会民主」の編集に携わった。ヘーヒブルグもまたスイスに亡命する中で、編集を通じてマルクス・エンゲルスとは異なる思想形成に進んでいった。

　一八八七年、ビスマルクはスイス政府にドイツ社会主義者の国外追放を要求した。ベルンシュタインは翌年、ロンドンに亡命することになる。そこで以前から知己のあったマルクスやエンゲルスと親交を深め、特にエンゲルスからは厚い信頼を得て、正統派マルクス主義者として名声を博するようになる。加えてベルンシュタインは、イギリスの社会経済状況を直に見聞、民主社会主義団体、特にファビアン協会などと交流を重ねていった。

この間、スイスでは連邦に関する集権派、分権派のレファレンダム闘争が繰り返され、次第に合意形成の民主主義に集約されていった。またヨーロッパ各国も産業革命の深化と労働組合運動の活発化、社民党結成の動きが広まってゆく。ブランティングによるスウェーデン民主主義と合意形成の出発点はこのような時代背景と彼らとの交流による思想的影響によるものと思える。その後、スイスでは社民党を中心に比例代表制選挙を求めた運動が広がっていく。

ロンドンのベルンシュタインは一八九九年、『社会主義者の諸前提と社会民主党の任務』を公刊し、当時の社会民主党の正統派であったマルクス主義経済理論を実証的に批判する。いわゆる史的唯物論を否定し、議会主義による漸進的な社会主義の実現を主張していく。さらに一九〇一年、『いかにして科学的社会主義は可能か』を発表すると、ベーベル、カウツキー、ローザ・ルクセンブルクなどから「修正主義」と厳しく批判される。私の学生の頃、この修正主義なる言葉がしきりに左派グループから発せられ、批判された。

一八八八年、ヴィルヘルム一世が死去して、フリードリヒ三世を経て若いヴィルヘルム二世が即位すると、世論に刷新ムードが広がる。一八九〇年、ビスマルクが解任され、鎮圧法は期限切れのままに効力を失う。ベルンシュタインへの追放も特赦によってドイツへ帰国できるようになる。

一九〇二年から一九一八年までベルンシュタインは帝国議会議員を務め、第一次世界大戦中はハーゼ、ベルンシュタイン、カウツキー、リープクネヒトと共に反戦を主張し、ドイツ独立社会民主党を結成する。一九一九年、社会民主党に復帰し、一九二〇年から一九二八年までワイマール共和国議会議員を務める。一九二一年、マルクス主義から脱した社民党のゲルリッツ綱領の起草に携わり、階級闘争を後退させ、民主共和制と自由主義の擁護を前面に押しだすことになる。一九二八年、彼は政治人生を終えて、一九三二年、ベルリンで没している。

ベルンシュタインとブランティングは人生の重複部分があった。出発点では、いずれも「社会民主」の編集であった。そして終着駅は、議会主義を通じた社会主義の実現である。その後、ヨーロッパ社会主義思想は遷移していった。それぞれのエリアで二人はその役割を演じたようである。

ここまで見てきたように、ヨーロッパの多くの社会主義者たちは、フランス、イギリス、スイスやドイツで人々と接することによって、労働運動や社会主義への関心、思想などを発酵させている。同様にストリンドベリィもまた漂泊の旅を通じて作品や批評に深みを加えていった。彼のエグザイルは、フランスの空想的社会主義から始まり、デンマークの文化思想、ドイツ社会民主主義、スイスからの幅のある自由であった。旅によるストリンドベリィの思想形成がその後、スウェーデン社会・文化へ大きなインパクトを与えたことは確かである。ただ、ストリンドベリィがドイツ滞在中にビスマルクへ傾倒したこと、フランスの空想的社会主義を通じた現状分析の脆さ、実践的な社会行動のなさなどを指摘する論者も多いことを追記しよう。

イプセン、ブランデス、ビョルンソン、ブランティング、ベルンシュタイン、そしてヴィクセルなど、現代ヨーロッパ。そして新しい二〇世紀の胎動をこの博物館から学ぶことができた。

僅かに残る人生を振り返ると、多くの浮遊と交流を経験しながら、ここに私の存在を確認した。登場人物の生涯を読みながら、まだまだ「人生とは何かに」に答えを得ずに苦悩する自分を改めて見詰めるのである。

これでよかったのだろうか。・・・よしとしようか。

外に出ると、まだスカンディナヴィアの春の雨は続いていた。傘なし。濡れていこう。

３・スコーグスシェルコゴーデン（森の共同墓苑）１６

朝目覚めてふとドアの下を見ると一通の封書が挟まれていた。中を確認するとメーラレン湖の女王からの第二のメモである。

「市庁舎で私に会う前に、ぜひスウェーデン人の死生観を知ってほしい。生―死―生です」

その言葉に急されるように世界遺産スコーグスシェルコゴーデンを訪ねることにした。

ストックホルム中央駅からファルスタ・ストランド行きの地下鉄で南に下る。スコーグスシェルコゴーデン駅を降りると、徒歩一〇分で世界遺産の矢印マークに出会う。入口は簡素で若い数人の日本人観光客が集っていた。バスによる団体ではなく、個人旅行のようである。簡単な声掛けをした。

ゲートの両側に丈夫な鉄の門が折りたたまれていた。インフォメーションセンター前には、四か国語の世界遺産の説明が見られる。

「スコーグスシェルコゴーデンへ歓迎。建築家グンナール・アスプルンド・エリックとシーグルド・レヴェレンツによって二〇世紀初期にデザインされたものです。一九九四年、建築と風景が一体化している素晴らしい事例として、ユネスコ世界遺産に登録されました。墓地は一〇万基以上もあり、五つのチャペルでは年間二千件以上の葬儀が行われています。敬意を持たれてこの墓地を訪れたご厚意に感謝します」

奥はなだらかな丘陵が南に延び、両側は広い芝生、遠くに十字架が遠慮がちに顔を出している。

右側は「グンナール・アスプルンドの径」と名付けらたなだらかな「チャペルの道」。その先に楡の木立がある小高い丘が見える。

グンナール・アスプルンドは一八八五年、ストックホルムで生まれ、画家を目指した。が、税務署役人の父と絵の教師に反対されて、王立工科大学で建築を学ぶことになる。卒業後、王立芸術大学に入るが、フランス古典主義的なエコール・デ・ボザール流の教育に反発して中退する。仲間と共に私学校「クララ・スクール」を設立し、市庁舎設計のラグナール・エストベリィなど一流の北欧建築家を招き、指導を受ける。このときの仲間に、後に「森の共同墓苑」の共同設計者となるシーグルド・レヴェレンツがいた。

一九一二年から一三年にかけて数々のコンペに入賞し、その賞金で、一九一三年から一四年、ギリシア、イタリアを旅行している。翌年帰国後、レヴェレンツと「ストックホルム南墓地国際コンペ」に「松林」の名称で共同応募し、一等を獲得する。確かにこの地は松林に囲まれた古い砕石地であった。その計画から主要施設である「森の火葬場」が完成するまで二五年という長期の施工となった。だが、最終段階である火葬場設計ではレヴェレンツが外されたために、事実上、アスプルンドが生涯をかけてこのプロジェクトに取り組むことになる。一九四〇年、彼は完成オープニング式の四か月後に亡くなっている。

一九三一年には母校王立工科大学建築科の教授に就任し、後進の指導に当たった。作品は国内にしかないが、後のスウェーデンモダニズム（ノルディク・クラシシズム）建築に多大な影響を与え、広く北欧現代建築の土台を築いたと評価されている。

主な作品は、実質的な初デビューとなったナショナル・ロマンチシズム「カールスハムンの中学校」（一九一二～一八、港町カールスハムン）、後に国立海洋博物館となるが、鉄とガラスによるスウェーデン近代建築の先駆けといわれる「ストックホルム万国博覧会場」（一九二八～三〇）、後のストックホルム市立図書館の原形と思える「リステール・カウンティ裁判所」（一九一七～二一、セルヴェスポリ）、そして三〇年以上も関わった「イェーテボリィ裁判所の増築」（一九一三、一九一九、一九三四～三七）、実験用のバクテリアに配慮しながら緑との調和を求めた「国立バクテリア研究所本館」（一九三三〜三七、イタリア旅行中の夕暮れの記憶を表現した「スカンディア・シネマ」（一九二二〜二三）などがある。

なお、彼の作品リストを見ると幾つかの墓地・教会・火葬場との関りが多く見られる。特に、一九二六年のイェーテボリィのクヴィーベリィ墓地は、隣接する居住者との間で地区調整計画を立て、「礼拝堂」（一九三二）と「火葬場」を造っている（一九三六〜四〇・応募案一等）。これは「森の火葬場」と同じ頃で、彼の人生という蝋燭の最後の輝きであった。一九二八年にはヴァーサ勲章、一九三〇年には北極星勲章を授与されている。特に特筆すべきものは、ストックホルム市立図書館（一九二〇〜一九二八）である。フランス新古典主義の代表的建築といわれている。一九二〇年代、図書館設計コンペ準備委員メンバーであった彼が、アメリカ図書館視察から帰国後、急遽、設計者へ指名される。具体的な経緯は不明だが、彼に託したようである。

市立図書館はストックホルム中心部からはずれているが、歩ける範囲である。スヴェアヴェーゲン通りの階段を上がり、中に入ると円形ホールに吸い込まれる。外観は、中心の円筒形を立方体で囲むような幾何学構造で、確かに新古典派建築の特徴を添えている。だが、どう見ても外観とは別に、内部の機能性と合理性から判断すると近代建築様式そのものである。これらの複合的な視点は森の共同墓苑にも見られる。

「これまでアスプルンドは、いわば「知る人ぞ知る」存在であった。・・・「森の教会墓地」として世界遺産に登録されてから、話題になるが、彼の仕事は十分理解されていないし、正当な評価もされていない。・・・その理由のひとつは作風のつかみどころのなさにある。建築史の位置づけがしっくりこない。だが、彼の作風に一貫した特徴が見つけにくいのは、当時のスウェーデンでの建築潮流が次々変化したためである。・・・だが、もっと注目すべき視点は作品の設計過程のなかに思考の跡を辿り、人間としてのひとりの建築家の生成過程に立ち会うことである」（概略のみ記述）と川島洋一は述べている。「そこにこそ、アスプルンドを知る本当の醍醐味がある」という。納得なっとく。[17]

この市立図書館は私がストックホルムを訪れるたびに立ち寄っている。

一九八〇年代にウップサラ大学夏期講習に参加した後は、ストックホルムを見学するのが私の後半の日程であった。仮設の学校ユースホステルの蚕棚に寝て、早朝から深夜まで町を歩き回った。調査や資料の整理はこの図書館であった。慣れない昼夜の緊張の中で、机に向かう合間にふと外に広がる庭園を散策する。これが一番気持ちの落ち着く時間であった。

図書館の中心は広いシリンダーの空間が三階まで吹き抜けとなっている。その周囲の壁に沿って、びっしりと本が並んでいる。「知識の壁」と表現されている。三六〇度、本に囲まれた空間は円形劇場の真ん中で本を読む錯覚さえ呼び起こす。大きなシャンデリアの下で、カウンターから書籍を受け取り、隣の矩形の閲覧室に移る。上からの斜光は北欧デザインに共通した光の芸術である。この場所は生涯忘れることができない思い出となっている。

外の睡蓮池に水鳥が浮かび、赤銅の本体建物に下帯を加えるように青と緑が広がっている。子供用の円形閲覧室の天井には星座がデザインされている。子供たちに十分配慮した装飾と設計。ここは都市空間のオアシスである。二〇〇九年、増築する予定であったが、中止されている。予算不足だけの理由ではなく、設計者アスプルンドへの敬意ともいわれている。

もう一人の設計者シーグルド・レヴェレンツは一八八五年にストックホルム南、ニューハムン近くのビョルトラで生まれ、イェーテボリィにあるチャルマース工科大学で機械工学を学んでいる。その後ドイツで建築を学び、帰国後クララ・スクールでアスプルンドに出会う。二人は、一九一四年から「森の共同墓苑」で共同設計者となっている。一九三四年に墓苑プロジェクトから降ろされた後は、建築設計から離れていたが、一九四〇年頃から地下鉄関連の製品や建築部品の工場を経営している。一九三三年から一九四四年までにマルメ歌劇場の設計に関わり、一九五〇年にはプリンス・エウシェンメダルを受章している。

人生の最後は、ストックホルムの聖マルコ教会（一九五六）、聖ペトロ教会（一九六三〜一九六六）で設計に復帰し、「マルメ東部墓地」（一九六九）では第一回スウェーデン建築賞を得ている。「森の共同墓苑」はアスプルンドの死後に関わりを続けている。一九七五年、九〇歳、ルンドで亡くなり、マルメに埋葬されている。

墓地の主な施設をインフォメーションセンターからゆっくりと歩いてみた。右側にはレヴェレンツ設計の記憶の木立があり、正面の奥には楡の木立がある瞑想の丘、左奥には火葬場広場と大小の礼拝施設群が見られる。それらの中間に石造の十字架が天を仰いでいる。緩やかなアップダウンの坂道から見た遠景は、松林が天地を二分している。

花崗石の十字架は、一九三九年にアスプルンドによって設計され、匿名の財政支援者によって建造された。この十字架は信仰のシンボルというよりも、むしろ「生—死—生」という生命循環のシンボルと考えられている。従って、最初の設計段階では宗教色のないオベリスクであった。しかし寄贈者の強い要望なのか、委員会が現在の形を強く要望し、アスプルンドも受け入れたのであった。様式に拘泥するのではなく、建築内容に心したのは彼のひとつの思想的表現といえる。

楡の高台にある瞑想の丘には長い階段がある。階段の踏み幅は高くなるほど広くなり、人の歩みに配慮している。案内プレートに説明があった。

「グンナール・アスプルンドの階段から、信仰、希望、そして聖十字礼拝堂へ行くことができます」

つまり、この楡の高台からは、十字架、そして礼拝堂と火葬広場へと、西に横切ることのできることを意味している。高台は墓苑全体を展望できる絶景の位置。墓地の各エリアへ行くことのできるショートカットの端緒となっている。

瞑想の木立を下り、優美な七つ井戸の道を歩く。八八八メートルあるが、名称とは異なり、周囲に井戸は全くない。スウェーデンのキリスト教伝には、多くの泉に関する伝説が登場する。もしかすると初期の設計段階では七つの湧泉の配置が計画されていたのではないだろうか。確証はないが、想像することができる。

この道は故人を偲びながら「復活のチャペル」へ至る貴重な「時間の空間」となっている。別れの厳粛さ、未来への明るさを四次元の世界で演出している。途中、東西に走る径に「春陽の径、春空の径、東風の径」の名称があり、この墓苑の設計思想の雰囲気を醸し出している。

「復活の礼拝堂」はシーグルド・レヴェレンツの設計により、一九二五年に完成した。建物の配置は「森の礼拝堂」と同じく東向きであるが、入り口は北側になっている。この意味は重要である。

この件で墓地委員会とレヴェレンツとの間で意見の衝突があった。

ヨーロッパの教会入り口は伝統的に東向きである。しかし、彼は宗教上の配置思想とは異なる案を提示したのであった。陽の差し込まない薄日の北口から入り、式が終わると、明るい南口へ出る。そこには青空と常緑樹に囲まれた木立が目前にある。生—死—生という彼の循環思想である。死から生への帰還を意味する。彼は自己の主張を強く押し通し続けた。頑固者と批判されたが、それでもなおそれを実現させた。ただ、この件で委員会による印象を悪くしたようで、その後の彼の墓苑設計に大きく響いたようである。

礼拝堂入り口は、周囲の森林とは対照的に、古典的神殿様式のファサードが構えている。キリストの使徒一二人を象徴するコリント式頭柱と美しい列柱がポーティコ（柱廊玄関）を支えている。下を通ると、高く細長い天井を持つ礼拝堂に入る。

礼拝堂の名はこのポーティコの上にある彫刻「キリストの復活」に由来する。パブリック彫刻で名を成したイーヴァル・ヨンソン（一八八五〜一九七〇）によるものである。参列者に厳粛さを求め、死者には復活を伝えている。生命の循環思想である。

礼拝堂内部は質素ではある。棺台や室内装飾、僅かにスロープする床など、細部は死者との対話を想定して多くの配慮がされている。内部の漆黒と外から差し込む光は世界遺産のもう一つのテーマ「暗と明」の具象である。特に二階の牧師の待機エリアは剥き出しのアーチ型天井になっているが、オリジナルデザインは真っ黒に塗られていたという。黒は決してネガティブの色ではなく、生を超越した永遠への誘いである。

苑の多くの墓には仕切りがない。高さも制限されているようで、背の高い墓石は見られなかった。簡素な植込みの花が目に付く。縦石、平石が開かれたエリアで空に向かい、あるいは針葉樹の木立から斜光を浴びながら散在する。墓地では人工物は控え目で、あらゆるものが緑の風景に溶け込んでいる。「死と生」に対する思いが染み渡っている。

彼らの提案したタイトル「タルム（Tallum）」は、ラテン語で「松」を意味する。このオリジナルな発想はレヴェレンツによるヘルシングボリィ火葬場からのスケッチ画に由来するといわれる。あくまでも彼らのコンセプトは「死者は森へ還る」というスウェーデン人の死生観である。緑の松は「永遠の生のシンボル」である。確かに広い道の両側には整然と松林が続く。これは、北ラップランドから南のスコーネまで歩いたときのスウェーデンの原風景であるとふと気付いたのである。

アスプルンドの墓は、「信仰の礼拝堂」の外側にあった。小さな花の植込みの前にある。墓碑銘はシンプルである。

─「彼の作品は生きている」─

直ぐ隣に反ナチストで有名なストックホルム市議会副議長、北欧同盟の立役者であったイングヴェ・ラーソン家の墓がある。近くの小さい丘の上にはスウェーデン出身の名女優グレタ・ガルボの墓があった。墓碑は赤身かかった花崗岩に金色文字で「グレタ・ガルボ」と刻まれていた。ひっそりと孤独を好むかのように佇んでいた。

ガルボは一九〇五年、ストックホルムのセーデルマルムで生まれ、三人兄姉の末っ子である。当時ストックホルムで一番貧しいスラム街で育ったガルボは、内気な、学校嫌いな、一人遊びを好む少女であった。一三歳で小学校を卒業する頃に父が死去し、理髪店で働くことになる。友人の勧めでデパートの宣伝担当に応募して、帽子カタログのモデルとなる。この時初めて宣伝用短編フィルムに出演する。その後、王立ドラマ劇場付属の演劇学校で学び、スウェーデン映画監督マウリッツ・スティッレルに見いだされる。「イェスタ・ベルリングの伝説」（セラマ・ラーゲルレーブ原著）のヒロインに抜擢される。スティッレル監督によるドイツ映画に出演した後、二人はアメリカのＭＧＭに移る。官能溢れる「肉体と悪魔」に代表されるガルボのサイレント映画はすべてヒットする。ただ、トーキー時代になると、制作会社ＭＧＭは彼女のスウェーデン訛りを危惧する。彼女の出演を可能な限り遅らせ、「ガルボが話す」という宣伝文句でトーキー「アンナ・クリスティ」を突如公開する。この映画は、この年の最高の興行成績となる。同年の彼女の主演

「ロマンス」（邦題「愛欲の焔」）と共にアカデミー主演女優賞にノミネートされる。女スパイ映画「マタ・ハリ」では彼女の人気絶頂期を迎え、さらにロシア人バレリーナを中心とする同宿の人間模様を描いた「グランドホテル」はアカデミー作品賞を獲得する。

つぎに「クリスティーナ女王」に続いて、「アンナ・カレーニナ」（レフ・トルストイ原作）でニューヨーク映画批評家協会賞主演女優賞、「椿姫」では二度目のアカデミー主演女優賞にノミネート。ソ連の筋金入りの共産党員で資本主義・共産主義を皮肉ったコメディ映画「ニノチカ」では「ガルボが笑う」と宣伝されて、三度目のアカデミー主演女優賞にノミネートされている。

だが、一九四一年、「奥様は顔がふたつ」の興行成績は悪くなかったが、批評家たちの評価が厳しかった。結果的には、これがガルボの最後の作品となった。三六歳、一六年間に三〇本という短く太い女優人生となった。

「クリスチナ女王」はスウェーデン史を参考にするために何度かDVDで観ている。

北欧に関する多くの著書を残した故武田龍夫がこの作品のコメントを残している。

「なお、かなり前につくられたグレタ・ガルボ（スウェーデン出身の世界的女優）主演のハリウッド映画「クリスチナ女王」というのがあって、テレビでも放映された。しかしこれは期待外れのものだった！　徹底した娯楽本位の通俗悲恋映画にされてしまっているのだ。こんな映画でクリスティーナのイメージをもたれたらたまったものではない。もっと史実に近い芸術的映画に出来なかったのか、と私は憤慨したものである。・・・・」[18]

確かにこの映画はスウェーデンの詳細な歴史を知らない一般の人々には、誤解を招く内容かもしれない。ただ、彼女の美しさとヨーロッパの平和、そしてスペイン大使を絡ませたこの物語は虚構があっても面白い。

ラストシーンのスウェーデンを去るガルボのアップ映像。印象的な娯楽と彼女の史的悲恋を咬み合わせている。クリスティーナ女王以後、次第に傾く大国スウェーデンを考えると、これもひとつの歴史物語であったと私は肯定したい。皆さんはいかがだろうか。さらに真の歴史とは何かを求めるのか、若き孤独なクリスティーナ個人の心象と歴史背景はどうだったのだろうか・・・などとあれこれを考える。でも、これでスウェーデンに関心を持たれる人々が増えて、歴史を考える端緒となれば幸いである。映画の裏にある真実とその役割は十分に描かれており、最後は歴史家ではなく、映画は聴衆が判断するものだと思う。

さてガルボの人生の前半は終わったが、引退後の生活は彼女の話題だけが一人歩きする。

引退の理由には、最後の作品の不評の他にヨーロッパでの映画配給事情、第二次世界大戦、自身の年齢、そしてハリウッドへ見切りを付けたなどと雀の千声となる。言えることとは「早すぎる引退」であった。

しかし、やれ隠遁生活だとか、孤独な人生だとか・・・などと人々のゴシップとなっても、彼女自身は限られた知人と交際し、旅行、レジャー、美術品のコレクション、株や債券の投資などで人生を謳歌していた。特製のベールで包もうとするのは世間のみである。その後は映像を離れた自由な第二の人生であったと評価したい。気にしない、気にしない。自分だけの人生であり、自分だけの命なのだから。

ただ、一九四四年、引退か、あるいは再出発かの狭間で母を亡くしている。この点は私の気になる点であった。一九五一年、アメリカの市民権を得て、ニューヨークのマンハッタンのアパートメントで暮らし始めている。一九八四年には乳がんの手術に成功し、最晩年には腎臓の透析を続けている。一九九〇年に八四歳で肺炎と腎疾患によって病院で死去している。ニューヨークで火葬されて、一九九九年、遺灰はストックホルムの「森の共同墓苑」に埋葬されている。この件は彼女の遺志なのか、相続人である姪のグレイ・ライスフィールドの配慮なのか、調べる時間がなかった。

一九五四年には「輝かしく忘れがたい演技」でアカデミー名誉賞を贈られたが、授賞式に姿を見せず、副賞のオスカー像のみが自宅に送付されている。

一九三七年にスウェーデン王室からは文化功労賞メダル、一九五〇年にアメリカの芸能誌「ヴァラエティ」で実施した投票で、二〇世紀前半の最優秀女優部門で最高得点、一九五七年にはジョージ・イーストマン賞を得ている。一九八三年にはスウェーデン国王カール一六世グスタヴから北極星勲章のコマンドール賞を受ける。二〇〇五年、アメリカ合衆国郵便公社とスウェーデン郵便株式会社が共同でガルボデザインの記念切手、二〇一五年には彼女をデザインしたスウェーデンの新一〇〇クローナ紙幣が発行されている。

さてガルボから墓地へ話を戻そう。

「復活礼拝堂」の南方には松林があり、その先には石造の塀がある。墓地周囲の塀はレヴェレンツによって設計され、一九二三年から三二年にかけて緊急失業対策としてこの工事が活用された。ヴァティカンやヴィスビィーにある城壁よりも長いといわれる。さらに塀を越えると、白樺の道、集いの道などを有する墓地が開けている。そこには正教会墓地、エストニア避難民の墓地、そして一九六九年に建てられたユダヤ人墓地などがある。ユダヤ人埋葬地にあるスヴェン・イーヴァル・リンド（一九〇二〜一九八〇）設計の礼拝堂（一九六九）は美しい暗褐色の煉瓦造りで有名である。

南から最初の入り口の方向へと「チャペルの道」を戻ると、墓苑の中央南に四つのピラミッド型ビジターセンターがあった。一九二三年に完成し、当時は墓地管理職員およびサービス用の建物であった。一九九四年に墓地が世界遺産に登録されると、ビジターセンター、インフォメーションセンター、さらにカフェテリアや展示会場用に改修工事が行われた。

春陽の径とチャペルの道の交差点には「森の礼拝堂」がある。

この小さな東向きの礼拝堂は、アスプルンドによって最初に設計された施設である。一九二〇年、新婚旅行にデンマークのシェラン島南東端にある小島ムウン（ユネスコ生物圏保護区）のリーゼルンド公園を訪れている。そこで見た一八世紀のマナーハウスは、彼に大いなるインスピレーションを与えることになった。区画化された塀の中にある門から松林を通して大きな寄棟屋根が見える。遠近法による画角が演出されている。手前の下塗りされたコンクリート門の上には楕円形のレリーフがある。そのレリーフ中にはラテン語で「今日の私、明日のあなた」と刻まれている。

この頃、アスプルンドは最初に授かった息子を病気で亡くしている。突然の不幸で妻も精神的に不安定となり、不幸にも夫妻は離婚に至る。今日のわが身、そして明日への不安な中で墓苑設計に全力を尽くし続けたのである。このメッセージは、単に「明日はあなたの死」を意味するのではない。自然に還元するはずの「人間と自然」との共生を含む概念であると理解できる。私たち人類全てに課された命題である。

門から緩やかな勾配の途中に、半円形の霊安室がある。小さな明り取りガラスを原始的な帽子に似た草ぶき屋根が覆っている。さらに進むと、大きな寄棟屋根が一二本のトスカーナ様式の列柱を包んでいる。そのポーティコの上にある暗緑色の屋根にカール・ミレスによる金の「死の天使」がアクセントを添えている。ミレスらしくなく、少々太めの天使であった。だが、いまは体型を論じる時代ではないのだ。

入り口には二枚の扉がある。黒く、厚く、重い鋳鉄製の扉。黒い格子模様の内扉には、アール・ヌーボーの曲線、上の方には天国の騎馬、下には蛇と髑髏がデザインされている。参列者は人生の生と死の二枚の扉で迎えられる。輪廻を意味する八本のドリス様式の円柱が、天井のサークルライトとドームを支えている。光が部屋全体をうっすらと満たしている。床は祭壇前の棺台に向かって、わずかに傾きを造っている。椅子はアスプルンドの設計で、両側に半円形を象り、参列者の視線が故人の棺に集まるように配置されている。祭壇の絵は風景画家ピーター・フリエ（一九四七〜？）による。静寂と厳粛さが部屋を支配している。最後の出口は巨木のある樅林の明るい空間に面している。やはりそこは輪廻の生があった。

東側にある「光のきらめきの道」を北上する。松や樅を中心にした針葉樹林と墓の敷地が長く続く。チャペルの道に出会ったところが森の火葬場広場である。森の火葬施設、大小三つの礼拝堂、モニュメンタル・ホールなどの施設群から成っている。施設を見学する前に、モニュメンタル・ホール前に広がる「**睡蓮の池**」を眺めながらひと休みする。

白い蓮の咲く池には、シンボルの十字架と施設の影が映えていた。世界遺産に相応しい光景である。季節によっては周囲にスウェーデンの国花であるドイツ鈴蘭、そして復活の象徴である水仙が見られるという。追記（スウェーデンの国花については、スウェーデン植物協会による投票の結果、キキョウ科のイトシャジンが一位とのこと・二〇二一年三月一五日・スウェーデン大使館HPより）

堂々としたモニュメンタル・ホールにはヨハン・アンデルス・ルンドクヴィスト（一八八二〜一九七二）による彫刻「復活」が人々の目を引き付ける。

ルンドクヴィストは、最初、ストックホルムのテクニスカ・スコーラン（工芸美術デザイン部門）を卒業し、クリスチャン・エリクソン（一八五八〜一九三五）

に師事している。一九一三年、パリの私学美術校アカデミー・コラロッシで学び、オーギュスト・ロダンの影響を受ける。一九一九年から一九二七年までパリで暮らし、その後、コペンハーゲンやイタリアで自己の研鑽と経験を深めていった。

天井の無い四柱の中央台座に横たわる二体、さらにその上に立つ像と、三つの群像で構成されている。真ん中の像は青空に向かって救いの手を差し伸べている。復活を求めるこの数体の像は、明日への希望を求めているのだろうか。だが、下に横たわる人体の顔は、重みに耐えて、どこか「虚しさ」を訴えているように私には思える。そこに潜む喜び、恐れ、怒り、悲しみ、人間としての究極の一次感情である。

どの人体像もロダンの影響が濃いようであるが、何かが違う。彼の彫刻作品はロダンの他にゴシック彫刻から着想を得ていると解説する人もいる。そうかもしれない。でもロダンらしい影はあるようだ。その差異は私には分からない。

この**「復活」**は多くの芸術家による作品テーマである。キリスト教では、十字架に磔にされて死んだイエス・キリストが神によって選ばれた最初の供物（初穂）とされて、この世に戻った（復活）とされている。このキリストの復活によって、すべての人がこの世に生き還ると信じられている。ただ、教派や時の思潮によっては、「復活」は解釈上、意義を異にしている。最後の審判、地獄や天国、善行や悪行、信仰心、果ては免罪符にいたるまで付随事項が多く登場する。

聖書の四つのすべての福音書では、イエス・キリストの復活が記述されている。イエスの系図、その誕生、十字架の死や復活などを記述しているひとつ、マタイの福音書から「復活」を見てみよう。

「さて、安息日が終わって、週の初めの明け方、マグダラのマリアと、ほかのマリアが墓を見に来た。・・・御使いは女たちに言った。「恐れてはいけません。あなたがたが十字架につけられたイエスを捜しているのを、私は知っています。ここにはおられません。前から言っておられたように、よみがえられたからです。来て、納めてあった場所を見てごらんなさい。・・・。イエスが死人の中からよみがえられたことを・・・」

ルンドクヴィストの彫刻「復活」を見ていると、神は、キリストの十字架と苦しみを通して人々の生命を復活させ、すべてを救済し、贖罪させたのだと信じたい。だが、このことを事実としない宗派もある。確かに宗教に関する限り、復活の存否は心の問題である。でも信じたいものである。いかがだろうか。

三つの礼拝堂のうちで、小さな方は「信仰礼拝堂」、「希望礼拝堂」である。大きな礼拝堂は「聖十字礼拝堂」といわれる。

入り口の鉄格子扉には、ブローア・ヨールテ（一八九四〜一九六八）のレリーフがある。若い女性が男性に子を渡そうとする。さらに老いた二人が握手をしようとしている。ルンドクヴィストの「復活」とはかなり異なるプリミティブな造形である。扉は大規模な葬儀に備えて、地下へ昇降可能な造りとなっている。

ヨールテの詳細については、拙著『ウップサラ物語』（八朔社）を参考にしてほしい。

扉の狭間からはアスプルンドがよくいう「聖書の森」の風景を垣間見ることができる。

礼拝堂内は南側に面する大きな窓から純白の光が入る。祭壇と棺は光溢れた荘重さを醸し出し、祭壇に十字架を配置するかどうかは任意となっている。床は棺台に向かってわずかな勾配を造り、低めにある祭壇を意識させせない。スヴェン・レオナルド・エリクソン（一八九九〜一九七〇）のフレスコ画エグザイル「生―死

――生」が棺台を包むように正面と側面に描かれている。

エリクソンは死者が太陽に向かって海の旅に出帆する光景を描き、生者は緑豊かな岸辺で見送っている。描かれた太陽の光、青い大空は、窓から差し込む光で霞んでいる。カメラは完全に逆光で、シャッターを切ったものの、映像は揺らいでいた。画像の復活は難しい。

エリクソンはこのフレスコ画で、死者の完全な静寂さを生きる我々に伝えようとしている。壮大な宇宙の存在が無言に我々に同調するように生命の崇高さを解き放っている。さらに、多くの旅と友人との交わりを通じて彼の芸術的価値を人々に流布させていったのである。画家として、服装デザイナー、彫刻家、舞台芸術家としてマルチな才能を開花させ、まさに現代的な芸術家といえる。

周囲の側廊には燭台を模した電球がほのかな光を放っている。死者が最後の言葉を話すように、細いが、どこか力強さを感じさせる。二重の梁と装飾のないシンプルな円柱が長楕円形の天井を支えている。

この施設はアスプルンドの最晩年、一九四〇年の死のぎりぎりに完成させている。現在、この火葬場施設は老朽化のために役目を終えて、新施設に移ったようである。だが、アスプルンドの火葬施設群は、なおも北欧二〇世紀建築の頂点のひとつといわれている。いかに彼がその時代背景をヒューマナイズさせ、しかもその現代建築の機能性を取り入れているか。その代表的成功例といえる。

新火葬施設はヨハン・セルシング（一九五五～?）によって新設されている。森の礼拝堂から一五〇メートルほど離れた松林に、アスプルンドに敬意を示すかのように控えめな外観となっている。国際コンペによる彼のエントリーモットーは「森の中の石」である。その動機は全体的に森をよく把握し、それらの場所をしっかりと理解することであったという。プロジェクトは既存の施設全体の経験に、もうひとつの特徴を加えることであった。ファサードは屋根を煉瓦で覆い被せている。流れるような勾配を加えることで建物と大地が相互に補完し合っている。しかし、内部は細やかなタイルなどで構成されて、優美な空間が展開されている。施設は二〇一四年に完成し、これによってセルシングは「最近に完成したスウェーデンの建築や建築群に対するカスパー・サリーン賞」を得ている。

この墓地は土葬ではなく、火葬のみである。

火葬に関する基本的な考えは、一九世紀末にスウェーデンに現れた社会改革運動の一部であった。都市人口が増大して、火葬が大きな衛生上の問題として取り上げられた。結局、この問題は一般大衆にも、教会にも受け入れられるようになり、葬儀形式もまた「より人間中心」となり、宗教色の少ないものが求められるようになった。この世紀の変わり目は、各分野がロマン主義から自然主義へと広がりをみせ、二人の設計者アスプルンドとレヴェレンツもまたこれらの思潮から大きな影響を受けていたことを追記しておこう。

イコモスは墓地の評価について三つほど指摘している。

一つは自然と建物の融合。

二つ目は世界の他の多くの墓地建設への影響。

三つ目は二〇世紀初期の景観文化と建築デザインをしっかりと結びつけている。

このイコモスの評価基準がドイツの墓地と一人の画家を通して「森の共同墓地」計画へどのように影響を与えたか、また、当時の芸術文化の流れも見てみよう。

墓地が計画された時のモデルはドイツ・ハンブルグの「墓地オールスドルフ」、そしてミュンヘンの「安らぎの森の墓地」であった。

墓地オールスドルフはドイツ・ハンブルグ北部地区に位置し、中世の自由都市ハンザとしての歴史もある。市営墓地とユダヤ人墓地を含めて世界第四位の規模を誇る公園墓地である。

一八七七年、この墓地は特定の宗教に関係なく、また市民だけではなく、ハンブルグ以外の多くの地域の人々を含めた墓地として設立された。二八万以上の墓地に一五〇万基以上の埋葬がある。墓地は埋葬だけではなく、レクリエーション活動や観光旅行の目玉ともなっている。

大きな霊廟や最近の変わり種の墓、多くのモニュメント、野鳥の群れる池、野外墓地ミュージアムも設置されている。特に四月末から六月のつつじの季節には世界中から観光客が訪れている。園内は火葬以外に土葬や骨壺埋葬も認められている。また二〇二〇年には園内の完全バリアフリーが完成し、さらに多くの人々に「開かれた墓地」となった。

墓地に埋葬されている多くは一般市民であるが、各国・各地域の戦争犠牲者も弔われている。

第一次世界大戦中にドイツで亡くなった連合国捕虜、フリージアン諸島に流された船員・水兵、南西ドイツから移葬されたイギリス連邦の軍属などの墓がある。さらに第二次世界大戦及びその戦後に亡くなった自由戦士たち。特にユダヤ人を含めてナチス時代に迫害に遭った被害者たちのモニュメントがある。ユダヤ人強制収容所の中で強制労働によって亡くなった人や殺害された人々のモニュメント「リヴァー・ステュクス(River Styx)—黄泉の国の川—を越えて」が一九七七年に建てられた。二〇〇一年には、特にナチス体制と戦った女性犠牲者たちを追悼する「女性ガーデン」にはモニュメント「記憶の渦巻」が完成している。

墓園中央には第二次世界大戦中のハンブルグ空襲による犠牲者たちの十字架型の景観集合墓地がある。一九四三年七月二四日から八月三日にかけて起こった連合国のゴモラ作戦によるものである。一九五二年、

「リヴァー・ステュクスを越えた道」と称するゲルハルド・マルクス作による追悼碑が建てられている。作者ゲルハルド・マルクス（一八八九〜一九八二）は、バウハウスの設立メンバーであったが、ナチス時代に退廃芸術として迫害された。戦後、四年間、ハンブルグの地域美術学校の彫刻部門の教授に招かれ、後にケルン州立芸術学校に移っている。三度のドイツ・オリンピックの芸術コンペに出品し、また多くの記念碑や教会関係像を制作している。ケルンで没している。

次のミュンヘン森林墓地はドイツの建築家ハンス・グレッセル（一八六〇〜一九三九）によって設計されて、一九〇七年に竣工している。墓地は一九六三年から六六年にかけて建築家ルードヴィッヒ・レーマーによって拡張されている。グレッセルはバーヴァリアのレーアウで生まれ、ミュンヘンで学び、そこで生涯の仕事を成し遂げている。そして市の評議会建築家として、一連のミュンヘン森林墓地を造っている。この墓地は世界最初の森林墓地として有名で、ドイツ国内にある類似の墓地モデルとなっている。

墓地設計に関する書籍も多く出版し、一九一四年には、プロイセンの最高名誉勲章ポウル・レ・メリートを授与されている。

近世以前、共同体の中心は教会であり、それを取り巻くように墓地があり、ひとつの町集落が形成されていった。だが、一九世紀に入ると、新たな墓地は郊外にレクリエーションを兼ねた美しい公園墓地として設計されるようになっていった。埋葬地は「死者の町」兼「楽園」なのである。その理由は、この頃から教会の影響が減少し、教会機能（例えば市役所的なもの）も少なくなり、墓地は宗教性の薄い世俗的なものとなっていったからである。

このような社会的な背景の中で、グレッセルは既存の森を活かして、多くの墓地を樹で覆うことを考えたのである。墓地は個人的な哀悼のモニュメントではなく、「自然」と「死」という紐帯に焦点を当てた公共性のあるものと理解されていった。森の中に原始キリスト教の建築やビザンチン建築を持ち込むことによって、礼拝堂や施設などに新たなインスピレーションを与えたのであった。礼拝堂は埋葬地の大きな通りにあるのではなくして、森の樹木の中に置かれたのである。

このような考えはドイツだけではなく、北欧諸国の設計者たちにも大きな影響を与えていった。

さらにもうひとつ、絵画の歴史からドイツや北欧の森林墓地建設に影響を与えた人物を見てみよう。ドイツロマン主義絵画を代表する風景画家カスパル・ダーヴィド・フリードリッヒである。彼は一七七四年、当時スウェーデン領であったフォアポンメルンのグライフスヴァルトで生まれている。

幼少の頃から「死」を経験してきた。七歳で母を亡くし、一年後には妹、さらに次の妹を腸チフスで亡くしている。一三歳の時、凍てる湖でスケート遊びの最中に彼が氷の割れ目に落ちて、それを救おうとした一歳下の弟が命を落とすことになった。重なる不幸は生涯、彼自身を鬱病ぎみにし、自殺未遂をするまでに追い立てられた。作風もまた暗い影を帯びることとなった。その後、グライフスヴァルト大学で学び、一七九四年から四年間コペンハーゲンの美術アカデミーで学ぶ。ここで一七世紀のドイツ風景画コレクションのある王立絵画ギャラリーに接する。また風景画のジェンス・ジューエルなどの良き師たちに出会う。これらの芸術家たちは勃興するシュトゥルム・ウント・ドランク（Sturm und Drag）、エッダに代表される北欧神話、そして衰退する新古典派思想に直面していた。その後ドイツロマン主義の中心となっているドレスデンに移り、造形芸術アカデミーに在籍する。一八〇一年と翌年の夏には故郷のリューゲン島を訪れて、舟と海岸風景、またドラマチックな山の絵を描いている。

彼ら若い世代は、従来のような得意先である上流階層との交流もなく、絵画収入も少なかった。町の市場や画廊で絵を販売する。それが彼らの画業生活であった。しかし、貧しいけれども、彼を取り巻く画家たち、もちろん、彫刻家、詩人、さらに愛国運動家までが彼を支えて貢献したのであった。

一八〇五年、ヴォルフガング・フォン・ゲーテ後援によるワイマール・コンペで賞を獲得し、画家としての名声を得ることになる。出品作「夜明けの行列」と「海辺の漁夫」は、従来出品された凡庸な新古典主義や擬ギリシアスタイルと異なり、風景という新たな視点を絵画に与えたことで賞賛を得ることになる。一八〇八年、自然の中に十字架を描いた「山の十字架」（テッツェンの祭壇）は、彼の初期宗教風景画の頂点であるといわれる。この絵はボヘミアのテッツェンにある礼拝堂のために描いたものである。松林ある孤高の山が聳え、頂上には一本の十字架が後光の中に屹立している。山岳風景に似せた祭壇とも解することができる。

さて、彼が描く風景画をヨーロッパの絵画史から考えてみると、確かに彼までの道程は遠かった。ギリシア・ローマ時代は、美の原点は肉体であり、風景はあくまでその背景であった。中世のキリスト教では自然は生成消滅する物質的な仮象であった。永遠不滅は神と霊魂である。自然景観を楽しむことは肉体の享楽と同じく「罪」を意味していた。

自然が意識されて、風景が絵画の中心に登場するのは一六世紀過ぎであった。背景には市民階級が勃興して、人々の交流が広域化していった。一六、七世紀にはドイツ、ネーデルランド、ベネチアなどで資本主義が拡散する中、市民階級間が自らの影響力を得ると、風景画もまた市民権を得て開花していった。

さらにルネサンスを経て時代が進み、近代一九世紀になると風景画の流れも大きく変わっていった。

自然主義、ロマン主義が主流となると、バルビゾン派に見るように画家は野外に出て直接自然に触れるようになっていった。絵画の歴史年表を見ると、彼の誕生（一七七四）の直後には、イギリス風景画の双璧といわれたターナー（一七七五〜一八五一）とコンスタブル（一七七六〜一八三七）が誕生、新古典主義からロマン主義へと大きなうねりとなっていく。さらに二〇世紀を前に写実主義が次第に増幅して、印象派や象徴主義が現れ始める。一九世紀末から二〇世紀にかけて、科学技術や芸術思潮にも多様な形で大きな変革が起きる。反近代化として自然への回帰、森への関心が叫ばれるようになって、風景画も確固たるジャンルとなった。

話を風景画の流れからフリードリッヒに戻そう。

ナポレオン軍と連合軍が戦う中、愛国主義者のフリードリッヒが親フランスの多いドレスデンで永住することを決めたときは驚きをもって迎えられた。しかし、ナポレオン戦争で失った友人に対する思いは深く、愛国主義、宗教的神秘主義、寓意的象徴主義へと彼の絵は独自の色彩を強めていった。

ドイツの文化、服装、神話や民話を讃えて、それらに風景を取り込み、ナショナリズムを高揚させていった。荒れ果てた墓には古の英雄・ゲルマニアの首領アルマニウムの名を刻み、墓を半開きにさせている。フランス占領からの永遠なる開放の始まりを象徴しているという。

だが、ドイツ・ロマンチシズムの追い風は次第に弱まり、次の芸術世代へと流れは変わる。彼の絵は時代に合わない奇怪なメランコリーなものと見なされようになる。また彼に対する政治的な批判も強まっていった。彼もまた絵画や芸術、また思想や社会の栄枯盛衰を直接経験することになる。

一八三五年、脳卒中で倒れると、その後遺症で油絵を描くことは不可能となった。が、なお、絵に対する執念はセピアインクによる線画を完成させている。日の出前、森や原野をひとりで散策を続けていた。

貧困な中、友人たちからの慈善を受けながら、一八四〇年、ドレスデンで死去している。一五年前に彼が描いた墓地のエントランスを、人びとに知られることなく通り抜けていった。

彼の評価と影響を引用によってまとめてみよう。

「彼の描く広大な風景は世界そのものを暗示し、鑑賞者に背を向けて風景に向かい合う人物は人生の苦悩に立ち向かう人間を示している。断崖は死の、遠くに開けた眺望は形而上的な救済の象徴である。航行する帆船は人生の旅路に乗り出している人間であり、難破船は挫折を意味する。彼の風景画は隅々にいたるまで人間の生の根本的な問題を巡って構想されており、時には文学性と哲学性の過剰を感じさせるほどであるが、一度目にすれば忘れることのできないその視覚的印象の強烈さが実は鋭い観察力と描写力によって生じていることを忘れてはならない」[19]

残念なことに第二次世界大戦中、彼のナショナリズムはナチスによって悪用され、評価を落としている。しかし、戦後、彼の風景画が、現代社会と自然環境という観点から再評価されている。その影響は日本の東山魁夷、ノルウェーのムンクなどに見る人もいる。

彼の作品「ドレスデンの丘と耕された畑」はスウェーデンの人々、特にアスプルンドやレヴェレンツにも大きなインパクトを与えたといわれる。彼の評価は、多くの問題を残してはいるが、まだまだ過小評価に私には思える。特にフリードリッヒを紹介した理由は、墓地建設を含めて北欧芸術の自然に対する象徴主義を強調したかったのである。今や現代社会では、「環境」なるキーワードを論じるとき、風景という自然を抜きに、また「森」を捨象することはできない段階にきているようである。

帰りにビジターセンターで得たパンフレットを読む。周り終えてから読んだことを反省している。

でも、ビジターセンターに置かれていたので、後になってしまったのです・・・言い訳かな。

そこでの注意書きである。

「回想と記憶の丘原では、死者に対する尊敬の念を示すために、訪れた人々は、定められた、また造られた道以外に踏み込まないでください。遺灰が埋められ、また散骨されています」（拙訳）

「回想と記憶の丘」はスウェーデンでは早くから散骨施設として評価されている。墓苑は現在もなお工事が続いている。途中で二人の女性墓参者に話を聞くことができた。二人は「母の墓参にきたが、私たちもこの土に帰りたい」と明るく話してくれた。

一九八九年（平成元年）、私の母が死去した。翌年に墓地を購入して、墓石銘を「風」とした。しかし、私たちは最近、建てた墓では永遠の供養ができないことに気づいた。時々清掃などをする必要がある。後継者がいなければならない。そこで、墓地を寺に返して、母と私たちの共同墓地を購入した。三〇年後、遺骨は多くの人々と共に土に還り、草木と共に眠ることにしたのである。

帰り道、墓参の女性たちの言葉が思い出された。

4・市庁舎と女王[20]

朝、ホテルを出発して市庁舎を訪ね、メーラレン湖の女王に会うことにした。

途中、電車内で日本人の中年男性に会う。ストックホルムに来て数年になるという。詳細を聞きたかったが、止めにした。若いスウェーデン女性を伴う男性に少々嫉妬を感じたからである。でも、プライバシーの詮索はよそうと思った。女性はわれわれの話に関心がありそうで、ジーッと聞き耳を立てていた。日本語が分かるのかなあ。これから食事に行くので同伴しないかと誘われた。今日の予定はメーラレン湖の女王との謁見だけである。ストックホルムの情報も得たかった。しかし、残るストックホルムの滞在予定日数は短く、女王との話もどのような形になるのか気になっている。結局その話は遠慮することにした。

今回の旅では、クレジットカード万能で、紙幣を扱う店がなくなり、困惑した。自動販売機はもちろん、トイレさえもカードを使わないと利用できない。古いクローナ紙幣を小銭に替えて、スウェーデン紙幣の使用は今回の旅で終わりにしようと思った。だが、以前の紙幣を両替するには、スウェーデン中央銀行へ行かなければならないという。日本銀行は市中銀行が相手なので、私たちには無縁である。だが、スウェーデン銀行制度はわが国と違うようである。念のために、いくつかの銀行窓口で尋ねてみたが、答えは同じだった。

小銭による電車賃にも窮した。使いもしない一日乗車券を買わざるを得なくなった。便利な社会なのか不便な社会システムなのか判断しかねた。

ストックホルム中央駅前で下車し、彼らと別れた。**市庁舎**はここから歩いて一〇分もかからない。途中、世界遺産ドロットニングホルム宮殿行きの船着き場があった。群島巡りの人気デスティネーションである。

中央駅からはリッダーホルメン島を経てガムラ・スタン（旧街）方面に鉄橋が伸びている。まるで橋桁にリッダーホルム教会の尖塔を前景として、国会議事堂や王宮などの南東ストックホルムの名所をひな壇に飾り立てているようである。遠くにカークネス塔が点描として浮いている。

メーラレン湖は午後の日差しで銀粉を撒いたように輝いていた。スタッズヒュース橋を渡ると、市庁舎のあるクングスホルメン島である。ストックホルム市庁舎はスウェーデン・ナショナル・ロマンチシズムの代名詞である。と同時に水と建造物の共生をモチーフとしている。庁舎内の見学と女王との謁見を想像すると、心臓の鼓動が早まるのを感じた。

クングスホルメン島はレーデルンと呼ばれ、長い間住人もなく、静かな片田舎であった。この地名は、古ノルド語で「森で覆われた丘（レーデルン）」といわれている。一四三〇年頃、所有者である騎士マッツ・エジルラーソンがこの島を修道院に寄進している。その後、一部が王室に譲渡されて、修道院と王室が共用していた。グスタヴ・アドルフ二世が三〇年戦争で戦死すると、その摂政たちがこの島の開発を進めていった。牧草地と荒れ地であったこの島は娘のクリスティーナ女王の同意で島の東側を修道院に、数年後には残りの西側をクリスティーナ自らストックホルムへ寄贈している。現在、島の西端地区には女王に因みクリスティーナの名が残されている。

王室の寄贈目的は税負担を軽くして、市の新たな土地に労働者たちを誘導することであった。確かに繊維製品、皮革やガラス職人が集まり、特に一八世紀頃のガラス製品は「クングスホルメン」のブランドで内外から高い評価を得るようになった。なめし革工業は臭いの公害を避けるため、ガムラ・スタンから多く移転している。広い土地面積を必要とする船舶用ロープや艤装設備、造園業なども島の産業に加わっていった。一七世紀には、さらなる減税と規制緩和、ギルドの解散などによって、島の地価も手ごろになった。ニュークングスホルメン橋が完成すると、現在の新繁華街であるノールマルム島とのアクセスも便利になった。島の名称もこの頃に定まった。リッダーホルメン（貴族の島）でもなく、ドロットニングホルメン（女王の島）でもなく、クングスホルメン島（王の島）になったという。まあ、王権拡張でこの説もありか。

一八世紀に入ると、バルト帝国の崩壊と産業革命の進行によって、主役は貴族から新興ブルジョアジーに代わっていった。ストックホルムの他の地域では人口密度が高まり、条件のよい土地を求めて富裕層たちが挙ってこの地に別荘を建て、税関ゲートを設け、開発も島の西へと向かっていった。更にクングスホルメン島は二〇世紀へ向かって大きく変貌していった。

人口流入と多くの市所有の土地は、島のアイデンティティの形成と二〇世紀ストックホルムの象徴となった。特に東側地区は病院（ストックホルムで最初）、軍の諸施設、漆喰レンガの五階建アパートメントなどが建設された。ストックホルムの公的機関などの移転と新増設が続いていった。さらに緑豊かな公園や広場などの環境も整備されて市の脚光エリアとなった。

現在、市庁舎がある場所は一七〇〇年代までは、小さな二つの岩礁が水面下にあったに過ぎなかった。このエリアにクララ・クリークが開削されて、メーラレン湖と往来が自由になると、いくつかの新しい橋が架けられた。ノールマルムだけではなく北側のヴァーサスタデンとも結ばれ、周囲の埋め立てが広がった。一八〇〇年代、この場所に蒸気機関による製粉工場が建設された。蒸気機関を意味するエルド（火）とクヴァルン（工場）を組み合わせて、この地をエルド・クヴァルンと呼ぶようになった。

埠頭まで有するこの製粉工場は大きく成長するが、ストックホルム中から見えるほどの大火に遭遇してしまう。多くの野次馬が波止場や橋に群がる。曇天と靄の中、湖面に映る火事の光景は絵画以上の美しさだったといわれている。一二歳になる少年もまたこれらの眺望者の一人であった。鉄橋に上り、そのピトレスクな色彩に魅了されていたのであった。だが、神が定める導きなのか、このエルド・クヴァルンの惨事は素早く再建された。そして二〇世紀初頭まで製粉工場は操業を続けることができた。

この時の少年が、成人して、この地の設計主役となるラグナール・エストベリィであったとは誰が予想しただろうか。

ラグナール・エストベリィは両親が俳優（父カールは俳優であったが、後に断念し関税・租税事務所の主計官になっている）で、一八六六年、セーデルマルムのカタリーナに生まれている。一八八二年、ラテン・ギムナジウムで数学の単位を落とし、父の怒りで中退させられる。その後、ガムラ・スタンの波止場で、商人の事務員として勤務するようになる。事務所の窓からナショナルミュージアムに出入りする人々の姿を見る中、仕事を抜け出し、自らもミュージアムへ通い詰める。

そこで彼の建築の夢が次第に膨らんでいった。同時に高等教育を受けるために勉強を始める。首尾よく、王立工科大学の建築学科に入学することができた。卒業後、芸術アカデミーの建築科に進み、一八九一年までそこに留まる。ここでは比較的自由に研究ができ、カール・ウエストマン（一八六六〜一九三六）はじめ多くの生涯の友人を得ることになる。さらに彼の才能も教授たちや仲間によって認められるようになっていった。

彼が芸術アカデミーの特別研究員として在籍している間、研修奨励金で国内外を訪れている。国内旅行ではスウェーデンの伝統様式を学んでいる。

初めての海外旅行は、一八九三年、アメリカであった。アメリカ建築を学ぶため、現地で働くつもりであった。しかし、親友カール・ウエストマンが幻滅を感じたように、決してそこで仕事を長くすることはなかった。アメリカ建築は、従来の伝統装飾に板ガラスと鋼構造による摩天楼を加えただけであった。そのことは若い建築家たちにとっては、確かに新たな感動であったろう。だが、彼にとっては、それ以上でも以下でもなかった。そこで見た建築風景は、まだまだ次の二〇世紀に続く合理主義と機能主義の玄関口に過ぎなかったのかもしれない。

一八九六年から九九年にかけて、イギリス、フランス、イタリアやギリシアを自転車で旅行し、多くの記録とスケッチを残している。多様なヨーロッパの市庁舎は、それぞれの国民性を反映している。例えば、イギリスの荘重さ、デンマークの気取りのないリアリティー、そしてイタリアの市庁舎は過去との対話であった。いずれもその後の彼の経歴を豊かにするには十分であった。

アカデミー卒業後、イサック・グスタフ・クラソン（特にユールゴーデンにある北方民族博物館の設計で有名）の下で、インターンシップを終えて、一九〇〇年から独立している。一九〇四年から一九〇七年頃にかけてウメオへ、その後建築活動の拠点をストックホルムへ移している。主に高級私邸を中心に、カルマル高校、特許庁事務所などを手掛けている。


一九〇七年、市の新庁舎建設委員会はエルド・クヴァルンに新庁舎を建てることを決定した。

設計の最初のコンペテションはエストベリィに加えて、カール・ウエストマン、イヴァール・テングボン、そしてエーネスト・トルールフとカール・ベルグステンと、錚々たるメンバーが参加していた。さらなる絞り込みで、市庁舎をエストベリィに、ストックホルム裁判所をウエストマンに委託することになった。そこで彼は自分のオリジナル設計にウエストマンの設計要素を取り入れ、さらに建設中も幾度も手直しを続けている。だが、市庁舎建設計画が始動する前後の数年間は彼にとって憂鬱な時期であった。ストックホルムの裁判所と市庁舎の設計案に心を砕き、心身共に疲れ切っていた。また、市庁舎計画そのものが不確定な要素が多く、解決すべき多くの難題に直面していた。その彼を励ましたのが外務大臣、銀行家、事業家であったK・A・ウォーレンベリィであった。

一九〇九年の春、ノール橋を沈痛な思いで歩いていたときに、彼は突然走り出し、知己のウォーレンベリィ宅を訪ねてみた。ウォーレンベリィは何かを感じて、あれこれと励ましの言葉をかけくれた。そして最後にポツッと一言語った。「外交政策は私に任せて、あなたの問題に専念しなさい」ウォーレンベリィにとって、外交とは二重の意味を有していた。ウォーレンベリィは戦時の国際外交に忙しい中、加えて市庁舎建設の実務上の担当者、そして財政的な支援者でもあった。もちろんエストベリィの建築設計上の悩みは大きかっただろうが、熟慮してみれば、エストベリィの憂いの原因は国内的な各方面との折衝問題であった。ウォーレンベリィのこの言葉に勇気づけられ、荷が軽くなった。彼は、春風に乗るかのように気分が大きく変わっていった。

建設費用は、第一次世界大戦の勃発もあり、輸入材が高騰し、当初の予算の五倍にも達した。屋根の銅板は人々から二五クローナの寄付を募り、彼らの名を登載することになった。国王グスタヴ五世は最初の購入者となり、市民の人気も高く、財政難の問題を幾分か、和らげてくれた。そして、一九一一年に始まった建設は一二年の歳月を要して、一九二三年六月二三日に落成式を迎えることができた。その日はグスタヴ・ヴァーサがストックホルム入市四〇〇年記念の祝祭日であった。市街は花冠と緑葉の旗竿、高いメィポールが建てられ、波止場では記念ボートトレースが催された。国や市の要人が出席する会場だけではなく、祝う市民に太陽は燦燦と輝いた。国王とウォーレンベリィのスピーチの後に、エストベリィにシティーホールメダルが授与された。祝賀会はV・ヘイデンスタムによる国王賛辞で最高潮に達したのであった。

一九二一年、エストベリィは芸術アカデミーの教授となり、一九二三年の市庁舎の完成後には、アメリカ建築家協会賞や王立英国建築家協会賞など、内外から多くの称賛を得ることになる。だが皮肉にも、その後の大きなプロジェクトはなかった。そして、待ちに待ち、彼の最晩年の作品、機能主義と合理主義を排した海事博物館の建設に取り組むことになった。

この建築はスウェーデン建築史において、「機能主義の証明」といわれた万博建築に対して、ナショナル・ロマンチシズムからの説得性ある復権となった。依頼者の条件は「二つ目のシューズボックスは必要ない」という。そして市有の土地に建設することを条件に財政支援をするという。彼の設計思想とも合致していた。一九三〇年に開催されたストックホルム万博跡地に、前景の広い公園エリア、そして緩やかなシンメトリカルな両翼と広場を包むような建物を造った。中央のドームはすべて煉瓦で造られている。機能主義のキュービズムとは明らかに距離をおいたクラシックな白鳥の姿で、一九三六年に完成している。

エストベリィは一九四五年二月、七九歳で亡くなっている。市庁舎前に聖エーリックの半旗を翻し、市職員や一般市民に見送られて、棺はノーザン墓地へ向かっていった。

彼の性格を書き加えるならば、論争的で、雄弁な人間だったといわれている。特に自分の建築に関しては常に執拗でさえあった。しかも、対処すべき実践的、そして経済的な実現性は必ずしも理解していなかったようだといわれている。市庁舎の建設メンバーからすると彼との共同作業は大変だったようだ。その中で若くして黄金の間を任されたエイナール・フォルセスは次のように語っている。

「彼は人々の前では、まるでシーザーを演じる俳優のような力強さを漲らせている。サディスティックで、ときにはそれを何気なく振る舞う。それがしばしば残忍さや残酷さと受け取られていた。だが、私はしばしば彼のファンタジーともいえるいたずらっぽさを目にしている。彼の無頓着さをあまり気にかけない人々には受け入れられたが、他の人には少々悪趣味とも見なされていた。ただ、彼があまり敬意を払わないような高位の役人や有力者には、ある種の憎悪の感情を持ったようである。私も彼のからかいの餌食となったときもあるが、それで私に対する評価が減じることはなかった。まだ三〇ソコソコの私にとって、彼の支持と評価は大きな励みとなったのです」（拙訳）

人の評価は複眼であるべきだという見本かなあ。学ぶべき点も多々ある。

現在、市庁舎前は交通量が多く、外観を撮るために横断するのが大変だった。初期構想によるとエントランスはメーラレン湖を濠に見立て、跳ね橋から入るように東側に位置していた。だが、今日の交通事情を考慮すると、それは難しかったのだろう。

北側のグレートエントランスをくぐると、直方体の中庭に出た。エントランスゲート上には、ローマ神マースがストックホルムの紋章を持ち、敵なる侵入者を威嚇している。だが、どう見てもこのマースはふくよかな顔立ちの裸のキューピット。ローマ神話「戦の神」には程遠い。平和が続いたからだともいえるね。周囲の煉瓦の上には青空が広がり、向かい側の南ファサードの円柱間に銀の海波が見える。この中庭の煉瓦壁は南ファサードのアーチと相乗効果を醸し出し、地中海に面する古代ローマ神殿へと飛翔させる。その違いはこの場の風景が古代遺跡でないことだけは確かであった。

庭の北東には一本の樫の木がある。一九三〇年代に植樹されて、周囲の煉瓦に這うアメリカ蔦と共に、中庭に緑を添えている。庭の東側に石作のダーラナホースがある。近寄って乗馬姿勢で写真を撮ろうとしたが、少々高すぎた。もちろん私が低いのである。やむを得ず馬に寄り添って記念撮影をショットした。

西側入り口には扇形エントランスがせり出している。頭上の壁龕には、メーラレン湖の周辺都市、シグツーナ、ヴェスルオース、マリーフレッドとストレングネスのレリーフが目を引く。これから始まるストックホルムとスウェーデンの「歴史物語」を予告しているようである。

エントランスホールに入り、クロークを抜けると、「青の間」である。

この部屋は一五〇〇平方メートル、高さ二二メートルに及ぶ空間である。

赤い壁をスウェーデン大理石のアーケードが支えている。装飾柱頭はヴァイキングス模様のスウェデッシュ・アールヌーボーである。野外広場にいる感じである。周囲の壁は全体的には、イタリア・ルネサンスの影響が強い。部屋の造りは、寒さと天候不順な北欧でも常に利用でき、さらに部屋全体をオープンスペースにするという相反するコンセプトを融合させている。そのためには壁の上部を総ガラス張りにする必要があった。だが、当時の建築技術では限界があった。妥協の施工として浮上したのが、現在の柔らかな光が差し込む調和のとれた上部ガラス窓であった。

夕闇に始まる一二月のノーベル賞晩餐会は、光の絵巻として世界中に発信されている。北欧独特の光が窓のフィルターを通して差込み、参加者を柔らかく包み込む。光は床のコルモルデン大理石に反射し、程よい影を創り、ノーザンミラーズとなっている。この美しさに魅了されたエストベリィは戸惑いを感じながらも、赤煉瓦を青く塗る計画を止めにした。そして、自然の美しさのままに時が経過していった。人々は何ら抵抗もなく、この部屋をオリジナル名称である「青の間」と呼ぶようになっていた。「赤く輝く壁は他のなにものによっても隠すことができないほどの美しさであった」と彼は後のメモに書いている。

エストベリィのオリジナル設計では、床の青緑色のコルモルデン産大理石を補色するために、煉瓦壁を青く塗装する予定であった。この大理石はスウェーデン南部にあるエステルイェートランドのコルモルデンで産出し、内外の多くの建築に使用されている。ストックホルム王宮やドロットニングホルム宮殿はもちろん、国連総会のメインデスクにも採用されている。鉱物の種類は蛇紋岩の一種で、蛇の皮のように網状で模様が美しく、彫刻などに加工しやすい。色は艶のある緑、あるいは青緑色である。ヨーロッパの色彩感覚からすると青と緑は同系の表現となり、まさしく「青の間」であった。結果的には床の補色である壁がホール全体に思わぬ余韻を浸すことになった。

青の間はコンサートホールのノーベル賞授賞式後の晩餐会会場として名高い。ノーベル賞の晩餐会は平和賞以外、この市庁舎で行われ、スウェーデン王室および約一三〇〇人がゲストとして参加する（平和賞の晩餐会はオスロのグランドホテル）。晩餐会はノーベル賞授賞が始まった（一九〇一）翌年から一九二九年まではグランドホテル・ストックホルムの「鏡の間」で行われていた。しかし、ゲストが三〇〇人しか参加できず、翌年から市庁舎の黄金の間、さらに参加者が増えたために青の間（一九七四年から現在）へ移動した。グランドホテルは現在受賞者の定宿として利用されている。文学賞受賞者は最上階のノーベルスイートで、他の受賞者は眺望の良い王宮に面する部屋が慣例となっている。面白い組み合わせである。

晩餐会では特製の食器類が並べられる。

普段は「黄金の間」の上部フロアーにある厨房に収納されている。これらの食器類の中で、カトラリー（ナイフ、フォークやスプーン）は日本の新潟県燕市に本社がある山崎金属工業の製品である。

一九九一年、「ノーベル財団九〇周年」の一環として、晩餐会に使う食器類をオリジナルテーブルにふさわしいように、スウェーデン製に置き換える計画をたてた。しかし複雑なデザインと仕上げの研磨技術が必須だった。そのような高級カトラリーを扱う企業はスウェーデンにはなかった。そこで長くスウェーデンとの取引があり、技術的にも優れ、担当者ゴナ・セリンとの関係で同社製を採用することになった。

青の間ではノーベル賞の晩餐会以外にも多くのイベントや儀式、パーティが開催され、ダンス選手権も行われる。その際には大理石の床には木製の床板が敷かれる。

晩餐会が終わると、王室関係者や受賞者たちはゆっくりと手摺階段を上り、退席する。二階の別室へ移動し、お開きである。続いて「黄金の間」で舞踏会が催される。

現在はノーベル賞授賞式会場、晩餐会、宿泊施設やノーベル博物館などが市内に分散されている。そこで、ひとつの建物にまとめる計画があるという。でも、私の生存中には関係のない話になりそうである。

私も二階のバルコニーに向かって手摺階段を上がってみた。階段の段差は女性のドレスの裾に合わせて調整されており、視線の目印まであるという。踏み板を上がるたびに気分が高揚する。

バルコニーに立った。最初の庁舎式典で恰幅のいい市長がここで挨拶したように、人々に呼びかけてみた。「世界に平和を」と・・・。なーんだ、ありきたりの言葉となってしまったなあ。

バルコニーの上には建築家エストベリィの胸像が飾られている。手にオリジナルの市庁舎の模型を持ち、左手でそれを彫刻している。水の都を象徴するドルフィンが頭上に巻き付いている。またバルコニー近くの壁にはアルフレッド・ノーベルのゴールドメダル・ポートレートが架けられている。

廊下に出て、東側に向かい回廊を進む。市議会議員や職員の部屋、委員会室や議長室、準備室など数多くの部屋がある、回廊や各部屋には美しい調度品や絵画、彫刻が飾られている。

それぞれの詳細は省き、ひとつだけブローヴァラ・ホールを紹介しよう。

この部屋の名称は、オーグスト・マルムストームの一枚の絵画「ブローヴァラの戦い」に由来する。七七〇（七五〇頃）年、スウェーデン（スヴェア族）と西イェート（ゴート族）の連合王であるシーグルド・ヘリング、対するはデンマーク兼東イェート（ゴート族）の王である叔父ハラルド・ウォーツースが戦場ブローヴァラで戦った。この戦いはブルックベリィ戦の前哨といわれる。

戦端の原因はハラルドが祖父からスウェーデンを相続したことにある。その時ハラルドは年老いていた。もしこのまま老いて死んだ場合、英雄の戦死者魂を祀る殿堂ヴァルハラへ行けなくなる。そこでハラルドは次のデンマーク王を兼ねるだろうシーグルドに、栄光ある戦いをさせてくれないかと懇願した。主神オーデンもまたこの話に関わっていたという。

両者の戦端が切られた。激闘の末、両軍共に約四万人以上が戦死した。ハラルドは周囲の戦闘で勝者となる多くの戦士たちを見て、さらに奮闘する。終盤となると、ハラルドの執事がこれで十分に王は栄光を手に入れることができたと判断した。そこで執事は棍棒でハラルドの頭蓋骨を殴り潰したのであった。だが、この戦いで膨大な戦死者が出たのである。生命をどのように考えているのか。時の支配者に憤怒を感じる。

シーグルドは勝利して、スウェーデン、デンマークのすべての支配者となった。さらにスウェーデンはデンマークから自立の契機を得ることになった。この伝説は古いスカンディナヴィアのサガによるものである。伝説の真偽は歴史家たちによると否定的に捉えられている。でも、殿堂ヴァルハラを日本の靖国神社に置き替えると時代を越えた教訓となるのだろうか。私にはよく分からない。

市庁舎にある歴史絵画や彫刻には、この戦いの他に、ブルックベリィの戦いの勝利、エンゲルブレクトの反乱など対デンマーク戦を題材に描き、創作したものが見られる。スウェーデンとデンマークはこの後も、この戦域から以南で長い領土的対立による戦いが続いたのであった。

スウェーデン・ナショナルエンサイクロペディアによる説明を追記しておこう。
「デンマークのハラルド・ウァーツースとスウェーデンのシーグルド・ヘリング間のブローヴァラの荒野の戦いは伝説によるとオーデンが介入し、ハラルドが殺され、シーグルドが勝利した。戦いは中世の資料、例えば一二〇〇年頃の『デーン人の行動』などサクソン・ゲルマテカスなどによっている。より古い時代の学者たちは、この争いは八世紀にまで遡り、スモーランドのスカテレーヴィ教区、あるいは東イェートランドの地域紛争と見做している。だが、これらの伝説の根拠となる詳細な資料はなく、立証することは不可能である」（拙訳）。でも小さな細胞は分裂し、大きな細胞、そして人体にまでなるのである。物語も芸術文化の豊さの象徴として、小さな物語が大きなドラマとなるのかもしれない。この戦いが裏付けのない伝説であったとしても、領土と独立のために血を流した歴史は多かった。マーいいか。価値判断は読者に任せるよ。

市庁舎の主眼である市議会本会議場は、東二階棟の大部分を占めている。一九メートルのヴァイキングの舟底を裏返したような天井で有名である。部屋の荘重さは長い伝統的なストックホルムの自治独立と議員たちに対する畏敬の現れであるという。部屋の控えパーラーには、一八世紀の画家でタペストリー作家であるペール・ヒルストレーム（一七三二〜一八二六）が描いたグスタヴ三世の油絵がある。一七九〇年、王が対ロシア戦スヴェンスクスンド海戦の勝利の後に、ストックホルム民兵を閲兵している光景である。このときの戦いは領土の変更なしでヴェレラ講和条約を調印している。[21]
会議室のもうひとつのパーラーは議員食堂、そしてその背後はグレートタワーの基幹である高い天井がある。建設当時の議員数に合わせて百のアーチがデザインされている。市庁舎の他の装飾とは異なり、ゴシックの禁欲的なデザインである。高く聳えるグレートタワーの隣にオバーレンス・ルームがあり、パーティ会場の控え室としても利用されている。部屋は天井と壁が楕円形になっている。周囲には、一六八〇年にフランスのボーヴェで織られタペストリーが飾ってある。タペストリーは幾人かの貴族の手に渡り、一九一六年、市は一〇人の篤志家の献金で購入している。ナショナル・ロマンチシズム建築といわれる市庁舎から考えると、かなり逸脱した装飾である。床にはフランス王室の紋章であるユリが描かれており、別名「フランスの間」といわれる。

この部屋では多くの市民が市長立ち合いで人前結婚式を挙げている。婚姻登録を含めて短時間で終わる式であるが、市民の人気も高く、長い予約が必要とか。ストックホルム市民の合理性なのか、ブランド志向なのか判断しかねる結婚式である。

部屋のタペストリーは、中世からゴブラン織りと並び世界的にも有名なボーヴェ製である。織物の産地名ボーヴェはパリ北七五キロにあり、ジャンヌ・ダルクと並ぶ女性戦士ジャンヌ・アシェットが思い出される。彼女は貧しい百姓の娘として生まれ、一四七二年に英雄的な行動を起したことで知られている。

当時フランスはシャルル七世によるイングランドとの百年戦争の終結で近代国家の胎動を始めていた。一四六一年、シャルル七世の死後に息子のルイ一一世が即位すると、次なる政策として領邦を君主領へと吸収するために統制を強めていった。これに不満を持ったブルゴーニュ公国のシャルル（豪胆公）は反対貴族を結集して立ち上がり、ルイ一一世の拠点であったボーヴェの街を包囲攻撃した。街にはたった三〇〇人の守備兵しかいなかった。ブルゴーニュ軍のひとりの兵士が占領地に領旗を立てようとしたとき、斧を手にしたジャンヌ・アシェットが全身で体当たり。兵士を堀に投げうって、その旗を引き裂いた。これを見たルイ一一世陣営は勇気と戦意を取り戻し、ボーヴェは見事に死守されたのである。

一四七七年にシャルルはナンシーで戦死して、ブルゴーニュ公国は解体の歩みを早めていった。他方、ルイ一一世は他の領邦を王領地に加えることで、フランス統一と近代国家の礎を作ったのである。

この伝説はマルキ・ド・サドなどの演劇やレイモンド・ベルナードの映画に作られて、もう一つのフランス史となっている。

ボーヴェでは毎年六月末に、彼女にまつわる記念行事「攻撃への行進」が催されている。特にこの日はすべての女性が男性に優先する慣わしである。この慣習がオバーレンス・ルームの結婚式にどのような意義と影響を与えているかは、残念だが、資料がない。ただ、女性は、この日だけではなく、結婚後も永遠に・・・だろうか。プリーズ、レディ・ファースト。

隣の部屋は見晴らしが良く、長方形のプリンス・ギャラリーとなっている。

天井はフランスのバカラ・クリスタル製のシャンデリアが昼光の中にも、繊細に、しかもダイナミックな輝きをみせている。双対の青い角柱列が周囲の雰囲気にさらなる強調を置いている。背後のフレスコ画「水際の都市」は、グスタヴ五世の弟エウシェン王子によって描かれた。この絵はキュービズムとアール・ヌーボーの影響がみられる。確かに前景に植物の流れるような曲線がみられる。絵は広い窓から見えるリッダーヒュールデンとセーダーマルムの風景を描写したものである。まさにメーラレン湖の合わせ鏡である。

絵の傍にはイーヴァル・ヨンソン（一八八五〜一九七〇）によるエウシェン王子の胸像がある。ヨンソンは社民党首アルビン・ハンソンや政治家で数学者であるイーヴァル・ベンデクスソンの胸像なども作成している。ストックホルムの公共エリアで、例えば旧天文台のヴェガ号など、多くの彼の作品を見ることができる。

ロダンに師事し、「遅れてきたミレス」といわれる。一九五〇年に巨匠セルゲル賞を得ている。

王子は画家として、また美術収集家としても有名である。現在、彼の邸宅はユールゴーデン島にあるプリンス・エウシェン美術館として公開されている。当時の内装を活かして、スウェーデンの絵画だけではなく、多くの北欧の作品を展示している。一九四五年、兄グスタヴ五世は王子の八〇歳の誕生日を祝して、芸術的業績の貢献者へ授与するエウシェンメダルを制定している。

ギャラリーと「黄金の間」の間にはいくつかの小部屋がある。

音響効果の良い円形の小部屋には、ヨハン・アケ（一八五九〜一九二四）による二つのテーマ、音楽とオペラ、そしてストックホルムの水の世界をスタッコ（化粧漆喰）で描いている。メーラレン湖下に住むドルフィン、マーメイド、オクトパスなど、膨らみのある絵は生身のようである。

壁の青いブルールームには、アクセル・トルネマン（一八八〇〜一九二五）による「神聖なる水の都」がある。乾いた壁面に水彩で描くような画法（セッコ）で描いている。古北欧の神話に基づき、建設中のグレートタワーの脇にメーラレン湖の女王がヴィーナス誕生のように水面から躍動して現れている。ヴィーナスのモデルは画家の奥さんとか。羨ましいな。

さらにもう一枚の絵はソルティな少年とスウィーテェな少女の二人がストックホルムで出会うように描いている。真水に富むメーラレン湖と塩分を含むバルト海、確かに甘辛なモチーフである。入り口の左には、コンペテションで二位となったカール・ミレスの彫刻、エンゲルブレクト像が置かれている。

スリークラウンの間はスウェーデン国旗色の青と黄で彩られている。シャンデリアは「光る三つの王冠」といわれている。スリークラウンの由来はいろいろと議論はあるものの、スヴェア（スウェーデン中部）、ゴート（南スウェーデン）、ヴァンダル（バルト海南）の三部族の意、あるいはカルマル連合（デンマーク、スウェーデン、ノルウェーの三か国）前後の歴史的なシンボルであるといわれる。部屋にはエルネスト・スポーレン（一八八〇～一九七四）による樫のカップボードがある。その調度品には、アンスガル・アルムクヴィスト（一八八九～一九七三）によるビルイェル・ヤール、アルフレッド・ノーベル、ストリンドベリィなどの歴史上の人物が彫刻されている。

このスウェデッシュ基調の部屋からは、豪華なメーラレン湖の風景を見渡すことができた。

黄金の間に続くこの部屋の出口には、胡桃材と銅製のドアがあり、合わせて二トン以上もある。その前にマーヤ・シェストレーム（一七三七～一八一八）作の絹カーテンがあり、部屋全体に寛ぎを演出している。カーテンの前にはトーレ・ストリンドベリィによる「クロッカス」とカール・エルドゥによる「自己批判」の女性像が置かれている。いずれも外の庭園にあったものが破損されて、ここに移設されたという。どこの国にも不埒者はいるものだ。二〇二三年現在の配置については分からない。しかし、威厳のある扉の重さ以上に、私はメーラレン湖の女王との謁見が気がかりとなり、心が重くなってきた。

「黄金の間」に入ると、真正面にメーラレン湖の女王が波打つ岩にしっかりと両足を着け、玉座に鎮座している。私を凝視しているようで、身体が強張った。

左手に王冠、右手に笏。膝には新市庁舎を包むように抱えている。女王の左右近くでは、南北スウェーデンの代表が女王を讃えている。メーラレン湖の近隣都市のシンボル、洋の東西の象徴も描かれている。周囲の照明が真夏の太陽のように金箔を燦々とさせている。

私が今いる南側には中世のストックホルムをテーマとする光景がある。現在のスカンセン、市庁舎、スリークラウン王宮もある。当時のストックホルム庶民の日常生活に加えてシーダーマルムのシルエットとリッダーホロメン教会も描かれている。よく見ると、私の頭上に描かれている聖エーリックに首がない。天井の高さを計算違いしたのだろうか、故意だったのだろうか。史実では彼は斬首されている。

さらにこれらの絵の中に作者自身が被告として法廷に立つ描写が潜ませてある。明らかに黄金の間のデフォルメされたデザインを審判されている姿である。人々からの批判攻撃を覚悟していたのだろうか。

確かにメーラレン湖の女王に対しては、その金箔モザイクを打ち砕くような激しい批判が渦を巻いていた。「メーラレン湖の女王は巨大な醜さで大賞を勝ち取っている。トルソのプロポーションは逸脱した長さであり、気まぐれな顔の雰囲気、さらにあらゆる点で非人間的に歪んでいる。巨大な目、蛇のように巻き上げているヘア、グロテスクな残忍さはアフリカ種族のダンスマスクに匹敵する」と。また「女王といっているが、性別の判断さえ困難である」などなどである。

多くの芸術家、批評家、そして市民の間で数年に亙る議論が続いた。

だが、議論する中で、結末は芸術の原点に収まったのである。完成した作品を変えるとすれば、財政以外にも広範囲な影響を及ぼすことになる。それよりも芸術家の自由と誠実さはなにものにも勝り、尊重されるべきだろうと・・・。結局、時代の流れの中でスウェーデン人の分別ある判断に落ち着いていったようである。その後、このマニアックな芸術は、長い間玉座に座り続け、人々に愛され続けている。これが私を招待している貴人である。

この絵の性差についてひとつ思い出したことがある。

この旅行中に**「ストックホルム・プライド」**に出会ったことである。

一九六九年六月二八日、ニューヨーク・ストンウォールの暴動に起因するＬＧＢＴＱ月間がストックホルムで開催されていた。初めて見た多種多様に扮する人々のパレードにカルチャーショックを受け、その後の免疫力は高まった。メーラレン湖の女王に対する批判は、今や遠い遠い過去になっていた。私にとっても北欧のジェンダーフリーは当たり前。今更議論すべきことではなくなっている。

この個性的な「メーラレン湖の女王」の作家エイナール・フォルセスについて述べておこう。

一八九二年、エイナールはノルウェーのリトグラフ事業家の息子としてリンチョーピングで生まれている。アーチスト、デザイナー、イラストレーター、教授など多彩な人物である。青年期にイェーテボリィの美術工芸学校を出て、一九一五年にスウェーデン王立芸術アカデミーを卒業している。メジャーなアカデミーの奨学金で、イスタンブール、ギリシア、そしてイタリアを旅行。その時の影響からモニュメントや装飾芸術に関心を持つようになっていた。特にステンドグラスの装飾は有名で、多くの教会に光の美を残している。イギリスのコンヴェントリー大聖堂はその代表例で、世界中から注目を集めている。

その後、個人博を開催した後も旅は続いている。一九一九〜一九二〇年、フランス、ドイツ、イタリア、スペイン、北アフリカへ、そして一九二〇年から一九二二年まで再び海外滞在をしている。いずれも各種の奨学金・奨励金を利用している。「メーラレン湖の女王」にみるように、旅は芸術を豊かにし、心を多様化する起爆剤であった。

一九二〇年、エストベリィは完成予定が迫ると、黄金の間のモザイクに対する財政負担と人材に悩んだ。金銭問題は資材発注先のドイツが世界大戦に敗れて経済的に困窮しており、値引きに応じてくれた。さらにＮＫ（デパートメントノルディックカンパニーの略でストックホルム唯一の大型デパート）グループ会長が献金をしてくれて問題が軽減された。そこで黄金の間のインテリアスケッチの人材を探し始めた。その中でエストベリィはエイナールの噂を聞いたが、最初、採用に戸惑いがあった。あまり知られていないし、若すぎた。またモザイク技法を学んでイタリアから帰国して間もない。だが、市庁舎レストランの彼の天井画は出来具合もよく、黄金の間のモチーフとモザイク手法も気にいっていた。思案の末に、アイデアだけを購入し、仕事は他のベテランに委ねようとした。が、エイナールは納得せずに強固に自らによる完成を主張した。結局、エイナールを設計事務から解雇することにした。だが、エストベリィは思い直した。他の委託依頼を引き受けないで、この仕事に専念することを条件に諸事寛大に対処。メーラレン湖の女王の創作を委ねたのである。

黄金の間が完成した翌年、一九二四年、エイナールはノーベル賞授賞式会場で名高いコンサートホールのエントランス装飾、床のモザイク、天井のスタッコなど、そしてメイン・ホワイエー（休憩室）をデザインしている。この時のコンサートホールの彫刻、絵画、インテリアなどは、カール・ミレスはじめ当代スウェーデン一流の芸術家たちが結集して創り上げている。コンサートホールは、一九二六年、イーヴァル・テングボム（一八七八～一九六八）による新古典派様式で設計・完成されている。一九七二年には、その息子アンダーシュ・テングボムによって増改築、一九九〇年代にもさらなる修復作業が行われている。

エイナールの芸術作品は多岐にわたり、陶磁器、切手、ポスターやリトグラフのデザイン、さらにステンドグラス技術の刷新に貢献している。特に、多くの教会（例えばサンクトニコライ教会）の窓、祭壇（シュテハン教会、ホールシュリュンガ教会など）、漆喰レリーフやフレスコ画などを描き、陶器や大理石のモザイクなどにも多くの作品を残している。一九六三年、エイナールはプリンス・エウシェンメダルを授与されている。一九八八年、九六歳、ストックホルムで亡くなり、ノース墓地に埋葬されている。

この黄金の間は一七世紀のカルマル城の二階にあるバーントホール（アラビア模様を意味し、別名「黄金の間」）からの影響がみられる。カルマル城広間の天井には二二〇〇枚の金箔が張られ、中央にフルーツバスケットを象った擬宝珠がある。城は当時南スウェーデンを支配していたデンマークに対する防御要塞であった。この国境の要塞は一六、一七世紀にヴァーサ朝によってルネサンス様式に改築されている。

夕闇の濠に映る要塞のシルエットは、メーラレン湖の夜景に相似している。だが、大きく異なる点は、カルマル城はデンマーク・スウェーデンによる戦争や大火で大きく破損し、国境もさらに南下し、忘れ去られる寸前であった。一八五六年、建築家フレデリック・スコランデルやその教え子たちによって修復作業が行われた。その後、土塁や濠が改修されて、現在の保存の良い姿となった。

もちろん、市庁舎の黄金の間には、カルマルのバーントホール以上のモザイクタイル一八〇〇万枚以上が張られている。カルマル城の窓から差し込む光と照明は独特の輝きを披露している。内装全体の雰囲気は、地中海の十字路シシリア島の教会とビザンチン文化の香りを漂わせている。ただ、全容は市庁舎の黄金の間に比するとやや硬さが感じられる。建築年代の差と要塞と市庁舎という機能の違いにあるのだろう。

「黄金の間」広間の中庭側には、右手から、歴史の巻紙を持った巨大な女性像に始まり、南側の未来の男性で締めている。その間のステンドグラスのニッチには、スウェーデンの文化、自然科学、工学技術を代表する人物像が描かれている。

リンパ系の発見者のひとりで、科学者・作家であるオルフ・ルードベック・エルダー（一六三〇～一七〇二）

はスウェーデン最初の植物園を造り、スウェーデンのアトランティス（プラトンによる広大な伝説の島）起源説を唱えている。エザイアス・テグネール（一七八二〜一八四六）はロマン主義民族叙事詩作家で、スウェーデン近代詩の父。クリストファー・ポルヘム（一六六一〜一七五一）は科学者、発明家、スウェーデン工学の父といわれる。作家アウグスト・ストリンドベリィ（一八四九〜一九一二）の渋い顔も見られる。最後のジェニー・リンド（一八二〇〜一八八七）はオペラ歌手で「スウェーデンのナイチンゲール」といわれている。

ジェニー・リンドはストックホルム生まれで、オペラ歌手として名声を得る。その後、声帯を痛めたが、歌唱法の工夫で回復する。一八四九年にオペラ公演を引退し、翌年から歌手としてアメリカ、キューバ、カナダでツアーを行い、リンド旋風を起こしている。彼女は慈善行為と共に多くの「リンド・マニア」を有するが、彼ら以外からも絶賛を得ている。

アンデルセンとリンドとの関係は有名である。アンデルセンが彼女に失恋し、それが作品「雪の女王」に投影されているといわれる。少年カイを連れ去った雪の女王を描くことで、果たせなかった恋を心の奥で成就させようとしたのだろうか。リンドが雪の女王にどのように模しているか、私には読後、残念だが、分からなかった。ただ、雪と女王に共通することは、「冷たさ」だけである。少女ゲルダは仲良しのカイを捜しにファンタジーな旅に出る。ついに雪の女王の城に辿り着く。そして少女ゲルダはカイを見つけて抱き締めて熱い涙を流す。涙はカイの心臓に染み込み、氷を解かして鏡の欠片をなくしてしまう。カイは正気に戻り二人は故郷に帰る。悪魔の鏡の破片、女王の理性の鏡。これらはノーザンミラーズにもあるだろうか。

好感度な彼女は、メンデルスゾーン、シューマン夫妻、ベルリオーズなどからも高く評価されて、ショパンの影の女性のひとりともいわれている。一八八七年からイングランドに居を構え、ロンドンにある王立カレッジ・オヴ・ミュージックの教授に就任している。スウェーデンでは二〇歳で王立音楽アカデミー会員（一八四〇）になっている。ただし、彼女の名声が慈善事業などへの寄付によるものであった、あるいは声質と歌劇の才能は他の名ある歌手より劣っていたとの批判もある。もうひとつの批判はフランスオペラ座の試験に合格しなかったために、フランス、イタリアでの公演はなかったという。イタリアオペラのような情熱がなく、あくまでも冷ややかなゲルマン的音楽家だった評する者もいる。

彼女の個性ある音声と慈善行為が相乗効果をもたらし、世間の人々の人気を増幅させたのかもしれない。しかし、慈善行為そのものの影響を損得計算で彼女自身が意識し、行動したとは私には思えない。また、多くの音楽家たちとの彼女の恋はどこまでが真実で、どこまでが噂かも解明は難しい。世間の評価とはそのようなものである。

一八八七年、六七歳でイギリスのバーミンガム南ワインズ・ポイントで死去し、ショパンの「葬送行進曲」で埋葬されている。遺産の大半はスウェーデン・プロテスタント系の貧しい学生たちの教育援助資金として寄付されている。彼女に関するメモリアル遺産は北米を中心に、通り、帆船、大学などにその名を残している。映画や音楽もスウェーデン、ハリウッド、ドイツなどで制作され、最近ではＢＢＣテレビのドキュメンタリー「ショパン、その音楽の影なる女性たち」で、再び注目が集まった。スウェーデンは五〇クローナ紙幣（一九九六、二〇〇六）で彼女に敬意を表している。

これらの人々は晩餐会場（ノーベル賞授与式では舞踏会場）にふさわしい栄誉ある偉人たちといえる。

青の間（ノーベル賞授与式では宴会会場になっている）側には金箔のモザイクガラス、そしてビルカのアンスガルに始まり、エーリック一四世、グスタヴ三世など、歴史上の重要人物が描かれている。最後は「シベリアのエンゼル」と称えられ、ノーベル平和賞候補になったエルサ・ブレンドストレームで終わっている。

彼女は外交官の娘として、一八八八年、サンクトペテルブルクで生まれ、第一次世界大戦の勃発時にはボランティアとして従軍看護師の訓練を受けている。戦時はサンクトペテルブルクでの病院勤務の後に、ドイツとロシアの捕虜交換が始まると、負傷兵たちの輸送任務に携わっている。一九一五年からスウェーデン赤十字に雇用されて、シベリアの捕虜収容所で救助活動を行っている。そこでドイツ捕虜に対する残酷さと陰惨さを目撃する中、彼女たちは多くの命を守り続けている。勤務の移動中にチフスに罹り生死をさ迷い、またロシア一〇月革命ではスパイ容疑者で危うく銃殺寸前となっている。

戦後、ドイツの傷病捕虜復員兵を財政的に支えるため、出版や講演活動などを行っている。さらに活動の範囲を広げて、戦災孤児センター設立に携わり、資金集めにアメリカツアーを開催している。彼女の活動が多くの人々に知れると、スウェーデンのイリス・クォールムメダル（一七八四年、グスタヴ三世によって制定され、現在では最も古い政府メダル）やナイチンゲールメダル、そしてウップサラ大学や多くの海外大学から栄誉を受けている。ナチスドイツが登場し、夫や家族に脅威が迫るとアメリカへ移住。アメリカでは米国への避難民に尽力し、第二次世界大戦が終わると、現在でも国際的に活躍しているNGO「CARE」に関わることになる。一九四八年、五九歳、マサチューセッツ州ケンブリッジで亡くなっている。彼女を讃えた多くの通りや学校などの名がドイツ、スウェーデンなどにみられる。


もちろん、このような数々の歴史物語を背景に、「黄金の間」は世界が注目するノーベル賞舞踏会の会場になっている。さらにストックホルムの市民にとっても最大の宴会会場である。写真で見るビッシリ並んだ市民の宴会テーブルには、ノーベル賞宴会場の「青の間」とは少々異なる光のページェントが展開される。

これらの人物像の上にあるフリーズ（小壁）には、愛などの七つの美徳、そして人生の揺籃から墓場に至るまでが描かれている。ストックホルム市民は人生の最後に、ゆったりと横たわり、その魂はエンゼルと共に昇天するのである。

部屋を一通り見渡した時に、突然、小さな女の子が近づいてきた。手に鈴蘭の花束を持ち、小さな頭をちょこんと下げて、私を見上げる。それから花束を無言で私に渡し、立ち去っていった。ほんの一瞬であった。ふと、メーラレン湖の女王の目を見ると、微笑んでいる。花束にはメモが添えられていた。

「今回のウクライナ戦争は残念でした。私たちがロシアと争ったのは、遠い過去の話でした。今回の件で私たちはNATOに加盟することを決意しました。もちろん、私たちの平和への希求は変わりません。どうかこの鈴蘭を互いの平和のシンボルとして青銅の騎士ピョートル一世（大帝）へ届けてほしいのです」

鈴蘭はフィンランドの国花である。スウェーデンでは（ドイツ）スズランもまた国花となっている。女王から届けられた謁見の要件とは、どうもこのメモを添えた鈴蘭の付託のようであった。

ここでスウェーデンから、フィンランドとロシアへの私の旅が続くことになった。花が萎える前に、平和のために、戦場で死傷者が増える前に、先に先へと平和の使いとして急ごうと思った。最後に鈴蘭を手に、市庁舎の名所・グレートタワーに上ることにした。ロシア・サンクトペテルブルグに繋がるバルト海が目前に広がっている。東に向かって女王の願いに応えることを宣誓しようと思った。・・・でも、少々力が入り過ぎたかな。時計の針は四時を過ぎていた。

塔はエレベータで上っても、途中で狭い迷宮の階段となる。先端まで一〇六メートルある。三六五の階段を上る決心をした。階段を上ると「一〇〇のアーチ」の上にタワーミュージアムがあった。市庁舎にある模型、胸像、黄金の間のモザイクサンプル、多くのスケッチ、そしてあのエストベリィが手に持つ市庁舎モデルなどが展示されている。まるでそれぞれの場所へ召集令状を出したかのようにコレクトされている。

特に目を引いたのは、七・九メートルもあるストックホルム特上の守護聖人・聖エーリック九世の石膏像である。22

製作者サンドベリィ兄弟アロンとグスタフによる作品で、どこか控え目で無口な二人の性格が滲み出ている。彼らは市庁舎の装飾作業、ファサード装飾、アーケード、自立彫像など、多くの責任ある貢献をしている。最初、この巨体はクレーンで鐘の真下まで引き上げる予定であった。しかしあまりにも重く、方針を変えている。そのクレーン設備が塔の上部に残されている。クレタの迷宮は振り向くことができない。階段は上るのみである。最後の階段は木造であった。展望台に出ると、四方にストックホルムの守護聖人聖エーリック（スウェーデンやストックホルムの守護聖人）、マグダラのマリア（キリストの礫刑と復活の目撃者）、ニコラス（航海、そしてストックホルム港の守護聖人）、そしてクララ（女性修道の規範者）がいた。いずれもストックホルムの通りやそのエリアにある教会に名を残している。

上を仰ぐと九つの鐘がある。最大のものはセント・エリックと称して、重量三トン、オランダからの寄贈である。小さな鐘はエィリアンといい、伝説の聖ゲオルギオスとドラゴンに由来する。

夏の間、毎時一二時と一八時に音を奏でる。その際、東側のバルコニー角にあるグレートタワーと処女タワーの間にグスタフ・ニルソン制作による聖ヨーラン（聖ゲオルギオス、又はエィリアン）と王女、そして退治されたドラゴンを引きずり回す伝令官の行列が現れる。大きめのミニチュアのお通りである。一四七一年のブルンケベリィの戦いのときに、スウェーデン軍はデンマーク軍のストックホルム入城を阻止し、凱旋している。鐘に合わせて流されるメロディーは、スウェーデン軍の兵士たちがその際に歌った讃美歌である。鐘の音とメロディー、そしてからくり人形の機械装置であるカリヨンは、塔に上る途中でみることができる。グレートタワーと東棟の接合部分にあたる処女タワーの上にも黄金の聖ヨーランとドラゴンの寓意彫刻が輝いている。[23]

クリスチャン・エリクソン（一八五八〜一九三五）の作品で、ガムラ・スタンの大聖堂にあるベルトン（バーント）・ノトケの木彫（一四七〇年頃の作品）を模したものである。大聖堂の木像は、ドラゴンがデンマーク、そして王子がスウェーデンをシンボライズしている。時の宰相大ステーン・ステューレがデンマークに勝利したことを記念して献納している。リューベックの聖カタリーナ教会にはこの彫刻の精巧な複製がある。リューベックはハンザ同盟の盟主、「ハンザの女王」と呼ばれて、当時ストックホルムはその影響下にあった。また中世ヨーロッパで最も有名な画家・彫刻家ノトケが死没した都市でもあった。

処女タワーの格子からは、王女が救いを待ちながら、王子とドラゴンの戦いを見守っている。だが、本来の目的は南棟と東棟のそれぞれの構造上のアイデンティティを円滑に転移させるためのワンポイント彫刻であった。いわゆる隠しデザインである。この形は市庁舎のところどころに見かけ、いずれも芸術性豊かな作品が多い。依頼主エストベリィから隠しデザインの詳細を告げられずに、後で知り、憤怒する例もしばしばあったという。スリークラウンルームの芸術性高いカップボードも本来の目的は温風ダクト隠しであった。

グレートタワーの展望台から下を眺めると、スウェーデンがデンマークから自立する契機を作ったエンゲルブレクト像がみられる。高さ二〇メートルもある堂々とした風格である。

これもまたクリスチャン・エリクソンの作で、石柱はエストベリィが設計の初期から温めていたものである。コンペテションはカール・ミレスとデッドヒートの末に、中世の衣服を纏い、反旗を掲げた力強い姿が選ばれた。エンゲルブレクトの顔の向きが論争となったが、市庁舎から見えるようにというエストベリィの主張が取り入れられた。確かに草の根の謀反軍を引き連れて、カルマル連合の盟主ポンメルンのエーリック（エーリク七世）王に挑む面構えは納得できた。[24]

グレートタワーにまつわるもう一人の重要な守護聖人がいる。塔の東にあるセノタピー（埋葬された場所とは異なる場所に建てられた記念碑）に安置されている。タワーから突き出るような天蓋付きの台座に眠るビルイェル・ヤールである。騎士として鎧を纏い、足をストックホルム・リッダーホルメンに向けて横たわっている。小さな漁村からストックホルムを築き上げ、首都にまで発展させた第一の功労者である。

この黄金の棺がある花崗岩の土台は苔が生え、藻が付着し、波と風に洗われている。時代を映す神話と伝説の演出である。

最初、エストベリィはヴェスターイェートランドにあるヴァルンヘム教会から遺体そのものを市庁舎に移す予定であった。しかし問題はそう簡単ではなかった。ヴァルンヘム教会が明確に拒否したのであった。そこで特別な場所をここに設けることになった。だが、このエストベリィの対応に多くの批判が寄せられた。ビルイェル・ヤールの遺骸を新市庁舎に移転させるなど悪趣味も程度が過ぎる、埋葬石棺などを市庁舎に置くのは、死者に対する冒涜である・・・などである。

しかしエストベリィのビルイェル・ヤールに対する敬意の表し方は変わらなかった。

「例えこのモニュメントが、一瞬なりとも人々に死と悪兆を連想させたとしても、それが人々に害をもたらすものではない。市のプライドのシンボル。栄えるストックホルムへの喜び。明るい光の中でストックホルムの後援者を讃えることこそ意義がある。決して土の中に根付かせて、忘れ去られるものではない」（拙訳）

エストベリィのビルイェル・ヤールに対する思い入れは強かったようだ。

設営と彫像の指揮はグスタヴ・サンドベリィで、石棺そのものは空のままである。[25]

塔の上から眺める風景は、メーラレン湖を超えて、南東にリッダーホルメン島、ガムラ・スタン、シップスホルメン島が見える。東にユールゴーデン島のスカンセンやグレーナルンズ・チボリ公園の観覧車、特徴ある屋根のヴァーサ号博物館。北にはストックホルム中央駅を中心にノールマルムの市街地が延々と広がっている。リッダールホルメン島にある教会は一三世紀、グレイ・フライアー修道院に始まり、スウェーデンの宗教改革を経て、一七世紀以来、グスタヴ・アドルフ二世などの王族や国の偉人が安置されている。

伝説によると、ストックホルムの最初の住人はリッダーホルメン島の浜辺に始まるといわれる。

鮭を持つ少年と司教の像が市庁舎南側のムーンタワーにある。ナショナル・ロマンチシズム時代を反映した戯作である。

メーラレン湖の西にあるティンネルゾ島で、ひとりの少年が大きな鮭を獲った。ボートの底にいる大きな鮭を見ながら金持ち連中に見せびらかした。だが、地区の司教には決して分けてやりたくないと独り言を呟いた。司教はそれを耳にすると、少年が自らの言葉を後悔しながら、その夜を教会タワーで過ごすようにと司教冠に手をあてて神に祈願した。

だが、少年は司教のそのような脅しに怯むことはなかった。司教から逃げるように帆を上げて帰港しようとした。だが、海は波高く、風は吹き荒れて、雲間から滝のような雨が降り出した。海からは巨獣が現れて舟を揺らし、魔の妖精たちは彼を惑わして、進路を妨げようとした。だが、彼は屈しなかった。獲った鮭と自らの身体をマストに縛り、船を操り続けた。やがて嵐はおさまる。そよ風が頬を撫でると、舟はリッダーホルメン島の岩場に押し流されていたことに気づいたのであった。その少年こそがストックホルム最初の住人となったのである。巨大な鮭の像は市庁舎のあちらこちらで見かけることができる。

欄干からリッダーフィヨールデン（入江）に接する庭園を見下ろした。庭園はメーラレン湖と同じ水位で調整されている。芝生の三分の二はバロック式の長方形で仕切られている。それぞれの区画は占星術でいう黄道十二宮を模し、等間隔のグリーンパターンで造られている、このエリアの主人公はカール・エルドゥの三部作である作家ストリンドベリィ、詩人フレーディング、そして画家エルンスト・ヨゼフソンの像である。海面に続く階段脇には、私のお気に入りの彫刻エルドゥの裸体「歌とダンス」がある。その傍らで対岸をジーと眺めていた女性がいる。彫像と植込み。写真なる光景である。下に見えるスミレが強く印象に残った。

庭園のどの彫刻を見ても写真の本人かどうか判別できない顔立ちである。しかもすべて裸体である。市庁舎委員会、スウェーデン・アカデミー、ナショナルミュージアム、そして市民も含めて、「メーラレン湖の女王」の時と同様の議論が蒸し返された。議論を聞いた彫刻家本人、カール・エルドゥは皮肉を込めてニヤニヤするだけだったという。そこで万能芸術家イザーク・グルンヴァルド（一八八九〜一九四六）が憤然と立ち上がり主張した。

「市庁舎委員会が事を覆すならば、次にはグスタヴ五世の弟エウシェン王子の作品、そしてエイナールのモザイクにまで議論が及ぶことになる」と。

結局、芸術家のインテグリティ（高潔さ、あるいは誠実さ）に対する尊敬の方が勝り、彫刻はあるべき場所に配置されたのであった。その時、「道徳は死んだ」といわれたが、今日のスウェーデン人は誰一人としてこのような道徳議論に参加する者はいないだろう。芸術って何・・・。まあ、そのような時代もあったということです。


庭園中央部には、貝に似た縁石の真中に噴水が二か所にある。大盛りのかき氷のように涼を呼ぶ。若い男女が半裸で睦まじい影を象っている。対岸にある二台の巨大なクレーンがガムラ・スタンの風景に立ちはだかっている。まるでゴジラがメーラレン湖の女王に立ち向かうようである。邪魔だな。あの怪物。

グレートタワーの下にはアロン・サンドベリィの粗粒玄武岩の塊ストックホルムの丸太が控えめに置かれている。目を逸らして上を見上げた瞬間、突如薄墨のリッダーホルメン上空に二重、三重と暈が現れて、一五三五年四月二〇日の中世ストックホルムの歴史絵巻が映え渡る。ウルバン・モーラレ作ストックホルムの絵画が上空に広がったのだ。そう、中世のストックホルムの話である。

ヴァイキング時代、エストニア人やフィンランド人はメーラレン湖の畔にある古都シグツーナをしばしば略奪し、家々に放火してきた。そこで街の富裕者たちは次の襲撃に備えて、大きな樫の丸太を抉り、財宝をその丸太に隠すことを相談した。そして彼らは丸太が流れ着いた場所に移住することにした。略奪者が去った後、浮かんだ丸太はメーラレン湖を下り、リッダーホルメンに流れ着いた。そこで人々は丸太から財宝を取り出して、町を作り、浮かぶ丸太でバルト海からメーラレン湖に侵入する敵をも防ぐことにした。つまり丸太（ストック）の島（ホルム）となったという。

グレートタワーの尖端には三つの王冠が夕陽に輝きを増している。

このスリークラウンは最初の市庁舎のデザインにはなかった。何度か書き直す中で現在の形になった。この件で歴史家たちから集中的な反対の怒号が乱れ飛んだ。ローカルな市の建物が全スウェーデンを表するシンボルを使うことは許されるものではないという。おそらく彼ら歴史家たちは、頭の中にグスタヴ二世・アドルフからクリスティーナ以降も続いた汎スウェーデン主義を回想したのかもしれない。スウェーデン王はスヴェア人、ゴード人、そしてヴァンダル人の王であるという（「スリークラウンの間」で説明済）思想である。もちろん設計の経過からするとまだ修正は困難ではなかった。新市庁舎委員や政治家も加わり議論が拡散していった。結局、彼らはエストベリィの留守中にデザイン変更を決議することを目論んだ。だが、設計に携わるメンバーのひとりがこの動きを採決直前にエストベリィに通報した。散歩から会議室に現れた彼は、まさしく俳優の息子そのものの演出を貫徹したのであった。

一三世紀、メーラレン湖を防御するためにビルイェル・ヤールによって、ここストックホルムに要塞が建設された。一六世紀後半、ユーハン三世の下で要塞から、さらにルネサンス様式のスリークラウン城として発展し、栄えた。城は小ニコデムス・テッシンによってバロック様式に大改装が行われた。しかし、一六九二年に火災によって大部分が崩壊した。火災に遭った旧王宮スリークラウンへの思い、そして首都たるストックホルムをエストベリィは雄弁に説いたのであった。声は会議会場であったイタリア教会に反響し、そのパフォーマンスは語り草となっている。結局会議は無言のままで、反対なしの承認となった。

南東端には市の象徴であるエーリックの旗が翻っていた。デザインは中世の印章から作り出された聖人エーリックである。

二人乗りの二隻のカヌーが庭園前の波を越えて進んでいく。ヘルシンキ行きの大型船が遠く沖をゆっくりと横切る。明日は鈴蘭を持ってバルト海の旅となるのだ。[26]

5・タリンク・シリアライン

旅では常日頃、午前中の出発では早朝から、午後の便でも十分時間を見て出発点へ行くことにしている。これは、昔、韓国旅行でホテルにパスポートを忘れて戻った苦い経験があるからである。ストックホルム中央駅からシャトルバスで郊外のヴァータハムネン港へ向かった。

女王からの預かりものである鈴蘭に水を含ませて、大事に手提げ袋に入れた。一五時三〇分に乗船開始、一七時に出港、ヘルシンキには翌日の九時三〇分（ヘルシンキ時間）に入港予定である。ただし両都市間の時間差は一時間である。船内にはストックホルムとヘルシンキの二つの現在時刻が表示されている。スウェーデン、フィンランド、いずれもシェンゲン協定加盟国なので出国審査はない。昔に比べるとかなり便利になったものだ。ノーザンミラーズの旅はこうあるべきだと思うのだが・・・。

乗船は自動改札を通ると、カメラのシュートとムーミンで歓迎された。写真は後に船内に掲示されて、注文してから暫く後に受け取る仕組みである。混乱もなく、人波に従い乗船。あらためて乗船カードを読む。カードは部屋のルームキーにもなっている。

シリア・シンフォニー・・・デッキ階数一〇、部屋に近いエレベータ番号五、Ａの部屋番号〇五である。

よく人には「豪華客船のツアーですね」と言われることがある。だが、私の旅行はごく普通の等級船室で、豪華とはいえない。船室は海側で航行状況と風景が楽しめるだけである。Wi・Fi完備で、ラジオ付き、バスタブなしのシャワーである。少々狭く感じられるが、船賃相応の部屋である。もちろん、この船も船室の値段はピンからキリまである。要するに私なりの選択なのだ。

シリア・シンフォニーは一九九一年にフィンランド・トゥルクで建造され、全長二〇三メートル、総トン数五万八四〇〇トン、最大速度二三ノットの貨客船である。従って二八六二人の乗客の他にバス六〇台、もしくは乗用車が約四五〇台収容可能となっている。ショッピングは免税可能であるが、取材旅行なので散財するつもりはない。夜にはライブ演奏やナイトクラブがある。プールやサウナもあるが、私の船内活動は新聞とカフェ利用程度で、あとは風景を楽しむことにした。

部屋に戻ると、持ち物を確認してから、多くの施設のあるプロムナードへ好奇心の探検をすることにした。非常口を確認し、そして夕食会場へ向かう。夕食はヴァイキングスタイルで、ワイン・ビール・ソフトドリンクはセルフサービス。だがこのスタイルは歳をとるにつけて損な感じがする。食事の量に限界があり、アルコールも嗜む程度である。でもよいところは、苦手なものは避け、好きなものだけを少々多めに頂けることである。それでまあーいいか。

食事後に部屋に戻り、ひと休み。女王から頼まれた鈴蘭を見ると元気そうである。それなりの役割を意識しているようである。**展望デッキ**にでる。全く揺れを感じない。多くの乗船客が夕陽に点在する群島風景を眺めている。暮れゆく風景を眺めていると、自然とシャッターは群島と白い航跡、島陰に沈んでゆく夕陽を追い続ける。ストックホルム群島の撮影を全身で満喫することができた。

ストックホルム群島はストックホルムから東に六〇キロメートル、北はウップランドから南のセーダーマンランドの海岸沿いにあるバルト海水域の一部である。

バルト海は、およそ一万二〇〇〇年前から氷河の重圧から逃れ、海底と海面の上昇を続けている。地質学的な地殻均衡の典型である。ハイ・コースト（フィンランド・スウェーデンのボスニア湾西岸）は世界遺産となり、自然とその景観保護水域となっている。その南には、およそ二万四〇〇〇以上の群島がある。いわゆるストックホルム群島である。

群島はヴァイキング時代から世界遺産ビルカに代表されるように、バルト海の共生文化として栄えてきた。また島々は、ドイツ南沿岸からボスニア湾北に至る海域を駆け巡る海賊たちの根城であった。日本の瀬戸内海に海賊が横行したように、地理的条件が歴史・社会に影響を及ぼしてきた例といえる。

中世以来、群島はメーラレン湖に出入りする船から関税や通行料を得る拠点になっていた。また、島々は繁栄都市ストックホルムやウップサラ、シグトゥーナなどにとって外海からの防衛点線であった。その代表は、峡湾の北に位置するヴァックスホルム要塞である。一五四九年にグスタヴ・ヴァーサによって建設され、「ストックホルムの壁」といわれた。現在、要塞のあったヴァックスン島は群島最大のヴァックスホルム地方自治体に属している。現在、要塞は博物館となっており、デンマーク（一六一二）やロシア（一七一九）による襲撃の惨禍を伝えている。ただし一九世紀中ごろから、実戦的な防御機能はなくなり、現在、島はスパー温泉と観光、そして別荘地になっている。

群島の自然環境は海底の隆起によって北方に湿地が出現し、一九八九年、群島の一部がラムサール条約指定地となっている。最近、群島要塞に関する研究が進み、このエリアに注目が集まっている。南入江にあるバッゲンスステケット（あるいは南ステケット）もその一つである。

この水域は中世末まではストックホルムへの主水路であった。しかし、海底が上昇すると海峡が浅くなり、さらに艦船が大型になると、通行が難しくなった。一五一八年から二〇年、スウェーデン内乱時には小石などによって埋め立てられている。グスタヴ・ヴァーサは、戦略を考慮して、改めて浚渫を行い、航路再開と要塞建設を行っている。

エーリック一四世の時代になると、通行をヴァックスホルムに集約して課税強化を試みた。逆にバッゲンスステケットは小型船による密輸出入の海域となってしまった。その後、課税施設は、一六八〇年、ユールゴーデン南東岬にあるブロックフスウッデンに移された。でも、その後の戦略的な役割は北のヴァックスホルム、そして規模は小さいが、南のバッゲンスステケットであることに変わりはなかった。

一六九九年、一八歳のカール一二世グスタヴが王位継承すると、デンマーク、ポーランド、ザクセン、そしてロシアが同盟を結び、若造いじめを計画する。彼らは、一七〇〇年一月から相次いでスウェーデンとの開戦に踏み切った。大北方戦争である。

カールはナルヴァでロシア軍を壊滅させたが、一七〇九年にポルタヴァで大敗し、トルコに亡命。一七一六年頃には、スウェーデンは本国以外すべて奪われてしまった。ロシアはフィンランドに侵入し、略奪と破壊を続けていった。カールはロシアと単独講和を進めながら、デンマーク・ノルウェー連合を撃退するためにノルウェー遠征に打ち出た。しかし、ノルウェーのフレドリクステン城を包囲中、流れ玉に当たり戦死する。カールの戦死後、親欧系（ヘッセン党）である彼の妹ウルリーカ・エレオノーラが即位した。しかし、ロシアとの戦いはニュスタード条約まで続けられた。スウェーデンに対する包囲網はさらに狭まったが、この時点で講和をすれば、さらなる領土割譲は必定と予想された。スウェーデン最大のピンチである。

このような歴史背景の中で、ロシアとスウェーデンはバッゲンスステケットの戦いに至った。

一七一九年七月、突如ロシアバルチック艦隊がスウェーデン東海岸に現れて、都市や農地を焼き、略奪を続けていった。ロシア艦隊提督フョードル・マトヴェヴィチ・アプラクシンは強固な要塞ヴァックスホルムを通らないで、首都攻略を企てた。すでに「ストックホルムの裏木戸」といわれたバッゲンスステケットを偵察させていたからである。これに気付いた要塞守備司令官バルツザール・フォン・ダールヘイムは海峡に巨礫を積んだ舟を係留させたり、沈めたりして航行不能にした。さらに海峡に接近する艦隊を砲撃する態勢も整えた。対ロ戦に備え、周囲の農民・住民たちを集めて、組織化して訓練した。

八月、ロシア艦隊は、バッゲンスステケットから二〇キロ地点に現れた。だが、ヴァックスホルム要塞からの砲撃では撃退することが完全に不可能であった。砲弾が届かない。近づくのを待つしかなかった。

一三日朝、ロシア軍艦隊がバッゲンスステケットの入り口で発見されと、近くにいたスウェーデン軍セーデルマンランド連隊が急派された。先遣隊は炎天下、岩と深い森の中を行進し、午後七時前には戦火を交えることなく現地に到着した。夜の帳が落ち始めていた。だが、海峡入り口の両端には、ロシア軍が既に布陣していた。近づいたときは一斉攻撃に曝されて、先遣隊は大きな損害を被り、指揮官もまた負傷した。

午後八時、セーデルマンランド連隊司令官ルートガー・フッチの本隊が現地に達すると、両軍による本格的な死闘が繰り広げられた。両軍とも地形の起伏と沼沢地に悩まされた。だが、兵力密集気味のロシア隊は動きが鈍かった。森林に逃げるスウェーデン軍を追撃するロシア軍の勢いは次第に弱くなっていく。両軍、約二時間にわたる激戦の末、ロシア軍は突如上陸用船舶に戻り始めた。だが、ロシア艦隊は翌日までバッゲンスステケット海域に留まったのである。

結局、英国の支援艦隊とスウェーデンのカールスクローナ艦隊が到着する前に、バルチック艦隊はバッゲンスステケットから立ち去ることになった。

戦後、この時のセーデルマンランド連隊司令官ルートガー・フッチは、「ストックホルム救済者」として歓呼で迎えられ、大将に昇進し、貴族称号フリーヘーレ（Freiherr）を授与されている。他方、二度の負傷にもかかわらず要塞を墨守した守備司令官バルツザール・フォン・ダールヘイムは三年後に除隊させられ、ウップランドの片田舎ヴァレンツナで農業を営みながら貧しい余生を送ることになった。二六年後、勲章ザ・スワードオーダーを授与されたときには、出席するための礼服さえなかったといわれている。

この戦いでは、エスターイェートランドから緊急召集を受けた農民たちが敵の湾内封じ込めに貢献している。またダーラナ出身部隊の活躍も歴史に名を残すことになった。この後にも、ロシア軍はスウェーデン東海岸で破壊と略奪を続けている。「これらの襲撃は、長い間、多くのスウェーデン国民に深い恐怖を植え付けて、今日に至るまでロシアへの恐怖心は生き続けている」とヘルマン・リンドクヴィストは彼の名著『スウェーデン史』で書いている。[27]

二〇二三年、ウクライナのロシア侵攻に際しては、スウェーデンは直ちに中立政策から離脱。NATO加入を申請している。これはロシアとの長い歴史的な教訓からであろうか。

バッゲンスステケット入江近くのフスクセトラ（ストックホルム・ナッカ自治体）にはハムンミュージアムが設立されている。この時の戦争遺品や資料が一般に展示公開されている。ミュージアムに二〇〇三年、スウェーデンナショナル遺産委員会公認のステケット考古戦場プロジェクトが設立され、地図を含めた研究資料、研究者や団体などによるデータベース化と記録保存が進行中である。二〇〇四年には南側の沼沢・荒れ地のサンプル調査。二〇〇四年から二〇一〇年にかけてはスウェーデン遺産委員会の管理下でバッゲンスステケット入江の戦場調査。二〇一〇年から二〇二〇年にかけては海底調査を含めて合計七三万五〇〇〇平方メートルに及ぶ広範囲をスウェーデン遺産委員会が大規模調査して、一三〇〇個以上の考古学品や文化的貴重品を発見している。二〇一〇年からナッカ自治体とEUの財政支援の下に、ハムンミュージアムとの共同プロジェクトが始まり、現在進行中である。

戦闘そのものの規模は大きくないが、研究の関心が高い。理由として、ロシアが本当にストックホルムを侵攻して占領を考えていたかどうか。また、講和を引き出すための脅迫と嫌がらせであったのではないかという見解もある。この点、多くの歴史学者間で議論されている。またこの戦闘を含めて、大北方戦争におけるロシアによるスウェーデン東海岸での略奪や放火、殺掠がその後の両国関係にどのような影響を与えているかも研究の焦点となっている。なるほどスウェーデンの安全保障政策が少しは理解できた気もする。

ストックホルム群島を過ぎると、シリアラインは真夜中にマリエハムン（アハベナンマー諸島）に寄港した。港は真黒墨である。岸壁の街灯の光が海面に反射して、波に揺らいでいる。乗下船の客は疎らであるが、島は両国との密接な関係を物語っている。船は北バルト海・ボスニア湾の南を通り、いよいよフィンランド湾に入るのである。

二〇二二年八月三〇日、ネットでニュースを読んでいると、「ロンドン時事」の報道として「バルト海、フェリーで火災、積載車が炎上か」の見出しがアップされた。またかあ。過去の大事故が思い出された。「スウェーデンからの報道によると、ストックホルム南東のバルト海を航行していた約三〇〇人が乗っていたフェリーが二九日、火災が発生し、救助活動が行われた。AFP通信は、スウェーデンの海上保安局の話として、車両区画に積まれていた保冷車が発火したと伝えた。被害者の情報はない。・・・ロシアによるウクライナ侵攻で緊張するバルト海での事故で、ヘリコプター三機、船舶七隻が現場に急行するなど一時緊迫した。・・・フェリーはストックホルム近郊のニュネスハムン港で乗客を降ろして、火災原因の本格調査を行う」(二〇二二年八月二九日)

拙著『バルト海の風と波』(二〇〇八)を執筆するためにヴィスビィーのサンタ・マリア教会を訪れたことがある。そこでバルト海史上最も大きなエストニア号海難事故を知った。この事故は被害死傷数が大きかっただけではなく、一組の男女が世界中でマスコミの話題となった。

エストニア号海難事故について概要を記しておこう。

一九九四年九月二七日、エストニア船籍(登記簿上はキプロス)のクルーズフェリー(ローロー型船・・・トラックやトレーラーをそのまま運べるような主たる貨物船)エストニア号はストックホルムへ向けて乗客・乗員九八九名を乗せて、一九時一五分にタリン港を出港。翌日の二八日午前二時前に、バルト海北端、航路の中間地点で転覆沈没。死者行方不明八五二名の大惨事となった。この水域は北側ボスニア湾から水深が浅くなり、時化の時は南からの波が海底の傾斜によって複雑に変化する場所として知られている。

犠牲者の国籍別内訳はスウェーデン五〇一名、エストニア二八五名、ラトヴィア一七名、ロシア一一名、フィンランド一〇名、ノルウェー六名、ドイツとデンマーク各五名、リトアニア三名など、北欧国籍者が多数を占めていた。乗員はほとんどがエストニア国籍であった。当時、波は高く、秋のバルト海としては典型的な嵐であった。だが、運航停止もなく、すべての定期客船は通常通りに動いていた。

一九九四年九月二九日、エストニア、フィンランド、そしてスウェーデン政府による合同調査委員会が設置されて、一九九七年一二月に調査結果が公表された。しかし、十分な真相究明に至らなかった。その後、二〇〇八年、スウェーデン政府による外部調査が公表されたが、議論は未だ続いている。

参考のために関西支部の「海友フォーラム」第八回懇談会二〇〇九・一〇・〇六（城野隆史発表、岡本洋の補足説明）から一部引用して原因を述べておこう。

1・船首の覆い（Bow Visor）固定装置の強度不足・・・設計不良（環境調査不足）

約一〇mの高波に耐えきれず破損、扉が開いて脱落。

2・同上　メンテナンス、確認、監視の不徹底・・・規律・体制。

3・内側扉の強度不足・・・設計不良（仮想演習不足）

二次防御の筈（外れないようにする枠＝筈？著者注）が、実際は内側扉からも海水が侵入。

4・大量の水に対応する復元力の不足

海水の侵入後、一瞬の内に傾き転覆。救助された乗客らは、何かがぶつかったような音を聞いたと証言。海水浸入・搭載車両が一気に船壁に衝突か。

5・停電による計器確認不能・・・設計不良（仮想演習不足）

非常事態における電源の確保が行なわれていなかった。＊追加（岡本）

などを挙げている。

さらに建造から事故に至るまでの船歴や当時の船の所有関係の複雑さ、さらにエストニアのソ連邦からの独立（一九九一年九月）とソ連邦の崩壊（一九九一年一二月）などの社会情勢が加わり、問題究明に影を落とした。原因の諸説の中には、救助活動の遅滞を含めてバルト海沿岸国の陰謀説まで存在する。確かにバルト海を交差する諜報活動と諸国の動きはドラマになりうる報道である。

二〇二三年、原稿校正のために再度この事故をネットで調べると新たな話題が上げられていた。二〇二〇年九月二八日、ＡＦＰ通信によると、エストニア号の遭難事故についてのドキュメンタリー番組（Discovery Networks 制作）が放映されて、公式見解を覆す新証拠を示した。制作チームが遠隔操作の潜水艇を用いて船体に新たな四メートルの穴を発見した。外側から強い力が加わらない限りこのような損傷は生じないために謎が深まった。フィンランドのこの周辺海域は墓所と指定されている。沈没船の残骸を捜すことは禁じられている。二〇一九年九月に調査後、ドキュメンタリーを制作したヘンリク・エバートソン監督と撮影スタッフ一名が逮捕された。

この発見に対してエストニア、スウェーデン、フィンランド外相は新たな情報の調査をするとの共同声明を出したという。また、別の情報によると、衝突はスウェーデンの潜水艦ではないかとの話もドキュメンタリーの中で話されていた。その後の報道の確認は私自身していない。

いずれにしても、その後、バルト海をめぐる海の安全は強化され、国際海事機関による人命の安全に関する条約の改正と規制強化がされた。他方、新たな証拠を求めた調査や海底にある遺体の対応に不満を募らせる遺族も多い。直接・間接の原因が複雑に絡み合い、真相究明はなお難しいようである。さらに大勢の被害者の心理的負担を解決するには、さらに多くの歳月が必要かもしれない。逆に事件の風化を容認してはならないことも確かである。

最後に、話題のケント・ハールステットによる著書から拙著『バルト海の風と波』の訂正を含めて纏めてみよう。

ストックホルム発ＡＦＰ通信によると、沈没寸前の同号のデッキで、見知らぬサラに「生きていたらストックホルムでディナーを一緒にしないか」とケントが声をかけた。サラも「分かったわ」と大声で答えて、二人は海に飛び込んだ。それから二人は偶然にも同じ救命ボートにたどり着き、凍てるバルト海を漂流。その後、二人は救助されて、約束通りにストックホルムの高級レストランでデートし、結婚したと報じられていた。私も拙著で「タイタニック号」の映画版に劣らないロマンスと付け加えていた。

しかし、ケント・ハールステットの著書によると、ストックホルムのディナーについての話は述べているが、彼女との結婚についての具体的な内容はなかった。

物語はマスコミによって作られたのだろうか。

さらに、救助後、マスコミ取材に苦慮したようで、本書の中でかなり厳しいマスコミ批判を重ねている。確かにこのような事故が起きたときマスコミによる取材が執拗であり、しばしば問題になっている。それらの経緯が彼の著書で詳細に繰り返されている。かなり、複雑な思いがあったのだろう。

もうひとつ、彼の遭難事故前の活動とその後のことは興味深い。というのは、著書の記述がスウェーデン社会の鏡写しに思えるからである。

著者は一九六五年、スウェーデンのヘルシンボリィに生まれる。高校在学中に生徒会長、次に社会民主労働党青年部の地方代表を務めている。卒業後、看護学校で一年間の勉強後に一九歳で社会民主労働党の市議会議員を務める。この間、ヘルシンボリィの移民問題に関わっている。さらに政治への関心を深めて、協同組合運動や各種の援助活動問題に関わるようになる。共同組合活動は北欧では大きな政治的勢力になっている。この辺り、北欧社会の青少年と政治との関り方は注目すべきである。教育の持つゆとりと多様な経験・価値観を早くから育てるという社会的慣習を感じるからである。

今回のエストニアでの会合はスウェーデン政府による援助で、彼の勤務先である開発調査協同組合研究所（コーピ・koopi）と「平和のための組合員」協会との共同主催であった。会議の目的は北欧・バルト諸国が平和のために相互支援体制を築くために協同組合関係者と各国指導者が意見を交換することであった。

「人間らしい尊厳ある人生を送れる社会をバルト諸国に築くこと、それが我々バルト海周辺諸国にとって最善の安全保障であると考えて、関係者が討議する見通しだった」（著者が一部読み易く改変している）

特にこの会合では協同組合運動の役割が大きな会議テーマとなっていた。会議は二日間、エストニアで開催されて、お楽しみを兼ねて船上で再度会議を続けて、最後の一日はストックホルムで幕を閉じる計画であった。この途上で二〇世紀末最大の海難事故に遭遇したのであった。

事故からの帰還後に、彼はスウェーデン政府の援助大臣専属の顧問官として数年間働く話が持ち込まれた。彼はコーピを退職し、新たな挑戦をすることにした。定職としてこれまでの仕事を特別職に替えることは不安であった。だが、事故後に話題が大きくなり、元の職場へ復帰することにも違和感を持つようになった。そこで、大きな決断をすることにしたのである。

その後の消息はネットで調べたが、分からない。スウェーデンの世論は彼への関心が消えたのだろうか。事故に対する人々の思いはその後、どのようになったのだろうか。遭難者個々人の観点からすれば、そっとしてほしいのかもしれない。事故に遭った人々は悪夢を乗り越えて、さらなる活躍をされていることを祈りたい。その後、バルト海での小さな海難事故が報道される度に、この時の話と対応したマスコミが気になっている。28

周囲に見慣れた島々の隘路が大型スクリーン映像のように現れて、過ぎ去る。水平線から湯明けの雲が濃くなってくる。早春の朝である。白いヘルシンキ大聖堂が眼前に迫真してきた。

鈴蘭も船旅で疲れたようで、少々萎れている。そっと水に浸して元気づけてやろう。

スウェーデン・フィンランド・ロシアの現況　2023年現在手持ちの資料から

スウェーデン		**ストックホルム**		**他の主な都市**
面積	439／千㎢	市域面積	188／㎢	イェーテボリィ
人口	10549／千人	市域人口	978／千人	マルメ
人口密度	24／㎢	人口密度	4600／㎢	ルンド
首都	ストックホルム	成立	1252年	キールナ
一人あたりGNI	62469ドル	平均気温	23.7～-3.0℃	ウップサラ
合計特殊出生率	1.67	愛称	水の都	カルマル
労働時間あたりGDP	154.1	都市順位	37位	ルーレオ
フィンランド		**ヘルシンキ**		**他の主な都市**
面積	337/千㎢	市域面積	158.4㎢	タンペレ
人口	5541／千人	市域人口	614／千人	トゥルク
人口密度	16／㎢	人口密度	2872／㎢	ナーンタリ
首都	ヘルシンキ	都市特許	1550年	タリン
一人あたりGNI	54714ドル	平均気温	21.9～-6.8℃	エスポー
合計特殊出生率	1.46	愛称	バルト海の乙女	オウル
労働時間あたりGDP	130.7	都市順位	54位	ロヴァニエミ
ロシア		**サンクトペテルブルク**		**他の主な都市**
面積	17098／千㎢	市域面積	1431／㎢	ノヴァゴロド
人口	144713／千人	市域人口	5398／千人	カザン
人口密度	8／㎢	人口密度	3772／㎢	ウラジーミル
首都	モスクワ	建設	1703年	キーロフ
一人あたりGNI	11960ドル	平均気温	23.3～-7.6℃	オムスク
合計特殊出生率	1.49	愛称	ピーテル	ハバロフスク
労働時間あたりGDP	59.0	都市順位	81位	ノヴォシビルスク

注：労働時間あたりGDPは2022年日本を100とし、2015年基準購買力平価換算、ロシア2020年

注：都市順位はKearney 2022 Global Cities Report Outlookによる

＊順位の分野はPersonal wellbening, Economics, Innovation, governnanceで各２５％づつ

参考資料：『世界国勢図会2023/24』、Wikipedia 2023、各首都　　＊OECD"*OECD.Stat*" 20230707閲覧

中の鏡　バルト海の乙女

ヘルシンキ・

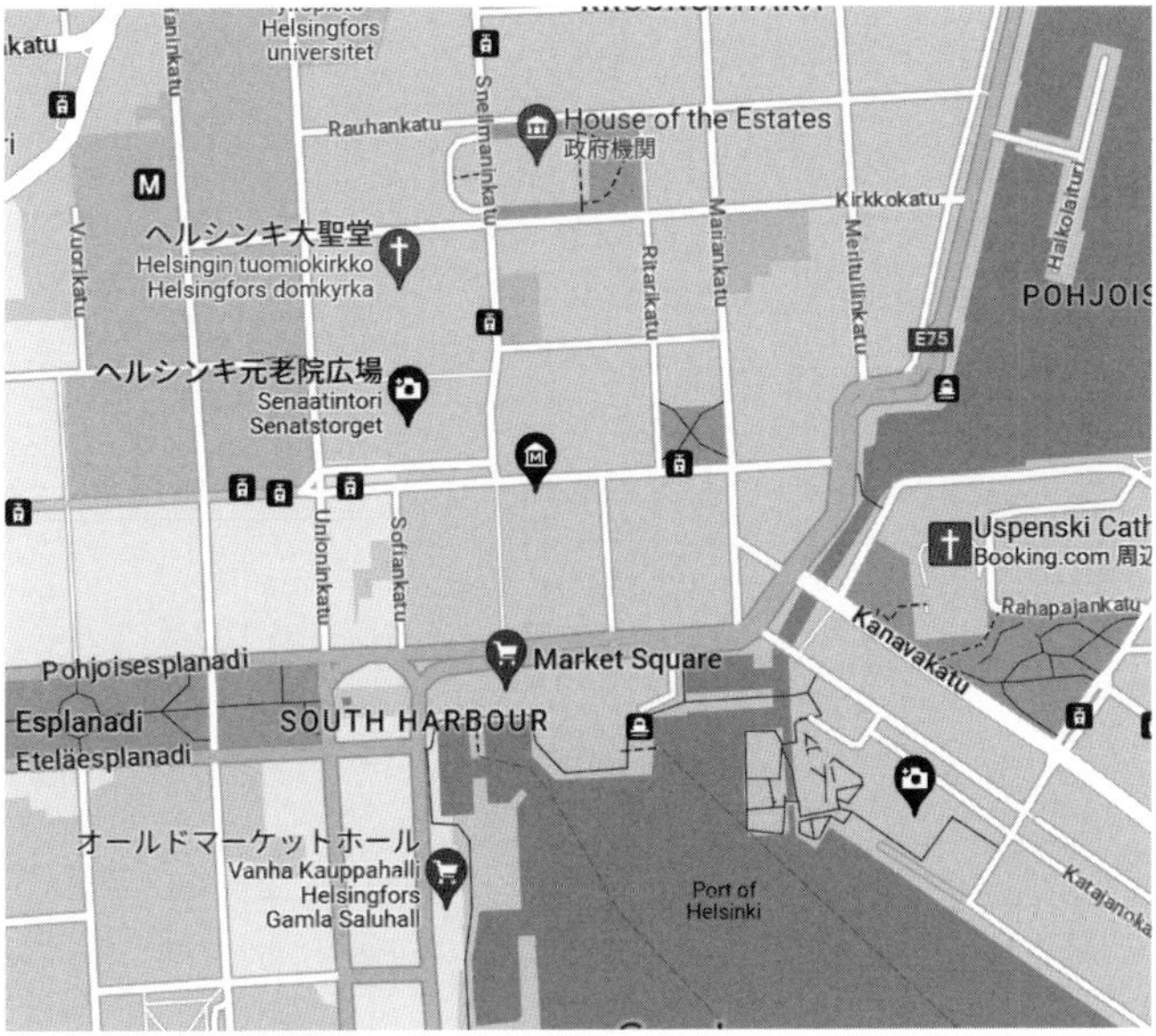

1・ヘルシンキ中央駅

早朝、ヘルシンキのエテラ港、オリンピアターミナルに着く。鈴蘭は故郷を見るような元気な笑顔であった。トラムに乗り、一旦ヘルシンキ中央駅に出ることにした。

一九八五年八月一二日午後、初めての北欧旅行で八王子駅を発つときに臨時ニュースが流れていた。日本航空の旅客機が行方不明とのこと。成田空港に着いた時にも待合室のテレビが日本航空一二三便の行方不明を報じていた。旅の不安の始まりである。二一時三〇分発、kLMオランダ航空によるアンカレッジ・アムステルダム経由のツアー旅行であった。シベリア上空はまだ飛行できなかった。同日の一三時三五分にヘルシンキ空港に着いた。日付変更線の関係で一日ほど得した思いであった。ヘルシンキ着後、市内観光を終えて、ホテルで旅の荷物を解きながらテレビを点けると、日本航空の大惨事が報じられていた。当然、ツアーグループはこの件で大騒ぎとなった。不安が広がった。大きな事故の後ほど、航空会社はより安全確保に全力を尽くすものだと誰かがいった。それは慰めかもしれないと思うと、旅への寒心は増大するのであった。

あれから三〇数年以上経った現在でも、この旅のトラウマは拭い去ることができないでいる。

その後、空路はロシア上空経由でヘルシンキ空港へ直行可能になった。ヘルシンキ空港内は至って簡素である。ヨーロッパ各地へのハブ空港として、この分かり易さを好む旅人も多い。スペインに住む娘の勧めで、フィンエアーを利用した年配女性と隣席したことがある。これからマドリードまで南下するという。中東取材の記者やアフリカ救援の国連難民高等弁務官事務所（UNHCR）職員とも同席したことがあった。平面地図からは納得できないが、やはり地球は丸いのだと納得せざるをえない。北欧の航空会社が球形な航路とリーズナブルな価格、そして安全な新たな航路を作り出してから久しくなっていた。

その他、デンマークとスウェーデンによる協同運航会社スカンディナヴェア航空（当時ストックホルム・東京間があった）、そしてロシアのアエロフロート（旧ソ連を含めて）。いずれもが日本と北欧を結んできた。

しかし、二〇二二年二月のロシアのウクライナ侵攻でロシア上空からヘルシンキへ行くことができなくなった。不条理であり、残念である。「ロシア上空の飛行禁止！　三〇年前の「アンカレッジ」、復活か？」の言葉がネットで見られるようになった。

ヘルシンキ中央駅前でトラムを降りる。春の粉雪が降り始めた。ヘルシンキ湾からの風は冷たい。地図を見るとホテルまで歩ける距離である。しばらくぶりのヘルシンキである。

駅前広場は、通勤の波に人々が浮いていた。旅人もいるのだろう。

銀白に屹立する時計塔。そして中央駅のシンボル塔が異国情緒を高めてくれた。そうだ、思い出した。駅正面にあるランタンを持った四人の男性。フィンランド民族叙事詩「カレワラ」の住人のようである。何の目的で、誰のための明かりなのだろうか。残念だが、それは知らない。

エミール・ヴィクストレムによるこの傑作は、垂直と水平、平面、溝彫の円形による組合せによって、一九一四年に作られている。当時、フィンランド芸術界に新たな旋風を巻き起こした。神話由来のナショナリズムと彼が滞在したウィーンやパリからの自然主義とが絶妙に調和されている。

広場の人々の影は絞り全開のモノクロだった。三〇数年前に見たヘルシンキの朝の風景とは行き交う動きがどこか違っていた。当時は、まだ人生の旅路に余力があった。初めてのヨーロッパ旅行で足取りも軽かった。だが、今回は残りの蝋燭に小さな炎を点して、ゆっくりと歩む旅になっている。合わせ鏡に映る影絵は、だいぶ細く短くなってきた。デパート・ソコス脇からマンネルヘイミン通りを南下。スウェーデン劇場前のホテルに着いた。ホテルの玄関ホールは少々暑かった。

翌日、朝食後にヘルシンキ中央駅に出かけた。

ヘルシンキ近郊の交通事情と数日後のタンペレ行きの状況を知りたかった。

駅のコンコースにはフィンランド・ヘルシンキの鉄道史がパネルで展示されていた。

フィンランド最初の蒸気機関車は、多くの政治的な議論の末にJ・V・スネルマンなどの積極主導により、一八五七年に運転された。ヘルシンキ中央駅は一八六〇年に開業。一八六二年にはヘルシンキ・ハメーンリンナ間が完全開通した。駅舎の設計はスウェーデン人カール・アルバート・エデルフェルトであった。しかし、乗客の増加によって手狭になり、新築することになった。

国立博物館とヘルシンキ新駅舎は政府による二〇世紀初期の巨大プロジェクトとなった。そこで、新駅舎建設はストックホルムやイェーテボリィ駅のコンペを勝ち取ったドイツ建築家C・O・クライムに依頼することになった。しかし、駅前広場計画を進めるうちに、この情報が漏れて、建築家や市民による抗議が高まった。結局、鉄道当局はフィンランド建築家クラブを通して全面公募を実施することになった。

一九〇四年、新駅舎のデザインコンペが行われて、エリエル・サーリネン（一八七三〜一九五〇）の設計が採用された。彼はゲセッリウスとリンドグレンと共に国立博物館を視野にもう一つの設計を提出していた。当時、三人はフィンランド建築界の三巨頭といわれて、同じ建築事務所に所属していた。しかし、その設計はサーリネンによる個人提出計画と類似していたために二人は選に漏れた。いずれも、当時のフィンランド社会を風靡していたナショナル・ロマンチシズムの影響下にあった。他の多くの提出案も同じ発想で、城や教会を原型にしていた。だが、鉄道ターミナルとしての機能とヴィジョンが薄かった。

他方、シーグルド・フロステルウスやグスタフ・ストレンゲルに代表される若い建築家たちは画期的な二〇世紀現代建築を目指していた。だが、彼らの機能美に対する人々の嘲笑も吹き荒れた。逆にナショナル・ロマンチシズムを前面に出したサーリネンのデザインもまた批評家や合理主義者たちから厳しく批判された。それは、過剰な装飾主義であり、現代建築様式が重視する機能性からの逸脱だという。[29]

そこでサーリネンは幾度も設計を大胆に修正していった。彼は急遽海外を視察すると、そこでヨーロッパ建築の大きなうねりに出会うことになる。彼の最初のヴィジョンは大きく変更されていった。

このようにして、二〇世紀初頭の潮流である内なる民族主義とグローバルな外なる合理主義が彼の建築で調和されていった。出来上がった新駅舎は、現代建築の素材と機能性を下地にナショナル・ロマンチシズムの風格を漂わせることになった。確かに、全体的にも細部においても様式思想の表現と構造的な力強さ（鉄と頭脳の様式）は明確であった。彼はデザインを変更したとき、次のような言葉を残している。

「われわれフィンランド人は、もはや狩猟や漁撈から生活の糧を得ることはない。だから、植物装飾やクマなどはもちろん、他の動物はいうまでもなく、蒸気や電気を利用する中で現代のシンボルとしては決して適していないのだ」（拙訳）[30]

結果としてナショナル・ロマンチシズムの装飾だらけの形態は捨て去られて、流線形の現代的手法が取り入れられたのであった。

駅前広場の管理棟は一九〇九年に完成し、建物全体が完成したのは一九一四年であった。しかし、営業開始は一九一九年となった。第一次世界大戦中の一九一五年から一六年にかけて、ロシアが陸軍病院として使用し、一九一八年、内戦時には赤軍の「鉄道ソヴィエト」によって占拠された歴史がある。


一九六〇年代、地下一階のアセマトゥンネリ地下街が造成された。一九八二年、地下二階にヘルシンキ地下鉄のラウタティエントリ駅が乗換駅として開業。一九九五年には、当初サーリネンが計画していたプラットフォームを覆う屋根のデザインコンペが持たれた。エサ・ピーロネン案が採用されて、工事は二〇〇一年に完成。サーリネンの駅を中心とした全体計画は、付属棟や隣接の建物、ホテルや商用ビルなどを含めて、ほぼ実現したのであった。


駅正面の扉は重厚で、しかも二重扉であった。中に入ると、外の寒さを忘れてしまう。

天井は中世の教会を思い出させる古典美である。半円ドームには星のごとく小さな彫刻が見える。明るい天空の下は祭壇のない十字の中央コンコースが延び、行き交う人々は疎らであった。射し込む空間の光は人々の影をつくる。ビジネス色のない普段着が往来する。ノーザンミラーズの風景である。

正面の玄関と反対側の出入口には発着の電光掲示板が表示されており、列車の陰影は旅情を誘った。

長距離旅客センターは旅行客で混んでいた。受付番号機から順番札を取り、数字を見た。番号が電子掲示の数字とかなり離れていた。困惑した。窓口に行き、かなり時間がかかるのではないかと尋ねると、番号はどんどんスキップするという。確かに見ていると、番号を取った客は待ち時間の長さに驚いてか、番号札を捨ててしまう。順番を待つことにした。

カミさんが背後の日本人らしい青年に気付き、声をかけていた。ロンドン語学研修の帰りとか。数日、フィンランドを旅行して、ヨーロッパ中央に渡るという。あてのない旅とのこと。城達也「Jet Stream」のロンリーを彷彿とさせた。

カミさんと青年が話している間に、旅客センターの周囲を眺めた。落ち着いた伝統的な雰囲気にアール・ヌーボー模様の漆喰壁。ゆとりある天井空間。どこか古典的ヨーロッパ大陸の香りも漂う。ここでは建築様式の折衷が新たな良さを増幅させて、次世代の表現を予告している。

順番が来たので窓口に行くと、青年が心配そうに付き合ってくれた。そこで数日後のタンペレ行きの相談をした。乗車時に買うと割引がきかないという。割引はかなり大きかったので、予約をすることにした。簡単に処理できた。ついでに青年の予約処理も依頼すると、快く引き受けてくれた。青年が予約注文をしている間に別れを告げた。

あるネットブログによるとこの中央駅にはロシア革命時にレーニンが利用した車両が展示されているという。そこでその後、訪れたときにこの話を駅関係者に聞いてみた。分からないという。キオスクで聞いてみると、フィンエアー・バス乗り場側にあるかもしれないという。行ってみると、古い列車の大画面が展示されていた。よく見ると、「フィンランド鉄道一五〇年史」であった。

レーニンもロシア革命もこの歴史の中に埋もれて見つからないのだろうと自分を納得させた。

数枚のパネルにはフィンランド語、スウェーデン語、そして英語でフィンランド鉄道史が説明されていた。

記録写真の説明は、フィンランドの鉄道技術がいかに大自然を克服してきたかであった。また、いかにフィンランドがヨーロッパやロシアに遅れることなく歩んだかを語っていた。説明は、さらに鉄道ネットワークの安全作業、鉄道路線の電化、寝台車やレストラン車や等級別車両の変遷、豪雪での路線保守なども紹介されていた。

これらの資料からフィンランド鉄道の一五〇年史の概要を簡単に述べてみよう。

ヘルシンキ・ハメーンリンナ間通からフィンランド独立までに総路線は四五〇〇キロメートルに達していた。独立以前はロシア領土であったために、車両幅は広軌となった。運営は当初、フィンランド側で行われていたが、一九一二年にはサンクトペテルブルグ路線がロシア鉄道として接続すると、路線はロシア政府所有と運営となった。その後、フィンランド独立を経て幾つかの私鉄を合併して、現在の鉄道ネットワークがほぼ完成した。第二次大戦以降、現在に至るまで重要な新路線は建設されていない。鉄道当局は在来路線の保守と技術革新の強化に努めてきた。戦後最大の課題は、路線の電化とヘルシンキを中心とした都市近郊路線の整備であった。

一九九五年、フィンランド国有鉄道は解散された。旅客・貨物運送業と路線建設・保守が分離されて、旅客・貨物運送業は全株式政府保有の株式会社（ＶＲ）が担当することになった。路線建設と保守、鉄道に関する基本的な開発・改修はフィンランド鉄道庁が行っている。ＶＲグループは鉄道による旅客・運送業務だけではなく、バスやトラック、ケータリングサービス、不動産、電話・通信業など鉄道ネットワークに関する裾野を広げ、自動車や航空機などを含めた輸送システムの一翼を担うこととなった。

初代駅舎時代の一九一一年に貴賓待合室が造られたといわれている。出入口は二つあり、大きい入口は地下鉄ラウタティエントリ方面に、小さい入口は駅構内に繋がっていた。当初はロシア皇帝用に造られたが、第一次世界大戦中には臨時に病院の一部として利用された。独立後には大統領専用に改修された。室内の調度品はエリエル・サーリネンのデザインである。

だが、前に述べたブログによるレーニンの乗った車両も、この説明にある貴賓室も見当たらなかった。二〇一四年に訪れた時もこの件が気がかりで周囲の店員や警察官に尋ねたが、大統領やVIP用の部屋さえ見当たらなかった。ただ、この時に見た光景は、駅構内に多くの飲食店があり、民族主義と合理主義の調和どころか中身が商業主義に変貌していた。周囲の壁にサーリネンの造形美は残るが、所狭しくファーストフード店が立ち並ぶ。言い訳だろうか、バーガーキングに昔のヘルシンキ駅の風景写真が展示されていた。

一年間の空白を経て大きく変わるヘルシンキ駅を見た。紀行文の難しさである。同時に過去の歴史を語ることはできても、現在進行形の社会や風物を固定化することはできない。難しい課題である。

幸い、二〇一四年、駅構内で彫刻家エミール・ヴィクストレムの展示に出会った。

この展示説明で駅正面のランタンを持った四人の彫像の作者を少々詳しく知ることができた。ヴィクストレームはこの他にもリョンロートやスネルマンなど多くの記念碑、政治家やビジネスマンの肖像やメダルなどを作り、フィンランド芸術のゴールデン期を代表する人物といわれている。多くの作品はフィンランドの文化遺産や民族叙事詩「カレワラ」からインスピレーションを得ている。タンペレにあるナシ公園の「泉」は生命の循環を象徴的に表現しているし、ヘルシンキ国立博物館前の「熊」は愛らしい顔で見学者を迎えてくれる。

彼は一八六四年、トゥルクに生まれる。トゥルクやヘルシンキの絵画学校で学び、その後、ウィーンやパリで研究を続けている。しかし、晩年は「森の安寧」をテーマにハメーンリンナ北西にある湖の畔ヴィサヴォリ（ピルカンマー）に隠居し、ナショナル・ロマンティズムを表現する館や庭（現在ヴィサヴォリ博物館）を造り続け、一九四二年にヘルシンキで没している。ヴィサヴォリには多くの鋳型や習作・スケッチ類が展示され、公開されている。

コンコースからホームに出てみた。透明のガラスの天蓋が広がっていた。ホームの先にはまだ白く雪が残っていた。目の前の白とグリーンの列車はヴァーサ行き。壁のポスターにはあのカンテラ男がフィンランド鉄道による旅を誘っていた。自転車、乳母車、子供車両のクマさん、車いすなどのマークがそれぞれの車両に掲示されている。よく見ると車両表には座席番号までも表示されていた。ひとつの車両には犬の同伴は禁じているようで、犬のマークに斜線がある。緑色の車両の座席はゆったりとした雰囲気が漂って、特別な運賃が必要なのだろう。時間がくると放送もなく、ドアが閉まって列車は静かに動き出した。

春の粉雪の中に消える列車の姿を見送りながら、しっかりとフィンランドの旅情を味わった。

２・ヒエタニエミ墓地

女王からの第三のメモが届いた。

侍女のバルト海の乙女に会う前にヒエタニエミ墓地を訪ねてほしい。フィンランド人にとって生とは何か、死とはなにか。スウェーデンのスコーグスシェルコゴーデンとは異なるフィンランド人の死生観もあるという。そこには単なる宗教、民俗学、医療などを越えた国家としての生と死があるらしい。そのヒエタニエミ墓地は旅行者の穴場にもなっている。多くの有名なフィンランド人も眠っている。

そうか、墓地からフィンランを考えるのもよいだろう。でも、今回も鈴蘭はホテルでお留守番だね。

夏にヘルシンキを訪れたことがある。ロシア上空を飛ぶ空路であった。空港からホテルまで順調に辿れた。ホテルにたどり着いたときはホッとした。ホテルに入り、チェックインの手続きを済ませると緊張感が引いていった。北欧のホテルでは、一般にクレジットカードによる身元確認と代金保証を求められる。この形は長い北欧との付き合いで慣れてはいるが、どうしても馴染めない。島国育ちの顔パスポート人種なのだろうか。改めて異国を感じる瞬間でもある。カウンタースタッフも日本人を意識してか、事故に備えてクレジットカードで確認したいと説明してくれた。おそらく団体ツアーの場合は添乗員が代表手続きをしているので、クレジットカードの重要さは気づかないだろう。

鍵を受け取り部屋に向かう。途中で幾重ものセキュリティドアがある。注文の多い料理店に入ったようにドアとの問答となった。要するに自分と関係のない方向には進めないのだ。ここ数年、北欧諸国でのテロ活動や盗難事故が報じられて、旅行の安全神話はなくなっているようだ。寂しい限りである。

部屋は残念だが、ホテルの名称であるシーサイドではなかった。ただし、窓からは鯨型の立体交差路が眺められた。その奇妙な造形にフィンランドデザインの遊び心と機能美を見たのだった。納得、納得。道路とはいえクジラは海にいるものだ。確かにシーサイドホテルである。

夕食には少々時間があった。北欧の夏の夕暮れは明るく白い。旅行前に調べた「無名戦士の墓」のあるヒエタニエミ墓地が近いようなので散策することにした。

目標はマンネルヘイムの記念碑と無名戦士の墓だった。だが、こちらの説明不足、いや語学力不足で通行人から的確な案内を得られなかった。少々自分に苛立った。

幸い、歩くうちに森に覆われた墓地に偶然に出会った。どうもここがヒエタニエミ墓地のようである。最初に目に入ったのはギリシア正教型の教会であった。あたりに同形態の十字架群を見た。墓碑の年代を読むとフィンランドの壮絶な時期である。ここがかの有名なフィンランド無名戦士のある墓苑かと考えた。だが実際は少々早とちりであった。

この近辺の十字架は、北欧で見かける十字架のデザインと違っていた。八端十字架であった。十字架はイエス・キリストが処刑されたときの刑具である。形態はキリスト信仰のシンボルとして、教派の教えや思想によって少々形を異にする。

八端十字架とは、尖端の部分が八か所あることに由来する。主にロシア正教会、ウクライナ正教会でしばしば用いられて、他のスラブ系正教会でも用いられている。しかし、ギリシア系の正教会では使われていない。形はラテン十字（長い縦木と短い横軸）と異なる形で、十字の上部にある線はキリストの罪状書き「ユダヤ人の王・ナザレ人イエス」（光栄の王）を表している。さらに下部にある斜めの線は台座である。正教会の伝承によると、十字架には台座があったという。斜めの線形端は、キリストが磔刑になったとき、同じく刑に処せられたふたりの盗賊に由来するという。左側にいた盗賊はキリストを罵り地獄に落ちた。右側にいた盗賊はキリストを救世主として崇めたという。この伝承から八端十字架の下部の横軸は左側が下げられ、右側が上がっている。

フィンランドは長いスウェーデン統治の影響をうけて、プロテスタント福音派（ルーテル派）が多い。しかし、スウェーデン・ロシア両国の覇権闘争の中でギリシア正教ロシア教会が多数派に割り込み始めた。特に一八〇九年、ロシアのフィンランド併合を機に、一部民衆のロシア正教化とフィンランド東部からの移民などによってロシア正教文化がヘルシンキを中心にフィンランドに大きく滲透していった。

一九一七年のロシア革命と年末のフィンランド独立は、ギリシア正教ロシア教会の政教分離をもたらし、フィンランド・ロシア正教はコンスタンチノープル総主教下へ駆け込むことになった。信徒たちもロシア貴族や富裕層、フィンランド東部の信徒などを中心としてヘルシンキに避難し、ヘルシンキ・ギリシア正教会がロシア教会文化の継承と維持に大きな役割を果たすことになる。

その後、フィンランド・ソ連間の一九三九年から四〇年の冬戦争、一九四一年から四四年の継続戦争と戦乱が続いた。そこで東部のカレリア地方、南部のヴィーボリィ地方の正教信徒たちはソ連軍から逃げて、難民化し、ヘルシンキ・ギリシア正教会の正教信徒数は大きく増大することになった。

第二次世界大戦後、フィンランドのギリシア正教会は、一九五八年にコンスタンチノープル総主教区外の独立教会（一九二三、コンスタンチノープル、一九五七、ロシアから）となり、苦難な道程は終わるのである。

ヒエタニエミ墓地の一部と最初考えたこの墓地は、ラピンラフティ墓地と称し、ヘルシンキ・ギリシア正教会の管轄となっている。

歴史的には、フィンランドがロシア大公国になってからロシア軍人たち（主としてスオメンリンナ）に始まり、その後、役人、商人、そして一般正教会信徒たちの墓地として移転を重ねながら、現在の地に収まったようである。この墓地教会は一九五〇年代にプスコフ・ノヴァゴロド形式で建てられている。こぢんまりとした美しさは、歴史の重みとは対照的に控えめである。富豪の正教信者の寄贈によるリンデンの並木道、戦争の記憶の像などがこの墓地内に見られる。墓地内を散策する中で、ここはヘルシンキ・ギリシア正教会墓

地だったとやっと納得したのである。

墓地の西側にある大きな砂利道の先に森が続いていた。更に歩みを進めるとヘルシンキ市営墓地と表示された標識があった。この辺りからいわゆる一般的に言う**ヒエタニエミ墓地**だったのである。

しばらくいろいろな造形美のある墓碑を眺め歩くうちに、墓参を終えた老夫婦に出会った。

「マンネルヘイム記念碑とフィンランド無名戦士の墓はどこですか」と、私は聞いてみた。老男性はにこやかに答えてくれた。

「この道をまっすぐ行ってください」と。

年格好からするとフィンランドの試練の時代を体験したのではないだろうか。リスたちが私たちの話を聞きに寄ってきた。目が愛くるしい。私たちの会話が分かるかのように頷いている。

お礼に記念の写真撮影を申し出ると喜んで応じてくれた。帰国後に写真を送ることを約し、メモ用紙に住所を記入してもらった。このあたりは偶然の妻の機転であった。帰国後にメモの住所に写真を贈ると、礼の印か、分厚い貴重なマンネルヘイム伝記の贈呈を受けることになった。私のマンネルヘイムの記述はこの本に依拠しているので改めてお礼を言いたい。まだ、元気だろうか。心配である。

途中、高く聳える礼拝堂と納骨廟を見かけた。この建物が墓地の正門であるようだ。

しばらく歩くと、大きな木製のラテン十字が見えた。分厚いヘルシンキ案内書で見た光景である。

一九五〇年代に出版されたこの案内書はフィンランド教育研究者から生前に頂いたものであった。写真挿絵には「春の伝統・その年の新入生が亡くなった英雄たちに敬意を捧げている」と説明されている。

一九五一年、マンネルヘイム元帥は彼の指揮した戦時の英雄たちの間に埋葬された。それ以来、数千人の学生たちが十二月六日の独立記念日にこの墓地を訪れるのが慣習となっている。松明を持った学生の行列はここから元老院広場（セナーッティ広場）へ行進した。ヘルシンキ市民のみならず、フィンランド国民にとって苦難なときの象徴的行事となったのである。いまや、学生だけではない。大統領はじめ多くのフィンランド要人はフィンランド独立記念日にこの十字架の前で頭を垂れるのである。

二〇〇一年九月、ロシアのプーチン大統領がここへの墓参をしたと報道されている。冬戦争・継続戦争の犠牲者たちは、墓碑の陰で現在のウクライナ戦争をどう考えているだろうか。プーチンによるこの時の訪問はロシアへの怨念の終焉となり、永遠の和解となったのだろうか。長いフィンランドのロシアからの頸木を外せたようである。だが、フィンランド人にとってプーチン訪問は複雑な心境であったと推測できる。

ロシアと一三〇〇キロ超の国境を接し、ウクライナ侵攻を目にしたフィンランドは、二〇二三年四月四日、長年の軍事的な対ソ（ロシア）中立を捨てて、ＮＡＴＯ（北大西洋条約機構）に加盟することになった。やはり、歴史の重圧は人々の脳裏から簡単には消えていなかったようである。

古い書籍の挿絵写真を見ると、この辺りには背後に海が見え、松の木はまだ低かった。真っ白な学生帽と、たなびく国旗が印象的であった。当時この場所には現在あるマンネルヘイム元帥・大統領の記念碑はなかったようである。この本の出版年を考えれば頷ける。

現在はこの墓地一帯がよく整備され、平日でも墓参者の姿が多く見られる。

周囲の松はフィンランドの怒涛の時代を語り続け、ほっと一呼吸し、肩の荷を下ろしたのだろう。今は両手を挙げてしっかりと空に背伸びしている。

その場にある無名戦士の墓に手を合わせ、地上からの戦争の根絶と国の独立の尊さに頭を垂れた。第二次世界大戦で亡くなった父が思い出されてた。戦場からの帰還は白木の箱であった。大戦中のフィンランドの歴史と日本の歴史、自分の生まれた時（一九四一年生まれ）とその後の人生。複雑に絡む感情移入の涙をどうしても制止できなかった。

この場所では、「一九三九―一九四四の戦争で亡くなった人々の記念碑」と刻まれた長い石の帯を見ることができた。名前と生年月日・死亡年月日。さらに続く平板の列は悲しみのロンドであった。ところどころに新しい献花がみられた。墓碑と記念碑の周囲にはサルビアの花群が色を添えていた。[31]

この墓地で忘れることのできない物語は、一九五五年に公開された映画「無名戦士」である。ヴァイノ・リンナの小説をエドヴィン・ライネが映画化した。フィンランド国民の半数以上が共感して見ているという。フィンランドの対ソ連の継続戦争の中、多様な性格を持つ普通の兵士と士官たちの物語である。シベリウスの曲「フィンランディア」で始まる。兵士たちの戦時の生活を砲弾の中で綴っている。淡々と負傷兵を馬車に乗せて退却するラストシーンは見る者に静かな感動を与えてやまない。ひとりの兵士が明るく語る。「ソヴィエト社会主義共和国は勝った。しかし不屈な小さなフィンランドは第二位だった」。一九四四年一〇月に継続戦争は大きな譲歩で終わったのである。

一九八五年にはラウニ・モッルベリィによる新版が上映された。二〇〇〇年以降、フィンランド独立記念日にはエドヴィン・ライネの作品が毎年フィンランド放送協会（YLE）によって放映されている。

ヴァイノ・リンナは、さらに三部作「ここ北極星の下で」でも大きな成功と批評家たちの論争を喚起した。

もちろん、フィンランド文学史上、リアリズムと心理描写という大きな功績を残したのも確かである。しかし、二〇〇〇年に初版小説が再出版されると、「過去」のフィンランドジャーナリズムに対する過剰な検閲の箇所が指摘された。対ソという国際関係が厳しい中で、言論の自由はどうあるべきか。その境界が論じられている。「過去」のフィンランド政治環境やジャーナリズムは、現在、歴史という鏡の中で新たな検討が期待されているようだ。リンナの作品「無名戦士」はそのひとつの事例といえるだろう。[32]

次にひときわ印象的なのが**マンネルヘイム記念碑**であった。いまや彼はフィンランド独立の英雄である。彼については後述するものの、威厳に満ちた鷲と盾の記念碑は、単なる英雄譚の象徴でないはずである。もしいま彼に疑問を投げかけるとするならば、「対ソ連関係で、疑念なく、安堵の眠りにつけたのだろうか」ということである。しばしば「フィンランド化」なる用語が国際関係論で論じられた時代があった。この議論が本当に過去の話になったのだろうか。どうするマンネルヘイム。二〇二三年はもう一度，マンネルヘイムに聞きたいことが多い年であったようだ。いずれにしても、最後まで祖国を思う人生であったのだろう。だが、私にとってのマンネルヘイムは、祖国に挺身した軍人や大統領というよりも、彼の人生そのものに共感するところがある。詳細は後述する。

周囲を見ると、捕虜のままで亡くなった人々や祖国自由のために止む得ず同盟国ナチスドイツ軍で闘った人々がいる。フィンランドの対ソ連戦で亡くなったドイツ人（心情的にナチスとは区分したい）の記念碑もある。スカンディナヴィアの冬ともいえる第二次世界大戦期間中、ボランティアとしてフィンランドで戦ったノルウェー人の墓。フィンランド支援のために立ち上がったヘルシンキ在住のロマやユダヤ人の記念碑など。そして、クリミア戦争にまで遡った犠牲者の墓もある。

いろいろな形の墓や立像を目の前にすると、凝縮された過去の空間に連れ戻される思いである。

さらに、このヒエタニエミ墓地は、無名戦士や軍人だけの墓地ではない。冬戦争と継続戦争期間に大統領として複雑な舵取りをせざるをえなかったリスト・リュティや現在のフィンランドの土台を築いたU・K・ケッコネンをはじめ、多くの政治家、そして社会文化の著名人が民族や宗教を超えて寄り添っている。もちろん、あなたの好きなムーミン作家、トーヴェ・ヤンソンの墓もあるよ。

最近、この墓地は単にフィンランドやヘルシンキの歴史的な名所ではなくなった。若い二人の愛の囁きの場所としても親しまれている。また、隠れたヘルシンキのツーリストサイトとして、訪れる人も年々多くなっている。墓地周辺の海岸は、墓地名由来の砂浜（ヒエタニ）が広がり、夏には海水浴場として多くの市民で賑わっている。ただし二〇世紀初めまでここはゴミの埋め立て地であった。市は一九二九年からビーチボールや憩いの場所として作り替えている。雑から真砂への変身ドラマかな。

時計の針を見ると、既に午後八時を過ぎ。置いてきた鈴蘭が気になった。寂しいがっているだろう。暮れることのない北欧のサマーナイトをホテルへ急いだのであった。

3・ヘルシンキ・オリンピックスタジアム

子供の頃、最初に社会の動きに関心を寄せたのが朝鮮動乱と、一九五二年夏にヘルシンキで開催されたオリンピックであった。毎日報道される戦争の悲惨さの中で、競泳の古橋（四〇〇m・八位、日本不参加のロンドン大会の頃が全盛か）、橋爪（銀メダル）、そしてレスリングの石井（金メダル）などの日本勢の活躍が小さな頭の中で躍動していた。その後、北欧に関心を寄せるようになると、一九五二年のヘルシンキオリンピック競技場はぜひ訪ねたい場所となった。

私たちふたりはトラム（市電）を利用することにした。

弥次喜多道中もなんとかなるさの思いで、中央駅前からトラムに飛び乗った。駅前の乗降客は多く、瞬時の判断をしなければならない。人の流れに従うだけである。気付いた時はヘルシンキの街並み見学となってしまった。幸いに一部環状線になっていたので時間を気にしない市内観光となった。

ヘルシンキのトラムは手軽さ、安さ、バスとの運賃共用で世界の旅人を魅了している。トラムの路線図をみると、路線はヘルシンキ中央駅から市内各区域に伸びている。フィンランド語の地名は全く理解できないが、わずかなスウェーデン語の知識からどうにか目的地が推察できた。私にとって二か国語表示のこの街は便利であった。だが、ところどころでロシア語が加わると頭の中は混乱する。このあたりはフィンランド・ヘルシンキ史の数奇な運命を物語っているのかもしれない。

マンネルヘイミン通りを北上すると、ガイドブックに記されていたトーロントリ停留所が前方の電光案内に表示された。慌てて下車した。周囲には誰もいない。巨大な鉄骨と「コンクリートの壁」が目の前に聳えている。どうしても中を覗きたい誘惑にかられた。そこで鉄骨の櫓によじ上ることにした。なんとか鉄塊をよじのぼり、前方下を眺めると、緑の人工ピッチが目に入った。青空と緑、巨大なスタンドの造形美に感動する。ここはサッカー競技場だと知ったのである。

このサッカー競技場は二〇〇〇年にフィンエアー・スタジアムとして完成し、世界のサッカーファンに親しまれてきた。しかし、二〇一〇年八月、命名権満了に伴いソネラ・スタジアム（テリア・5G＝アリーナ）となった。

ソネラはフィンランド政府が五二・八％を保有する旧国営独占通信事業者である。二〇〇二年三月にはスウェーデン政府が七一％保有するテリアと合併して国境を越えた連携となり、世界の話題となった。さらにスウェーデン・フィンランドから経済文化的に影響の強いバルト三国とも連携した。経営規模は北バルト市場を覆い尽くし、東ヨーロッパや中央アジアにまで事業展開する勢いである。

スタジアムの命名権が航空事業から通信事業者に渡ったことは、浮沈の激しい欧米経済界では日常的な話である。だが、スウェーデン・フィンランドの巨大企業の連携は、「バルト海の合わせ鏡」に例えるように、北欧経済社会の趨勢を映し出している。興味深い動向である。しっかりと実像と鏡像を見続けたい[33]

さて、サッカー競技場を眺める位置になんとか上ったものの、下りる場所と出口が見つからない。幸い、下の方でカミさんが競技場の修理工事を終えた職人へ駆けつけて、下りる通路と出口を教えてもらった。改めて二人旅のよさを痛感したのである。事故なく無事に下りることができた。でも、この行為はさすがマズい。真似をしないようにね。下りて外に出ると、長く続くコンクリート階段の先に、一回り大きなスタジアムがあった。息が切れたが、上り切った。一九五二年に開催されたオリンピック競技会場であった。

ヘルシンキ・オリンピックスタジアムの設計は公開コンペによってユルヨ・リンデグレン（一九〇〇～一九五二）とトイヴォ・ヤンッティ（一九〇〇～一九七五）が勝ち取り、一九三四年二月一二日から工事が開始された。最初の収容人員は二万六〇〇〇人であった。公式にはオリンピック開催を期して、一九三八年一二月に拡張竣工された。竣工時の収容予定人員は六万二〇〇〇人と言われたが、一九五二年のオリンピック開催時には臨時に席が増設されて、七万人以上を収容した。外観はフィンランドデザインによる純粋美と機能性を兼ねた建物となった。

ユルヨ・リンデグレンは一九〇〇年にタンペレに生まれ、一九二五年、ヘルシンキ工科大学を卒業している。一九三七年にはパリの世界博で建築大賞、一九四八年のロンドン夏期オリンピック・都市計画部門で金賞を得ている。第二次世界大戦後にはアルヴァ・アアルトやヴィリヨー・レヴェルといくつかのコミュニティ計画に参加し、戦後復興に尽力している。残念にも一九五二年のヘルシンキ夏期オリンピック開催の秋、ヘルシンキで亡くなっている。フィンランド建築界の惜しい夭折であった。

シンボルタワーは七二メートルあり、ヘルシンキ市街を見渡すことができる。逸話によると一九三〇年に世界記録（七二・九三メートル）を遂げ、一九三二年のロサンゼルス・オリンピック大会では金メダル（七二・七一メートル）を得たやり投げのマッティ・ヤルヴィネンの成績に由来するといわれる。実際は構造計算上の技術的な理由であったようだ。現在、スタジアムの最大収容人員は基本的な改修と最新鋭化が施されて、四万人となっている。この四・九ヘクタールもある競技場では、国内外の有名な各種スポーツ大会が開催されている。スタジアム建設に当たっては国民的支援の商標「スタジオン」（競技場）が財政的に大きな役割を果たしたといわれる。その代表的な商品がフィンランド人大嗜好のコーヒーである。ヘルシンキにあるオカ・カハヴィ株式会社の四角なブリキ製コーヒー缶が「スタジオン」の文字を付けて、ノスタルジックにシンボルタワー入口に展示されている。

スタジアムの周囲をひと回りした。スタジアムにはユースホステルがあり、若い人々が出入りしていた。

途中でオリンピックプールに向かう親子連れに出会う。次世代のオリンピックを目指すのかな。

スタジアムと向き合うようにアスリートでスポーツ科学の功労者ラウリ・ピフカラの銅像を見た。この人物はフィンランド独立時の内戦で評価が分かれており、少々驚いた。彼は白軍航空隊の宣伝責任者であり、幾つかの戦争犯罪に関わったといわれている。内戦中の左右両陣営の歴史的評価と彼についての評価は資料に乏しい私には判断が難しい。ただ、この場所に彼の銅像があることは、歴史評価というものがいかに難しいかを示している。そして内戦とオリンピックという時の隔たりの中で、彼個人の評価が揺れ動いていったのだと感じたのである。[34]

先ほどサッカー競技場によじ登った場所にもう一度戻って、改めて周囲をみた。見上げると白衣を着たシンボルタワーが眼前に聳えているのに気づく。

競技スタジアムは二〇一一年八月に訪れた時は修理中で、タワーに上ることができなかった。だが、その年の九月に完成したようで、翌年四月の春に訪れた際にはタワーからヘルシンキ市街を眺望することができた。内部改修は大きかったようで、エントランスや幾つかの小体育室は真新しかった。各部屋では市民のサークル活動が行われていた。八〇メートル走の室内練習室を見たときには、北欧の冬が長いことを改めて思い知らされた。更に訪問した時には、ここがヘルシンキ観光コースに組み込まれているようで、多くの海外観光客がタワーを訪れていた。人々は雪の残るヘルシンキ市街の絶景を楽しんでいるようであった。

隣接地にはスポーツミュージアムがあり、そこで一九五二年のヘルシンキオリンピックと日本との経緯を初めて知ることができた。

ミュージアムに入ると資料室があり、多くの書籍が置かれていた。私たち二人の突然の訪問にもかかわらず年配の職員が笑顔で迎えてくれた。東京から来たことを告げると、奥の書庫から三冊の書籍を持ち出してきた。資料を渡しながら「東京とは歴史的には深い関わりがあるのですよ」という。手にとった資料は確かに両国オリンピック関係の奇縁さを示していた。

念のために当時を時系列に辿ってみよう。

一九三六年　ベルリン大会開催

一九四〇年　東京大会開催予定であったが、日中戦争激化のために開催権を返上する

代替の開催予定地は次点だったヘルシンキに決まるものの、これも第二次世界大戦のために中止となる

一九四四年　ロンドン大会も中止となる。しかし、戦時中にもかかわらず第十三回オリンピックを記念して多くの行事がスイス・ローザンヌで開催される

一九四八年　ロンドン大会が開催されるが、日本とドイツは共に参加できなかった

一九五〇年　朝鮮戦争が勃発し、大国間の冷戦が激化する

一九五二年　ヘルシンキ大会開催で日本は戦後復帰する

一九五三年　朝鮮戦争休戦

一九五六年　メルボルン大会

一九六〇年　ローマ大会

一九六四年　東京大会

渡された三冊の中、一冊は英文の分厚い本で当時の日本オリンピック委員会の報告書であった。残りの二冊は幻の日本オリンピック紹介書であった。

報告書は「辞退までの第十二回オリンピック競技東京大会に関する組織委員会の事業報告」と表示。

この日本オリンピック組織委員会によるＩＯＣへの報告は、一二回オリンピック競技大会開催権の獲得から辞退に至るまでの経緯と活動内容が記載されている。末文には辞退表明前後のＩＯＣ委員からの電文が含まれていた。

第一二回オリンピック東京大会組織委員長でＩＯＣ委員の徳川家達の序文によると、「この報告書は将来参考になる準備や補足資料を含めている。この機会に一九四〇年第十二回オリンピック東京大会組織委員会の成功に世界中から戴いた協力と援助に心から感謝を述べたい」と記し、戦争で失われた夢の祭典までの詳細なデータを記載していた。

また、組織委員会事務局長の永井松三は「国際オリンピック委員会のメンバーだけではなく、常に援助と共感を寄せてくれた多くの友人に心から感謝を述べたい。最後に、ヘルシンキ大会が完全に成功することを心から祈りたい」と結んでいる。心温まる資料である。閲覧をさせてくれたスタッフに感謝致します。

一九四〇年のオリンピック東京大会は、万国博覧会と共に我が国が紀元二六〇〇年祭典の一環として、一九三一年から五年にわたって招致活動を続けてきた。東京に開催地が決定したのは、一九三六年七月三一日のベルリン大会開催前日であった。

投票結果は東京三六票、ヘルシンキ二七票であった。アジアで初めてのオリンピック競技は、クーベルタンの意志を継いだＩＯＣ会長バイエ・ラトゥールなどの理解で推し進められた。だが、ヨーロッパからの遠隔、米英との政治的な思惑、北欧勢による日本に対する政治的な反発と親フィンランドなどで開催地決定は混沌としていた。幸い、強敵であったローマが政治的取引の中で辞退した。辛うじて国際紛争の中でもスポーツを通したオリンピック精神が実現できそうな状況が出てきた。ただし、この誘致合戦はヒトラーの強い影響力もあったといわれている。

しかし、一九三七年の盧溝橋事件を契機に日中戦争が拡大し、日独伊の防共協定、ヒトラーによるヨーロッパの戦雲などで世界情勢は擾乱状態になっていった。内外でも東京大会開催を阻止する運動が大きなうねりとなった。軍部にもオリンピックを開催する時勢ではないという雰囲気が醸成されていった。

ついに、一九三八年七月一五日に開催中止が閣議決定された。翌一六日、組織委員会はオリンピック開催をIOCへ返上することを確定した。その後、ヘルシンキが開催を受諾し、国を挙げての準備に取り掛かった。だが、不幸は続いた。一九三九年九月一日、ヒトラーによるポーランド侵攻によって第二次世界大戦が勃発する。ヘルシンキ大会の中止宣言はオリンピック開会式三か月前であった。続くロンドン大会（一九四四年に第一三回大会予定）は、一九一六年に開催予定だったベルリン大会（第一次世界大戦で中止）を含めて三度目の大戦による空白をもたらすことになった。

一九四八年、第二次世界大戦終了後、初のオリンピックがロンドンで開催された。しかし、ドイツと日本の参加は認められなかった。両国の参加非承認の理由は、東京大会の返上、第二次世界大戦によるロンドン大会の中止をもたらした懲罰といわれている。

ロンドンに次ぐ大会開催地は、一九四七年、ストックホルムで開催された第四〇回IOC委員会で投票された。アムステルダムやアメリカの五都市が競合する中で、二回目の投票でヘルシンキが指名された。

ヘルシンキ大会は、東西冷戦の最中、ソ連と中華人民共和国の参加、そして過去に苦い経緯のあるドイツと日本も参加できた。イデオロギーや過去の歴史を超えたスポーツ精神が期待されたのである。しかし、ドイツ・ザール地区の別参加、東ドイツや台湾政府（中華民国）の不参加ということで、歴史の枷を外すことはできなかった。フィンランドはこの年に大戦中の対ソ賠償を完了し、さらに一九五五年には北欧会議や国際連合にも加盟することができた。ヘルシンキ大会は、戦後フィンランドの大きな転換点となったのである。

スポーツミュージアムの二階は、ヘルシンキオリンピックの記念コーナーになっている。チェコスロバキアのザトペック夫妻の睦まじいエピソード、東西冷戦のあおりで選手村が分かれた経緯。多くの写真、電子ディスプレィによる解説で当時の大会トピックを再現している。また、過去のフィンランドオリンピック選手たちのスポーツ用品、記念品やメダルによって入館者に選手たちの活躍を紹介している。別室では紀元五世紀以前の古代スキーなどを含めて過去二千年以上にわたるフィンランドスポーツの歴史と、そのスポーツ用品を解説している。ＩＴ王国に相応しく、訪問者がゲームによってフィランドの誇る選手と対決競技をし、ハンディ勝ちも体験できる。ｅ・スポーツの端緒だろか。おそらく、スポーツは「平和」と共にこの国が大いに誇れる分野なのだろう。

来たときとは違う道を下ることにした。階段はカミさんにきつすぎた。ミュージアムを出るときに、ヘルシンキオリンピックの聖火ランナーで、フィンランド長距離の雄**パーヴォ・ヌルミ像の**ポスターに出会う。その像は正面玄関から五〇〇メートルほど離れていた。ゆっくりと歩いてみた。道は直線で幅が広かった。確かにその距離を歩くと、先ほど見た大会ポスターのヌルミのランニング像が見えてきた。カメラを向けて構図を練ると、シンボルタワーが自然と像に寄り添ってくれた。シャッターを切った後に台座を読むと、彼の非凡な記録が刻まれていた。

パーヴォ・ヌルミ　一八九七―一九七三、アントワープ一九二〇、パリ一九二四、アムステルダム一九二八、九　金メダル三　銀メダル二　世界記録。

ヘルシンキオリンピックに名を残すもうひとりの人物は、最終聖火ランナー・ライオンハートのハンネス・コーレマイネンであった。コーレマイネンのストックホルムでの勝利は一五歳だったヌルミの人生にも大きな感銘を与えたのであった。コーレマイネンはストックホルム大会(一九一二年、まだロシア帝国大公国であった)で掲げることのできなかった国旗をアントワープ大会(一九二〇)のマラソンで実現したのであった。白地に青十字とナショナルマーカーMの旗を持つ笑顔は、フィンランド国民だけではなく、世界の人々と民族に勇気を与えたのだった。確かに彼らは「空飛ぶフィンランド人」を代表する人物たちである。[35]

近代オリンピックは、常に国際政治に揺れ、ときには強国の力の誇示によるスポーツの祭典となったこともしばしばあった。だが、そこではスポーツを通じたクーベルタン精神が展開されてきたのだと信じたい。フィンランドのこのふたりのランナーはオリンピックという「合わせ鏡」で世界の人々に、国家とはなにか、国民とはだれなのかを示してくれたのかもしれない。

ヘルシンキ大会に寄せる私の子供の頃の思い出は、これで一応の完結をみた。坂道を下るスタジアムロードは復活祭を祝う水仙で賑わっていた。

4・ヘルシンキ市庁舎

四月九日（月）の復活祭の最終日。エスプラナーディ通りをウスペンスキー教会へ向かった。

通りのあちらこちらに水仙の花が賑わっていた。途中、マーケット広場に立ち寄りフィンランド湾を背にすると、ヘルシンキの原風景が広がった。東にウスペンスキー教会、北に大聖堂を背景に新古典主義の建築群、西にブランド商品の商店街が並ぶ。そして南に大型フェリーやスオメンリンナ島行きの発着所。通りを西から眺めると、市庁舎、トリ・スクエア（直角定規）ビルディングとして有名な旧クレイネフ・ホテル、スウェーデン大使館、最高裁判所、そしてフィンランド大統領宮殿と豪華キャストである。これらはヘルシンキ港に飛来した陸の白鳥群である。寒く遠いロシアからだろうか、北のスウェーデンからだろうか。

　広場にはロシア皇帝のシンボル、双頭の鷲が金色に輝いていた。

　ニコライ一世の皇后アレクサンドラがヘルシンキを訪問したことを記念して建てたオベリスクである。台座には一八三三年五月二九日から六月一〇日と、滞在期間が刻印されている。旅人や人々によって、つい見過ごされがちなこの塔はヘルシンキのもう一つのロシア史である。３６

　春の午後の日差しは眩しく、周囲の風景は青と白で彩色されていた。カメラのシャッターを押し続け、翅の生えたひとり旅に夢中になった。しばらくすると、ふと現実に戻る。この旅はカミさんとの旅だった。

　結婚以来しばしばあったことが、また起きた。いつも私を探すのはカミさんだった。広場は日本のデパートではないのだから、呼び出し放送はかからないだろう。私も広場の西の方から順に周囲を見渡した。市庁舎に目をやると、ギリシア石柱の間から手招きするカミさんの姿が見えた。

　私が市庁舎付近で見えなくなったので、市庁舎内に入ってみたが、中にいなかった。そこで外に出たところだったと小言を零す。やれやれ、二人旅は気疲れしますね。

　カミさんの話によると市庁舎ホールではヘルシンキ二〇〇年記念展が開催されているという。私にとって予期しなかった情報に小躍りした。展示は旅の掘り出し物である。これで二人旅もよしとするか。

このヘルシンキ市庁舎は、最初、マーケット広場に近く、海に面した社会文化的な集会場としてC・L・エンゲルによって計画され、一八三三年に完成した。三階建ての地下は商店街、二階は宴会場、そして最上階はホテルルームであった。白いネオクラシックの建物は市民だけではなく、海上からの訪問者にも印象深い目印となった。しかし、一八六〇年代になると、機能的には時代の波に沿わず、狭くなり、改装された。一八六三年から六五年には、コンペによって新たな劇場兼集会ホールが造られ、さらに一八八七年には正面のバルコニーと内部の拡張改修がされて、ほぼ現在の形となった。

　ここでは多くの音楽やダンスなどが催されて、高価な入場料のために上流階級やロシア王室関係者の社交場ともなった。このホテルの出資の多くはロシア皇室であったため、収益は王室財政を潤すよりも貧しい市民の救済財源となったといわれている。専制ロシア帝国を維持するための簿外資産だったのかもしれない。

　一九〇一年、ヘルシンキ市がこのホテルを購入して、このエリア機能を引き継いだ。一九六五年から七〇年にかけて新たな市庁舎として昔の形を保存しながら造り替えることになった。その新旧混合の改修は、多くの市民たちの議論となった。その結果、伝統を生かしつつ現代建築化することになった。

　展示でもこのシティーホール（市庁舎）の改築過程は歴史的伝統と都市計画の調和だったと説明している。「一九六〇年代の都市計画は、古きものを出して、新しきものを入れるのが基本原則であった。いくつかの場所は根本的に景観が変わってしまった。しかし、たとえ保存が僅かであっても、マーケット広場からの伝統的な外見は妥協の余地はないと考えられた。古い建物の正面装飾は保存されるか、または建物の外観を複

製することで代替するかであった」（拙訳）

内外の世界遺産や文化財は時代の波と物質の法則に挟撃されて変容と劣化を強いられている。このコメントにあるように、市庁舎もまた同様であった。内部は情報化時代の先端設備が施されて、正面装飾は古代ギリシア神殿の新古典主義建築様式を辛うじて維持している。でも、市民の議論の結果として白い街並みを次世代に残そうとする努力は称賛に値するだろう。このことが過去の遺産について最も大切な対応だと思う。

記念展示は玄関ホール全体を使い、パネル説明と記録映画が催されていた。説明文はフィンランド語に加えて、スウェーデン語と英語が添付されていた。

「皇帝アレクサンドル一世は一八一二年四月八日にヘルシンキをフィンランドの首都と定めた。現在ヘルシンキは政府所在地、ビジネス生活の本拠地、そして交通網の中心である。ヘルシンキは、多様な市民の考えをもつ共和国の中心でもある。私たちの国民文化はここで形成されて、その重要な諸機関がここヘルシンキにある。住民は遠くからも近くからも来ており、多文化の社会、宗教、そして言語がここヘルシンキで栄えている。異なるサブカルチャーが首都の力強い発信源となっている。偉大な過去の記憶、生存のための闘い、そして黄金のひと時が首都としてヘルシンキ二〇〇年の歴史にしっかりと包み含まれている。同時に首都は未来を見据えて、新たな時代の流れを抱くことを強く望んでいる。ヘルシンキは強く湧き立ち、成長して、ヴィロンニエミ半島から十数キロ遠くまで広がりつつある。ここに首都の全てを展示したい。ヘルシンキこそフィンランドの頭脳であり、心臓でもある」（拙訳）

入口にはアレクサンドル一世の等身大のコピーが展示されていた。

フィンランドが歴史に登場するのは古くはない。
紀元一世紀のタキトゥス、六世紀のヨルダネスなどのローマ人、九世紀のノルウェー人のオッタなどの著作に片鱗が見られた。フィンランドがこれらの幾つかの資料から滲み出る度に、ヘルシンキもまた中世の時間の波間に浮上するのである。

フィンランド湾はヨーロッパ東・西・南地域への重要な結節海路であった。西はバルト海から北海を経て西欧諸国へ、東はラドガ湖やネヴァ川を経てノヴァゴロド、キエフ・ルーシへ、さらに先は黒海、コンスタンチノープル、そして地中海、またはペルシャ、中国まで関わりを持った。そして南はハンザ同盟によって成長する諸港からドイツ内陸部へと至る。特にヴァイキング時代はスウェーデン、デンマークが東進し、ノヴァゴロド勢力とフィンランド湾沿岸で経済的・政治的衝突を重ねてきた。その後スウェーデン、デンマーク、そしてドイツ騎士団などの北方の十字軍がバルト沿岸で改宗活動を名目に勢力を強めていった。[37] いろいろな議論はあるが、スウェーデンの聖エーリック王の十字軍や、ストックホルム創始者といわれるビルイェル・ヤールなどによってこの時期、フィンランドに宗教的・政治的な拠点を作り上げていったといわれている。

その後、グスタヴ一世ヴァーサは、デンマーク支配のカルマル連合から離脱し、中央集権国家を目指していった。対岸の現エストニアの首府タリン（レーヴァル）は、当時バルト海とロシア貿易の中心であり、デンマークの強い影響下にあった。この間、ヘルシンキはバルト海の小さな港町であった。時のグスタヴ一世は自国がバルト海で経済的に独立することを目指していた。ここヘルシンキに新しい港町を作り、タリンに対抗することでフィンランド湾、さらにバルト海の支配を確たるものにしたかった。

一五五〇年六月一二日、彼はヘルシンキ郊外にあるヴァンター川の急流にポルヴォーやラウマなどの周辺商人たちを強制的に移住させた。この布告がヘルシンキの原型といわれている。ヘルシンキ名はヘルシングフォシュ（狭まった川の急流）というスウェーデン語に由来するという説もある。[38]

グスタヴ一世の死後、その息子エーリック一四世がエストニアを併合して、フィンランド湾の両岸を支配した。同時にヘルシンキの新しい街作りやタリンとの競争心は薄れていった。また、港湾が浅すぎて機能的に劣り、移住者の中には帰郷する者も現れた。

かくてヘルシンキは停滞の数十年が過ぎていったのである。

その後、グスタヴ二世の治世では、対ポーランド戦や三十年戦争の軍費と兵役の負担をフィンランド、特にヘルシンキとその周辺都市に課すことになった。もちろん人々は協力した。しかし、スウェーデンがバルト海の強国（バルト帝国）として勃興するにつれて、地政学的重心はフィンランドから南下していった。同時にスウェーデンやフィンランドの中央集権化が強化され、ストックホルムの都市機能の進展と支配諸都市の再編が押し進められていった。

グスタヴ二世の娘クリスティーナ女王の時代になると、ヘルシンキよりも地理的・文化的にストックホルムに近いトゥルクが重要視されて、フィンランドの中心都市になっていった。ヘルシンキはあまりにもロシアに近く、バルト海覇権争いの度に略奪襲撃が続き、荒廃を重ねていたからである。彼女はトゥルクへ高等教育王立オーボ・アカデミー（ヘルシンキ大学の前身）を設置し、教育の普及と行政機関の整備を行なっている。

このような大きな流れの中で、一六四〇年、ヘルシンキ住民は現在の中心部トーロ湖からエスプラナーディに至るヴィロンニエミ半島に町の中心を移転することにした。この地域はエストニア漁民や商人が活動拠点としていた。航路の要となる外港もあった。ただ時代と共に、ロシアに対抗する軍事的重要性は増していったが、都市建設と人々の入植は遅々として進まなかった。火災、疫病、大飢饉や戦争なども続き、一七一〇年のペスト流行では、ヘルシンキ人口の三分の一を失っている。

ヘルシンキの大きな転機となったのはロシアとスウェーデンの大北方戦争（一七〇〇～一七二一）とナポレオン戦争（一七九九～一八一五）であった。一七〇〇年以降、スウェーデンはロシアと周辺諸国連合に敗れて、一七二一年のニュスタード条約によってフィンランド南部とリヴォニア、エストニア、イングリア（現在のサンクト・ペテルブルグ地域）の三州をロシアに割譲。ここからバルト帝国の衰退は滑車を落としていった。さらに、複雑な国際関係にあったナポレオン戦争では、ロシアがバルト海の雄として台頭する。一八〇八年、ヘルシンキはロシアによって襲撃されて、町は大きく破壊された。同時にこの混乱に紛れてロシアはフィンランドを併合してしまった。

一八〇九年、スウェーデンはフレードリクスハムン（ハミナ）条約でロシアにフィンランドとオーランドを割譲し、ここにフィンランド大公国が誕生する。一八〇九年、ロシアのアレクサンドル一世は、ヘルシンキを二度訪問し、翌年にはヘルシンキの再建委員を任命する。そして、一八一二年、ヘルシンキを大公国の首都と指定した。皇帝はフィンランドとヘルシンキをスウェーデンの影響から解き放し、サンクトペテルブルグの前衛都市として機能させたかった。一八一五年、J・A・エーレンストームによる都市計画案が作成された。翌年、C・L・エンゲルを中心とした新古典主義の審美的な近代都市計画が実行されていった。その後、トゥルク大火（一八二七年）を契機に王立オーボ・アカデミーもヘルシンキへ移転（一八二八）させた。鏡に映るヘルシンキの風景はバルト帝国からロシア帝国へと色彩を濃くしていった。

一九一七年、第一次世界大戦中、フィンランドはロシアから独立する。ヘルシンキは、新しいフィンランド共和国の首都となったのである。

第二次世界大戦中は、対ソ連戦の冬戦争、継続戦争でソ連軍の空襲をしばしば受ける。しかし、ソ連軍の対ナチス政策の変更とフィンランドの巧みな対空戦でヘルシンキは灰燼となることだけは避けることができた。このときのヘルシンキ市民の団結はその後の復興の底力となった。

ヘルシンキは、一九五二年の夏季オリンピック開催を機に、再興と既存の問題解決に取り組み始めた。戦後、首都圏の経済成長率は目覚ましく、中心部の密集と肥大化が指摘されてきた。都市問題は単に従来型の発想では解決できない沸点に達していた。都市計画専門家、開発業者や市当局はヘルシンキ市民の心象風景を最大限に考慮して計画立案に挑んだ。結果的には、自然環境の中で個人と家族が重視されるように郊外に都市を分散することであった。ヘルシンキ中心部に凝縮された問題を解決する方策でもあった。

もう一つの視点はヨーロッパの多くの都市が直面している多民族都市と国際性であった。世界で最も北にある大都市がこの難問に挑戦を始めたのであった。このヘルシンキの姿を伝えるために、多くの写真と移民や在住外国人の声を数枚のパネルに掲示していた。もちろん滞在日本人の声もパネルにあったよ。

最近、それらの成果が結実して、ヘルシンキは世界の人々から都市モデルの成功例と見なされるようになった。二〇〇〇年には「ヨーロッパの文化都市」のひとつに選ばれ、二〇一二年には首都二〇〇年を祝すると同時に、「ワールド・デザイン・キャピタル二〇一二」の栄誉を得ることができた。

ヘルシンキの歴史と第二次世界大戦中の市民の苦難な歴史がビデオで上映されていた。説明パネルを読むことに没頭していたので、残念ながら時間切れとなった。垣間見たビデオは激しいソ連軍の爆撃映像と爆発音であった。四時のチャイムが鳴った。市職員が見回りを始め、後ろ髪を曳かれるように市庁舎を出た。

ヘルシンキの四月初旬はかなり明るかった。

5・カイヴォプイスト公園

二〇一〇年にマスコミの話題となった小説の映画「かもめ食堂」のロケ地、カイヴォプイスト公園を訪ねることにした。主人公サチエ、そして闖入者のミドリとマサコ、フィンランド女性のリサが店の休みに出かけた海の見えるカフェ「ウルスラ」である。原作にはなかったようだが、印象に残った映画の風景であった。群ようこ原作の『かもめ食堂』はヘルシンキを舞台にした、なんともゆるい、ほのぼのとした物語である。原作が映画になると静かなヘルシンキブームを引き起こし、私の関心を引いた。

映画のDVDを見たときは、これは単なるヘルシンキ観光案内かなと思った。しかし、原作を読み、再度DVDを見ると、そのシンプルなフィンランドの生き方とあたたかな人間関係がバブル崩壊後に癒しを求める人々にブームを作らせたのだと気付いた。

二〇一〇年の春、私たちは、ひさしぶりに駆け足で北欧四国を訪ねた。そのとき、添乗員にこの映画の幾つかのロケ先について聞くと、「どの場所も遠いですよ」と愛想のない返事だった。それ以来、気になっていた場所だった。[39]

まだ雪が残る四月初旬、いつもより早めにホテルを出た。

フィンランド湾エテラ港のオリンピアターミナルを過ぎて、堤防沿いに南下する。ヘルシンキのバルコニーといわれるカイヴォプイストの突端に出た。フィンランド湾の風がまともに頬を殴った。コートをしっかり締めて、周囲を眺めては密かに感動しながら歩き続けた。残念なことに小説のタイトルである「かもめ」の姿は見かけなかった。朝が早すぎたのかな。

まもなく、円形のガラステントを張ったようなカフェ「ウルスラ」を見た。海辺には長い桟橋、黄色いポールと救命浮輪が見えた。沖合には形のよい二つの島が並んでいた。写真になる風景である。ここで数枚の写真を撮った後、なだらかな公園丘陵を上った。芝生には世界地図を描いたように雪が覆っていた。海が丘陵の三方にある裸木の間に広がっていた。真南をヴァイキング・ラインの豪華客船がゆっくりと横切る。気温はどんどん下がっているようである。

丘の頂上に小さな天文台があるようで、それを目標に定めた。爺さんが坂を上る姿勢はこんなものである。ときどき背筋を伸ばし、深呼吸しながらカニの横歩きのように足を踏む。足腰の痛みに悩んだときもあった。人生を捨てようかと自暴自棄になった青春もあった。でも、この年まで何とか生きられたのだから、少しキツイ斜面かなと思えたが、残りをゆっくりと天文台まで頑張ろう。でも「頑張ろう」という言葉も最近では禁句であるという。そう、その後はゆっくりと下ってみようと思い直した。

中腹に正方形の記念碑と胸像があった。刻印を読むと、アドルフ・エリック・ノルデンショルドと印されている。今回のヘルシンキ訪問の数か月前、地元八王子の古本屋で見つけた本を思い出した。『ヴェガ号航海日誌』(A・E・ノルデンシェルド、小川たかし訳、上下)である。店でこの本を手にしたとき、彼の出港日であるストックホルムの初夏を思い出した。

一八七八年六月二二日、ノルデンショルドは探検船ヴェガ号に乗ってストックホルムからイェーテボリィに向かい、七月四日に正式に出港する。初めての北極海北東航路によってヨーロッパ北からユーラシア大陸沿いに北極海を通過した。だが、九月末にはベーリング海峡口で流氷に閉じ込められた。越冬地は海峡入口のコリューチン湾南で、ここでチュクチ人や多くの博物を記録している。

「越冬碇泊地は・・・グリニッジ基準の西経が一七三度二三分二秒、陸から一・二キロ離れたとこ

ろ・・・近くの陸地は、海から徐々にせり上がっている平原で、わずかに起伏があり、複数の河谷が走っていた。ヴェガ号が氷に閉じ込められた時、この谷は霜に覆われ、凍てついてはいたが、まだ雪はなく、そのため同行の植物学者たちは、これまで知られていないこの地域の植生についての知識をえることができた・・・」と閉ざされた氷の中でも余裕ある記録を残している。[40]

翌年の七月中旬、幸運にして氷原を脱出することができた。その後、ベーリング海峡を南下して、東アジア、インド洋、地中海を回り、一八八〇年四月二四日、ストックホルムに帰国している。この間、誰一人として死亡者や壊血病者等を出さなかった。ただ**ノルデンショルド**のみが船酔いしただけという。その後、ヴェガ号は捕鯨やアザラシ猟に用いられて、一九〇三年にグリーンランド西部メルヴィル湾で沈没している。現在は、ストックホルム国立自然博物館に記念碑が建てられている。ストックホルム市民はこの日を「ヴェガディ」として春の祭典ヴァルボリィと共に祝ってきた。

この探検の帰途、彼は横浜に着き、日本での大歓迎を受けている。その間、高崎、浅間山から伊香保、草津、碓井峠越えをし、横浜に戻っている。西日本は神戸、京都、長崎などにも寄り、特に地質・鉱物学者らしく、琵琶湖の起源に特に関心を寄せたようである。このときの日本の習慣・風俗が『ヴェガ号航海誌』の中で詳しく紹介されている。多くの日本書籍収集も行い、現在、ストックホルムの王立図書館に所蔵されている。

ノルデンショルドは、一八三二年、鉱山学者を父にスウェーデン系ヘルシンキ市民として生まれた。彼は少年時代から父の鉱山調査に同行し、その後の人生の道を開いた。少年時代はフィンランドの国民的作家ルーネベリィが校長をしていたギムナジウムに入学している。しかし、「全くの怠け者」とルーネンベリィに評されたように、勉強の意欲を欠いていた。その後、卒業を前に不当な罰で退学処分にされた友人に同調して退校している。一八四九年、ヘルシンキ大学に独学で入学し、二一歳の若さで修士号を取得する。さらに、鉱物学やユーラシア横断計画などで学者・探険家として大きな嘱望を得るようになった。一八五二年にはヘルシンキ大学地質・鉱物学講座の設立に伴い教授候補にまで昇進していった。しかし、翌年、ロシアとオスマントルコによるクリミア戦争が勃発。ロシア総督府は、当時ロシアの支配下にあったフィンランドとスウェーデンとの連携を危惧し、親スウェーデン団体を厳しく弾圧していた。故国フィンランドでの人生に齟齬が始まったのがこの時期であった。スウェーデンの大学代表団による祝いの席で、彼はロシア皇帝批判を行ったのであった。当時フィンランド知識人の間ではナショナリズムが吹き荒れていた。ロシア風刺は集まる人々の挨拶にすぎなかった。しかし、ロシア総督府の対応と監視は厳しく、その後の彼の進路を大きく変えてしまった。

彼は大学の職を追われ、一年間ほどベルリンで研究を続けた。帰国後、大学に復帰したものの、当局の嫌疑は厳しさを増していった。

一八五八年から一八八三年、数次にわたりスウェーデン極地観測の父オットー・トレールによるスピッツベルゲン、グリーンランドの探検に加わった。後に一時ヘルシンキに戻るが、彼のフィンランドでの地位は絶望的であった。幸い、以前彼が師事したカール・グスタヴ・モンデル教授が死去し、スウェーデンの王立科学アカデミーが彼を教授職に迎えてくれた。これを機に実質的にスウェーデン亡命の形をとらざるをえなかった。さらにスウェーデン系フィンランド女性（戦時戦後の軍人・政治家C・G・マンネルヘイムは甥にあたる）と結婚する。またフィンランド貴族階級出身によるスウェーデン貴族議員ともなり、多くのスウェーデン商人・ロシア商人・王族の資金援助などによって独自の北方探検を続けて、名声を高めていった。一八九三年、スウェーデン・アカデミーの第一二代会長に選出されている。

一八九九年、中央アジア探検で名声を博していた若きスウェーデン地理学者S・A・ヘディン（特にドイツでの評価は高かった）と共にサンクトペテルブルグ滞在中、ロシア皇帝ニコライ二世にフィンランド自治権回復の嘆願書を携えて謁見を求めた。しかし、ヘディンと皇帝との会見は実現したものの、ノルデンショルドとの謁見は拒否された。いかにロシア当局が帝国の権威（ノルデンショルドはロシア帝国支配下の人物であるという考え）とロマノフ朝の維持に苦慮し、スウェーデン・フィンランド関係の接近に脅威と感じていたことか。三枚のノーザンミラーズに映える彼の姿は、ロシアとスウェーデンの長い争いを反映しているように思える。

だが、彼の祖国への思いとスウェーデンの人々への恩義が深まる中で、一九〇一年、ストックホルムの南西・セーデルマンランドで六八歳の生涯を終えたのであった。終生、彼はヘルシンキのこの丘を夢見て、フィンランドとの繋がりを大事にしたといわれる。このカイヴォプイスト公園の丘に立つと、彼の望郷の念に思いを馳せるのである。

彼の偉業である北極海横断は、多くの探検家が挑み、失敗してきた。当初、北極探検に対する関心はヨーロッパ大陸の氷河と温暖化という地質学研究から出発したといわれている。しかし、実際はヨーロッパの国々が国家政策としてシベリア海域経由の商業航路開拓を試みてきたのであった。彼の航海計画もスウェーデン国王オスカル二世、イェーテボリィ商人オスカル・ディクソンやロシア商人アレクサンドル・シビリャコフたちの政経両翼の支援を得たものであった。

近年、彼の実現した航路が脚光を浴び、大きな国際問題となってきた。北極海を巡る地球温暖化問題、資源開発、北極海航路、さらに国際的な安全保障問題などである。

特に北極海北東航路はスエズ運河径由によるアジア・ヨーロッパ航路よりも大幅に航海日数が短縮され、中東・東南アジアの紛争地域や海賊出没海域の通過も避けられるという利点が挙げられている。[41]

さらに、彼の業績はスウェーデンばかりではなく、故国フィンランド・ヨーロッパでも高まっている。二〇〇七年、歴史上のヨーロッパ人の業績を記念した硬貨シリーズでは、彼の肖像と北極海の氷をデザインした一〇ユーロが発行されている。この硬貨は彼の生誕一七五年と北極海北東航路達成を記念して発行されたものである。[42]

ノルデンショルドの記念碑を後に頂上へ着いたとき、ヘルシンキ市のパノラマが展望できた。特にこの丘から北側は緑濃く高級住宅や各国大使館が点在している。町影が緑の海に浮かんでいる。なるほどヘルシンキは名に負う環境第一の都市だと再確認できたのである。深呼吸をしてみると、冷たい海風が心地よく感じられた。

目の前には坊主頭の**ウルサ天文台**と太陽観測の指標石があった。指標石の日時計はクリミア戦争の頃にドイツのG・R・キルヒホフとR・w・ブンゼンによって研究された太陽光スペクトルの模型である。天文台の鏡（ミラー）がこの指標石に反射して太陽光の明暗を刻んでいる。スペクトルの分析は太陽の物質構成研究に大きな貢献をしてきた。

ウルサ天文台は一九二六年に建築家マルッチ・ヴァリカンガスによってデザインされて、完成した。若い科学者たちがヘルシンキの人々に天文学と関連科学への関心を持たせたいと活動した結晶である。現在、天文台は多くのメンバーを抱えて、商用の出版物を発行し、天文学教育・研究施設として利用されている。天文台には三台の望遠鏡があり、部屋は温かく、四、五人が入れる広さである。天文台メンバーは町の明かりの障害もなく、年間を通じて星空観測を楽しむことができる。ヴィジターでも春・秋には満天の星空とフィルターを通した太陽観測ができる。

天文台の名称である「ウルサ」は雌くまを意味するという。おそらく、北斗七星のおおぐま座とこぐま座からの命名なのだろう。おおぐま座の腰から尻尾にかけたα星とβ星の間隔約五倍の位置にこぐま座αの北極星（ポラリス）がある。古来、旅人や航海者の目印である。天文台はこれらの北に輝く星座を意図して命名された。おおぐま座（母親）とこぐま座（息子）にはギリシア神話由来の物語がある。話を思いだしながら天体観測をすることは、想像しただけで心が高揚し目が輝く。

森のニンフにカリストという活発な娘がいた。大神ゼウスがカリストに恋をし、二人の間にアルカスという男の子が生まれた。これを知ったゼウスの妻ヘラは大変に怒り、カリストを毛深く声の低い、恐ろしい熊にしてしまい、ほめられていた口許も醜い顎にかわってしまった（カリストは女神アルテミスの侍女でありながら純潔を破ったため、アルテミスが罰として熊に変えたという説もある）。やがてアルカスは立派な青年に成長した。ある日、アルカスが獲物に向かって弓を引こうとした。相手は熊にされた自分の母親カリストだった。これを見たゼウスは驚き、矢がカリストを射殺す前に、二人とも天にあげて星座にした。母親カリストがおおぐま座、息子アルカスがこぐま座で、母は息子の周囲を慕うように回転する。別の説によれば、二人が天に昇ってもヘラの怒りはおさまらず、二人が永遠に地上に降りて休むことも、沈むことも許さなかったという。

この高台周辺はクリミア戦争時にロシア軍が砲台を築き、英仏のヘルシンキ攻撃に備えた。しかし、現在では土手の一部に石の砲台座が見られるだけである。市民の歴史意識も薄らいでいるようで、特に注意しないとその痕跡に気付かない状態である。これも歴史の風化というのだろうか。

人々は、春の祭典にはピクニック、夏にはロックやポップスのコンサート、冬は子供たちを含めたトボガン（エッジなしの木製や金属製のソリ）用の斜面となる。特に春のヴァルボリィには、数万人のヘルシンキ市民が集まり、友人家族で音楽やダンス、さらにアルコールで酔いしれる。この公園は一六〇年以上にわたる時間の摩耗を経ているが、市民による親近感はなお強く続いている。

青い海を眺めながら下った。

手足が冷え切り、風も強い。海辺のカフェ「ウルスラ」で暖をとることにした。カフェ「ウルスラ」は一八三九年に開発されたリゾート・温泉スパーの位置にある。スパー施設は一九四四年の対ソ連戦による爆撃で破壊され、その跡地に現在のガラス張りのカフェが造られた。カフェは公園を訪れる人々の憩いの場所となっている。

C・L・エンゲルは彼の母国ベルリンにあるルストゴルデンの四、五倍規模のシティガーデンをヘルシンキに造り、頂上には天文台を設置したいと考えていた。後にドイツ生まれの造園師ホルムはエンゲルの計画エリアにカイヴォプイスト公園を造った。当時珍しかったイングリシュガーデンもあった。一八四〇年代、この地区は多くのヘルシンキ社交界やロシアの軍人、官吏、富裕層で賑わった。人々にとって公園エリアは海を眺めて、スパーを楽しみ、社会の閉塞感から逃れる避暑地であり、健康増進地であった。天文台は公園北にある緑豊かな高台に一八三四年に建てられた。最初、裸岩の眺望の良い三層塔であったが、周囲の緑化が進み森の茂みに囲まれるようになった。このウルサ天文台は天体に憧れたエンゲル構想のミニ版となっている。確かにこの台地は太陽の輝きと星の瞬きを観測しながら英気を養う最良の場所といえる。

一八三八年に訪れたブルガリア人旅行者は次のような手記を綴っている。（拙訳）

「渓谷もなく沼地もなく、起伏ある森林もない。病を癒すには非常に効果があり、生気を増進できた。ヘルシンキの岩盤から放たれるものはなにもない。朝夕、岩に佇む霧こそが人生の錬金術・霊薬であった」[43]

カフェに入るとガラス越しに青い空と海が眺められた。小さな花が花瓶に活けられいた。ふと窓辺に置いてきた女王の鈴蘭を思い出した。留守中、どうしてるかな・・・。

ゆったりと時間が流れてゆく。セルフサービスのコーヒーを飲み、ケーキをほおばった。次第に全身が温かくなっていく。春の近いヘルシンキの海辺。異国でのひと時であった。

6・アラビア地区

二〇一九年九月、一〇年ぶりの北欧四か国巡りのツアーに参加した。

最終日程はヘルシンキ滞在で、午前は簡単なヘルシンキ観光、午後はオプショナルツアーのポルヴォー観光であった。ポルヴォーは数年前、ひとり旅で訪れている。午後は仲間と別れてカミさんとヘルシンキ発祥の地・アラビア地区（ガムラシュタット）へ行くことにした。

トラムを降りて周囲を見渡すと、午後の光が鉄路を光らせていた。

目の前にはアラビア地区の象徴である煙突のある旧工場、イラストが描かれている煉瓦造りの平屋を目にした。旧工場の壁には褐色に変色したＡＲＡＢＩＡの縦文字が浮いていた。下には古代エジプト（？）の水甕を抱く人物像が描かれている。空を見上げると黒い雲が密集しており、今にも雨が降りそうである。

周囲の建造物やアンナラ公園などを撮っているうちに顔に雨滴を感じた。慌てて旧工場の建物に入った。公園付近には一八〇〇年代、オレンジ温室栽培園があった。

以前、このアラビア地区はスウェーデン語による「ガムラシュタット（旧市街）」で知られていた。この地区名について、ヘルシンキの元日本大使館に務めていた女性からフィンランド語の「バンハパウンキ」に変更を勧められた。ガムラシュタットはストックホルの街区名称と誤解されがちだという。そうかも知れない。ただ、最近ではフィンランドやスカンディナヴィアなどのモダンな建築やデザインが紹介されると、優れて人気のある陶器やガラス製品を代表する「アラビア」と共に「ガムラシュタット」も人々に普及しているようだ。もちろん、フィンランドの「アラビア」から連想するのは陶磁器のブランド名である。

この地区には異国情緒ある地名が資料に多く見られる。理由は一七五一年頃に遡るようである。これは「**アラビア**」創業のおよそ一〇〇年以上も前の話である。確かに近隣の街路には、アジア、中近東やアフリカ由来の名が残っている。そのひとつの例が「カナン」の地名（アブラハムとその子孫の約束の地）である。この名は、現在のアラビア旧工場の向かい側にあるアンナラ公園辺りといわれている。
一五五〇年にスウェーデン王グスタヴ・ヴァーサがハンザ同盟のタリンに対抗して、この地のヴィンダー河口に町を開港した。多くのスウェーデン人が住

み着き、異国との貿易が栄えていった。特に東へ、そして中東へと向かったスヴェアヴァイキングの末裔でもある。ヴァーサはこの地を東西往来の拠点、大陸への足場として、ストックホルムや西欧との中継港にすることを考えた。まさにここは中世以後にバルト海から東に延びる出発点拠点であり、中近の雰囲気と地名を多く残すことになった。ヴァーサはこの地を開港するにあたり、スウェーデンのヘルシングランド地方から多くの入植者たちを集め、「ヘルシンキ」なる名を残したといわれてる。その意味では、その後、中心街が現在の地へ移転するものの、ヘルシンキの国際都市の原型はここにあったのである。

この地域の名称に関わる代表的な「アラビア」社の歴史を見てみよう。

ロシアはナポレオン戦争時のフレードリクスハムン（ハミナ）以後、フィンランド大公国を創設して、大公国を低関税政策などによってサンクトペテルブルグに次ぐ西洋の窓にしようとした。

一八七三年、スウェーデンの陶器メーカー、レールストランドはこの低関税政策を利用して、対ロシア向けの陶磁器製品の輸出を増やそうとした。そこでこの地の別荘エリアに子会社を設立した。そのブランド名がこの地の地名である「アラビア」であった。

その後、一九〇〇年、アラビア社はパリ万博で出品作が金賞を得ると、世界から脚光を浴びようになった。さらに世界経済の好循環に入ると、ヨーロッパ最大の陶磁器工場として成長してゆく。第一次世界大戦前後には工場の近代化を進め、第二次世界大戦中の対ソ連戦でも、なおその事業は拡大をし続けていた。

第二次大戦終結時にカイ・フランクを始め多くのメンバーが入社し、一九五〇年代には著名な芸術家たちがアラビア社で台頭していった。彼らはミラノ・トリエンナーレ始め、多くの展示会で賞を獲得し、アラビア社の黄金期を築いていった。

一九八〇年代には、技術的に石製のテーブルウエア、陶磁器焼成技術の近代化、デザインのセリグラフィープリント（シルクスクリーン）、陶窯の自動化などによって技術革新を成し遂げていく。ただ、表面に出てくるデザインなどの華やかさに比べると、裏の財務問題は深刻化していった。フィンランドのみならず北欧のデザイン企業全体が単独で成長するには行き詰まったのである。その後、合従連衡の大波を繰り返すことになる。

フィンランドグループの陶磁器は、他のスカンディナヴィア三か国と異なり、民族的で個性をあるがままに生かしつつ、二〇〇〇年、アラビア社とガラス製品イッタラグループが合併する。二〇〇七年にはフィスカルスグループの傘下に入り、バルト海に広がる市場を足場にグローバル企業として北欧デザインを牽引することになった。[44]

二〇一六年にはこのアラビア工場で製品を直接製造することを止めている。多くの製品はタイやルーマニアの関連会社で生産。旧工場のこの建物は、イッタラ&アラビア・デザインセンターやフィスカルスグループの本社機能となっている。周辺は都市再開発計画のシンボルとして脚光を浴びている。ただし、イッタラのガラス製品はこの煉瓦造りエリアで現在もなお製作を続けている。二〇二三年には、深い海を想わせるウルトラマリンブルー、アースカラーのコッパー、そして温かみのあるセビリアオレンジという、北欧の自然をイメージした新作をラインアップし、世界市場を追い求めている。

玄関に入るとアラビア、イッタラやフィスカルスなどの歴史、そしてアラビア地区再開発計画の写真とそのブロック模型が展示されている。

ヘルシンキの副都心計画は、エスポーなどを中心に進められている。ここアラビア地区はヴァンダーを中核に緑の郊外都市とし、環境に配慮した新ルネサンス地域ともいわれている。もし町を開いたグスタヴ・ヴァーサが現れて、川沿いに並ぶ高層ビルディング群の模型写真を見たら、その変貌ぶりに驚くだろう。

エレベータの入り口には、各階の説明がフィンランド語、スウェーデン語に並んで日本語でも表示されていた。アラビア・イッタラの製品は日本人にも人気が高く、ここを訪れる日本人も多いと聞いている。分かり易いデザインと合理性が融合した製品が日本人の心を捉えているようで、施設側の配慮も窺える。

後に気づいたことだが、なぜかエレベータが止まっている地上階が二階の表示になっている。米英の地上階と二階の表示差異は知っているが・・・。今でも気になっている。些細な発見だろうか。まーいいか。

右奥にはフィスカルスグループのアウトレットショップ。左側にはコーヒーショップとグループのデザイン家具店などが配置されている。

八階は約一三〇年近くの歴史を持つアラビアとイッタラ（約一二〇年）のデザインミュージアム、そしてアラビアとその関連グループのオフィスフロアーとなっている。

今回（二〇一九）訪れたときは展示品の配置、説明ボード、室内の配色カラーや装飾模様が前回（二〇一四）に比べると大分異なり、明るく、内容が充実し、分かり易かった。

この件を入口のスタッフに話すと、イッタラ・アラビアの名称になっているが、いずれも実質的にはフィスカルスグループに組み込まれた展示となっている。展示室も以前に比較するとかなり「リノベート」されていると話してくれた。

このミュージアムは、一九四一年にアラビア工場の二人の取締役の熱い思いで、工場拡張の際、敷地内にスペースを確保し、設置された。ミュージアムとして開館したのは、一九四八年。そして一般に広く公開されたのは一九八四年である。その後、両社の資本提携の紆余曲折を経て、一九九五年にハックマン（一八七六年創業のキッチンウエアメーカー）がアラビア工場とイッタラガラス工場のコレクションを責任保管することで合意。同年にハックマンの応用芸術ミュージアム財団（現在のデザインミュージアム財団）と合併することで、アラビアとイッタラのコレクションをしっかりと保護保存することを契約で確約された。

二〇〇七年、フィスカルスグループは合併する際に、より充実したグループ内デザインの収集と保存をミュージアムに託している。もはやこのミュージアムは、フィンランドだけの知財ではなく、バルト海から世界に飛翔するグループ全体の「姿見」となっているのかもしれない。

広い展示室は、陶磁器とガラス製品を中心に、キッチンやテーブルウエアなどイッタラやアラビアの粋を集めた展示となっている。

これら個々の作品や説明ボードにある有名デザイナーの話を全て書き加えれば、この旅物語はさらに分厚くなってしまう。読者の困惑も招くだろう。興味を引いた逸品と説明ボードを限定的に拾ってみよう。

最初に目を引いたのは中央にある長いテーブルである。一八七三年から二〇一四年までに作られたアラビアのコーヒーカップとイッタラのグラスである。それぞれが透明な防護容器で覆われて、二列に並べられている。いずれもフィンランド庶民愛用の名品である。

陶磁器やガラスに関してよく例に挙げられるのが薩摩切子、薩摩焼、そして江戸切子である。

薩摩焼にしろ、薩摩切子にしろ、いずれも鹿児島の伝統工芸品として人々に珍重されてきた。だが、これらは庶民の生活とは離れた薩摩藩の産業政策の落とし子である。歴史的には少々貴族的で趣味の色合いがする。それとは対照的なのが江戸切子である。江戸切子は江戸後期に町民文化として、親しまれ、育まれ、江戸庶民の面影を色濃く反映してきた。アラビアやイッタラの陶磁器やガラス製品もまた、江戸切子と同じである。高価な芸術的作品は一部であり、フィンランドの自然に根差した庶民のものであった。寒さが厳しく、長い冬のフィンランドは、家庭で過ごすことが想像以上に多い。当然、昔からフィンランドの人々は家庭用品、中でも食器類（テーブルウエア）に関心が高かった。冗長な冬、人々はそれらを日常生活の中で使い、季節のアクセントとして愛好してきたのである。日本の若い人々の間で、そして世界のテーブルウエアとして多くの人々の心に浸透してきた理由はここにあるように思える。

カイ・フランクの作品はそれらの代表的な作品であろう。

彼は現在のロシア領ヴィーボリィで一九一一年に生まれ、一九三二年からヘルシンキの美術工芸大学で家具デザインを学び、一九三八年にテキスタイルデザイナーとなっている。一九四五年、アラビア社に入り、五年後にアートディレクターに就任、陶磁器デザイナーとして活動した。

一九四六年からイッタラ社のガラスデザイナーとなり、同年、新作を対象としたガラス・アート・デザインコンペティションで二位と三位（一位はタピオ・ヴィルカラ）を獲得している。一九五〇年からヌータヤルヴィ社でガラス・デザインに携わる。[45]

一九五五年、彼の作品がニューヨーク近代美術館に所蔵される。翌年、米国講演旅行の帰路に来日し、各地を訪問する中、その噂が広がり、急遽京都で講演を行っている。そのときの日本デザイン界の反響が大きかったために、一九五八年、多くのデザイン関係者によって正式に彼の来日が要請されて、講演やワークショップが開催されている。

一九五七年、彼はミラノ・トリエンナーレでグランプリを受賞。一九八九年、ギリシア旅行中に死去している。二〇一一年、フィンランドは彼の生誕一〇〇年に際して記念切手シートと記念コインを発売している。彼の作品は、フィンランド農民の古い文化や工芸品を理想として、そのシンプルな機能美は「フィンランドの良心」と呼ばれ、なお親しまれている。特に彼の作品のアノニマス（匿名性）は日本の「民藝」にも通じ、関係者との交流が指摘されている。もちろん、実用的なガラス器だけではなく、アートグラスや一点物の作品も多く残している。

一九四八年製作のキルタは現在でもティーマ（Teema）としてロングセラーとなっている。また一九五六年に製作されたタンブラー五〇二七-二〇もまたカルティオ（Kartio）として販売されている。

次にフィンランド語で「楽園」を意味するマグカップ「パラティッシ」の作者ビルガー・カイピアイネンについて述べておこう。

彼は一九一五年にボスニア湾東部のポリに生まれ、ヘルシンキ美術工芸大学（現アアルト大学美術学部）を卒業。一九三七年にアラビアに入っている。一九五四年、スウェーデンの陶磁器名門レールストランドでも働いたが、アラビアで約五〇年以上もデザイナーとして勤務し続けている。

幼少期にポリオに罹り、ロクロ台を操作することも不自由であった。しかし、彼の感性と芸術魂はそれを克服し、一九五一年、産業と芸術の融合を象徴するミラノ・トリエンナーレで、さらに一九六七年、モントリオール世界博でグランプリを獲得している。

一九六九年の代表作「パラティッシ」は中世ロシアへのノスタルジアとロマン主義、そして高度な装飾を有し、「デコレーション・キング」と人々に称賛された。

果物、鳥、花やベリーの図柄は、カイ・フランクとは対照的に贅沢さと高級感があり、上流階級の人々にも支持されている。作品はアラビアの伝統として二〇〇〇年代の今もなお遺産として次世代の創作者たちに引き継がれている。またフィンランドの人々は誕生会やクリスマスのプレゼントとして母から娘へと、それらを買い足していった。そして特別なパーティ用のテーブルセットとして、誰もが眺め楽しめる食器棚に大切に収め、愛用されている。

一九八八年七月、七三歳、ヘルシンキで死去している。一九六三年、フィンランド獅子勲章（フィンランド版文化勲章かな。石本藤生も受賞している）を得ている。

最後に女性デザイナー、グレタ・リサ・イェーデルホルム＝スネルマンについて記しておこう。[46]二〇一四年に訪れたときは、フィスカルス三六五周年展示が催されていた。そこには彼女の特別コーナーがあった。今回（二〇一九年）、訪れたときは、同じようなコーナーはなかった。それ以前に訪れたときは、確かに彼女のコーナーがあったように思える。が、記憶が薄れている。素敵な笑顔の女性写真が脳裏の片隅に残っている。彼女だったと思う。当時、陶芸やガラス製品にあまり関心がなく、そのまま見過ごしたようである。

今回はイギリスのヴィクトリア・アルバート美術館（ロンドンのサウスケンジントン）からの感謝状やフランスのレジオン・ド・ヌール勲章のコピーが展示されていた。このイギリスの美術館は二億点以上の美術品を有し、歴史的に洗練されたアートとデザインの世界有数の展示館である。フランスの勲章はパリ万博（一九二五、一九三七）などを含めてパリ市やフランス芸術に対する彼女と夫の貢献に対するフランス政府からの授与である。これらのことは、彼女についての芸術性と生き方に強い関心を抱く動機ともなった。

「家族の主と同じように働く女性、そして母、妻として、独立心ある女性でいることは確かに難しい。けれども雇用される立場にあったアーチスト、夫のエエロ・スネルマンはそれをよく理解してくれている。だから私は仕事に情熱を込めることができた」(拙訳)

この言葉はボード説明の冒頭に記されていた。おそらくこれらは連綿としたフィンランドやアラビア社文化、さらに北欧文化の象徴的な言葉であり、現在もなお引き継がれている。

前田正明(武蔵野美術大学教授・一九九一)はスウェーデン・フィンランドの「やきもの」の旅で次のように締め括っている。

「このアラビア社はもちろん、スウェーデンのグスタフスベルイ社やルールストランド社など北欧陶芸に共通していることは、フランクやコーゲ、リンドベルイなどの多くのすぐれた陶芸家・デザイナーが、いずれも大手の製陶会社に籍を置いて会社の仕事をし、他方でみずからの作品を制作しているということである。そしてもう一つ、これらの陶芸分野で活躍している作家たちの多くが女性であるというのも北欧陶芸の特徴の一つといえる。恋にしてもそうだが、男性は行動的、女性は感覚的である。そういう意味でも、陶芸という形や装飾の繊細な表現は、男性よりも女性の方がむいているのかもしれない」[47]

彼女に対する第一の視点は、最初の言葉にあるように、創造的な芸術の渦の中で力の源泉となったのが夫であり家族であった。彼女の娘クリスティーナ・スネルマン(画家一九二八〜二〇一四)も夫エエロ・スネルマン(一八九〇〜一九五二)も同じ芸術の道を選んでいる。彼女の夫は多くの国々で芸術を学び、パリ万博のフィンランド館の芸術責任者であった。またフィンランド国旗の共同デザイナーであった。彼女がアラビアからパリへ移った主たる理由も、家族との仕事であった。

娘も夫もパリとの関わりが深く、長いパリ在住の契機となっている。グローバルな視点、そしてパリの芸術性。パリの人々とその風に馴染み、彼女の作品は、芸術の灼熱の世界であるパリによって育まれた。一九二五年のパリ現代装飾産業芸術国際博覧会（一九二五パリ万博・略称アール・デコ博覧会）は彼女の代表的なパヴィリオンといえる。この作風はアール・ヌーボーとフランスデザインの融合といわれている。

パリはヘルシンキに対して彼女の第二の故郷といわれている。ここに夫や家族との深い関わりを垣間見る。パリを拠点に、中央ヨーロッパ、ロシア、オリエンタルなどの芸術から新たな刺激を受け、多くの作品を手掛け発展させている。

彼女を考えるときの第二の視点は、アラビアの社名が常に付き纏う。だが、むしろアラビア社から自由で独立心のある女性だったといえる。早期の一九二〇年代を含めてアラビアに在籍しつつもヘルシンキだけではなく、多くの海外都市で個展を積極的に開き、フリーな活動を続けている。パリ、ウィーン、アントワープ、ミラノ、ロンドンなどの個展はそれらの代表といえる。ミラノ・トリエンナーレ出展作はグランプリを得ている。さらに、パリはアール・ヌーボーの主軸であったエドモント・ラチェナール（一八五五〜一九四八）のアトリエで制作し、作風の基盤となっている。ロンドンでの個展は高い評価を得て、これは彼女のアラビア社からの乳離れといわれている。アラビア社での活動はフィンランド伝統文化（絨毯や毛皮の織物、厚手の上掛け、いわゆるラグなど）からの影響を強く受けて、独自の作風を確立していった。

だが、高い品質と伝統を誇るアラビア社からの独立は彼女の創造性を削減したのではないかとの批判もある。が、むしろ躍動感と新たな材質への挑戦ともなったようだと説明ボードは評価している。さらに一九五〇年代の自然の本質を具象化したインテリア照明、デザインの基本形態を重視したガラス製品、新釉薬の採用など、新領域へ挑み続けていた。

最後の視点は、陶芸やガラス製品の創作だけではなく、それらの教育と指導、雑誌や新聞への投稿などで、内外のジャーナリストとして、顕著な活躍をしている。現代芸術の精神を問い、創造性と発展を試み、時代の変化を受け入れた自由なコスモポリタンであったといえよう。その代表作はマグカップ「シエ・ホォ」に凝縮されている。一九二六年から一九六四年まで生産され、二〇一七年のフィンランド独立一〇〇周年記念には復刻版が販売された。

当時流行のアール・ヌーボーとは対照的に、機能的な形と濃い青を基調としたアール・デコ様式である。様式は大量生産とデザインとの調和を求めて、その影響は多方面に及んでいった。だが、その流行はモダニズムの勃興で去っていった。が、二〇世紀後半から過度なモダニズムに対する批判が生まれ、アール・デコへの再評価が高まっている。その意味で、彼女のこの作品「シエ・ホォ」の記念販売と今回の特設コーナーは時宜を得たものといえるだろう。[48]

あの有名なムーミンコレクションも目を惹いた。詳細は別なページで紹介しよう。

もちろん、アルヴァ・アアルトとアイノ・アアルトのフィンランドデザインへの貢献を抜くことはできない。彼のデザイン思想の原本が展示されていたが、残念にもフィンランド語の分厚い本である。本についての詳述は不可能だが、彼に関しては別の項目で述べてみたい。

さらに、戦後、カイ・フランク、タピオ・ヴィルッカラ、ティモ・サルパネヴァなど国際的に名を馳せたデザイナーたちもまた、このイッタラ、ヌータイェルヴィといったガラス工場で、素朴さとモダニズムの感覚を兼ね備えた独創的なデザインを生み出している。これらのデザイナーは、時に期せずして、類似スタイルの志向を持ちながらも、それぞれの個性的な成果を積み重ねている。機能的なテーブルウエアデザインと独創的な一品製作の両立、そしてその進化と発展である。

ガラスや陶芸となる原料はバルト海の砂や粘土、そして森林の木炭である。さらに寒い北のモダンな生活美が原料に塗布されて、現代北欧デザイン思想が完成されたのだと思う。この展示室を出るにあたり、私が感じた思いと考えはいかがだろうか。

最後にエントランス階のアウトレットショップを訪れた。

このショップに展示されているフィスカルスグループの商品を見ていると旅の忙しさを忘れ、日常の充実した生活感を得るのであった。

孫にはあのオレンジ挟み、娘とわが家には下ろし金を買った。自分の記念品としてマグカップが欲しかったが、荷物が増えるのを厭い、次回の楽しみにした。今でも下ろし金はわが家のキッチンで活躍している。

ハサミのオレンジカラーは柔らかみのある色合いで、現在フィスカルスのブランドカラーとなっている。だが、世に出た時は偶然性を帯びていた。一九六九年にハサミのプラスチック柄がデザインされたときに最初に選ばれた色は、カルミン(紅色)、黒、グリーンであった。その中で予選を勝ち抜き、最後に残ったのが黒とオレンジ。そして最終投票による勝者は七対五でオレンジ色となった。ハサミのオレンジ色は当時発売中のジューサーと同色であった。フィスカルスは、二〇〇三年、この色をフィンランドで商標登録し、いまや世界の人々に愛されるカラーとなっている。

降りしきる雨の中、元アアルト大学芸術デザイン学部の門前を通った。世界中からフィンランドデザインを学ぶために人々はここに集まった。さらに前回見学できなかった技術博物館へと足を速めることにした。

途中、前回訪れた水力発電施設があった。フィンランド科学技術遺産となっており、科学技術博物館エリアと吊り橋で繋がっている。フィンランド初の発電設備である。施設内は巨大な発電機が鎮座し、現在もヘルシンキ市民に送電している。

過去、フィンランドの電力事情は日本を含めて世界からの関心が薄かった。だが、オンカロ（洞窟の意）の放射性廃棄物最終処理場問題が報じられると、フィンランドの原子力発電に熱い視線が向けられた。元日本首相をはじめ、多くの人々がこの施設を訪れている。さらに人々はフィンランドの原発に対する今後の世論にも関心を抱き始めている。

戦後、政治経済のソ連の頸木から離れて、ＥＵに活路を求めようとしたときに、フィンランドにとってエネルギーのソ連（ロシア）依存は重石であった。その脱却からも原発政策が推進されたようである。だが原発に付きものの核の廃棄物処分は厄介な問題であった。幸い、フィンランドを含めて北欧は、バルト楯状地（フェノスカンディア）に属し、安定した堅い岩盤に支えられている。[49]

ただ、この地域は地球温暖化によって巨大な氷河の重みから解放されて、陸地の部分が毎年隆起している。特にボスニア湾の両沿岸は隆起による美しい多島海が出現し、世界遺産にも指定されている。

オンカロの地層はこれらの隆起海岸から隔絶されたエリアではない。オンカロを含めたフィンランド、スウェーデンなどのバルト海・ボスニア湾の両岸にある核処理施設の地層変形は私の気になるところである。素人地学から見ると将来、隆起による地殻変動で埋蔵核廃棄物の破損や放射能漏れが起こる可能性がないとは言い切れない。気がかりである。心配し過ぎだろうか。それならばよいのだが・・・。

絶対という科学予測はないといわれる。だが、まだまだ余白のある科学から人類の生存に関わる安全問題を判断するときは、もっと謙虚であるべきだろう。経済か命かという単なる選択命題ではなく、人類の生存を含めた大きな枠組みで問題を議論すべきである。過去のアメリカ、ロシア（ウクライナ）、日本の原発事故などから考えると、フィンランドのオンカロに今後も関心と懸念を持ち続けようと思う。

発電所から連想するフィンランドの電力事情、原発からの不安と疑問、そしてダムの環境破壊問題などを別にすると、この橋から眺めたダム湖の風景は「美しい」という表現に尽きる。

ダム湖にあるコスキ島は硬い白亜のヘルシンキ市内に比べると柔らかな緑である。褐色な水鏡に映る均整の取れた白い吊り橋、エネルギー問題を象徴する古雅な発電施設、湖面を包み込む濃い緑。これらは現代の人々が求めている自然と人間との共生景観といえる。夜間の満天の球面鏡を想像すると、全身に小刻な震いを感じるのである。

まもなく**ヴァンター川**を両側に分岐させている島にある技術博物館に着いた。誘導路の掲示板にはフィンランド語、スウェーデン語、英語、ロシア語による館名と、フィンランド語と英語による入館時程が表示されていた。並んでフィンランド語による川釣りに関するいくつかの警告版がみられた。捕獲制限サイズも写真入りで表示されている。結構大きめの魚が釣れるようである。川沿いには同様な注意や魚のミニチュアがいくつかあった。川に接する家の土台には、釣り少年の彫像が見られ、そのユーモラスな姿には頬が緩んでしまった。どうもこの辺りは釣りの名所のようである。

煉瓦造りの建物がいくつかある中で、円形平屋の建物がインフォメーションセンターになっている。中に入ると、室内は少々暗め。展示会場は上から覗くように地下階に広がっていた。

最初に視線が向いたのは真っ赤で巨大なクレーンである。形の違うクレーンも幾つか展示されていた。だが、フィンランド技術史の中でこれらがどのような役割を果たしてきたのか、答えをいまでも得ていない。

残念だが、説明の大部分はフィンランド語である。我ながら現地取材の非力を味わった。幸い、この国ではスウェーデン語と英語で一部追記されている。なんとか経験則からわずかな理解を得ようと努力した。もちろん限界やむなしと心に押しにとどめ、なんとか展示会場を回ることができた。

フィンランドの技術史は深い森に開け、人々は東から、南から、そして西から幸を求めて移住してきた。広大な森と湖は人々の過踈を結びつけるコミュニケーション技術を発展させた。世界に冠たる情報通信企業ノキアをはじめ、フィンランドのグローバル企業、先端技術を支えている経済基盤。それらはすべて森に起源をもっている。[50]

フィンランドは国土の六五％以上（日本の森林面積は国土の六七％であるが、山岳地帯が多い）が森林資源であり、木炭、木材・紙パルプ、そして水力はバルト帝国やロシア帝国を支え続けてきた。それらから派生した諸産業は第二次世界大戦の対ソ賠償をして、ソ連経済を潤しながら発展していった。だが、一九九〇年代のソ連崩壊、世界的な金融危機、国内の過剰投資によって、フィンランド経済は大きな危機と転機を迎えたのであった。国民総生産は一三％も下落し、一九九四年の失業率は三・五％から一七％まで上昇。世界はフィンランド経済に対して深刻な懐疑の目を向け始めたのであった。

しかし、公共政策、企業の再編成、教育の高度化と国際化、個々の起業家精神によって、情報化社会と福祉社会の両立化というターゲットを定めて、産業構造の改革を進めていった。さらに市場をロシアからEUに求めて拡大していった。この挑戦によって再び経済は好転。フィンランド人のアイデンティティである「シス」（sisu 勇敢・忍耐のフィンランド魂）を発揮し、この危機を乗り越えたのであった。

現在はEU社会経済の有力メンバーとして、その一翼を担い、各種の社会経済指数は世界最上位を維持している。まさに情報化福祉社会を享受する優等生になったのである。もちろん、これらの先端モデルは緑豊かな森の歴史を抜きに語ることはできないだろう。しかし、最近にこの森のモデルに疑問を投げかけた書籍が出版された（『フィンランド　虚像の森』アンッシ・ヨキランタ・他著　田中淳夫監訳者　上川美保子訳　東京印書館　2022）。関心を寄せるべき忠告である。

この博物館はヘルシンキ地区の産業団体、技術者や市当局の人々によって一九六九年に設立された。博物館施設は、およそ一五〇年前、最初の市民の給水施設として利用されていた。フィンランドの技術と産業を、農業時代から現在の発明とイノベーションに至るまで、公開保存することを目的としている。

展示は特に現在フィンランド産業を牽引している三つの分野を掲げている。林業、加工産業と情報通信分野である。世界の視線を浴び続けている情報通信の発展史は特に力点を置いているようである。

初期の木製の電話機、昔懐かしい電話交換機と女性の交換手、クロスバー自動交換機、そしてデジタル交換機から二一世紀前半に世界を風靡したノキアの歴代携帯電話までを実物と写真で展示している。カメラに資料を撮影しながら、閉館時間を気にした見学となった。

音響映像システム分野の展示も充実している。蓄音機（いわゆるグラムホン）から始まり、テープレコーダーやカセットレコーダー、ラジオ、テレビ、そして未来のネットワーク映像システムの想像図。人間の情報技術の限りない夢は続くようである。

特に「セバイル」は次世代情報化福祉社会の重要なキーワードになるだろう。多くのパネル間に点在する静寂な森の写真。その中でコミュニケーション機器を駆使して寛ぐ家族のパネル像があった。この未来の想像図は現代社会が失ったひとつの答えを提示しているのだろうか。残念だが、正解はないかもしれない。

人間は本来、本能的に「類的存在」であった。だが、生存に関わる自然とそこから派生する生産物が交換という行為によって商品化されると、人間の労働力までも商品化される。「人間の類としての存在」が分断され、遮断されてしまった。そこで人々は家父長制、封建制度、宗教制度などによって人為的に社会的な類的存在の修復を試みてきた。だが、人間の商品化経済が高度化するにつれて、人間の本質であるはずの「類的存在」が大きく疎外化されていった。既存の社会的な類的存在は機能不全となってしまったのである。そこに類的存在を維持し、飛散した人々の勾玉を繋ぐために人々のコミュニケーションの糸が必要となってきた。いつでも・どこでも・誰とでも、そう、ユビキタス社会である。過疎と密集が点在するフィンランドの人々にとって、この「類的存在」をもたらすモバイルコミュニケーションこそが必須だったのである。これによって人間本来の属性である「類的存在」を取り戻すために、情報化福祉社会なる概念がこの地に根づいていったのだと私は理解している。いかがだろうか。

閉館時間ぎりぎりに博物館を出た。雨は変わらず強く降り続けている。

帰り際に見た褐色になったダムは、雨の襲撃にジーッと耐えているように見えた。

フィンランドの持続可能なネットワーク型福祉社会は、技術と経済を下部構造にしっかりと支えられて、厚い森のエコロジーマントに覆われている。そこにフィンランドの人々の森の歴史を感じたのであった。

以前来た折に、ヴァンター川沿いにあるコーヒー店で一休みしたことがあった。周囲はヘルシンキ都市問題で先駆的な役割を演じている閑静な住宅街。その中で、冬戦争に参戦したという年配者に話を聞くことができた。川のせせらぎの中で彼の話を聞きながら、身体中の血が沸騰し、かなりの興奮を覚えたことが蘇った。大国ソ連に対抗したこの小さな、小さな国から、なぜか日露戦争という小さな島国の歴史も思いだしたからである。日本に親しみを感じるフィンランドの人々が理解できる。アラビアのデザインであろうと、モバイル技術であろうと、この苦しい時代の「シス」精神がこれらを熟成（ビンテージ）させて、今、美味しく味わい、世界の人々にも共有可能になったのだと思いたい。

この辺りを含めたアラビア地区は、ヘルシンキ史の原点、難しい都市問題、そして先端技術という三つ巴の調和と理想を求めて挑戦している姿である。

北欧の雨はしばらく様子を見ていると止むことが多い。が、今回はかなり違っていた。待てども来ないトラムを避けて、近くのヴィーキン通りからバスで中心街に戻ることにした。雨はホテルに着いても降り続いた。夜中に雨のヘルシンキ撮影に挑戦してみた。真っ黒な背景に往来するトラム。画面いっぱいに激しく斜線を引く雨。撮った写真はヴァンター河口の風景と共に私の貴重なアルバムに差しこまれたのであった。

7・ヘルシンキ大聖堂

一九九〇年代にウップサラ大学の語学夏季講習会に参加するために、フィンランド航空を利用したことがあった。乗り継ぎがヘルシンキだったので一泊することにした。

予約のホテルに着くと、ドイツ観光客で予約の部屋は利用できなくなったという。いまさらそんな話はないだろう。そこで英会話能力も十分でない私は、とっさにありったけの怒りの単語を並べて抗議した。通じたのかどうか分からないが、結果、トーロ湖畔の湖面の見渡せる静かな別のホテルに泊まることができた。ホテルのダブルブッキングの初体験であった。なんだか、その時は英語力が急激に伸びた錯覚に陥ったのである。一七八は遠く過ぎた藪力とでもいうのかな。

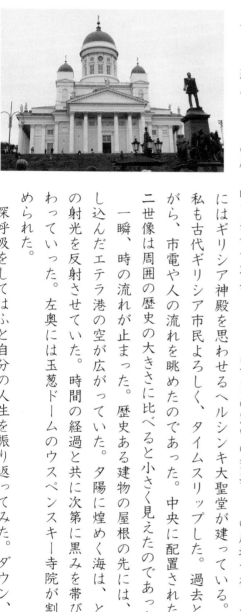

ホテルに着くと荷を解くことなしに、ヘルシンキ中央駅から**ヘルシンキ大聖堂**付近までを散策した。七月の夕べは、日差しが柔らかく、まだまだ暮れることはなかった。大聖堂の白い階段には、多くの市民や旅人がひな人形よろしく座り込んでいた。

ここは元老院(セナーッティ)広場と言われ、ヘルシンキの歴史が凝縮された場所である。市民も政府も多くの歴史的な集会や式典を、さらに市民の憩いの祭典をこの広場で行ってきた。広場の上にはギリシア神殿を思わせるヘルシンキ大聖堂が建っている。その階段から、私も古代ギリシア市民よろしく、タイムスリップした。過去と現代を往来しながら、市電や人の流れを眺めたのであった。中央に配置されたアレクサンドル二世像は周囲の歴史の大きさに比べると小さく見えたのであった。

一瞬、時の流れが止まった。歴史ある建物の屋根の先には、オレンジ色を流し込んだエテラ港の空が広がっていた。夕陽に煌めく海は、ところどころで銀の射光を反射させていた。時間の経過と共に次第に黒みを帯び、濃紺に置き換わっていった。左奥には玉葱ドームのウスペンスキー寺院が割り込むように眺められた。

深呼吸をしてはふと自分の人生を振り返ってみた。ダウン、そしてまたダウンの激しい過去でもあった。でも、また陽が上る。この夕陽の心象風景と同じく明日がある。その後、人生の岐路に立った時、この強烈な脳裏に焼きついている風景を思い出す。あれから何十年経ったろうか。しかし、この広場は、大聖堂の威厳とフィンランドの歴史がセットで凝縮され、変わらないままである。そう、ヘルシンキのランドマークとして、その役割を十分に果たしてきたのである。

今回の旅では、ひな壇の端々に春の雪がまだ残っていた。隣には白亜の大聖堂がどっしりと構えている。大聖堂の簡素な正面入り口は広場の北西に位置している。飾り気のない大聖堂の重い扉をゆっくりと引き、中に入る。冷たい空気が流れ込んだ。さらに歩を進めると、ほんのりとした暖かさが私の身体を包み込み、重くなった空気が回廊の床に沈んでいく。早朝の伽藍には人影がなかった。身体が引き締まった。ヘルシンキ大聖堂は、一八五二年、C・L・エンゲルによって最初に設計されたヘルシンキ教区の福音ルーテル派教会である。

大聖堂の下にある広場は、彼が都市計画をする以前からこの町の中心地であった。そこには木造の小さなウルリーカ・エレオノーラ教会があった。雪の祭典には純白な雪の教会が再現された。教会名はスウェーデンとロシアの大北方戦争の最中に戦死したカール一二世の後継、妹エレオノーラに由来する。ロシアとの戦後処理の混乱とスウェーデン絶対王政の崩壊時という短い女王在位（一七一九―一七二〇）であった。

大聖堂はこの広場の北にある防御壁と護衛舎に続く高台に建てられた。高低差は盛り土とヴォールト架構によって嵩上げされた。一八一八年、大聖堂の外装が完成した時、ニコライ一世は上下を分断している構築物をすべて撤去させて、広い階段を造ることを命じたのである。こうして現在見られる広場と大聖堂の間に連続した不朽の名作である石段が出来上がったのである。

階段からの眺望は三方に開かれている。西にヘルシンキ大学本部、東に旧元老院（現在は政府機関となっているが、広場名由来の建物がある）、南に旧市庁舎や旧実業家の歴史的建造物が見渡せる。

大聖堂はメインドームをもつギリシア十字型に象られている。建築様式は一八〇〇年代初期から流行したネオクラシック・新古典主義（ロシア建築史ではサンクトペテルブルグのスパイスを加えてエンパイア型ともいわれる）である。前時代のバロックやロココ様式に比べると、抑制のきいた古代ローマ・ギリシア様式を反映している。外観は際立つ緑の主ドームを中心にコリント式円柱、三角の破風、シンメントリーな両翼。そして屋根には真鍮の一二使徒の彫刻が並び、見る市民や旅人を聖書の世界へ導いてくれる。西洋教会によく見られる多くの石膏レリーフが大聖堂にアクセントを加えている。薄化粧した使徒彫刻は世界最大の真鍮彫刻といわれる。建設は一八三〇年、福音ルター派の基本理念である「アウスブルグの信仰告白」から三〇〇年という記念の年であった。52

エンゲルの設計案は、起工の数年前に描かれていた。エンゲル自身は不満もあったが、アレクサンドル一世好みの計画が採択された。ただ、大聖堂は皇帝もエンゲルもその生存中には完成せずに、一二年後、一八五二年に奉納されている。竣工時の教会呼称は、時のロシア皇帝ニコライ一世に因みニコラス教会と呼ばれた。セントニコラスは航海にまつわる聖人で商人の守護神、ヘルシンキ港の守護神にもなっている。

ロシアの両皇帝は、新生フィンランドへの恩寵と寛容、スウェーデンからの精神的な分離、そして彼らの威信と権威を誇示するものとして、膨大な財政的負担をかけて造り上げている。作家で歴史家のサカリ・トペリウスは「凡庸な皇帝のブルジョア審美（上品さや優雅さのない物質本位の無教養を意味するという）による建築表現であり、羽と尾のない鶏にすぎない」と酷評していた。もちろん、このような異論は今日のヘルシンキ市民、フィンランド人は微塵にも思っていないであろう。

その後、フィンランド独立の時に「大教会」となり、一九五九年から現在のヘルシンキ大聖堂となった。

エンゲルの死後、後継者エルンスト・B・ロールマンや他の設計者によって星のある四つのサブドーム、更に十字のクリプト（地下納骨堂や地下礼拝堂）、両端の二つのパヴィリオン（鐘楼と集会所）などが追加建設されている。さらに数度の改修と補修を重ねて現在の内外観となった。

一九六〇年、メインドアの上に多くの聖歌者を収容できるような拡張工事がされた。さらに一九九六年からは二年間かけて現代技術による施設と構造物の強化、ホール内の照明、壁面塗装の修復などが行われた。今回の旅行中に見られた改修については詳細を把握していないが、内外観に大きな変更はないようである。

初期の外装の色合いは元老院広場の周辺建築に合わせて黄色であったが、一〇〇年以上の年月を経て、現在のライトグレーと白の基調に変わった。だが、この殿堂の白さは、歴史の変色だけでは説明できない美しさがある。歴史の重厚さである。


教会内は一般的なプロテスタント系に見られるように簡素な内装。権威や過去の伝統に拘泥することのない空間である。そのホールは二八・六メートルの高さで、四本の主柱で支えられている。巨大な半円形ホールは外装と同様に想像以上に均整の取れたドーム型天井である。十字形の支柱はなく、円筒形の壁が支え、装飾のない薄青色が内陣を覆っている。

そっと交差廊の椅子に座ってみる。朝の霧立つ湖上にいる錯覚を覚える。一三〇〇ある座席の中で自分以外に誰もいない祈りの空間である。ドームの周囲から柔らかな自然光が射し込み、壁面のグラデーションをいっそう高めている。まるで魚眼レンズに映るフィンランド奥地の風景である。西欧各地に見られる複層と錯綜した教会内装とは違う。何か心の落ち着きと安らぎを感じさせるシンプルさがある。この簡素さこそ外部の刺激に影響することのない内面の真摯さを強調している。ルターの嵐に耐えた宗教理念と思われる。

生涯、エンゲルは故郷プロイセン・ベルリンに思いを寄せて、異国ヘルシンキの土となった。このエンゲルの設計原案は、彼のルターへの敬愛と同時に、帰ることができなかった故郷ドイツへの思いであったのだろう。まさに彼の心象建築といえるかしれない。「ルター」を追い求めてきたエンゲルの理念、何ものからも解放された自由な宗教心、光との調和、そして古代ギリシア建築思想を追求した彼なりの新古典主義であった。この大聖堂こそ、エンゲルの多くの建造物と都市計画の源流となっている。

中学時代、母の病床の相談者として日本キリスト教教会（日本福音ルーテル教会）の牧師に接する機会があった。中学生の日曜礼拝の折に、牧師は部屋の前面、中心に置かれた簡素な木の十字架を指して、「これは便宜上の位置であり、深い神秘的な意味合いを持つものではない。あくまでも、主の教えは聖書であり、学びの中心なのです」と諭した。北欧（福音）ルター派の骨格「聖書のみ、恵のみ、新興のみ」である。


内陣の奥には金色の半円形の縁石があり、ロシア皇帝ニコライ一世の奉納した祭壇画がある。ロシアの画家C・T・フォン・ネッフによるキリスト埋葬の場面である。その上部に四つの月桂冠が刻み込まれている。キリスト教の四人の福音者、マタイ、マルコ、ヨハネ、そしてルカを象徴している。ここでは内陣と祭壇を分離するロシア正教のイコノスタシスを見ることができる。皇帝が信仰する正教への妥協、そして古代ギリシア伝統にあるビザンチン文化への敬意、さらにルター派の漸進なる改革思想を垣間見ることができた。

祭壇の両側にはエンゲルによる「跪くエンゼル像」がドーム空間を見詰めている。祭壇から離れた左側中央には、渋い金色の天蓋を有する説教壇がある。ホール全体からの可視性と音響性に富むように設計されている。説教師ルターの声が心地よく聞こえないだろうか。

教会内部には福音ルター派の改革者たち、マルティン・ルター、メランヒトン（「アウスブルグの信仰告白」の草稿者）、そして新約聖書のフィンランド語への翻訳とフィンランド語文体の確立者ミカエル・アグリコラの像がある。私の座る後部座席の上には、以前、ロールマンによって設計されて、一八四六年にドイツの工場で製造されたパイプオルガンがあった。現在ではデンマーク製のパイプオルガンが据えられており、正面カバーのみが往時の面影を残している。

「われわれの感情は静謐のままである。なぜならば、すべての部分とその比、そして、それらと全体との関係がそれぞれに調和し、意味を成しているからである」[53]

エンゲルはビジネスマン、C・ヘルリッヒに送った手紙で、自身の「静穏と歓喜の様式」、そしてビザンチン様式の超越を満足げに述べている。

雄麗な大聖堂の背後の木立に白い帽子の建物が見えた。素朴な建物である。

敷地に入り、掲示板を見ると、ロシア語とフィンランド語でミサの日時が示されている。教会月報のような記事とロシア・マリノスキー劇場のコーラスコンサートのポスターがあった。いずれもロシア語、フィンランド語である。教会の歴史的由来がロシア語で書いてある。下段の隅に英語で簡潔にその概要が追記されている。ここはホーリィ・トリニティ教会である。

教会は一八二五年から一八二六年にかけて建設されて、一八二七年に奉納されている。設計者はC・L・エンゲルで、ネオクラシック様式である。ヘルシンキでは最も古い正教会で、ヘルシンキの正教会教区に属している。掲示されてる時刻表に従って神聖なミサが行われているようである。

入り口の奥には小さなテーブルがあった。赤いバラと白いカーネション、そしてカスミ草と一枚の葉蘭がガラスの花瓶に挿してあった。まだ浅い春先なのに豊かな生花とは貴重である。蝋燭の火が揺らぎ、緑の花瓶に反射している。現在の司祭だろうか、前司祭の遺影だろうか。司祭の写真が飾られていた。壁の上部には歴代の司祭と思われる名が刻印されており、教会の歴史の長さを示していた。残念なことにロシア語は理解できない。だが、エンゲルによるルーテル派の外観、それとは異なるロシア正教のシンボルであるドーム。ここから教会の歴史を推測できたのである。

このロシア正教会ホーリィ・トリニティは、ロシアのフィンランド併合によってロシア各地から徴兵されたロシア軍兵士たち、またフィンランド各地で除隊して、戦後にヘルシンキ市民となったロシア人のための教会であった。またフィンランド併合後には、政府関係者や商人などのロシア正教徒が多く集まってきた。そこでアレクサンドル一世は命によって急遽、彼らのためにこのホーリィ・トリニティ教会を建てさせた。あくまでもカタヤノッカにあるウスペンスキー教会が完成するまでの仮の建物であった。そのために、外観は暫定な兵舎型の教会となり、カントニストという徴兵したロシア兵による落し孤児たちの特別な軍役訓練学校も対面にはあった。

長方形のルーテル派造りの身廊の屋根の上には、二つの塔がある。ひとつはバロック風の鐘楼である。サンクトペテルブルグにある旧海軍省にある塔に類似しているといわれる。最初、木造であったが、一八九八年に石造りとなった。もうひとつはロシアなどで馴染のあるドーム型円筒である。これもサンクトペテルブルグ要塞にあるペトロパヴロスク聖堂に由来するといわれている。この二つの塔と全体的な建築様式の相違は、建築史に疎い私にとって、いまも違和感を持っている。でも要するに、このロシア正教会ホーリィ・トリニティは、設計者エンゲルと皇帝アレクサンドル一世のそれぞれの国の宗教的、文化的な背景、そして建築時の緊急性によって複合と融合の建築物になったのだと理解しておこう。でも、こぢんまりして美しいよ。ユニオン通りに至る階段の両側には、最初、建物から突き出した装飾部分にふたつの小さなパヴィリオンと階段があったという。現在、跡形もない。これは現代の過去に対するプライオリティなのだろうね。

ロシア支配が長くなると、仮設のホーリィ・トリニティ教会の会衆は増加していった。その対応として従前から計画していたのが本格的な教会建築、ウスペンスキー大聖堂である。建物はロシア建築家アレクセイ・M・ゴルノスターエフとイワン・ヴァルネクの設計によって一八六二年から建設されて、一八六八年に奉納されている。伝統的なロシア・ビザンティン様式にロマネスク様式を加えている。

ウスペンスキーの名称はロシア語で「死去」や「聖母マリアの永遠の安息」、または「聖母昇天祭」などの意で、歴史的なロシア勢力圏やロシア領内の聖堂、修道院、人名などに多く見られる。モスクワやウラジーミルの聖堂は世界遺産にもなっている。

ウスペンスキー大聖堂は教会の規模が東西ヨーロッパ（ロシア以外）で最大のロシア正教会である。聖堂のあるカタヤノッカ島丘陵地は、皇帝の宮殿建設の予定地であった。周囲を散策した時、この区域が中心市街とひとつの橋で繋がっている島とは全く意識しなかった。

ウスペンスキー大聖堂下にある広い車道からトーヴェ・ヤンソン公園の坂を上ると、教会広場に出る。見上げると、キリストと一二使徒を表徴する一二金のキューポラ、彫の深い外観、深みある赤レンガ造りが立ちはだかる。ヘルシンキ市街を見下ろす展望は他の撮影スポットとはかなり趣を異にする。バルト海の覇者とロマノフ王朝の宗教的化身、ルター派大聖堂に対峙した皇帝の威信でもある。

その建設はクリミア戦争後の資材難にも拘わらずに、急いで造られた。基礎資材の暖かい赤レンガは、オーランド島のボマルスン要塞跡から運ばれている。皇帝は、この小高い丘からヘルシンキ市民と航行者にフィンランド征服者の威厳を誇示したかったのだろう。

その建設支援者たちには、多くのロシア系フィンランド人がいた。特に有名な財政的な支援者は、醸造業者シネブリュコフ家である。一九世紀を通じてヘルシンキで特に有名な多角事業者の一族である。現在そのビール部門はデンマークのカールスバーグ（カールスベア）グループの傘下にある。熊のマークのカルフ（フィンランド語でヒグマ）ブランドはフィンランドの人々に愛飲されている。

左側の扉からウスペンスキー教会内部に入る。四つの巨大な花崗岩で支えられているドームには、水色の天空と金色の星屑を仰ぎ見ることができる。身廊の薄暗い重厚さとドームの明るさ。その落差に戸惑う。奥にあるキリストと一二使徒を描いたイコノスタシスは訪問者を感動させている。観光客の少ない今回、私にとって静寂に包まれた祈りの場所にもなった。正面を凝視して軽い会釈をした。宙から波動を感じる。聖堂の背中には、建設当時のロシア皇帝アレクサンドル二世を祝した銘板がある。

その聖堂の内部には多くのチャペルがあるが、主教宅にはもうひとつのウスペンスキー由来の小さなチャペルがある。それはアレクサンドル一世の妻エリザヴェータ・アレクセーエヴナに因んだリイサンカ通りにある。チャペルはボブリコフ総督・将軍によって寄贈されたものである。だが、彼は悪名高いフィンランドの政治・文化の圧政者であった。一九〇四年、彼はフィンランド民族主義者オイゲン・シャウマンによって暗殺に遭い、事件はフィンランド独立の気運を高めることになった。

チャペルに関する話題をもうひとつ。

一九一三年、フィンランド併合のハミナ条約を記念して、聖堂前に「平和のチャペル」が建設された。しかし、そのことは多くのヘルシンキ市民に複雑な感情を喚起させた。一九一九年、独立後、そのチャペル正面のステアタイル（滑石による磁器タイル）が破損されて、多くの議論の末にチャペルは取り壊された。ロシアに対する国民感情は、対スウェーデンとは異なる国民的な思いがあるように思われる。

このウスペンスキー教会に関するトピックを最近ネット上で見つけることができた。

教会地下に環境に配慮したデータセンターを設置する取り組みがあるという。このデータセンターは数百台のサーバーから余熱を排する。その熱を利用して地域暖房を一般家庭へ供給する計画だという。

通常のデータセンターでは、エネルギー使用量のうち実際に計算処理に使われている量はわずか四〇〜四五％に過ぎない。残りは主としてサーバーの冷却に用いられている。サーバーの電力供給と冷却のためのエネルギー費用はサーバーの運転費用以上に増大すると予想されている。多くの企業ではデータセンターの費用がエネルギーコストの最大三〇％を占めるまでに至っている。企業はITコストの長期的な削減を求めて、このデータセンターの余熱を活用することに注目してきた。稼働すれば、エネルギー費用が通常のデータセンターの半分で済むという。市内の暖房ネットワークへの熱供給量も大型風力タービン一基分に相当する。これは住宅五〇〇戸の暖房をまかなうのに十分な量である。

同データセンター設置のもうひとつのメリットは、大聖堂の地下という閉ざされたセキュリティである。データセンター設置の空間は、かつて第二次世界大戦中にロシア軍の空爆から市民を避難させるために消防団が防空壕として掘った跡であった。この教会がロシア正教であるという攻撃側の宗教観を利用して防空システムを考えたようである。当時の緊迫したヘルシンキ市民の知恵ともいえる。同時に現代のハイテク時代に、壕がこのような形で生かされるとは「歴史の捻り」といえる。[54]

ヘルシンキ・ウスペンスキー大聖堂は、建設時、ロシアのフィンランド大公国領ヴィーボリィ大主教区に編入されていた。しかし、現在のフィンランド・ロシア正教は、一九一八年の政教分離制を経て、一九二三年にコンスタンティノーブル下に入り、総主教庁から自治教会の承認を得ている。一九五七年にはモスクワ・ロシア正教会からの自治も獲得できた。ロシア正教の聖体典礼に関する言語問題が論争になったが、現在では、教義内容そのものが異なるわけではなく、ミサはフィンランド語と教会用のスラブ語で行われている。現在の大主教庁はフィンランド中部の北サヴォ県クオピオにある。ロシア国境にも近く、カレリア、オウル、そしてヘルシンキと三つの主教区を持っている。[55]

ヘルシンキにおけるロシア正教の信者数はフィンランド全土に比較すると多い方である。ロシア帝国時代、ユダヤ教やイスラム教からの流入は阻止されてきたが、フィンランド大公国を含めて帝政ロシア領内での宗教政策はやや寛容であった。特に、広大な領地で多民族を支配し、時には彼らを徴兵し、軍事的に雇用した経緯からすると、それも帝政ロシア維持の知恵であったのかもしれない。そのためか、フィンランドでも、ヘルシンキでも福音ルーテル派がスウェーデン時代から変わらずに主流である。ロシア正教信者はあくまでも傍流となってきた。

ヘルシンキの正教信者の増大は、ホーリィ・トリニティ教会やウスペンスキー大聖堂で見たように、近世ロシア帝国の膨張政策に起因するところが大きい。

長いフィンランドの歴史から見ると、特にカレリア地方やイングリア地方は、スウェーデン、ロシア、そして新生フィンランドからの宗教的な重層空間であった。

フィンランドの原始宗教を駆逐して、西のトゥルクからカトリック、その後、バルト帝国の福音ルター派が東進した。他方、ロシアやノヴァゴロドは古くからこの地域へ西進し、時の権力を背景にロシア正教を浸透させていった。ロシア・スウェーデン間の死闘は、この地域に宗教という精神史の痕跡を残し、その余波がヘルシンキまで及んでいったのある。

二十世紀に入ると、ロシア帝国崩壊によってロシア国内に政治的混乱が生じた。多くのロシア人がロシア・ソヴィエトの抑圧から自由を求め、フィンランドを目指して避難した。第二次世界大戦前後になると、両国の国境紛争（冬戦争、継続戦争）が激化すると、カレリア地域の人々は、戦争難民としてヘルシンキに生活の拠点を求めて移住してきた。しかも、戦争で国境が変わるたびに望郷カレリアとヘルシンキの間を往復移動せざるを得なかった。カレリア難民問題である。しかも、このカレリアは単に両国の国境紛争に関するだけではなく、フィンランドの民族独立運動とも深く関わっている。当然、カレリア問題はフィンランドの軍事、外交、政治、そして社会に複雑な影響を与えることになった。

ヘルシンキの福音ルーテル派市民も彼らロシア正教徒を快く受け入れて、共生を模索していった。このような宗教的寛容さは、ごく少数派であるイスラム教、ユダヤ教、またはカトリック教などでも同じである。

二十世紀後半となるとヘルシンキには新興キリスト教が流行し、さらにユダヤ教、そしてイスラム教が流入、既存の福音ルーテル派やロシア正教に新たな楔を打ち込んでいった。フィンランド社会の宗教観は微調整を求められたようである。それら少数派はヘルシンキのあちらこちらに特色のある宗教施設を造り、彼らの文化を根付かせていった。それでも一般ヘルシンキ市民は、異なる生活習慣や新たな騒音問題に対して、敢えて抗議や異議を唱えることなく、寛容であった。

特に、一九九〇年代、チベットのダライラマのヘルシンキ訪問後は、市民の間に仏教への関心も高まり、ヘルシンキ文化に幾分アジアの色彩を加えていった。より多様化した都市となったのである。それでも福音ルーテル派は、ヘルシンキ、フィンランドの主宗教であることに変わりはなかった。

最近、移民問題とそれに伴う宗教問題がヨーロッパ諸国からこの北国にも波濤のごとく打ち寄せている。

フィンランド人の移民問題への対応は国政選挙の度に変化を見せている。宗教に寛容であったヘルシンキ市民、フィンランド人も宗教的構成比が変化するにつれて変貌の兆しを示している。

宗教問題、特に移民問題は大きなテーマになってきている。ヘルシンキ市民、フィンランド人はこの後、少数派に厳しく対応するようになるのだろうか。それとも無宗教や宗教的無関心層が増大するのだろうか。彼らの選択が気になるこの頃である。[56]

復活祭から四〇日経った木曜日、ロシア正教のキリスト昇天日には、正教の司祭をはじめとして多くの信徒たちが十字架を掲げてエテラ港に向かって行進する。多くの宗教・宗派の人々が見守る中、港での祝福の水掛け合いが行われる。伝統的なロシア正教祭りの頂点である。

さて、大聖堂エリアを後にして、ユニオン通りから、ヘルシンキ大学校舎を経て、植物園前のカイサニエメン通りに出ると、トラムや車の往来が激しくなる。以前、この付近のホテルに宿泊したことがある。深夜のトラムの音が気になり、通り側に部屋を割り当てたホテルに腹を立てたことがあった。しかし、その時はヘルシンキの街を右往左往し、夜には丸太のように横になった。早朝のトラムの音は少々遠慮がちであった。いまではその時の音が懐かしい。

今回の宿泊ホテルはカンピにあった。交通の便もよく、ナリンッカ広場も近くにある。北欧の早春は暮れるのも早い。日が傾いて、広場の色も赤味を増してきた。広場の西にある蜘蛛巣のパイプオブジェの色も変わってきた。地下鉄、バス、カンピショッピングセンター、そして中央駅へと急ぐ人々が、動画の早送りのように交差する。その片隅にデザイン都市ヘルシンキにふさわしい祈りの場所が造られた。モミの木材で覆われた卵形で末広がりのカンピ礼拝堂である。

二〇一二年にヘルシンキがワールド・デザイン・キャピタルに選出されたのを記念して建てられた。設計者はミッコ・スマンネンなど三名である。幾つかの国際的な建築賞を受賞している。教会はヘルシンキルーテル教会と社会福祉団体の協力によって運営されている。

チャペルへの黒い渡り廊下から中に入ると、静寂が隅々まで広がっていた。針を落とす音が聞こえる譬えはこの雰囲気をいうのかもしれない。正面には小さな銀の十字架。内部は装飾がなく、木の温もりだけが感じられる。二列ある長椅子で祈りを捧げる人が数人いた。天井から穏やかな光が木洩れ日のように入り込む。都会の喧騒の中で、自分を見詰める静謐の場として建てられたという。椅子にゆっくりと腰を落とし、静かに今日一日の旅を反芻した。ここが宗教施設であるからだろうか。それとも、この空間の派生環境によるものだろうか。心がまろやかに静かになっていく。

燭台の蝋燭の炎は静と動とが溶け合う明るさで輝いていた。他の教会とはどこか異なる雰囲気で、心の鋭角が削ぎ落とされていく。長椅子の端にはいくつかの造形された石が置かれている。その石がフェルトのクッションであると後で知った。なぜ自然石でないのだろうか。なぜこの場所にあるのだろうか。これらは祈りの後に気づいた疑問であった。が、答えは必要としない。そのままでよいだろう。疑問を残す旅もあるのだから。ただ、二〇二三年、ネットでの情報によると、教会の運営難を知った。気がかりである。

カンピ礼拝堂を出た。明鏡止水のように和やかさと静けさ。宗教とはいったい何んだろうか。

周囲の建物の影は濃くなり、広場のテラスで茶を飲む男女も増えている。夕暮れを背負うように近くのホテルへ道を急いだ。

8・知のトポス

トポスとは、ギリシア語を語源とする「場所」を意味している。ただし、現在では学際的な言葉として多くの分野で多義的に、そして深みある概念となっている。単なる場所アリーナではなく、民主主義の空間としても含蓄ある言葉である。

さてフィンランド・ヘルシンキの知のトポスとは、ヘルシンキ大聖堂の隣から始まり、南はアレクサンテリン通り、西は国会議事堂、そして北はトーロ湖南端に至るまでの空間と私は定義したい。ここは過去、現在、未来の記憶と議論が躍動するエリアである。今日はこの時空間を散策してみよう。

雪がちらつき始めた。春の雪である。

大聖堂の前景に黄色い建物がある。

数人の姿が建物に吸い込まれていく。ヘルシンキ大学本部である。

ヘルシンキ大学本部の玄関口に入ると偶然にも授業に急ぐ日本人学生に出会った。ひとこと声をかけた。授業はフィンランド語によるのかどうか確認したかった。フィンランドの歴史を知る上で言語問題は重要な意義を持つからである。

階段を急ぎながら簡単に答えてくれた。世界から多くの国々の学生が来ており、授業は英語（ネットによると、実際はフィンランド語、英語、一部スウェーデン語で、マスター以上は英語が広範囲に使用）でされているという。フィンランド語は彼女自身まだよくわからないし、滞在中の生活では英語が通じるので不便を感じていないという。確かに、私も今までたびたびフィンランドを訪れてきたが、英語が通じるのでなかなかフィンランド語に身を入れて勉強する動機も機会も失ってきた。

スウェーデン語に関していえば、辞書を頼りながらも、なんとか資料は読める。だが、音に関すれば相変わらずダメある。ウップサラ大学でも、スウェーデン各地を訪れたときも、意思疎通は英語だった。

時には少し気合を入れてフィンランド語の勉強を始めようとするが、このフィンランド語、複雑な文法構造と格変化（一五格もある）で辟易してしまう。結局、滞在中はこの学生と同じく英語に頼ることになってしまった。フィンランド日本大使館を訪れたときに、この件を大使館参事官の三輪さんに相談すると、本格的な研究をするならフィンランド語は必須であるという。彼は東海大学で教えているのでぜひ来てくださいという。だが、勉強する余裕もなく、最後まで直接フィンランド語を訳すことなく、もちろん最低限のフィンランド翻訳？・・・はしているが、本書の原稿を完成させざるをえなかった。[57]

一六四〇年、フィンランド最初の大学は、スウェーデンのフィンランド大公であったクリスティーナ女王によってオーボ（トゥルク）に設立された。これは従来のトゥルクのジムナジウムを王立オーボ・アカデミー（帝国大学）に昇格させたものである。校舎はカセドラルスクール構内に置かれた。学問や文化に深く関心を持ち、北のミネルヴァと称された彼女らしい功績といえる。

この時代、スウェーデンは三〇年戦争によってバルト帝国を確立し、内外の行政や教育の再編成・近代化に心血を注いでいた。

だが、仮に彼女の真の意図が違っていても、バルト海支配は軍事力だけで推し進めることはできなかったろう。その後、スウェーデンの対フィンランド・ソフトパワー（司法制度・教育・文化・宗教）政策がある程度の効果を発揮し、フィンランドはバルト帝国の一翼を担うようになっていった。このことはスウェーデン支配からロシア帝国に代わっても、スウェーデンによるフィンランドへの政治社会文化の影響力はなおも大きかった。現在でもバルト帝国時代の支配地域は、スウェーデン色の濃い土壌が各地に残っている。その後スウェーデンの文化を基盤にフィンランド科学分野は国際水準に到達するように出来上がっていった。

一八〇八年、ナポレオン戦争の混乱の中、アレクサンドル一世はフィンランドを併合する。翌年、フィンランド大公国とした。この時に大学をロシア帝国トゥルクアカデミーとして組織化している。一八一二年、首都をヘルシンキと定めたが、大学機能はそのままトゥルクに留まっていた。だが、一八二七年、トゥルク大火で甚大な被害を受けると、翌年、大学をヘルシンキへ移し、フィンランド・アレクサンドル帝国大学と改称、職員や学生数を拡充し、予算を倍増した。特に科学分野に力点を置き、出来上がってきた耕地に新たな知の種を蒔き、収穫を期待したようである。

これらの対応は、ロシア帝国の他のバルト諸国やその周辺諸国とかなり違っている。フィンランドを模範とした植民地経営のモデルにしようと考えたようである。既に成熟しているフィンランド民族への、ロシア帝国の期待は大きかった。

一九一七年、フィンランドが独立すると、大学名をヘルシンキ大学として、その後も拡充と発展を図っている。現在、一一の分野と約三・二万人（二〇二〇年現在）以上の学生、四つの異なるキャンパスを有し、国の高等教育の中核をなしている。

大学は大聖堂広場を挟み、現在の州政府機関の建物（旧セナーッティ・元老院）とシンメトリーをなして、西側に建てられている。従って詳細な部分は異なるが、セナーッティのファサードが壮麗なコリント様式であるのに対して、大学側の中心柱がイオニア式で、付柱がトスカーナ式になっているだけである。

建物は一八三二年、C・L・エンゲルによるものであるが、第二位になったJ・S・シーレンが一九三四年から一九三七年にかけて別館を完成させている。一九九〇年の改修は三人の建築家が携わっている。内部は大講堂、集会ホール、講義室から構成されており、特に階段や集会ホール、大ホール（アウラ・マグナ・・・大学の大ホール）の内装は建築学やデザインの観点から重要な意義を有している。三階までの吹き抜け広間は、支えの柱が一階では簡素なローマ・ドリス様式、二階が縦縞のギリシア・ドリス様式、三階は、十分な知識はないが、どうもコンポジット様式のように思える。ここはオーダー（柱式）の見本市である。集会ホールのローマ・コリント式の一部は一九四四年のソ連による大空爆で損傷し、その後J・S・シーレンの設計によって修理と拡張がされている。

二階廊下にはフィンランド文学・思想で欠くことのできないヨハン・L・ルーネベリィの胸像が鎮座している。黄味の飾りのないシーリングライトが数体の古典彫刻を照らし、荘重な雰囲気を醸成している。通路の片隅に飾られていた紫、薄緑、ピンクの組み合わせの花が強く印象に残った。花といえば向日葵とチューリップしか浮かばない私には、花の名を書くことはできない。当然でしょう。

大学施設はこのあたりの数ブロックに集中しているが、時間がないのでほんの一瞥に終わってしまったのは残念だった。隣の知の書庫・国立図書館に軸足を移すことにした。

国立図書館は一八三六年から一八四〇年にかけてC・L・エンゲルによって設計建設され、内部は一八四五年に完成している。建物は大聖堂の入り口に面し、図書館が完成したときは、大聖堂はまだ工事中であった。周囲の建物は知のトポスとして、区域全体の高さと景観が調和するように配慮されている。ローマ古典様式のファサードは、およそ両端から三〇〇メートに及ぶ。当時、ヨーロッパでも注目を集めた図書館で、フィンランド最古の学術図書館である。また帝政ロシアで出版された総合的な書籍収集は世界有数である。名称が国立といっても、現在でも行政的にはなおヘルシンキ大学の独立機関となっている。映画以外のフィンランドで制作・流通された印刷、または視聴された国の文化遺産、インターネット状のウェブアーカイヴの保存収集を目的としている。書籍だけでもおよそ三〇〇万冊以上の蔵書を誇る。大部分の書籍資料は地下一八メートルの硬い岩盤洞窟にあるため、フィンランドではここを「本の洞窟」といっている。

新たな拡張棟は円形の六階建で、既存の図書館の裏に顔を見せている。建物は鉄骨構造で放射状の書棚を持ち、グスタフ・ニュストレムによって設計された。一九〇二年に工事が始まり、完成は一九〇六年である。一八四七年に建設されて、一八九〇年代に拡張された薬理学棟が裏通りのファビアニンにあった。しかし、図書館業務の拡大によって、一九九八年、図書研究部門としてそれを転用。現在このブロック全体が図書館エリアとなっている（二〇〇一年現在）。病理学棟の飴色ドアをよく見ると、フィンランド・スウェーデン両語で「研究者」と刻まれていた。

ヘルシンキ大学の見どころといえば、柱と書棚に囲まれたこの**大学図書館**（**国立図書館**）**の大ホール**であろう。屋根は中央が心持ち盛り上がったハット（テレスコープハット）のような態様で、遠くからでも見分けられる。中に入るとその荘重さに息をのむ。

だがこの厳かさと美しさはエンゲルの好みというよりも、皇帝が望んだ計画であったという。内装はローマ皇帝ディオクレティアヌスの浴場から得たインスピレーションである。お風呂とは、少々気になる話であるのだが・・・。

天井から差し込む自然の光、人工照明の緩やかな温かさ、複雑さとシンプルさが程よく絡み合った装飾である。お椀を伏せたような中央天井に半円方体が取り囲む。柱の数は多く、しっかりと二段の書棚を支えている。柱身はシンプルだが、柱頭はかなり凝ったアール・ヌーボー装飾である。周囲に積み重なる書籍はまさに知の宝庫といえる。二階の手摺から全体を眺めると、整然とした本の海にいる錯覚を覚える。

奥へ入ると放射状に広がる書棚下で、図書館員が黙々と勤務していた。貸し出しカウンターの待ち番号が「2」を点している。全く、筆舌に尽くせない美しい知の宝庫である。

元老院広場の西を走るユニオニンク通りを北へ上ることにした。ロシア正教会を回り込むようにラウハン通りに出る。その通りには国立公文書館、スネルマニン通り側にはフィンランド銀行がある。銀行の向かいには旧身分制議会議事堂がある。周囲のエンパイアスタイルに類して、どの建物も知のトポスに溶け込む形になっている。

最初、私は国立公文書館そのものを全く意識しなかった。建物のファサード上の彫刻が目に留まり、惹かれるように立ち寄ったといえる。

国立公文書館のファサード上には三人の女性像がある。フィンランド彫刻の父といわれたC・E・シェストランドによるもので、中央のミューズはフィンランドを擬人化したもので、羊皮紙の巻紙を右の歴史のミューズに手渡すポーズをしている。左側の原典研究のミューズは大きなタブレット状の本を読んでいる。下には「公文書館」とラテン語で刻まれている。このシンボルはすべての公文書の印章と紋章に使われている。階段の門柱を改めて読むと、フィンランド語、スウェーデン語、そして英語で国立公文書館と明示されていた。

公文書館は一八一六年にフィンランド・セナーッティ（元老院）の一部として設置され、一九三九年に中央政府直属の機関となっている。現在のネオ・ルネサンス様式の国立公文書本館はグスタフ・ニュストレムによって設計され、一八九〇年に完成している。ロシア帝国・北欧を含めた最初の公文書保管専用の建物であった。またニュストレムの最初の大仕事であった。

オリジナルの建物は保管スペース、並行している閲覧室、二つの空間を繋いだギャラリーから構成されていた。エントランスホール、ギャラリー、そして閲覧室は建築上ひとつの重要なまとまりを形成している。一九二八年には、スネルマニン通り側にマグナス・シィエルフベック設計による増築がされている。さらに一九六八年から一九七二年にかけて初期の建物の北側と西側に接した新たな別館が建てられ、その後、オルフ・ハンソンによる各棟機能の配置換えや増改修が施されている。

現在、国立公文書館は教育文化省に属し、国および地方自治体の公文書を保管する義務を負っている。本館と九つの分館、および各地方自治体の支局から成り、軍事博物館は二〇〇八年に国立博物館に統合されている。この軍事博物館は、以前に訪れている。独立から対ソ連の冬戦争、継続戦争を生々しく展示・説明している。ただ博物館のスタッフによると、国際関係上、積極的な広報は控えていると話していた。

保管資料には、中世の六六のオリジナル資料、二二三の複製資料、一五三〇年代の地方機関の一連の会計帳簿などがある。多くの古い資料は一三世紀から一九世紀まで支配していたスウェーデン語によるものである。カレリアに住む女性宛てのビルイェル・ヤールからの住民保護に関する手紙は、一三一六年一〇月一日付のものである。

資料の大部分は政府公文書であるが、大統領M・アハティサーリとU・ケッコネンを除いたすべての大統領、そして政治や社会的に活動した個人の文書等も含めて収集されている。なお両大統領は自身の公開記録文書館を設立している。一七世紀からの古地図や最近の都市などの地図も収蔵されている。一六八六年の教会法による教区住民の戸籍簿は、出産、結婚、死亡などが記録されており、当時の社会事情を知る上で貴重な資料となっている。最近では過去の資料を含めてデジタル化、マイクロフィルム化などが進められており、同時に国立図書館等との「知の連携」に努めている。

日本の国立公文書館も本格的な施設建設が福田康夫内閣で進められたが、その後立ち消えになっている。公文書の隠匿や破棄に至る日本の現状を考えると、憂える昨今である。この知の宝庫の訪問はよい勉強となった。

向かいのフィンランド国立銀行（フィンランド銀行）はヘルシンキの地図を見ると、半円形の広場を持っている。でも現地に立ってみると、私には広場というよりも車寄せエリアに思えた。広場の前面中央には、一九二三年、エミール・ヴィクストレムによるJ・V・スネルマン（一八〇六～一八八一）の銅像が立っている。この建物もまたこのエリア全体との調和を保つようにデザインされている。

スネルマンはフェンノマン運動（フィンランド語推進運動）の創始者であり、哲学者・政治家としてフィンランドの人々にナショナリズムを呼び起こし、フィンランド初の政党フェンノマン党を創設している。また一八六〇年、フィンランドマルッカが導入されたとき、財務大臣としてルーブルではなく、銀と連動させて、マルッカの価値を高めている。フィンランド銀行には縁の深い人物像である。毎年五月一二日のフィンランドの日にはフィンランド文化・アイデンティティ協会がこの銅像に花輪を奉げることが伝統となっている。

ユーロ以前の一〇〇マルッカ紙幣に彼の肖像が使用され、一九六〇年にはマルッカ導入一〇〇年を記念してコインを、二〇〇六年には生誕二〇〇年を祝して一〇ユーロコインが発行されている。ユーロの表はスネ

ルマンを、裏のデザインはフィンランド文化の夜明けが描かれている。

58

ただし、現在では政治家の肖像紙幣は避けて、フィンランド文化人に変更しているようである。このような傾向は各国で見られるようになってきた。

正面飴色のドアを開けて中を眺めると、純白の大理石の長いホールが奥まで続いていた。ギリシア神殿の円柱で、正面の奥には由緒ある大きな絵画が先を遮っていた。いつもの私だと、ずうずうしく、臆せずに奥に入るのだが、なにか威圧を感じ、カメラを向けただけで戻ってしまった。出口でひとりの男性に出合い、「フィンランド銀行ですか」と確認した。それが精いっぱいの行動であった。ここはフィンランド経済の中心である。世界経済と結びつけるブリッジの役割を果たしてきたのだった。気後れするのも当たり前である。

一八一二年、フィンランド銀行の前身である大公国為替・預貸局はアレクサンドル一世によってトゥルクに設立され、一八一九年、ヘルシンキに移されている。一八四〇年までその主たる目的はロシア帝国のルーブル導入を進めることであった。しかし、フィンランド銀行は一八六〇年から一九九九年のユーロ採用まで、フィンランドマルッカを造り、金融政策の要を担ってきた。現在もなお通貨供給、為替、準備金の重責を負っている。また国内経済のシンクタンク（二〇二一年からBOFIEE）として大きな役割を果たしてきたのである。特に対ソ経済からEU経済へと大きく軸足を転換させたとき、フィンランド経済の浮沈をかけた機能と役割を担ったのであった。フィンランド銀行は、いまやユーロという経済圏で新たな役割と重責を果たすことになった。

建物に関すれば、一八七〇年代の木材輸出による好景気を背景に新規建設計画が進められていった。初期の計画では、国立デンマーク銀行をモデルにしていたが、一八七六年の国際コンペでドイツのF・ルードヴィッヒ・ボーンステッド（一八二二〜一八八五）による案が採用された。

ボーンステッドは一八二二年、サンクトペテルブルグ生まれのバルト系ドイツ人である。ベルリン大学で哲学を学ぶが、建築に魅せられてサンクトペテルブルグへ戻り、帝国芸術アカデミーで聴講、一八四〇年後半には宮廷設計家に任命されている。一八五八年以降は帝国アカデミーの教授兼顧問官であったが、ドイツを始め英国、スペイン、イタリアなどの国際コンペにしばしば参加している。一八六二年以降、ドイツのエルネステン・テューリンゲン公国近くのゴータに家族と共に移り住み、ドイツを中心に活躍していた。一八七二年にはドイツ帝国議事堂を設計（竣工はされなかった）している。そして多くの金融機関の建物や私邸を設計し、内外から注目を浴びていた。もちろん、彼に対するフィンランド側の期待も大きかった。だが、彼のフィンランド銀行本店の設計が一位に選ばれたものの、公共建築物委員会が強度と耐火性、盗難に問題があるとして、工事執行を拒否した。彼は施工に必要な資料交換はすべて郵便とし、ヘルシンキを訪れることはなかった。建設のこの行き詰まりを打開するために、ボーンステッドの原案を元に実質的な工程管理や建設責任をF・A・シューストレムに、技術的なことをフィンランドの専門スタッフに委ねることになった。一八七八年、一〇、二〇マルッカの金貨、一、二マルッカの銀貨、そして主意書を予定地に埋め、建物工事が始まった。完成は一八八三年となった。

この間、ボーンステッドはプロイセンアカデミーやアムステルダム建築アカデミー会員になっている。また、ミュンヘン芸術展では一位のメダルを得ている。一八八三年、脳梗塞を患い、ゴータで生涯を終えている。彼の設計への建築拒否理由は、ひとりの委員会メンバーが設計案に落選したことによる、あるいは国外の設計者に対する妬み等のコメントが裏話として述べられている。また、最近のアーカイヴ調査によると、

F・A・シューストレムがすでに彼の設計ミスを指摘していたという。

建設前に銀行広場の脇にあった郵便局は、フィンランド銀行が利用するようになり、その拡張棟は、現在、銀行ミュージアムとなっている。一九六〇年代には造幣局も別棟に移転している。

玄関脇にある池には、複雑な立体蛇口があり、水が噴き出ていた。周囲には黄色のアジサイと栢が植えられて、水に映えていた。噴水は現在のスネルマン銅像の位置にあったのだが、この位置に移されたという。オリジナルの泉は二基あったといわれている。そのもうひとつが見当たらなかった。気になった。些細な配置変えではあるが、歴史の遷移を確認したかったのである。

フィンランド銀行の真向かいに豪華な旧身分制議会議事堂があった。ファサードの右隅に控えめな胸像。まるでスネルマンと対峙するかのようであった。レオポルド・メケリン（一八三九～一九一四）である。ウォルター・ルーネベリィがメケリン七〇歳の誕生日を祝して作った彫刻である。[59]

メケリンは政治家、大学教授、自由主義的改革者、ノキアを含め各種企業に関わった実業家としてフィンランド政治経済の立役者であった。特に大公国の独立と女性やユダヤ人、ジプシー（ロマ）などのマイノリティの擁護を主張している。また一九〇五年から一九〇八年にかけて、事実上の首相（セナーッティ経済部門副議長）として、また言論と出版の自由、集会の自由、そして女性の参政権と普通選挙を実現している。[60]

彼の基本的思想は、急進的なレジスタンスよりも、非暴力による法の支配であった。その意味でこの像が旧議事堂前にあることは彼の望む政治姿勢の象徴となり、適所といえる。

一九〇六年、七月二〇日に新たな議会法が成立すると、身分制議会が廃止されて一院制の国会が発足した。

この時、新議事堂は旧身分制議会議事堂を拡張する形でグスタフ・ニュストレムによる設計段階に入った。だが、さらに二度ほどの公開コンペが開かれて、最終的にはマンネルへイミン通りにある新議事堂が建設されることになった。設計権を勝ち取ったのはJ・S・シーレンによる古典主義建築であった。新議事堂建設は一九二七年から始まり、四年後に完成している。この新議事堂は二〇世紀機能主義の先駆けであり、フィンランド最後の古典主義建築となったのである。この間、南エストラボスニアのラプアで事件が起きて、フィンランド議会制の否定にも繋がる様相になった。だが、事件は鎮圧された。この時がフィンランド議会史の大きな曲がり角になったといえる。

旧身分制議会議事堂の正面には、四本の巨大な円柱が建っている。ファサード中段には二人の女性がフィンランドのシンボルである王冠と盾に手を置いている。ひとりの右手は灯る松明を、もう一人の左手には「法」（lex）書をしっかりと握っている。ウォルター・ルーネベリィによるもので、法に基づく議会にふさわしい傑作といえる。議事堂に入るものは、この彫像真下の入り口を通らなければならない。当時の議会は身分制度であったとはいえ、現代に通じる象徴である。

ファサード上の破風（タンパンストレム）にある群像は、エミール・ヴィクストレムの初期の作品である。

中央にアレクサンドル一世、左に貴族とブルジョア、右に聖職者と農民の代表を配している。その他大勢の人物像は各種職業のシンボルを持ち、横並びに配置されている。

そして、ひとりの女性が数字一七三四―一七七二と刻んだラテン語による「法」書を持っている。一七三四とは「一七三四年のスウェーデン・フィンランドの身分制議会による法令」、一七七二とは「グスタヴ三世による新政体法」である。この期間、スウェーデンはフレデリック一世からグスタヴ三世に至るまでを「自由の時代」(対ロシア戦あり)といわれている。この時代こそ、政治腐敗や政党間の醜い争い(ハット党とキャップ党)、議員の驕りもあったが、基本法や法令条文に基づく議会制度、出版自由法(一七六六年、国の基本法)などに見られる自由な気風、そしてスウェーデンらしい伝統が根付いた時期ともいえる。作品は「一八〇九年の第一回議会に至る戦いと、それまでの過程におけるフィンランド人の成長」という長いタイトルである。

特に一七三四と一七七二の数字をスウェーデンの動きからもう少し詳しく述べてみよう。

フィンランドは、一三六二年以来、代表者がスウェーデン王国の国王選出に参加する権利をもっていた。このような経緯でスウェーデンの政体のみならず諸制度や文化的な伝統がフィンランドに浸透して、諸制度が類似していった。一七三四年の民法や刑法の改正体系はスウェーデン・フィンランドそれぞれの身分制議会によって承認されている。まさしく、法の支配によるノーザンミラーズ、二つの映し鏡である。

スウェーデンでは、一七一九年、カール一二世が戦没し、妹ウルリーカ・エレオノーラが女王に即位するが、議会の増長に嫌気が差し、翌年に退位している。次に夫のフレドリック一世(在位一七二〇~一七五一)が王位を継ぎ、ニュスタード条約で大北方戦争を終わらせ、ここにバルト帝国は崩壊する。スウェーデンの国内では新政体法(一七二〇憲法)が公布されて、新たな立憲君主制、そして政党政治の時代に入る。王権がかなり制限されて、身分制議会、特に貴族階級部会に権力が集中していった。議会は三年ごとに召集されて、立法権はもちろんのこと、開戦の批准さえ議会が持つようになった。行政権は内閣にあたる顧問会議が国政全般に主導権を握り、会議では王はわずか二票の権限しか持たなかった。

後に顧問会議議長となったアールヴィッド・ホーンはスウェーデン丸の船長として、しっかりと舵を取り、内外の難局を乗り越えている。彼の国内安定と平和的な対外政策は、スウェーデン史上で高い評価を得ている。それらの中で最も大きな功績は、一七三四年、中世以来の慣習を扱ってきた市民法（民法）やバラバラな国法（刑法など）を纏めて成文化（スウェーデン王国法典）したことである。小さなスウェーデン年表のパンフレットによると、「一七三四、ごく最近の一部の法さえも法の効力がこの時から有効となっている」と短記されている。61

一七七一年には、二大政党メッサ党とハット党の内外政策の争いと国際情勢が流動化する中、二五歳のグスタヴ三世アドルフが王位に就いている。翌年、フィンランドとスコーネの軍隊を蜂起させて、自らは王宮の衛兵と非特権階級を扇動し、無血クーデターを達成する。王は直ちに顧問評議員を逮捕し、新政体法を国会に認証させている。新政体法は王が自ら読み上げ、「神よ、われは約束を交わし、これを確認した」と誓約している。

だが、内容は各種の権限を国王に集中させて、議会権限を削除する専制君主制であった。一般的には、彼はヨーロッパの啓蒙的な専制君主のひとりといわれている。が、貴族階級が支えたとはいえ、ここに「自由の時代」は終わりを迎えたのであった。だが、彼に反発する貴族によって、一七九二年に暗殺されている。

中央に位置するアレクサンドル一世と一八〇九年のポルヴォーのフィンランド身分制議会については、後の項目に譲ろう。きっと、諸階級を従えたこの細身のアレクサンドル一世像から、もう一枚のノーザンミラーズを見ることができるだろう。

この群像はトゥルク生まれの彫刻家エミール・ヴィクストレムによるもので、作品を作り始めた一八九六年、火災に遭い、スタジオや石膏カストを失っている。翌年の一八九七年から再開したが、完成は一九〇二年、パリであった。彼については前述しているので省略しよう。

面白いことに、この建物のウォルター・ルーネベリィとヴィクストレームのいずれの作品も、女性が「法」書の盾を持っている姿が描かれている。法書を抱えるのが女性である。ギリシア神話の女神テーミス（テミス・・・不変なる掟の意）が法と正義を司ることから、司法関係施設にこの女神が飾られている。それでも意味深長な彫像である。なお、ローマ神話では天秤を手に持ち、法と正義の象徴となっているのはテーミスに対応するユースティティアといわれる。近現代司法のシンボルである。

豪華なエントランスホールから階段が奥へ伸びて、彩られた天空の光が中央ホールに射しこんでいた。集会のメインフロアには、各階級の生活を描いたサロモ・ウオリオ（一八五七〜一九三八）の絵が飾られている。旧身分制議会議事堂は、フィンランドの公共建築物として最もよく一九世紀後半のフィンランドの面影を残している。設計はF・A・シューストレムが一八八一年に開かれた国際コンペに提出したものである。しかし、建設地が決まらない中で、設計を完成させる前に亡くなっている。一八八七年、四人の招待設計者による国際コンペが再度開かれて、建設地がこの場所に最終決定された。その中でグスタフ・ニュストレムによる参加案が選ばれた。もう一つのモデルはテオフェイルス・ハンセンの作品である。この辺りは故人ニュストレム案を尊重しつつ、フィンランドの伝統様式を維持したようである。建設は一八八八年に開始され、落成式は一八九一年に行われている。

この建物は聖職者、ブルジョアジー、農民代表の集会ホールであった。貴族階級の集会はこことは異なる旧元老院(セナーッティ)館の裏側にある建物で開催されている。豪華な趣向を凝らしたネオゴシック調で、ファサードがルネサンス様式である。現在、フィンランド文学協会や音楽ホールなどに利用されている。

この旧議事堂での身分制議会は一五年間続いたが、一九〇六年に憲法改正が施行されると、その役割を終えている。新たに選出された二〇〇人の議員を収容するには狭すぎたのである。そこで新たな議事堂が建設されることになった。その後、旧身分制議会議事堂は議会の各種委員会や国会議員の集まりにしばしば利用され、議会図書館は一九三一年までこの建物に付属されていた。一九九一年に修理と改築が完成。議会や政府機関関係会議、各種の科学協会や団体などが利用するようになる。

入り口で内部を窺っていると、中から出てきた女性から、「民間団体も入っているのでこれ以上、中に入らないで」と注意された。確かにアポもなく立ち寄ったのだから入るのは無理だろう。止むなしといえる。エントランスホールからの中の写真だけで済ませることにした。

身分制そのものは、現代から見れば、かなりアナクロニズムである。だが、多くの国々がその民主化の過程で経験した道であった。一九一七年、独立によって、スウェーデンやロシアの支配下にあったフィンランドの身分制議会はひとつの歴史的役割を終えたのであった。

よし、明日は晴れそうだ。フィンランド議会の元祖であるポルヴォーを訪れることにしよう。

9・ポルヴォー

早朝に起きてポルヴォーを訪れる。天気は上々。カンピの中央バスターミナルから長距離バスで約一時間、ヘルシンキからおよそ北東五〇キロに位置する。途中、睡魔に襲われて終点で慌てて下車する。だが、道に迷いガイドブックを取り出そうとすると、ない。忘れたのに気づき戻ったが、バスは去っていった。

ポルヴォーはフィンランドでもトゥルクに次いで古い町である。その名はスウェーデン語「川の要塞」(ボルグエ)を語源とする。フィンランド南海岸のウーシマー県に属する。以前は東ウーシマー県の県庁所在地であった。

周囲の案内地図で、まず大聖堂を探す。大聖堂通りが北に延びている。現在のオールドタウンの西側に位置するようで、何となく位置関係が理解できた。

北西の空を見上げると、丘には大聖堂と小さめの教会塔が見えた。

途中、ポルヴォー紋章のある一七、八世紀の消防署があった。市のデザインCはラテン語「宿営地」(castrum)に由来するという。古代ローマの軍事防衛拠点であったようだ。建物には小さな消防車が入る程度の車庫(?)があった。いくどもの大火に遭遇した町の歴史を考えると、車庫の規模に首を傾げたくなった。おそらく現在では別の用途か、消防署の事務所になっているかもしれない。

その先には、古い石畳とパステルカラーの木造住宅が前世紀の面影を残している。奥まった敷地には一軒の赤銅色の古いスウェディシュマナーが見られた。どうもこの辺りは歴史保存地区なのだろうか、現代的な建物は全く見られなかった。

街の歴史は古く、石器時代から川沿いに住んでいたようで、遺跡も発見されている。さらに時代が下がると、内陸にはタヴァスト部族(ハメ)が永住し、ポルヴォー川を下り、小型のボートでバルト海に乗り出していた。スウェーデンによる東征植民化とキリスト教の布教が進むと、彼らはしばしばスウェーデン人と遭遇しては争っている。一一五五年ないし五七年には、スウェーデン王エーリック聖王（九世）が十字軍の名においてフィンランド南西部のスオミ部族を支配下に治めている。さらに勢力は南東下して、一二四九年から一二五〇年頃にかけてこのタヴァスト部族も制圧し、このエリアに布教をしている。

一三四〇年頃にはポルヴォーに砦が築かれ、一三八〇年代には、トゥルク（一二二九）とウルヴィラ（一三六五）に次いで、フィンランド第三の公式都市権を得ている。ただし、ウルヴィラはその後、海面の上昇で港の繁栄が衰退し、一五五八年には都市権はポリに奪われて、現在ではポリの行政区域になっている。

他方、ポルヴォーは川と港が有機的に機能して、交易が栄えた。一四世紀の古書には町の名がしっかりと見られる。事実、一一世紀頃には木造の要塞が造られていたようだが、何故か一六世紀初頭には壊されている。おそらく要塞は対ロシア戦に備えたもので、次第に重心がロシア側寄りに移動したためだろう。

特に一七四五年、南西にあるロヴィーサ城は、スウェーデン国王アドルフ・フレドリックによって築かれた。王妃ロヴィーサ・ウルリーカに因んで名付けられた美しい城である。ただし、現在、ロヴィーサはポルヴォー観光の一部として紹介されるだけである。

フィンランドに二か所ある原子力発電所のひとつがここにあることはあまり知られていない。核廃棄物処理で話題になったオルキルトウ（処分場オンカロ）に比べると話題性がないのだろうか。ロヴィーサ原子炉はソ連製で、核燃料もソ連に依存していた。これらの核技術の傘を西欧、スウェーデンに振り向けることで、ロシアの原油や核依存から脱却する努力をしている。最近のウクライナ問題から派生する北の歴史はなおも縺れている。二〇二四年には両国国境に緊張が出てきている。気になる問題である。

一七二一年、スウェーデンがニスタッド条約でヴィーボリィを奪われると、地域主教座をポルヴォーへ移している。これによってポルヴォーはトゥルクに次ぐスウェーデン第二の大きな町に変貌した。だが、一七六〇年、大火によって街は三分の二ほどが消失している。だが、都市計画は以前と変わらなかった。新たな建物が焼けた礎石の上に造られた。家屋もすべて木造だったので、その後も何度も火災や戦争によるダメージを受けている。それでも街全体は現在でも中世の面影を残している。

川沿いに立ち並ぶ赤錆色に塗られた木造の倉庫群も街並みも、教会門前町と交易の栄華を物語っている。

一八世紀後半になると、ヨーロッパはナポレオン戦争で激動の時期を迎える。さらに国々は国家存亡をかけた離合集散を続けていった。

フランス革命後の混乱の中、一七九九年にナポレオンはブリュメール（霜月）一八日のクーデターによって総裁政府を倒して、第一統領（執政）となり、軍事独裁を開始する。初期には周辺諸国からの反革命に対する祖国防衛戦であった。が、戦争の目的も次第に周辺諸国への侵略に変わっていく。国際関係もイギリスを中心とする五次にわたる対仏大同盟が結成されることになる。

一八〇五年に第三次対仏大同盟が結成されると、イギリスはトラファルガー海戦で勝利する。しかし、ナポレオンはアウステルリッツの戦いでオーストリア・ロシア軍を破り、イエナ・アウエルシュテットの戦いでプロイセンを、アイラウの戦いでロシアを破る。第三次対仏大同盟は瓦解し、ナポレオンはイギリスとの通商・貿易を禁止する大陸封鎖令を布くことになる。

一八〇七年、ナポレオンがロシア・プロイセンとティルジット条約を締結すると、ロシアはスウェーデンを大陸封鎖令へ参加させようと説得する。また西ポンメルで争っているナポレオン・フランスとの和解もスウェーデンに勧めた。だが、グスタヴ四世はイギリスとの関係を重視して、いずれの提案も拒否している。

これでロシアはフィンランドへ侵入し領土獲得の口実ができ上がった。

一八〇八年二月、アレクサンドル一世は八万の軍勢でフィンランドを侵略、一八〇九年九月まで両国はフィンランドを舞台に戦うことになる。いわゆる第二次ロシア・スウェーデン戦争（フィンランド戦争）である。一八〇八年、ロシア軍は優勢のまま軍を進めて、フィンランドを占拠し続ける。フィンランドとオーランド諸島は既にナポレオンとのエアフルト密約（一八〇七）で自由処分となっていた。フィンランド軍は勇敢に戦うが、スウェーデン軍は兵站不足やロシアによる心理作戦で戦意を失い、さらに戦略の拙さで撤退と降伏が続く。一八〇八年一一月、一時休戦となる。

フィンランドの身分制議会は独自にサンクトペテルブルグに交渉団を派遣してアレクサンドル一世への忠節を誓う。この時、フィンランドを統治するために暫定（初代）総督として任命されたのがフィンランド系スウェーデン伯爵ゲオルグ・マグヌス・スプレングトポルテンであった。彼の考えは、フィンランドをスウェーデンから分離して、ロシア皇帝の庇護に置くことであった。[62]

アレクサンドル一世の政治顧問は「ロシア自由主義の父」と言われるミハイル・M・スペランスキーであった。彼はロシアの立憲制や憲法、国内の組織改革に大きな構想を持ち、官僚昇進制度や国家評議会（参議院あるいは元老院）の創設、国会の名称（ドゥーマ）などを実現している。さらにフィンランド問題に大きな関心を寄せていた。ナポレオンとアレクサンドル一世のエアフルト会談にも立ち会っている。フィンランド侵攻とポルヴォー議会の開設はスペランスキーの影響が大きかったと推測できる。

戦乱はまだ続いていたが、一八〇九年三月、身分制議会の議員たちは召集をかけられた。三月二九日、アレクサンドル一世はポルヴォー大聖堂で彼らにロシア皇帝への忠誠を求めた。その代償に現行のスウェーデンの統治法（憲法かな？）と政治形態の不変を約束した。さらにその後、法に基づくフィンランドの統治、彼らの諸権利とルター派キリスト教を保障したのであった。このことによってフィンランドは大公国として、基本的な議会の権限と一定の自治を得ることになる。この時の多くの基本的法体制は一九一九年の新統治法が制定するまで続いたのであった。

最初、フィンランド議会開催地をどこにするかがロシア内部で話し合われた。ポルヴォー以外の選択肢として、実質首都であったトゥルクが考えられた。しかし、ここはスウェーデンの影響力が強く、国境からも遠く、まだ戦乱が続いていた。ヘルシンキは前年に大火があり、復興が遅れていた。またサンクトペテルブルグに近いロヴィーサも考慮に入れたようだが、フィンランド全国から議員たちを集めるための会場がなかった。結局、選ばれたのがポルヴォーであった。

「ポルヴォーの人たちは、ロシア皇帝およびフィンランドの各身分である貴族、聖職者階級、ブルジョアジー、農民の代表たちといった大事な客人を迎える準備に、熱狂的に取り組んだ。・・・一八〇九年三月、教会の鐘が鳴り礼砲が撃たれる中、アレクサンドル一世は騎乗してポルヴォーに入市した。町の代表者と諸身分の代表団がポルヴォーの東税関のそばに建てられた記念門で、彼を出迎えた。ポルヴォーの人々は若くハンサムな皇帝の到着を見守り、親しげに微笑む皇帝アレクサンドルは、あっという間に群衆を魅了してしまった。晩には、戸外に木タールのかがり火、家の窓には何百ものろうそくの灯りが点され、街中が祝いで明るくなった。

ポルヴォーの議会開会式は、大聖堂で行われた。礼拝で始まり、アレクサンドルは礼拝中、起立して参列した。次に聖堂から高校の議場に移動し、そこで皇帝は、当時の知識階級の言語であるフランス語で各身分の代表者に語りかけた。三月二九日に大聖堂で各身分の代表者たちが、アレクサンドル一世をフィンランドの新たな君主として承認すると、議会の盛り上がりは最高潮に達した」[63]
実際の会議はポルヴォーン・ギムナジウム（中等学校）で、各身分制議会は五月から七月にかけて行われた。議会場は聖職者が同じくギムナジウムで、貴族とブルジョアは市庁舎、農民（平民）の会場は私邸で行われた。だが、フィンランド貴族二〇五家の中、一三〇家は代表者会議に招かれず、代表者の中では六〇名が開会式に出席していなかった。ブルジョア代表は商人だけであった。

この間、敗退するスウェーデンは政局の混迷を深めていった。イギリスとの同盟とフランス革命への憎悪に固執するグスタヴ四世は三万人のスウェーデン軍を率いて自らフィンランド南西部に上陸して戦うが、大敗している。一八〇九年三月、西部国境カールスタッドの守備隊が戦争終結・議会召集・財政再建を求めて蜂起した。ストックホルムでは上級軍人と官僚がクーデターを起こして、グスタヴ四世を拘束・逮捕した。さらにスウェーデン議会は政変を容認、グスタヴ四世は廃位されて国外追放となった。

後継者として選ばれたのがグスタヴ三世の弟セーデルマンランド公爵カールで、短期の摂政の後に、カール一三世（在位一八〇九～一八一八）として即位する。その後、六月には、責任内閣制となり、権力均衡による立憲君主制と人権保護が規定された一八〇九年統治法が制定される。重なる追加改正はあるものの、その骨格は一九七四年の統治法まで続いたのであった。

クーデター後の新しいスウェーデン政権が対応すべきは、ロシア、デンマーク（一八〇九年一二月講和）、フランスとの和議であった。ロシアとスウェーデンは一八〇九年九月、フレードリクスハムン（ハミナ）で和議を結び、フィンランドを割譲、ポルヴォー議会は解散させられた。再開されるのは五四年後の一八六三年、アレクサンドル二世によって召集された身分制議会であった。フランスとは翌年の一八一〇年、ナポレオン主導によるパリ会議で和議が結ばれた。スウェーデンは大陸封鎖令への参加を強制されて、西ポンメルを失い、フィンランドとオーランド諸島をロシアへ割譲することで最終決定された。ナポレオン戦争終結の際、これらの国境はウィーン会議で正式承認されて、現在に至る。

カール一三世は年齢も高く病弱で、後継者もいなかった。そこで皇太子として迎えられたのがナポレオン麾下の将軍ベルナドットで、カール・ヨハンと改名し、このナポレオン戦争時のスウェーデンの難局をなんとか乗り切ることができた。後にカール一四世（在位一八一八〜一八四四）として王位に就き、現在のスウェーデン王家ベルナドット朝の始祖となっている。

彼の外交はロシアと和解して東を固め、バルト帝国の夢と領土回復を諦めたのであった。目指したのは東から西のノルウェーへ勢力を転向すること。さらにヨーロッパからの紛争を避けて、自然境界であるスカンディナヴィア半島を固守して武装中立政策を執ることであった。伝統的なスウェーデン外交の大きな転換といえる。また、その後のスウェーデン外交の原型を築いたのであった。

だが、現在、状況は変わりつつある。政治経済の中核といえるEU加盟、さらにウクライナ問題によるNATO加盟と、・・・カール一四世の外交政策は断絶し、新たな局面を迎えようとしている。今後どのように変容するのか、バルト海・スカンディナヴィア半島の動向は世界の動きと共に目を離せない。

教会広場には、ポルヴォー大聖堂を中心に小教会、ベルタワー、そして一九一八年刻印の独立記念オベリスクなどが取り囲んでいる。二〇〇六年五月に火災が発生して、大聖堂の屋根が焼け落ちたとの報道に接している。ネットで見る屋根の崩壊はひどいようであるが、今回の訪問時にはその焼跡に全く気付かなかった。修復が速かったのだろうか。あるいはよく点検して見なかったのだろうか。

さて、ポルヴォー議会と歴史を辿ってきたが、これらを現代の視点からどのように見るかは重要であろう。が、まず、写真で見たアレクサンドル一世が宣言をした大聖堂の内部を覗くことにした。

大聖堂の重い木の扉を開けると、ミサが行われていた。身廊の両側には、L字型のしっかりした信徒・会衆席がある。多くの信者が静かに座っていた。内陣左にカップ状の説教壇、中央の上方には五段輪のシャンデリア、その下には聖餐台があり、聖杯などの聖具が置かれていた。右にはミニチュア型なのか、盆栽なのか、緑のツリーが橙色の花を添えていた。ただ、新教ルター派なので、目立つ十字架らしい飾りはなかった。新教の流れにあるこの大聖堂は、どうも威厳あるシンボルとは無縁なのかもしれない。

既に式は進行しているようで、中央台の隣に執事（助祭）と思われる人物が何やらしきりに書類に目を通していた。間もなく緑のベスト（祭服？）の牧師が登壇して儀式が執り行われた。

牧師が執事の持つ洗礼の水盆に手をかけようとしていた。残念だが、儀式の意味は私には分からなかった。牧師のベストは緑色で、その胸には鍵と錨が十字に交差していた。真ん中に赤いハートと蝋燭のアップリケがみられた。鍵はペテロに与えられた「つなぎ、かつ解く」、錨は最後の希望と困難に立ち向かう意味とか。

後に知ったことであるが、この時の牧師のベストの色は典礼色と呼び、儀式や教会暦によってそれぞれの意味があるようだ。緑は生命、成長、希望を表して、キリストの生涯の出来事、例えば降誕節や復活節以外の期間に用いられる。式を最後まで見届けなかったので、式がどのように進行したかは分からない。でも、有意な洗礼儀式を見学できた。

一瞥であるが、もう一度中の天井を眺めた。そこに火災の跡は見られなかった。こぐ普通の堂内装飾であった。もちろんアレクサンドル一世が用いた玉座も現在、ここにはない。フィンランド国立博物館にあるという。ただし、残念だが、どうしてもこの大聖堂から一九世紀初頭のあの威厳ある皇帝儀式をイメージすることはできなかった。私には想像力が足りなかったのか、書物の写真に依存しすぎかである。

外に出て南側を眺めると、ポルヴォー川が午後の陽を浴びて輝いていた。境内の一部には一八六四年にポルヴォー大聖堂の監督に任ぜられたフランス・ルードヴィッヒ・シャウマンの胸像があった。彼はフィンランドの教会史に大きな功績を残している。一八一〇年、現在のトゥルク近郊マアリアで生まれ、一八三七年、帝国アレクサンドル大学の神学部の聖職者になり、一八四七年には実質的に最初の神学教授となる。一八六四年にはポルヴォー大聖堂の監督に任命されている。

彼の業績で特記すべきは、一八六九年の教会法の草稿である。

この一八六九教会法は宗教の自由原則を含めており、一六八六年の教会法に比較すると、かなり進歩的であった。地域社会に関わることは従来の教区会議から村落評議会に移して（一八六五年）いる。また教区教育の監督を教会から国の教育委員会に委ねている。つまり福音ルター派教会の世俗的な機能を縮小したのである。もちろん、この時の宗教の自由は無神論や他の宗教を選択することを認めるのではない。市民はいくつかあるキリスト教宗派へ所属する必要があった。逆に聖職者は個人の道徳から世俗的な地域社会の諸事までを全能的に活動するのではなく、より熱心に信仰問題を中心に取りくみ、労働者や市民たちの中に溶け込むことが可能となった。また宗教組織を効率化することで、教会が身分制議会による統治と国民の仲介を果たすことが可能になった。

そのために彼は大学で催されたアレクサンドル二世戴冠祝いの席で議会の再開を要求する演説をしている。各支配層から批判はされたが、理想とする聖職者像をしっかりと貫いている。護憲派故に学長任命は阻まれている。しかし、一八五五年から一八六五年まで副学長を務めている。一八六二年には議会開催を準備する一月委員会のメンバーとなり、一八六三年、一八六七年、一八七二年と身分制議会の聖職者代表として活躍している。一八七七年、ポルヴォーで死去している。

この大聖堂はフィンランド福音ルター派の主教区のひとつである。

フィンランドのキリスト教は、宗教改革以前はトゥルクを中心にローマ教皇の影響力が強かった。しかし、スウェーデンのグスタフ・ヴァーサの支配下に入ると、カトリック教会の財産は没収されて、ウップサラを首座とする福音ルーテル派の一部となった。しかも一八〇九年にポルヴォーで福音ルーテル派教会の法的地位が認められると、一八一七年、トゥルクがフィンランドの福音ルーテル派の首座となり、主教区の監督は大監督の地位となった。

フィンランド福音ルーテル派教会は、九つの主教区（監督区）に分かれていて、それぞれの主教区はひとりの監督と牧師団会議を持っている。トゥルクの大主教区は大監督を頭に主教区内に二人の監督を有している。一人は他の地域主教区の日々の運営の責任補助を果たし、もう一人は国内主教区の指導と国際的な代表となる大監督を補佐している。監督会議は一一人のメンバー、すなわち大監督とトゥルクの他の二人の監督、他の主教区の八人である。そして軍隊内で宗教業務を行う長官（Military Bishop）を加えて構成されている。八つの主教区とは全国の地方主教区である。教会の意思決定は年二回開かれるシノド（全国組織）で、教会法や規則、教義の問題、教義上の書籍・広報などから、活動、管理、そして組織上の財政に至るまで多岐に亘っている。特にポルヴォー主教区はスウェーデン系フィンランド人の信徒が多く、特色ある地区となっている。

一九九二年、イングランド国教会系の教会と北欧諸国・バルト海沿岸諸国によるルター派系の教会代表がこのポルヴォーに集まり、ポルヴォーコミュニオンを宣言している。この時の合意は、宣教と礼拝について共通の信仰生活を分かちあうものとしている。しかし、新たな信仰告白を含むものではなく、各教派はそれぞれのアイデンティティを保持するものであった。さらに、今後も会合が定期的に開催されることで合意している。内容について少々詳細に立ち入ったようであるが、要するにポルヴォー大聖堂会議の注目点は世界のキリスト教からの視点であった。フィンランド福音ルター派は、ルター派世界連盟、エキュメニカル教会協議会（世界教会一致運動）と欧州教会会議（ＫＥＫ）に属し、分裂に分裂を重ねてきたキリスト教を統一へ導く先端を担っている。これこそポルヴォーの精神といえる。この点を強調したかったのである。

石畳の道をポルヴォー川へと下りて行った。丸く大きい石は中央に、両側は小さめであった。大きな石畳は貴賓者が歩くという。中央は確かに安定した足取りとなり、歩いてみると幾分偉くなった気分かな・・・。

下った先に橋があり、広くはないが、昔からの西岸への道であるようだ。ポルヴォー川にある橋の西側先には旧市街外にあるロシア正教会がある。教会近くにポルヴォー駅があり、一般旅客輸送は現在閉鎖されている。夏の土曜日のみ、ヘルシンキからの周遊列車が到着している。観光もバスが主役で、渡った橋の先に数台の観光バスが駐車していた。観光船は便数が少ないけれど、ヘルシンキから往来している。橋の東岸には観光案内でよく見る倉庫群が水面に映えていた。木造倉庫群はユネスコの世界遺産に登録することが検討されている。一九世紀初期からポルヴォー当局も町の価値を理解し、グリッドプランに基づいて新市街と旧市街との調和、町の木造建築群の保存に力を入れている。最近では日本の観光客も団体でこの町を訪ねて風景を楽しむようになってきた。

橋に立って水面に自分の影を落としてシャッターを切る。水鏡に写る自分の姿が揺らいでいる。川の先を見ると、カヌーが近づいてくる。ポルヴォー川はカヌーに適するようで数隻のカヌーが下る光景を目にした。男女ペアで漕ぐ姿は微笑ましい。

橋を渡ると北の方向に砲口を向けている大砲があった。台座プレートには、上にスウェーデン語で「重い区間」、下にはフィンランド語で「苦難する砲台」と刻印され、さらにその下に年代が記されていた。一九四一―一九四四である。この数字はフィンランドがソ連と戦い、第二次世界大戦後の運命を決定した継続戦争期間である。

一九四一年六月、ナチスドイツがバルバロッサ作戦でソ連に侵攻したとき、フィンランドは当初中立を表明していた。しかし、フィンランドが孤独な戦いで敗れた冬戦争の経験から、ナチスドイツに援助を求めて領土内の駐留を認めることになった。そこでナチスドイツはフィンランド領内からもソ連を攻撃することが可能になった。逆にソ連は報復としてフィンランドへの爆撃を行った。六月二五日、フィンランドはあくまでナチスドイツとは別個の「冬戦争の継続」であると主張し、ソ連に宣戦布告を行った。しかし、一九四三年、ナチスドイツがスターリングラードで大敗する。ヨーロッパの戦況はナチスドイツとフィンランドに不利となっていった。一九四四年九月、国会は臨時法で大統領を名目上の親独政権リュティ（ナチ協力で戦犯となるが、最近再評価）からフィンランド軍最高司令官マンネルヘイムへ代えて、ソ連との講和に臨むことになった。この間、ソ連は主力を対ナチスドイツとポーランドなどに割き、対フィンランド戦は休戦協定・戦闘停止に応じることになった。講和条約はフィンランドに過酷なものであった。まさにこの期間が大砲に刻印された「苦難に満ちた重い」ものであった。

さらにこのモニュメント**大砲と台座**の設置年月日はフィンランド史の曲がり角、一九八三年一二月であった。一九八二年、ソ連寄りとされたケッコネンに代わり、共産主義と一線を画する社会民主党のマウノ・コイヴィストが大統領（在任一九八二～一九九四）となり、新時代を迎える。さらにこの年はソ連の頸木といわれたフィンランド・ソ連友好協力相互援助条約（一九四八・ＹＹＡ）が延長されている。同条約は三度（一九五五、一九七〇、一九八三）延長されて、両国外交を律してきたが、これが最後の更新となった。

この設置年一九八三にはフィンランド議会選挙もあり、第一党の社会民主党と第二党の国民連合が連立与党となる。コイヴィストは議会決定を重視し、多数派による議員内閣制の端緒を開いた。首相任期も短期（平均一年余）の更迭を避けて、世界の貧富の橋渡しと自由貿易と唱えたカレヴィ・ソルサ（在位一九七二～一九七五、一九七七～一九七九、一九八二～一九八七）、後に国連総会議長にまでなったハッリ・ホルケリ（在位一九八七～一九九一）などを首相に選出している。フィンランド民主主義と資本主義経済を維持し、西欧に軸足を向ける転機となった。コイヴィスト自らも二期で任期を終えている。

一九八九年一〇月、ミハイル・ゴルバチョフがフィンランド訪問の際、「フィンランドの中立はフィンランドが自ら決めることである」と発言している。頸木からの解放の最後の一言であった。

かくして対ソ連外交は微調整を繰り返しながら、しかも内戦と二度の対ソ連戦を教訓に、あくまで善隣に配慮しつつ、慎重に、慎重に行動してきたのであった。そして、ついにソ連崩壊（一九九一）後、YYA条約の無効化と新たな対ロ協定（一九九二）を結び、ついに一九九五年一月、スウェーデン、オーストリアと共に念願のEU加盟を果たすことができたのである。

今回のウクライナ戦争に端を発した二〇二三年四月のフィンランドNATO加盟問題は、この苦難に満ちた一九四一―一九四四年の「記憶と時間」からの離別と新たなる挑戦であると私は理解している。

ポルヴォー川を下るカヌーを見ながらマンネルヘイミン通りに架かる橋までゆっくりと歩いた。春の日差しは温かく、湿気もなく快適であった。

二〇世紀末には、ポルヴォー川西岸の開発が進んでいった。これにより、さらに旧市街と対岸にもう一つの橋が必要となった。当時としては珍しく、橋は道路と歩道が分離されていた。新橋を含めて西岸のデザインは対岸の旧市街に配慮した景観重視の設計となった。橋はさらに西にある国道E17号に繋がり、ヘルシンキに通じている。

現代的なデザインの大橋から河岸へ下りてベンチに腰を下ろした。河岸公園のようである。

川の流れは、わからないほどゆったりし、空の雲まで止まっている。

朝食の残りのパンとハム、そしてオレンジと小さな青リンゴを食べながら視線を東から北へとゆっくりと移動させた。ポルヴォーの歴史風景が見渡せた。橋の袂には小さなヨットハーバーがあり、いずれも白く塗られたヨット群が停泊していた。下流尖端には港町があり、フィンランド湾である。

ガイドブックを見ると、さらに下流の二つ目の小さい橋近くにJ・L・ルーネベリィの家があるようで、訪ねることにした。

詩人J・L・ルーネベリィは、両親がスウェーデン移民の家系で、貧しい船長の子として、一八〇四年に東ボスニア・ピエタルサーリ（ヤコブシュッタト）に生まれる。子供の頃に腺病を患い、発育が遅れたが、父からは男性的な活発な性格、母からは繊細で芸術的な才能を引き継いだ。

八歳の頃には税関監督の叔父と暮らして、オウルの学校に通っている。ヴァーサのギムナジウムを卒業後、一八二二年にトゥルク帝国アカデミー（現ヘルシンキ大学の前身）に入学し、ラテン語、ギリシア語を中心とした西洋古典文学を学ぶ。同期・前後に、ザクリス・トペリウス（一八一八〜一八九八）、J・V・スネルマン（一八〇六〜一八八一）、エリアス・リョンロート（一八〇二〜一八八四）など選り抜きのメンバーが揃っていた。後に彼らが中心となってフィンランドの民族意識と独立の機運を高めていくことになる。

一八二三年末から二年余り、父が麻痺の病気となり、貧しさゆえに学業を中断し、中部フィンランドの寒村で家庭教師をすることになった。この地の美しい自然と人情を下地に、フィンランド伝承詩、そしてセルビア民謡との出会いなどを加えて、新たなロマン派詩人が誕生していった。その後、大学に戻り、一八二七年に哲学修士を得る。一八二二年から二六年までトゥルク帝国アカデミーで教師を務めている。トゥルクの大火災後、しばらく個人教師を続けた後、大学がヘルシンキに移ると本人も移り、従妹のフレドリカ・C・テングストレームと婚約している。

一八三〇年、大学評議会職員となりながら、学術論文「エウリピデスとセネカによるメデイア」を提出し、アレクサンドル帝国大学の修辞学講師に採用される。エウリピデスは古代ギリシアの三大悲劇詩人のひとりで、『メデイア』や『アンドロマケ』などの代表作を残している。これは彼にとって記念すべき出発点となった。また、彼の土曜会での成果・詩集『詩・ディクター一―三』(一八三〇―四三)はこの年に出版されている。啓蒙運動のスウェーデンの詩、古代の古典、同時代のロマンチストと民族歌謡など、多くの資料から文体と題材を取り出して、組み合わせている。64

土曜会はヘルシンキ大学の学生や若い教師たちで設立したものである。文学や哲学から始まり、次第にフィンランドの将来を論じる私的な集まりとなった。多くのフィンランド語使用の推進者、そして独立運動貢献者たちの貯水池となっていった。しかし、ルーネベリィが中心となって活発化したこの会も、彼がポルヴォーへ移ると、定期的な会合は衰退していった。

一八三一年、F・C・テングストレームと結婚している。この年からヘルシンキを去る一八三六年まで、文化向上運動であるスウェーデン語ヘルシンキ学園でも教師を務めている。一八三三年、ギリシア悲劇の論文が大きな反響となる中で、その論文の口頭試問を終えている。翌年、三年間の作家給付金を得ると、大学評議会職員を辞めている。

一八三七年にはポルヴォー・ギムナジウムのラテン文学の教師となる。家族と共にポルヴォーに移り住むことにした。ポルヴォーでは聾教育で有名な、後にポルヴォー大聖堂の監督となったC・H・アロポウス(「耳の不自由な人々の使徒」といわれている)の個人教授になる。またフィンランド最初のポルヴォー聾学校を支援し、その学校評議委員となっている。

一八五七年、ギムナジウムを退職し、一八六三年、血管破裂によって右身体が麻痺すると、詩作を断念する。一八七七年、死去すると、数千人のポルヴォー市民が夕闇の中、明かりを点して、ネーシンメキ墓地で彼を弔っている。その六日後、国葬によるフィンランド国民惜別の会が催される。

彼の多くの作品の中で二、三のみを記述しておこう。特記すべきはそれらの詩がスウェーデン語で書かれ、多くの作品がフィンランド語、ロシア語、そして多くのヨーロッパの言葉に翻訳されたことである。『サーリヤルビ村のパーポ』（一八三一）などの抒情詩は、西洋ロマン派たちの大詩人たちに比肩し、後のノーベル賞作家ヘイデンスタムをして、「彼は、スウェーデン語による詩芸術の「ダ・ビンチ」である」と称賛させている。哲学詩である『フィヤーラル王』（一八四四）はヴァイキング時代のサガを扱っている。

そして彼をしてフィンランド国民のアイデンティティに突き上げたのは物語詩『ストール旗手物語』（1一八四八、2一八六〇）である。スウェーデン語で書かれたこの作品は、シェイクスピアのフィンランド語訳で有名なパーヴォ・カヤンデル（一八四六〜一九一三）によってフィンランド語に訳されている。

物語は第二次ロシア・スウェーデン戦争（フィンランド戦争）に関わった司令官から一兵卒、少年兵までを、大自然の中で老いた旗手ストールに語らせている。フィンランド人の“シス”、つまり忍耐と勇気、忠誠と謙虚さを、そして一般兵士を戦いの中でひとりの英雄として扱い、人々のあらゆるヒューマニティを描いている。そこにフィンランド人のアイデンティティを見出し、多くの国民が共感を呼んだのである。冒頭の部分は、「わが祖国」としてフィンランド国歌となっている。ただ、フィンランドの対ロシア戦の国威発揚や過度なナショナリズムに誤用？されたときもあった。私としても国歌問題について、多少の異議はあるものの、これが国歌という運命なのかもしれない。

川に沿ってユォーキ通りを下るとルーネベリィ公園があった。ルーネベリィの銅像が細長い広場の中央サークルに置かれていた。赤い台座の姿は握り手を胸にあて、強い意志の表情で、やや右足を前に出していた。ヘルシンキのエスプラナーディ公園にある銅像とは異なり、非常にシンプルである。まずスオミネイト（フィンランドの擬人化女性）がいないのも特徴である。周囲には木造の白壁の家、薄グレーや黄土色の建物が見える。さらに進むと橋があり、近くにはルーネベリィを称した観光船のハーバーがある。橋が架かるアレクサンテリン通りを東に進むと、右には緑豊かなガーデンと黄土色の木壁があった。ルーネベリィミュージアムである。入園すると、百花繚乱の花園があった。

ルーネベリィがポルヴォーに住んでから早一五年、一八五二年にここへ転居している。切っ掛けは、前の住人であったダニエル・リンドフが教会の首席監督となったために、この土地を手放すことになった。ちょうどこの頃、ルーネベリィはスウェーデンの出版社からまとまった金額を得ることができた。また、各地からルーネベリィを訪ねる客人も多くなり、接待の機会も増えた。そこでこの広い地を選ぶことになった。閑静な住宅地域で、ネオクラシック様式のこの建物は彼の好みの物件であった。

一八七九年、ルーネベリィの妻フレドリカ・C・テングストレームが亡くなると、翌年、国は遺族から家とすべてのコレクションを買い取り、一八八二年以来ミュージアムとして運営されている。すぐ近くには息子の彫刻家ウォルター・ルーネベリィの作品ミュージアムがある。

二〇〇四年、ミュージアムはルーネベリィ生誕二〇〇年を記念して改修されている。多くの著名人記念館が思い出の品々を展示しているように、このミュージアム内部も同じような趣向である。今回はこれらを差し置いて、ルーネベリィの妻フレドリカ・C・テングストレームに焦点をあてて要約してみよう。

テングストレームは、一八〇七年、J・L・ルーネベリィと同郷のピエタルサーリに生まれている。

彼女は青春時代をトゥルクで過ごしている。一八二四〜二五年、当時フィンランド女子教育の先駆といわれたアンナ・サルムベリィ学校で学ぶ。ここで若い女子が読み書きに加えて、言語、歴史、地理を学ぶことは、多少中途半端なものであった。しかし、彼女の人生には適切であったと考えられる。女子にとって裁縫は必要なときに生活の糧となる。書物を学ぶ以上に有益なことだとこの頃思われていた。だが、彼女の父はより進歩的な意見を持っていた。学問をすることは、フレドリカが必要なときに己を賢く律し続けることができるからである。だから、貴重な経験であると考えた。そのお蔭で早くから彼女自身読む力に加えて、フランス語、ドイツ語、英語が流暢であった。また、後に国民的な叙事詩「カレワラ」から大いに刺激を受けて、友人たちとフィンランドを学ぶサークルを結成している。当時の上流階級、そして多くの知識人が使う言語はスウェーデン語が中心であった。結果的には、スウェーデン語を中心とする夫を助け、「ヘルシンキ朝刊」に携わることになる。そこでは家庭や社会における女性の地位を批判的に扱い、フィンランド最初の女性ジャーナリストとなっている。

また、この頃、後にトゥルク大監督になる大叔父ヤコブ・テングストレームと共に、大群島パルガスで生活をしたことがあった。この自然体験は彼女の作品の中に十分に活かされ、またここミュージアムガーデニングの基底となっている。

一八二七年、トゥルク大火災で家を失うと、母と共にヘルシンキに移っている。

一八三一年、ルーネベリィと結婚し、七人の息子を持ち、一人娘は幼くして亡くしている。その後、夫と共にポルヴォーへ移り、ルーネベリィが亡くなった翌年、一八七八年の秋にヘルシンキへ再び出ている。ポルヴォーの家は女子学校として貸し出されるが、ミュージアムとする案もこの頃から検討されていた。

一八七九年、彼女がヘルシンキで亡くなると、ポルヴォーの夫の傍に埋葬される。

夫が韻文を中心に活躍しているのに対して、彼女はスウェーデン語による散文を書いている。当時社会的に地位のある女性が報酬を得るために、あるいは自己実現のために「ものを書くこと」は適切とは思われていなかった。そこであくまでもペンネームで書いていた。主婦として、母として多忙な中、夫ルーネベリィによる彼女の才能へのリスペクトと励ましによって、どうにか書き上げたのが二つの歴史小説であった。

ひとつは大北方戦争を扱った『カサリーナ・ボイユェ夫人と娘たち』（一八五八）である。もう一つは、棍棒戦争の中、村が焼け出されたときに岩陰に隠れていた子供、女性、そして老人たちがいた。その中のひとりの女性の運命を描いたのが『シグリッド・リリーホルム』（一八六二）である。リリーとは鈴蘭で、幸せの再来という花言葉がある。彼女のお気に入りの花である。

その他フランス語、ドイツ語、英語の文学や評論をスウェーデン語に翻訳し、各種の新聞、雑誌に寄稿している。

いずれにせよ、女性が教育を受けて、自らを精進させる権利、これはフレドリカが生涯熱心に取り組んだ社会的テーマのひとつであった。女性の愛、結婚、さらに女性の低い地位という問題を繰り返し書き続け、温かな眼差しで表現している。

一九八七年以来、フィンランドのスウェーデン文化基金は、彼女を記念して「コミュニティ・マザー」を設定し、毎年フレドリカ・ルーネベリィ奨励賞を与えてきた。被授与者はスウェーデンやフィンランドの著名な女性政治家、外交官や作家であった。

他方、家庭では料理、家庭菜園などを楽しんでいた。

彼女はパスタ作りでも名を成した。ルーネベリィ・タルトは、本来は昔からポルヴォーの菓子店で売られていたものであった。そこで彼女は早くからこれを真似て夫の誕生祝いに作ったのであった。だが、今ではルーネベリィ・タルトとしてフィンランド中に広まり、「フィンランド国旗の日」には人々が祝う伝統レシピとなっている。

また菜園もキッチンガーデンから進化して、丹精込めた歴史的都市型ガーデンとして内外に紹介されている。果樹園は果樹だけではなく、ベリー類や薬草までを植え、樹には息子たちの名を付けていた。園路や花壇の配置は現在でも彼女の時代のままである。バラの栽培も好んだようで、季節の到来には花壇を賑わせている。特にピンクのクロッカスやトリカブトの淡い紫はいずれも美しく印象的であった。海外から注文して植えた植物も多々ある。ヘルシンキのひとりの庭師が彼女のためにゼラニウム、タンポポ、チューリップなど、ごく見慣れた花を贈り、庭を賑わせて、彼女の心を癒していた。

ガーデンにとって冬は厳しく、その間、北の空き部屋や温かい部屋に多くの植物を移していた。しかし、一九三九年から四〇年の冬戦争の時期は特に寒さが厳しく、大きな被害を受けて、今でもなお完全に修復していないという。都市型ガーデニングは、一九世紀中頃から富裕層に人気が出てきた。フレドリカはこの新しい楽しみ方の先駆者といえる。夏は家族ぐるみでポルヴォー南にあるクロックスネスに避暑していた。その時は、他人に世話を依頼するのではなく、多くの植物を避暑地に持ち込んでいる。ガーデンの植物は特別仕様のボートで運搬し、秋には豊かな花を咲かせていた。お気に入りの花は花弁を乾燥させ、ポプリにして夏の香りを楽しんでいた。現在ここにある多くのハウス植物はオリジナルなものからの切穂・押し芽などである。これらはルーネベリィ夫妻による遺伝子の原風景を引き継いでいる。まさに私のルーネベリィミュージアムの思い出は、この型に嵌らないガーデンであった。[65]

太陽は西に大きく傾いてきた。ポルヴォーの歴史と町の落穂拾いはここで終わらせることにした。バスの時刻表を取り出して、バスステーションに急行した。

カンピの中央バスステーションに着いたときは、暗闇に光る広場が幻想的であった。

10・エスプラナーディ

朝、まだ夜が明けないアレクサンテリン通りをエテラ港へ歩いてみることにした。

ホテルを出ると、外は寒かった。朝方、小雨が降ったようで路面が濡れている。雲は黒く、夜明け前の街燈が寂しげである。マンネルヘイミン通りとアレクサンテリン通りの交差点から三人の鍛冶師の銅像を起点に東に向かうことにした。

この交差点の小さな区画にある鍛冶師たちは、ゲルマン伝説やカレワラ民話の中で鉄に由来する話として個性的な姿で描かれている。台座には一九三二年、ビジネスマンのJ・トォールベリィの寄付によって作られたことが刻印されている。彼の店が像のある広場の北側に位置していたという。三人の力強い裸の姿は、かすかに雨汗で濡れている。振り上げた鎚とそれを受け止める鉄床は鉄鍛造の物語となっている。

他方で、台座には、一九四四年のソ連軍による空爆の痕跡があり、鉄床にはその時の穴がなお残っている。フィンランドの第二次世界大戦中の厳しい傷跡を直に見たのである。

日中は、この像の小さな広場に多くの人が集い、若者たちの待ち合わせ場所ともなっている。さらに、このエリアは選挙期間中、政党「緑」（旧「緑の同盟」）の活動拠点ともなっている。

私の想像からすると、**三人の鍛冶師**はスウェーデン、ロシア、そしてフィンランドを象徴する、北の鏡を鍛造しているのだろうか。彼らの筋肉の膨らみにそれぞれの国の姿を見たようである。

フィンランド民話「カレワラ」に出てくる鍛冶師イルマリネンにつ

いて少々私流に述べてみよう。

イルマリネンの腕は確かだが、少々お人よしで、女性には運のない筋書で描かれている。

イルマリネンと同郷の老知恵者ヴァイナミョイネンは、このカレワラ（巨人カレワたちの陽の国の意）の族長で、呪術の大家、歌の名手である。ヨウカハイネンは武術と魔法の達人であるが、彼に嫉妬していた。呪術の戦いで彼に敗れ、妹アイノを彼に嫁がせる約束をした。しかし、アイノは老人に嫁ぐことをよしとせずに、岸辺の岩の上で一晩泣き明かした。アイノはポプラの木に着物をかけ、靴下を岩の上においた。それから金色に光っている岩に向かって泳いで行った。輝く岩に腰を乗せると岩は音を立てて水中に沈んだ。哀れな乙女は海の中に消え去った。

ヨウカハイネンは復讐の機会を得ようと、海を見張るとヴァイナミョイネンが遠く水面を行く。悪魔ヒーシの大鹿の腱を弦にした弓と毒蛇の汁を塗った矢でヴァイナミョイネンの馬を射る。彼は海に投げ出されて、溺れているところを鷲に助けられる。鷲は彼をポホヨラ（北にある陰の国でこの世の悪の根源地）に運んで落とす。そこではポホヨラの女主人ロウヒが彼を船に乗せて連れ帰り、いろいろと世話をする。ロウヒは彼の苦境を利用しようと考えた。彼を安全に故郷へ帰らせることを条件に富を生む機械サンポを作ることを同意させる。だが、残念なことに、彼はサンポを作る技はない。そこで彼は故郷の鍛冶師イルマリネンに造らせる案をロウヒに出して納得させる。

彼は故郷のカレワラに帰り、イルマリネンの鍛冶場を訪ねる。ポホヨラでは美しい娘に求婚できるよと話して、騙そうとする。だが、イルマリネンはなかなかその手には乗らない。そこで外に誘い、天まで届くモミの木にかかる月と北斗七星を手に入れることをイルマリネンに勧める。奇策に乗せられたイルマリネンは木に登り、星を取ろうとした。その時、彼は呪文の風でイルマリネンをポホヨラへ吹き飛ばして送り込む。

ロウヒは大いにイルマリネンを歓待し、娘を着飾らせる。イルマリネンはロウヒが望む天空を造り、また空の覆いも小槌で叩き出す。次にロウヒは永遠の幸運、富、権力を造りだす名機サンポを造ることを依頼した。その仕事の褒美として美しい娘を与えることを約束する。娘の美しさに魅了されて、大いなる関心を抱く。イルマリネンは三日間で溶鉱炉を造り、金属を入れて、魔法の火を操り、サンポを造り始める。助手としてはポホヨラの二人の奴隷を使う。この光景がこの三人の鍛冶師の銅像である。

一日目にできたのは悪の大弓。二日目にできたのは、戦いを急かす黄金の舳先のある赤い戦艦。三日目には若い短気な雌牛。四日目にできたのは故障だらけの金の鋤。どれも砕いて炉に投げ入れる。そこでフイゴに東西南北から風を送ることを考える。風は三日間送り込まれて、ついに魔法のサンポが鍛造される。歓喜したイルマリネンが巧みにサンポを打つと、片側から粉を碾き出し、他方からは塩が、三つ目の端からは貨幣が流れ出る。だが、残念なことに、娘は、炉焼けしたシャツ姿、真っ黒な煤だらけのイルマリネンを見ると、イルマリネンの求婚を拒絶する。イルマリネンは腹を立て、落胆し、故郷へ帰ることを決意する。ロウヒは娘を手放すことなく、サンポも手に入れたのである。イルマリネンを大いに接待し、小舟を与えて、風を起こして故郷に送り帰す。故郷に戻るとイルマリネンは老ヴァイナミョイネンに新しいサンポについて聞かれたので、自慢げにその完成を話す。このサンポこそこの物語で大きな役割を担っていたのである。そう、スオミの誕生である。

イルマリネンの鍛造したサンポは、ロウヒによって山中深く埋められて、九つの鍵がかけられる。その後、イルマリネンは血気盛んなレンミンカイネン、老ヴァイナミョイネンと共に船に乗り、サンポ争奪に向かう。ヴァイナミョイネンとロウヒは、サンポ所有について話し合いをするが、互いに妥協に至らない。ロウヒはポホヨラの若者に彼らの首を狙わせる。そこで彼はカンテレを奏で、ポホヨラ民を眠らせ、こっそりサンポを舟で運ぶ。ロウヒは眠りから覚めと、すぐに戦船で彼らを追跡させる。ポポヨラ軍船とヴァイナミョイネンの舟が戦う中でロウヒが巨大な鷲に変身する。ヴァイナミョイネンは舵とへぎ板を鷲めがけて叩きつける。翼に当たると乗っていた男たちが爪から次々と落ちる。さらに鷲までが失墜して、舟にあるサンポに当たり、微塵に砕けて、その破片は舷側から海に飛び散る。ロウヒは復讐を誓い、サンポの殻らを呪ったが、後の祭りである。元に戻ることはなかった。サンポのないポポヨラは貧しくなるが、散った欠片で海は豊かになる。陸地に流れた小さなサンポの破片はスオミ（フィンランド）を美しく照らして富ませる。最後に老ヴァイナミョイネンは、大地と天空の際へ漂いながら去って行く。そお、物語によると、彼らは美しい音色のカンテレと偉大な歌をスオミの子孫に残したのである。

かなり恣意的な簡単な物語になってしまった。読者は多くの訳書で直接に読んでみて下さい。

この民話「カレワラ」のファンタジーこそが、フィンランドの人々を鼓舞し、老ヴァイナミョイネンの子孫に教訓を残し、フィンランド民族の新たな指針となったのである。新たなサンポと造るために。66

早朝の通りはトラムの音も気にならない静けさである。一番電車なのか、重い音を立てて過ぎ去って行く。右側にデパート・ストックマンがひっそりと佇む。左側にはネオ・ルネサンス建築のオールド・ステューデント・ハウスが肌寒い朝の覚醒感を漂わせている。一九世紀から二〇世紀初期にかけてナショナル・ロマンチシズムと民族運動が旋風する中、各地方出身の青年たちは自らがその代表であるかのようにこの建物で議論を交わした。

トラムが去った軌跡を追うように、カメラの焦点を合わせてシャッターを押し続けた。

このアレクサンテリン通りの名は、トゥルクからヘルシンキに遷都したロシア皇帝アレクサンドル一世に由来する。スウェーデン時代はストアガータン（大通り）と呼ばれていた。一八一九年にアレクサンドル一世がフィンランドを訪問したときに今日のような通りが作られて、彼の死後、一八三五年、彼の栄誉を讃えて改名された。[67]

通りはマンネルへイミン通りから大統領官邸まで延びている。途中で交差するいくつかの通りは、やはり皇帝の家族名が残されている。アレクサンテリン通りと同じような名称は、フィンランド各地にある。フィンランドの人々は、現在、いかに西欧に目を向けようとしても、過去の歴史の重みからは抜け出せないのかもしれない。目の前にはフィンランド夜明けの歴史風景がある。

道の両側には建築史的に貴重な建物が並び、トラム線路が狭い通りを縫うように延びている。この辺りはナショナル・ロマンチシズムを吸い込んだフィンランド建築の見本市である。一部の建物は茶褐色な段階的な階調。その壁面にはフィンランド民話やアール・ヌーボーの動植物が刻まれている。現代的な建物は、どこか遠慮がちに控えている。当時の所有者たちは主に銀行や保険会社で、ここはフィンランド金融資本の集積地であった。最近は上階にアパートや会議施設を加えて、通り面には老舗のブランド店が軒を並べている。

前方の一角にひときわ眩しいショーウィンドーが見えきた。フィンランドを代表するマリメッコのネオンである。横文字が青く輝き、展示されている鮮やかな花柄とは対照的であった。

今朝のホテルの女性スタッフは、お揃いでピンクのウニッコ（けしの花）エプロンをかけて人々を歓迎してくれた。「素敵ですね」と彼女たちに話しかけた。朝の心が弾んだのが思い出された。温かな花柄のテキスタイルや生活雑貨は、凍てるガラスケースの中でも、朝食時と同じく温かさを感じさせた。もちろん、ヘルシンキ市民にとっても世界に誇るこのデザインは、日常生活で欠くことのできないものなのだろう。

通りの中ほどで、左に元老院広場を見る。今回は、白亜の殿堂・ヘルシンキ大聖堂の一部が白いシートで覆われて、ライトアップされていた。昼の広場はフィンランド史の回転アリーナといえる。大戦の祖国防衛の集い、しばしば権力に抗う民衆、労働者や学生の怒りの声。そして祝典や葬送の絢爛さと荘重さ。ヘルシンキ市立博物館で見た過去の広場のモノクローム写真を思い出した。多くの色彩が隠れているこの写真は、リアルさだけが抽出されている。大聖堂広場の画像は生々しい歴史の重さを感じさせたのである。しかし、今朝の青白い光に浮かぶドームは、ヘルシンキの夜明けの色彩であった。

次第に濃紺を増す空に、下弦の月が沈黙を満たし続けている。アレクサンドル二世像の月影が広場の石畳からトラムの線路まで伸びていた。この広場の設計者エンゲルは、この光景までを頭に折り畳み、都市計画を立てたのだろうか。見事である。

広場を右に曲がるとマーケット広場、エテラ港、そしてバルト海の乙女像（ハヴィス・アマンダまたはハーヴィストン・マンタ）である。

ヘルシンキを訪れるたびにこのエテラ港の風景が少しずつ変わってきた。観覧車もそのひとつであるが、滑稽な小便小僧まで現れた。この港に不似合な小僧（bad boy）は、二〇一三年、彫刻家トンミ・トイヤによるものである。ネットでの賛否両論、話題が沸騰して、ヘルシンキの新たな風物像になったのかと思った。どうだが、議論の形跡はなかった。ところが二〇一九年に訪れたときには、以前の場所に見られなかった。どうも、ヘルシンキの他の場所で悪戯をしているようである。

さらに、短期間の展示であるが、昨日見た「バルト海の乙女」像の変身には驚愕した。おそらく一九〇八年、首都ヘルシンキに女性の裸体像が持ち込まれて以来の大論争になったのではなかろうか。各種の報道に関心を抱いてヘルシンキ市民の反応を追ってみた。しかし、生まれ変わった「乙女のホテル」を見ようとする市民の混雑も、マスコミの批判や論争も全く見られなかった。68

私がこの黒塗りのモダンなコンテナボックス「ホテル・マンタ」をマーケット広場から見つけたのは昨日であった。市民による行列ができるほどの人気ではなかった。しかし、市民が代わるがわるホテル仕様の部屋に入っていくので、私の野次馬根性が騒ぎ出した。周囲を見ると英文の説明文が掲示されていた。そこでこのプロジェクト企画者が日本人であることを知った。

「最愛なるヘルシンキのハヴィス・アマンダは、ホテルに自身のひと部屋を手に入れることになるでしょう。ヘルシンキ美術博物館の招待によって、一九六〇年生まれの日本のアーチスト西野達が銅像の周りにユニークな芸術プロジェクトを構想してくれた。ヘルシンキ美術博物館の収集品にある公共作品から西野はハヴィス・アマンダを選んだ。もちろん、彼女は一九〇五年に彫刻家ヴィッレ・ヴァルグレンによって造られ、マンタとして広く知られている。ヘルシンキの「ホテル・マンタ」は北欧の国々では初めての彼の創作である。ヘルシンキの「ホテル・マンタ」は中央マーケット広場のマンタ像のために建てたホテルの一部屋である。西野によってデザインされた空間は、夜にはホテルの一部屋として、昼は野外展示物として利用される。この作品は、モニュメントの新たなシュールレアリズムの設定というばかりではなく、ハヴィス・アマンダ像に新しい展望を提供しているといえる。いま直接あなたの目線でマンタに出会うことができる」

追加文で「夜のホテルは直ぐに完売している」とのジョークを付けている。

西野達（一九六〇〜）はいくつかの別名を持ち、世界各地で公共芸術のプロジェクトを企画発表している。

彼の作品は、その土地の都市空間と環境の中で、公共モニュメントに親しみのある新たな見方を提示しようとしている。「芸術が出す答よりもむしろ、その芸術に疑問を持ってほしい」と彼は述べている。二〇〇六年の銀座エルメスでの「天上でのジェリー」、二〇一一年のシンガポール・ビエンナーレの「マーライオン・ホテル」、二〇一二年のニューヨークでの「ディスカヴァーリング・コロンブス」、二〇一四年のロシア・エルミタージュ美術館内のインスタレーションなど、多くの都市で作品を展示している。

部屋に入ると、ピンク模様の壁、二つの淡い黄色の電気スタンド、ツインベッドには白い枕、その間にあの乙女像の悩ましげな姿態が浮かび上がってきた。確かにホテル仕様の部屋作りである。室内には同じ見学者が三、四人いた。外の数人の見学者は順番待ちである。普段とは違う柔らかな色彩の中で彼女を水平に見ることができた。さっそくマンタにシャッターを切り続けた。構図を工夫するために位置を変えてみた。すると、別の彼女の姿態が浮き上がってきた。狭い室内なので周囲の見学者もカメラに気配りをしてくれたほど素人の爺さんのファインダー先を避けてくれたのである。一枚の長方形の窓からはマーケット広場とエテラ港の風景が見られた。いつもの空間とは異なり、ランプの色がマンタを一層艶めかしくしている。

部屋を下りてから、ホテルの土台に数台のジャッキと噴水の隅にあったアシカ像に気づいた。部屋の雰囲気と土台とのアンバランスは芸術を超えた別空間であった。

まだ明かりの少ない朝の撮影は、夜間撮影と同じく難しい。いまだにどこを訪れても満足な早朝の写真を撮れていない。今回も同じである。夜間にバルト海の乙女像を撮影しようと何度か試みてきた。だが、背後の由緒ある建築群が大きすぎて、像とのバランスが崩れて意を得る写真にはならなかった。夜景専門の写真家が人気を博する理由もここから頷けた。

今朝は、空も濃紺さを増し、遠くに斑な白い雲が見え始めた。腕時計を見ると七時を回っていた。マーケット広場では朝市の準備にいそしむ人影が見え始めた。ホテルの朝食時間が思い出された。急いでエスプラナーディ通りに沿って戻ることにした。

バルト海の乙女像の向かいには、広い公園が広がっている。この辺りから西のマンネルヘイミン通りまでがヘルシンキ市民の宝石箱エスプラナーディ公園である。

公園は湿地帯であった。マーケット広場やエテラ港海岸付近には陸軍の練兵場、商人の住まいと倉庫群があり、ロシア帝国王室の敷地もあった。このような環境下で、一八〇八年の大火復興に向けて、一八一一年二月、アレクサンドル一世はヘルシンキ復興計画委員会を発足させた。一八一二年、フィンランド自治大公国の首都をトゥルクからヘルシンキへ移すことも宣告した。質素な木造の町から石の町に、古代ギリシアの雰囲気と機能性を加えて新しい首都へと計画されたのである。初期計画はヨハン・アルブレヒト・エーレンストレームなどに委ねられた。

エスプラナーディ区域に関すると、ファビアニン通りの西側への拡張、アレクサンテリン通りから南への埋め立てと干拓、緑地帯の創設、マーケット広場、そしてエテラ港の港湾整備など、多くの機能を有機的に結びつけることであった。そのために石造りの元老院（セナーッティ）広場とは対照的なエリアを造ることになった。トーロ湖からエテラ港へ延びる運河と広い並木街路、水と緑の景観地帯。想像を超えた自然環境と現代都市計を融合するプロジェクトであった。

しかし、計画は人材面でも、資金繰りでも困難に直面した。その折に、エーレンストレームはプロイセン出身のカール・ルードヴィッヒ・エンゲルと接触することができた。エンゲルはナポレオン戦争の混乱の中、仕事を求めてプロイセンからタリンの都市計画に応募し、いくつかの建物を造っていた。その数年後、トゥルクを訪れるが、仕事らしいものはなかった。そこで、私用でサンクトペテルブルグを旅行し、後にプロイセンに帰国するつもりであった。しかし、エーレンストレームは彼の才能を見越してヘルシンキに迎える交渉を重ねていった。

幸い、一八一六年、アレクサンドル一世との会見も終えて、彼をヘルシンキ復興委員の設計者として迎えることができた。その時点でもエンゲルは、なおもこの仕事は一時なもので、フィンランド滞在で生涯の大事業するなどとは想像できなかった。だがその後、エーレンストレームの後任として、三〇の公共建築と六〇〇以上の復興建設関係の監督を担い、新たなヘルシンキ都市計画を実現させたのであった。

エスプラナーディ公園はそれらの中で彼の代表的な設計のひとつである。

エスプラナーディ公園には、新古典主義建築の多い元老院（セナッーティ）広場エリアとは異なるもうひとつの役割があった。それは従来の低湿地帯を干拓し、広い並木の分離帯を造り、それによって南北エスプラナーディ地域を火災から守ることであった。火災復興による石造建築も始まったが、まだまだヘルシンキの町並みは木造建築が多かった。一八一八年、公園は、財政的な理由で初期の運河による親水公園計画を変更した。質素ながらも三列の大陸式庭園による緑地帯を造り出すことから出発したのであった。でも、水辺のある森の公園が実現していたらよかったなーとも思える。

さらに北側には住居商店区域、南側には軍関係者や役人たちの住居区域という南北エスプラナーディの特徴ができあがっていった。時代が経過するに従い、宗主国ロシアからの強い指導も実り、石造りやコンクリート建築が支配的となっていった。加えて一九世紀後半には建物の近代化・機能化が進展して、この区域はヘルシンキの中核商業施設へと変貌していった。特に元老院（セナッーティ）区域に接した北エスプラナーディはヘルシンキの商業資本・産業資本の順調な発展の象徴ともなっていった。

バルト海の乙女像からトラムレールを横切り、公園の中央並木路に入る。この辺りはカッペリ・エスプラナーディといわれる。南側に一八三七年に建てられて、一八六七年に豪華に再建されたレストラン・カッペリに由来する。伝説によると田舎の羊飼い少年がこのレストラン前でミルクを販売していた。羊飼いはラテン語で（pästor）で、もう一つの訳は「教会の牧師」を意味している。レストランをチャペル（フィンランド語でカッペリ）に見立て、この辺りをカッペリと呼び、親しまれたという。一八四〇年代、ペストリーやレモネードを売る菓子商人がチャペルのように聳え立つ売店を構えたからだという説もある。

白夜の中、公園散策の後にこの由緒あるレストランで過ごすこともヘルシンキ市民にとっては魅惑の時間帯である。北側にはフェスティバルが開催されるエスパ・ステージがある。ステージの両サイドには二つの彫像がある。ヴィクトール・ヤンソンが彼の娘トーヴェ・ヤンソンをモデルとした人魚と魚、そして魚と戯れる子供像である。

公園の中央交差点には、フィンランドの国民的詩人・著述家であるJ・L・ルーネベリィ像がある。そこでこの区域をルーネベリィ・エスプラナーディともいう。四季折々に多くの花に囲まれた中核エリアである。ルーネベリィ像はフィンランド激動の中、エテラ港に視線を向け続けてきたのである。

この像はヘルシンキで最初の有名人の記念像でもあった。一八八五年五月、人々がフィンランドの国民意

識を強く再認識する中、二万以上の市民が参加して、「わが祖国」の旋律に包まれつつ、除幕された。市民たちはそれぞれの窓辺にロウソクを点して愛国の意志を表した。この伝統は今日もなお続いている。

ルーネンベリィの銅像建立の計画は、一八七二年初めに提案されていた。しかし、その企画が具体化したのは、一八八〇年、詩人の息子であるウォルターが父の銅像製作を始めてからであった。最初のモデルは、ほぼ現在の形である。ルーネベリィが左手を胸に当て、コントラポスト（左右が非対称のまま調和・均衡を保つ構図）の姿勢で立っている。この構図は西洋の古典彫刻に見られるもので、おそらくローマ教皇によって設立されたラテラノミュージアム（ラテラノ宮殿）にあるソフォクレスの立ち姿にインスピレーションを得ているといわれる。

下段にある皮の民族衣を纏ったスオミネイトは御影石の台座の前でルーネベリィとは対照的に足元を見つめている。ルーネンベリィはまるで彼女の守護者のごとくである。足元にはルーネベリィの本が積み重ねられている。彼女の右手には月桂冠を、左手は詩版の上に置かれている。詩版にはスウェーデン語で書かれた『わが祖国』の三つのフレーズが刻まれている。

「我が祖国、我が祖国、我が故国・・おお、数千の我が湖・・汝の花は、今視界に隠れてる・・」（拙訳）

だが、ルーネベリィの名はどこにも見当たらなかった。説明を要しないのだろう。

この広場は市民の人気ある待ち合わせ場所になっている。このエスプラナーディ公園の西端には、スウェーデン劇場がある。名称のごとく、スウェーデン語による劇が演じられる。スウェーデン劇場は何度かの再建や改修を経て歴史的文化遺産となっている。西に向かって進み、散歩も終えようと思う。69

木立から漏れる朝の陽は弱い。夏の日中は、ほどほどの風が吹き、避暑には最適の場所である。
このエスプラナーディの途中にあるふたつの像を朝の光で撮影してみよう。弱い光の中にエイノ・レイノ像とザクリス・トペリウスの「真実と寓話」の像があった。ふたつの像はフィンランド文学の足跡を物語っていた。少々カメラの露出調整に時間が掛かった。

エイノ・レイノは、一八七八年、フィンランド北部パルタモで生まれる。一二歳から詩を発表して、現在のヘルシンキ大学で学ぶ。作家として早くから多くの批評家に称賛されて、特に作中にフィンランド民話や神話を用いている。中核である詩作、例えば『火祭り讃歌一、2』、『カレバラ』などはその代表といえる。詩人であると同時に、ジャーナリストであり、作家で翻訳者でもあった。ダンテ・アリギエーリの『神曲(Divine Comedy)』を最初にフィンランド語で翻訳し、ゲーテやシラー、アナトール・フランスなどの文学作品群もフィンランドに紹介している。また、ルーネベリィの作品を海外に紹介。深遠な愛から人間嫌い、厳しい批判に至るまで、多くの作品や評論、そして多様なジャンルにその業績を残している。彼の造語である「民族的新ロマンチシズム」はフィンランドの異なる芸術を統一的に組み込み、フィンランドの思想、芸術、建築などに影響を与えたのである。しかし、独立を前に社会が政治的分裂をきたすと、彼の理想は崩れ、ジャーナリストとしての影響力は弱まった。
「文学は国家の翻訳であり、文学は国民の鏡である。文学なくして国民は何も見ることができず、何も語ることができない」。この言葉は彼の思想の根幹であるかもしれない。[70]
この記念碑は、多くの団体による支援でコンペが催されて、友人であり、彫刻家でもあるラウリ・レッパネンによってデザインされる。彼の死後二七年目にして記念碑は除幕された。一九二六年、レイノはヘルシンキ北のトゥースラで亡くなっている。なぜか訪れる度に彼の銅像の頭に鳩が止まっている。

エイノ・レイノ像の南西にあるトペリウスの記念碑「真実と寓話」は、多くのコンペ参加者からフィンランドの彫刻家グンナール・フィンネ（一八八六〜一九五二）が選ばれて、彼の死後三四年の一九三二年に除幕している。彼は一九五一年にプロ・フィンランディアメダルを受賞している。[71]

美しい花壇に囲まれた作品は彼の肖像彫刻ではなく、含みある二人の女性裸像である。ひとりの女性は手に「真実」の炎を持ち、もう一人の女性は指の間に巣を作る小鳥を高く掲げている。王冠を頭に被る小鳥は「寓意」を象徴しているという。二つの像は互いに目を合わすことはない。「真実」はエテラ（南）・エスプラナーディ通りの公園を見下ろし、「寓意」は行き交うポホヨイ（北）・エスプラナーディ通りの人々を見つめている。花崗岩の台座には「トペリウス」の文字とメダル型の肖像が刻まれている。この象徴主義の作品から彼の児童文学を含めた多くの作品の「寓意」を読み取ることは難しい。しかし、彼の幅広い知識、ジャーナリスト精神、そしてフィンランドの歴史観にある「真実」がこの彫像に表現されているように推測できる。トペリウスの寓意とは本当はなにか。芸術の奥深さとは、一次元の文字からだけではない。このような三次元空間に投影されることによって、その表現の巧みさが理解できるようである。

彼のモニュメントは多くの人々の議論の対象となった。特に、フィンランド系の人々はありのままのトペリウス像を期待した。完成がイメージとかなり異なり、失望したようである。だが、この彫像は単にリアリズムか、象徴主義かの問題だけではなかったようである。当時のフィンランド国内の複雑な言語問題に関係したようである。

「真実と寓話」はフィンランドのスウェーデン文学協会によって作成が依頼された経緯がある。さらに、彼の多くの作品がスウェーデン語で書かれており、スウェーデン政府、同アカデミーから最高の栄誉を受けている。ルーネベリィでもトペリウスでも、民族意識を大いに鼓舞したが、当時の文学潮流、そして知識階級の多くが主にスウェーデン語を使っており、スウェーデン文化からの影響は大きかった。深く考えてみれば、この状況は止むを得なかったと理解したい。言語による文学の偏りはない。あくまでも彼の文学は普遍性をもつものであると思いたい。

他方、当時、国際的にも有名（ノーベル文学賞に三度ノミネート）で熱狂的な愛国主義者であった女性作家のマイラ・タルヴィオ（一八七一〜一九五二）は、一九〇九年からストーリーテラーとしてのトペリウス像を彫刻家ヴィッレ・ヴァルグレンに依頼する計画を進めていた。その作品「トペリウスと子供たち」は、作品をポストカードなどで販売し、多くの市民や学校の子供たちによる献金によって財政支援をおこなった。その結果、「真実と寓話」よりも同年、六か月早くに完成している。トペリウスが北欧のアンデルセンといわれたように子供たちに囲まれたこの像は、現在、エスプラナーディ公園南にある聖ヨハネ教会前の緑地帯に設置されている。台座の周囲には季節の花が咲き、周囲の学校や保育園の子供たちに親しまれている。どちらのトペリウス像も当時の社会背景の中で完成が競われていた。が、現在、それぞれ個性ある記念像として市民、国民ばかりではなく、世界のトペリウスファンから讃えられている。

この公園に「緑の息吹」を与えたスウェーデン・スコーネ生まれのスヴァンテ・オルソンの話も忘れてはならないだろう。

オルソンは、一八五六年、スウェーデンのスコーネで生まれている。スウェーデンのいくつかの貴族の館や王宮などの造園設計を経験している。一八八九年、金銭的な理由からヘルシンキに造園の仕事を求めて海を渡ってきた。その後、一九二〇年代までこの公園の木立、叢林、花壇などの造園を続けて、新たな都市型公園を完成させている。さらに、一五年間にわたってヘルシンキ高台にある天文台公園、カイヴォプイストなど、多くのヘルシンキ市内の公園造りに尽力している。しかし、これらの公園造りには市民の反対運動が根強かった。反対の具体的な理由は調べたが、分からなかった。どうも彼の設計が仰々しく、かなり予算を越えていたとの説がある。それが理由なのかどうかは分からないが、ヘルシンキ市の職員は彼に一時、トラムの無料パスまで取り消す冷たい対応をしたという。彼にとって残念な思いであったろう。にもかかわらず、ストックホルムから造園高官への勧誘があったが、断り、一九四一年にヘルシンキ市民として生涯を終えている。なぜ市民は彼にもう少し寛容でなかったのか。残念である。

彼の息子ポール・オルソンもまた庭園設計家として人々に知られている。

一九九八年の公園のリニューアル時には、景観設計者レエーナ・イイサッキラが活躍して、従来の公園に新しい知識や設備を加えている。自宅周辺の公園を散策する私は、改めて造園の影の力に感謝したい。

一九六〇年代になるとエスプラナーディにある一九世紀からの建物の多くは、大規模な再建や改修が行われた。レストランやカフェが消え、上流階級の住居は人影が疎らになった。特にポホヨイ（北）・エスプラナーディ通りは、高級オフィスやファッションブランド街へと変貌し、ヘルシンキ市民や旅人をそのショーウィンドーに惹きつけていった。だが、この時期は、ある意味では、一九世紀のエスプラナーディ街の建築危機といわれている。

しかし、それを克服した象徴的建物は、映画館から生まれ変わったアカテーミネン書店である。フィンランドを代表するアルヴァ・アアルトのデザインによる機能主義と合理主義の結晶といわれる。店内の書棚の一角にカフェがある。私も書籍選びに疲れたときにしばしば利用してきた。

書籍とコーヒーの空間文化。最近では、日本でもこの組み合わせは時々見かけるようになった。書店生き残りのパラダイムシフトだろうか。総合文化へのプラットフォームの変容といえる。書籍の文字は吹き抜けの天井ガラスから射し込む光で優しく映え、読み易い。この書店をデザインしたアルヴァ・アアルトの先進性を感じたのである。

帰国前日、資料購入に訪れた。書籍コーナーの一角ではフィンランドを代表する写真家・ドキュメンタリー映像家アホとソルダンによる写真が展示されていた。モノクロームなシベリウスと当時のヘルシンキの風景。シベリウスのモノクロームは、若い時の精悍さに比して、少々太り気味の老作曲家になっていた。短編ドキュメンタリーも公開されていたが、見る時間はなかった。残念であった。[72]

エスプラナーディ通りの西端に着いた。馬蹄形のスウェーデン劇場がある。ここで、一八九九年一一月四日、シベリウス自らの指揮で「フィンランディア」が初演された。愛国歴史劇の「歴史的情景」の劇音楽としてヘルシンキ・フィルハーモニー協会によって演奏されたのである。

このエリアはエロッタヤ(区分や分離を意味する)といわれて、フィンランドの地方への距離の起点・ゼロポイントである。日本でいえば日本橋かな。地価もフィンランドで最も高いエリアである。

劇場の左向かいは八階建てのデパート・ストックマンがある。創業者はリューベック生まれの起業家ジョージ・エス・ストックマン(一八二五〜一九〇六)である。綿花の輸入、クリスマス用品の工場経営、そして自転車仕入れ業などの転業を経て、デパート経営を行うようになった。フィンランド資本主義を代表する実業家である。デパートは何度かの移転の末に現在の位置に落ち着いた。

そのストックマンデパートを回りこむと、三人の鍛冶師像の前に戻ってきた。一九世紀前後から二一世紀の現代までのフィンランド社会文化の展示会場を、爽やかな朝の空気を吸いながら回遊したことになる。早朝のエスプラナーディ公園と通り。いかがでしたか。エスプラナーディはフィンランドの都市型公園の代名詞であり、付近のヘルシンキ史の建物群を含めて市民だけではなく、今後も多くの旅人に親しまれ続けるだろう。

早朝の出発時に比べると、日も高くなり、車の往来も多くなった。まだ春も浅く、肌さむいが、身体は軽い。エテラ港にあった朝雲もすっかり消え去っている。今日は快晴になりそうである。

11・タリン

朝、ホテルの食堂に行くと珍しく日本の女性が食事をしていた。ヘルシンキは二度目で、とても気に入っているという。昨日は船で隣国エストニアのタリン（ドイツ語でレーヴァルといい、従来はこの地名が主流）に行ってきた。今日はトーロ湖周辺とシベリウス公園を散策してみたいという。私も数年前にバルト三か国とヘルシンキのツアーに参加したときにタリンを訪れている。短い会話であったが、しばらくぶりに日本語が話せて気持ちが落ち着いた。ひとり旅も良いですねといっては別れた。次の日は見かけなかった。

部屋に戻り、空模様を見ると、重い雲が垂れていた。寒い雨になりそうだ。我が家の居間にある雪のタリン旧市街の写真が思い出された。そうだ。もう一度あの場所を訪れてみよう。

昼過ぎ、トラムでオリンピアターミナルまで行き、通年運航のタリンク・シリアラインに乗る。乗船するとまもなく雨が降り出した。でもすぐに止むだろう。船内の人々はごく普通の町の人々。ポテトチップスを食べながら談笑する若者、アルコールを楽しむ年配者、子供連れの女性。ヘルシンキ・ストックホルムのシリアラインの風景とはかなり違っていた。

雨雲が重く垂れていたが、タリン港に着くと、僅かに陽がさしてきた。下船の通路で数人のキャリーを引く人たちを見た。話によると、彼らはヘルシンキからタリンにアルコールや生活物資などを購入するためにこの航路を利用しているという。アルコール税などの両国の税制度や物価差がこの風景を作りだしているのだろう。以前、スウェーデンのヘルシンボリィからデンマークのヘルシンオアに渡るフェリーでも同じ光景をみた。これらは、パスポートなしのＥＵ租税・関税制度の恩恵や両国の経済差のシンボルかもしれない。

港の外はまだ水溜りがあちらこちらに残っている。靴が濡れないように気遣った。以前、北スウェーデンを旅行した時に突然の雨に遭い、靴がビショ濡れになった。そのまま履いていると次第に足が蒸れて、悪臭が靴から噴き出した。結局、電車の中を裸足で歩くハメとなった。この思い出だけはいただけない。

タリン港の風景は日本の中規模の港町と変わらない。ターミナル周囲には帆船ボートや貨物船などが係留されている。近くにヨットハーバーがある。なぜか辺りには建設クレーンが多く見られた。この区域の新規開発が進行しているのだろうか。次に来るときは新しい港風景になっているのだろうか。港の先を眺めていると、ヘルシンキ行きのフェリーが出港していった。

約百メートルほど歩くと、交差点に木造の教会がぽつんとあり、黒衣の牧師が出て行った。教会に聳える二つの塔は、片方がノルウェーで見かけるスターヴ教会の上部、他方は玉葱坊主である。タリンの歴史と文化を造形化したのだろうか。これから見るタリンの文化と歴史に心が弾んだ。その後、近くの建築博物館の外で骨だらけのモデルを組み立てている学生たちに出会った。私にはその完成された建物が想像できなかったが、エストニア文化が溶け合った建築物になることを期待したい。彼らへ「面白そうだね。頑張って」の言葉をかけた。だが、なぜかその場の雰囲気に物足りない言葉であった。もっと彼らの芸術性を讃える言葉がなかったのだろうかとその言葉を反芻した。

ふと立ち止まって前面を見上げる。濃い芝生が広がっている。先にある城壁にはいくつかの教会の尖塔が目立っている。その中で円形の塔、ふとっちょのマルガレータを見ることができた。

このでっぷりした塔は一五一〇年に建設が始まり、壁の厚さが約五メートル、直径約二四メートル、海上からの攻撃に備えた強固な砲塔であった。数度の再建の後に一二年間ほど監獄として利用されたときもあった。その頃、囚人の食事を作っていたおかみさんがいて、彼らから尊敬され、親しまれていた。彼女の愛称がふとっちょのマルガレータであった。そこで従来の「ツヴィンゲル塔」からこの呼称となったという。その後、ロシア革命の混乱時に火災に遭い廃墟となっていたが、一九七八年に海洋博物館として修復された。

ふとっちょのマルガレータとその前の広い芝生周辺に観光バスが点在していた。塔に接したグレート・コースト・ゲートは、世界遺産市街地（一九九七年・タリン歴史地区）への入り口である。この門の前方の芝生には、旧市街の港が広がり、以前はこの辺りまで波が寄せていた。青々しい芝生には宙を横切るような厚みのあるアーチと黒曜石の厚いモニュメントがあった。

「フェリーエストニア号の遭難で命を失った八五二名を哀悼する遭難船（Broken Line）一九九四年　九月二八日」

ろうそくと花輪が添えられていた。遭難した船と人々に深く黙祷した。

このゲートから南はピック通りと称して、石畳と、白と黄色のかつての商館や倉庫が続いている。路地に入ると、タリン独特の雨樋の下に赤や白の花籠がぶら下がっていた。窓辺には紫の鉢植えがあり、旅人の目を楽しませている。周囲の雰囲気に飲み込まれながら、ふと上を見ると目の前に高い真っ白な貴婦人「聖オレフ教会（オレヴィステ）」があった。白い雲に槍の先が突き抜けている。雲の色は下船したときに比べると白味を増していた。

塔の下の受付で塔に上れるかどうかを聞くと、できるという。ニユーロを払い、おばさんからチケットを受け取り、カメラバッグを背負ったまま上った。木造の階段は急で、薄暗い軸組の間から光が漏れていた。被写体としては面白いが、とてもバッグを背負いながらの撮影はできない。八〇歳ほどの私は、バックを背負いながら展望台まで上る気力を失っていった。さらに階段は一方通行である。ますます重いバッグが邪魔になった。途中まで上ると安全確認のスタッフがいた。彼の目の前にそっとバッグ置いて、申し訳なさそうな顔で「オーケ？」と聞くと、快く頷いてくれた。彼の前にバッグを置いた。

狭い展望台に上るとタリンの四方が見渡せた。中世の箱庭である。のっぽのヘルマン、アレクサンドル・ネフスキー聖堂、大聖堂、波打つ長い城壁といくつもの塔、遠くにタリン港、水平線にまで広がる紺碧の海が一望できた。

また途中でバッグを背負い、階段を数えながら下りた。階段の数は四二四段＋アルファかな（ネット上で二五八の数字だが、上から私は実際に数えて記録）。無事に地上に足が着くと、バッグが軽く感じられた。宇宙からの生還かな・・・。おおげさな。

聖オレフ教会は市街で最も高い塔をもつ。塔の高さは一二四メートル。海上からのランドマークである。この教会の詳細な起源は不明である。最初の名称「オレフ」は、一二六七年付の寄進文の中に見られた。デンマーク王の母、当時タリンの実質的な統治者であったマルガレータが聖ミッシェル修道院の支援者や周囲の教区に宛てたものである。この教会は、遅くとも一三世紀初め頃にスカンディナヴィアの商人たちによって、崇拝の対象として建てられた。彼らの集会機能も有した痕跡がある。おそらくその起源は当時のノルウェー支配者であった聖「オーラヴ（Olaf）」二世ハラルドソンに遡ると推測されている。

聖オーラヴ二世は北欧のキリスト教布教に務めて、カトリック教会聖人に列せられている。また、ノルウェー統一の契機を創った英雄とし、現在でもノルウェーの騎士団勲章（オーラヴ勲章）、聖オーラヴ記念日（七月二九日）、そして国章である斧を持つライオン＝オーラヴ二世に象徴されている。確かに彼のエストニア地方の遠征や北欧を中心としたヨーロッパ各地への遠征、布教活動はあったようである。が、なお議論が続いている。伝説や資料の中には彼の痕跡が多く見られるという。ただし、伝説とは権力者が作るものなのか、民衆が語り継ぐものかは判然としない。それでもなおノルウェーでは聖オーラヴ二世のアイコンは活かされ続けている。

教会は、一四二五年、広く高い天井のある新たな聖歌隊席とペリスタイル（建物、中庭などを囲むような列柱形式）を完成させている。これはタリン建築史上で顕著な業績であるといわれている。

一八二〇年、火災の瓦礫の中からエンゼル像と数字一三三〇と刻印された冠石が発見されている。主建築の時期は、およそこの頃と推測される。

教会は一四三三年、一六二五年、一九三一年と雷による火災、宗教改革の暴動による火災などで修復を重ねてきた。特に一八二〇年の火災の際はタリンを訪れた（一八二五）ロシア皇帝アレクサンドル一世が財政的支援を約束し、続くニコライ一世がそれを実行している。彼の唯一の支援条件は風見鶏ではなく十字架を尖塔に付けることであったという。教会は一八四〇年、再奉納されている。これはエストニア教会建築史上では、ネオゴシックの始まりといわれ、現存の姿となっている。オレフ教会はタリン教会史の中で多くの教育的・文化的な役割を担ってきた。また、火災や戦火に遭遇したにもかかわらず、多くの貴重な歴史的な収集物を有している。一九五〇年以降、エバンゲリカル・バプテスト教会エストニア連合の本部となっている。


オレフ教会に関する伝説がある。

最初の教会設立の頃、タリン市民は港に多くの商船が訪れて、タリンが賑わうための相談をした。そのなかでひとつの妙案が決まった。はるか遠いバルト海からも望遠できる高い塔を持つ教会を建設することであった。そこにひとりの不思議な巨人オレフが現れて、市民たちの要望に応じようと話を出してきた。だが、その完成の報酬は莫大なものであった。ただし、ひとつの条件を付け加えた。「もし私が教会を完成する前に自分の本当の名前が判ったならば、報酬は一ペニーでよい」という。

市民たちにとっては、もちろん、一ペニーの方が大変に助かる。大勢で手を尽くして彼の名を探し始め、ついに彼の妻を見つけることができた。その妻が唄う子守歌を聞いた。

「ねんね、ねんね、あかちゃんよ。もうじきオレフがお帰りよ。きっときっとお月さん、買えるほどのお金を、おまえのオレフは持ってくるよ」

そこで彼の名を突き止めることができた。市民たちは、塔の先端で最後の仕上げをしている姿に向かって叫んだ。

「ほーら、オレフよ、十字架が少し傾いているぞ」

その声を聴いて、オレフは驚き、よろめき、足を踏み外して落下してしまった。地面に打ち付けられた彼の口からは一匹のヒキ蛙と蛇が飛び出し、すぐに彼の身体は石になってしまった。彼の死を憐れんだ市民たちは、彼の名を教会に冠することにした。その後、タリンの交易はバルト海で指折りの繁栄を続けた。

現在、彼の石像は教会裏の最下位にある。教会内部で祈ると自然とオレフにも祈りを捧げるようになっている。外で見た石像は、巨人といわれるほどの大きさではなかった。長い年月でその石は縮みに縮み、小さな石ころになったのだろうか。

この伝説はアイスランドのサガやエストニアの民間伝承、更に聖オーラヴ二世の話が混じりあって形成されたといわれる。いずれにしても、長い年月を経た民話や伝承、そして史実を明確に線引きすることは難しい。エストニア民族文学や北欧伝承のひとつのロマンと考えれば、心の温まる話である。

オレフ教会からさらにピック通りを南下すると、途中、ブラックヘッド兄弟会館がある。この東側の城壁には黒い帽子に白い顔の聖ニコラス（ニグリステ）教会がある。中世からの多くの貴重な美術品がある。中でも一五世紀後半に描かれたベルトン（バーント）・ノトケの「死のダンス」は有名である。貴族も、国王も、そして庶民も死の前では平等であるという死生観。中世に流布したこの寓話は絵画、版画や彫刻に表現されている。

さて、ブラックヘッドである。タリンには、ギルドたちの主たる互助組織であるグレートギルドがあった。

しかし、その組織会員は既婚者という規定があった。そこで未婚のギルドたちは、エチオピア生まれの聖人・聖モーリッツを信仰する教会を中心に、ブラックヘッド兄弟という互助組織を作った。ブラックヘッド兄弟の設立は一三九九年に遡るといわれている。兄弟の設立特許状によると「ブラックヘッド」会員は、互いが市の警護の任にあたり、祝賀行事に参加し、外の著名人や外国商人も受け入れることを義務とした。ロシアのピョートル大帝も若い頃に名誉会員であった。[73]

しかし、宗教改革、大北方戦争という動乱後は、教会との密接な関係も弱まって、上流階級の親睦団体となり、それぞれのギルドが主たる職業別組織へと変質していった。

この種のギルド組織はエストニアやラトヴィアだけで、他の西ヨーロッパには見られない。特にラトヴィアのリーガにあるブラックヘッド会館は、ナチスドイツの空襲によって破壊されたが、一九九九年には、ほぼ完全に再現されている。リーガにある会館の時計下には、ハンザ同盟の繁栄を象徴するリーガ、ハンブルグ、リューベック、ブレーメンの紋章が浮き彫りにされている。[74]

タリンのこの建物は、一五一七年からブラックヘッド兄弟会館として使われていた。一五三一年から三二年に大増築が行われている。一五九七年にはオランダ・ルネサンス様式に改築。ファサードの上部は守護聖人モーリッツ（マリティウス）像、その周りに当時エストニアを支配していたポーランド・リトアニア連合王家の紋章、そしてハンザ同盟大都市の紋章レリーフ（ブルージュ、ノヴァゴロド、ロンドン、ベルゲン）で縁取られている。下部の扉は緑の下地に赤い斜線と金色の花で美しく飾られている。両脇には聖モーリッツの頭部とギルドの紋章を、二匹のライオンがそれを支えるレリーフが彫刻されている。リヴォニア戦争の終結とスウェーデンによる覇権確立の直前まで、ポーランド・リトアニア連合がこのエリアに強い影響を有したことを読み取ることができる。内部はゴシック様式で、音響効果が優れており、現在、コンサート会場としてしばしば利用されている。

さらに南下すると、現在エストニア歴史博物館として使用されているグレートギルド会館がある。その向かいに一四世紀半からの大時計のある聖霊教会がある。タリンの他の教会が豊かな貿易商人たちのシンボルであるに対して、ここはエストニア庶民の生活と信仰の場であった。路地を行くと、ピョートル大帝の死の床に呼ばれたという由緒ある薬局があった。その前に立って、前方を見ると、広い空間が広がった。中世のタイムトンネルからやっと抜け出したのだ。そよ風が開放感を撹拌する。青空に向かってひと息、ふた息、最後にもう一度、深呼吸をした。

ラエコヤ（市庁舎の意）広場である。その周囲からは五本の槍のようにタリンの教会尖塔が眺められた。広場の名称は一九二三年からのもので、従来は単に「市場」と呼ばれていた。広場には商人たちが市場を作り、その後タリン市の中心となっていた。

狭い路地は旅人たちを中世の空間に誘う。「すべての道はローマに通じる」という諺があるように、タリンのすべての迷路は旅人をこの広場に誘い、癒すのであった。

一四四一年、ここはタリンで初めてクリスマスが祝われた場所であった。それ以来、一二月になるとクリスマスの木が立てらる。期間中を通じて多くのタリン市民が集い祝ってきた。現在では多くの観光客も市民と共に中世や現代の音楽を聴きながら、温かなワインをちびり、このクリスマスを楽しんでいる。

しかし、この場所は、平穏な日常的市場だけではなかった。エストニア（またはリヴォニア）やタリンの権力者による残酷な歴史も残している。広場中央は、盗賊や犯罪者が処刑された場所でもあった。小さな商売上の僅かな不正や債務不履行で罰せられた者もいた。処刑台の目印がある場所には、不幸にして冤罪となった者による怨嗟の声と影が漂っているようである。

この広場にあるタウンホール（旧市庁舎）は、一三二二年に遡るといわれている。その後、再建と改装を続けて、現在の姿となっている。その尖塔にはトーマスじいさんと称する風見像がある。今日見る像は複製である。一五三〇年に造られたと推定される本体は市の博物館に保存されている。

伝説によると、かつて貧しい漁夫の寡婦が漁港近くに住んでいた。彼女の唯一の楽しみは一人息子トーマスの成長であった。息子は仕事熱心で、また弓術の腕も立ち、毎年五月にパロット（鸚鵡）広場のグレート・シーゲートで行われる弓技大会に出ることを待ち望んでいた。標的は高いポールにある木製の一羽の鸚鵡であった。そのポールにある鳥を撃ち落とすのに成功したものは、グレートギルドから名誉ある銀のカップを与えられた。

ある日、競技大会の開始前に、トーマス少年はパロット広場に現れて、仲間との試し射撃で一位になった。負けた仲間たちは彼の貧しさを揶揄した。怒った彼は思慮もなく木製の鸚鵡を目がけて矢を放った。矢は鸚鵡を射落とした。ことは試合の前日である。「射手の王」になるどころか、大譴責と大会不参加が問題になるのは必至であった。事件の噂はタリン中に広がった。少年の母親は大会当事者から厳しい罰則を受けるのでないかと気が気でなかった。

けれど、ことは全く違っていた。グレートギルドの長老は少年を召喚して、彼に町夜警の地位を与えたのであった。その役割はギルドから衣類や食料を支給される。少年も母もこの将来ある役割に喜んだ。時が過ぎて、少年も大人となり、リヴォニア戦争を戦い抜き、多くの部下を率いて活躍する指導者となった。そこで市民は彼をオールドトーマスと呼び親しみ、讃えた。ひげを生やして軍服を着たトーマスの姿は、まさしくタウンホールにある風見像に似ていた。市民たちはその後、彼に因み風見像をオールドトーマスと愛称するようになった。その像は現在、タリン市のマスコットンシンボルになっている。

歴史あるタウンホールだが、内部見学は次の楽しみにした。

ラエコヤ広場から西のヴィル門に向かった。この辺りは世界遺産の城壁に沿ってニット露店が並ぶために「セーターの壁」といわれてる。往時の市井の賑わいを感じた。途中、書店に入りエストニアの歴史書を購入。購入時、店員はエストニア語による歴史書か、それとも英文のものかと聞いてきた。もちろん英文を注文した。店員は少々がっかりした様子。でも、正直エストニア語は全く理解できないのだから「ごめんなさい」と言わざるをえなかった。

写真を撮るために、ピックヤルク（長い脚の意）通りの坂を上り、小高い丘トームペアの絶景ポイントに向かった。タリンの支配者がいたトームペア城と商人たちの住む下町を分断するゲートタワーがこの通りにあった。一四五四年から一四五五年にかけて、通りに沿って擁壁が造られた。現在も残っているこのゲートタワーは権力者が歩いたピックヤルク通りと庶民のリヒケヤルク（短い脚）通りの接点にある。ヤルク（脚）の由来は、大きな足底から脚が伸びているような奇妙な排水樋があちらこちらに見られたからである。そこで人々はタリンの町を冗談ぎみに「跛行の街」とも呼んでいた。

ゲートタワーの扉は、堅牢な樫と重い金属によって造られ、夜にはしっかりと閉ざされる。両区域の住民は夜明けまで往来は禁止されていた。この扉は支配者と被支配者をしっかりと引き裂いた象徴である。逆にこの鎧戸によって、それぞれの独立した文化と下町の自治が守られたともいえる。

ツアーで来た時、うっかりカメラのバッテリーをホテルに置き忘れて、戻ったことがある。仲間に追いつくために急な近道を上った。途中で持病の喘息発作が起こり、結構きつい坂道だったという印象が残っていた。ところが二度目に訪れた時は、中世の幻想的な雰囲気を漂わせた不思議な道に思われた。擁壁にしっかりとすがるように黄色と赤のバラが、そして下地に濃緑な苔が見られた。色彩豊かな歴史的壁を改めて見直したのであった。

丘への坂を上り終えた。エストニア最古の教会である大聖堂から東側に出た。展望台があり、遥か遠くに薄青い海、立錐するいくつかの尖塔。そして赤銅色の屋根の波。特に初春、屋根々々に雪が残るこの**タリンの雪景色**は絶景である。この記念写真は私の居間の宝となっている。展望台の風景は、時代を超えて多くの旅人を感動させてきたのであろう。

この展望台から南西に広がる小高い丘一帯をトームペアという。

エストニアの国民的叙事詩「カレヴィポエグ」（カレフの息子）によると、この丘は古代エストニア支配者であったカレフ王の陵墓であったという。

一八世紀末から一九世紀初頭にかけて、エストニアは農奴解放、エストフィリア活動などのうねりの中、エストニア民衆の啓蒙と民族主義が勃興していった。特にエストフィリア活動はドイツやフランスの啓蒙思想の影響を受けたバルトドイツ系やドイツ移民による上流階級（非エストニア人）が中心となっていた。彼らは民衆たるエストニア人たちを民族として目覚めさせ、その後のエストニアが辿る決定的な起爆剤となっていった。

この波の中、J・G・ヘルダーなどのドイツ文学運動や思想の影響を受けて、一八三〇年代、医師フリードリヒ・ファフルマンなどがエストニア各地の民話を収集していった。彼の死後、同じタルトゥ（エストニア、第二の都市）の後輩医師で、文学者でもあるフリードリヒ・クロイツヴァルがそれらの民話を基に「カレヴィポエグ」を完成させた。この作品の背景には近隣諸国の国民的叙事詩、特にフィンランドの「カレワラ」の影響が大きかったといわれる。

エストニアの最初の支配者カレフの息子カレヴィポエグは、父カレフの死後、誘拐された母リンダを探してフィンランド、ロシア・イングリアを旅することになった。多くの出来事に遭遇した後、彼の兄たちを石ハーリングゲーム（石投げだろうか？）で倒して、エストニアの王となる。彼はエストニアに街や要塞を造り、土地を耕して国を豊かにした。その後、知識を深める旅に出る。多くの試練と戦い、最後に地獄門の岩で永遠の捕らわれの身となって死する。ファンタジーな物語でイギリスのトールキンによる『指輪物語』を連想してしまう。まさに、これはエストニアの人々にとってエストニア版『指輪物語』としてベストセラーとなったことだろう。

この「カレヴィポエグ」の最初の部分がカレフのエストニアの国造りの話である。

カレフは北国の老王の三人兄弟の末息子で、鷲に乗りフィンランド湾を渡り、エストニア最初の王となった。彼は雌鳥から生まれた美しい娘リンダに出会い、結婚する。しかし、最愛の夫カレフが旅で死んでしまった。リンダは、彼の子孫が永遠に夫カレフを忘れることがないようにと、夫のために巨大な陵墓を造ろうとした。リンダは彼の墓の周りに毎日石を積み上げ始めた。だが、完成を目前に石を運んでいるとき、木の根っこに躓き転んでしまった。重い石は彼女の肩から滑り落ち、二度と運び上げることができなくなった。彼女は思案に暮れ、七昼夜激しく泣き崩れた。この時の涙でタリン郊外にあるウレミステ湖ができた。そしてトームペアはカレフの休息の丘となったのである。

一九二〇年、リンダの小丘（旧スウェーデン堡塁跡）にリンダの複製像が建てられた。最初の銅像は一八八〇年、エストニアの彫刻家でアカデミー会員であるA・ヴァイツンベルグ（一八三七〜一九二一）によって作られた。また、このリンダの小丘は一九四〇年代、旧ソ連によってシベリア流刑になった人々の追悼のシンボルともなっている。遠い厳寒の地に連れ去られた人々の妻と黄泉の国から帰らぬ夫カレフを思うリンダの心がオーバーラップしたのであろうか。毎年二回、四月と六月にリンダ像に花輪がかけられ、主要閣僚の演説とキャンドル点火がされている。一九四二年の最初の式典は、一九四一年六月にシベリアへの強制送還に対する抗議集会を兼ねて開催されたものであった。ファンタジーの世界に迷い込むとなかなか脱出がむずかしい。さらに政治的な逸話が絡むと物語が玉石混淆して、果ては玉のように砕けてしまう。

簡単にこのトームペアの歴史を要約しておこう。

一二一九年の夏、デンマークは昔からあったエストニア人居住地域リンダニセ（「新しい砦」の意かな？）砦のあるこの丘を占領して、丘の南東に要塞を建てた。現在のトームペア（ドイツ語で「聖堂が建つ丘」）と呼ばれる地域である。現在、これらの要塞や砦はなく、おおよそ大聖堂の西側にあったともいわれている（私の見た展望台あたりだろうかな・・・？）。しかし、まもなくリーガで設立された帯剣騎士団（刀剣騎士団）が北上して、デンマークを駆逐する。一二二七年からおよそ三年かけて彼らはこの地で出土する石灰岩によってローマ様式の城を再建した。しかし、この支配区域に居残ったデンマーク人たちはここに大聖堂を立て、住み着いたようである。私見であるが、彼らの経済力が武力に優り、存続を維持したのであろう。

さらにこのエリアは時々の権力者である貴族・聖職者・騎士たちの居住区域ともなっていった。この要塞

（城）兼大聖堂区域は、麓にある東西交通の要所として形成された商人たちの下町とは明確に隔てられていた。その後、デンマークが再来し、帯剣騎士団からトームペアを奪還した。だが、この地は、リヴォニア騎士団（ドイツ騎士団に吸収された帯剣騎士団の自治分団）、さらにポーランド・リトアニア連合（たった二か月とか？）からスウェーデンへと支配権力が絶えず変遷していった。それらの歴史の中で、城壁と多くの塔が建てられて現在の世界遺産の原型が出来上がった。

大北方戦争時、ピョートル大帝は、ナルヴァの再占領とエストニア地域の支配によってスウェーデンの反撃を阻止しようとした。彼の対抗策は、徹底的にタリン・エストニアを焦土化する作戦を展開した。一七一〇年、ピョートル大帝はタリンを陥落させた。この時、タリンの多くの城壁と塔が崩されている。その後、トームペア城は時の支配者によって補修改築が続けられてきた。特にロシア・エカテリーナ二世治世下、バロック様式に改築されて、城はエストニア総督の居所と権力の中枢となった。

一九二二年、エストニア独立の混乱の中で、トームペア城は焼失したが、城跡にエストニア共和国の議会棟が建てられる。一九三五年には、ホテルのような宮殿・南棟が建てられている。この時、政府は旧トームペア城を含めた大規模な改修工事をしている。ただし、現在、実質的なは旧トームペア城の建造物は、北と西の外壁、三つの塔が一五世紀の姿を留めているだけである。

城の南西角には、四六・六メートル（四五・六）の通称「のっぽのヘルマン」といわれる塔がある。エストニアの象徴である青黒白の三色旗が靡いている。国旗は国歌（「愛する祖国？」）の調べの中、日の出と共に掲げられて、夕陽の中で降ろされる。この塔の下層階は保管倉庫として初期に設計されていたが、その後、長く監獄として利用されてきた。窓もドアもない陰気な地下には中世の犯罪者、謀反人、さらにエストニア革命に加わった者たちがこの塔の中で苦難な時を過ごしている。

城というよりも公舎（現在議事堂が入っている）に見える現トームペア城（？）。反対側には、アレクサンドル・ネフスキー教会がある。威厳を持ったロシア正教の建物が真向から堂々と対峙している。礼拝前の鐘の音は市内の多くの教会の中で最も広く響き渡るという。この教会はエストニア独立の象徴である国会議事堂の真向かいにある。そのために、しばしば取り壊しが論議されてきた。その意味では抑圧されてきたタリン市民・エストニアの国民感情も理解できる。が、これもまたエストニア史の合わせ鏡であることを思うと、外部者としてとやかく言い難い。議論は終わったわけでもなさそうである。歴史観とは難しい問題ですね。

念のためにタリンの民族構成と宗教を述べておこう。

市民の民族構成は、フィン・ウゴル系のエストニア人が五四・九％、ロシア人が三六・五％、ウクライナ人が三・六％、ベラルーシ人が一・九％、フィンランド人が〇・九％。その他三・一％にはドイツ系が含まれている（二〇一三年調査、二〇二三現在のウィキペディア）。EU内では最もEU以外の国籍を持つ住民が多い都市となっているとの評。言語は公用語であるエストニア語と公用語でないロシア語の割合が拮抗している。

宗教的には、伝統的にドイツ系移民が多く、スウェーデン支配の歴史もあり、福音ルーテル派キリスト教信者が多いはずであった。今回調べてみて、想定以上にロシア系移民と正教会信者が多く、また無宗教の多いことも意外であった。過去の先入観は否である。[75]

さてこのアレクサンドル・ネフスキー教会の敷地であるが、本来はトーンペア城壁の一部空き地であった。ロシア皇帝アレクサンドル三世はエストニアの民族運動の激化を抑え、ここにロシア正教会信者のために教会を建てたといわれる。一九〇〇年、サンクトペテルブルグの建築家ミハイル・プレオブラジェンスキー（一八五四〜一九三〇）により設計、ノヴァゴロドの英雄アレクサンドル・ネフスキーに献納されている。[76]

五つのドームを持つ教会は、モスクワの救世主ハリストス大聖堂を模したものである。モスクワの大聖堂は、一八八三年に完成したが、一九三一年、ロシア正教会の象徴であるという理由でスターリンの命によって爆破されている。しかし、ソ連崩壊後、二〇〇〇年に再建されている。モスクワにある他の教会群（例えばウスペンスキー大聖堂やワシリー寺院など）に比べると、アレクサンドル・ネフスキー教会も救世主ハリストス大聖堂も玉葱型のくびれが少ない。いずれも中世ロシア・ビザンティンに範をとるロシア復興建築様式（ロシア新古典主義）を基調としているからだろう。この教会様式は、一九世紀から二〇世紀にかけて、ヨーロッパ建築に影響を与えたロマン主義や民族主義の雰囲気が確かに漂っている。ネフスキー教会の収容人員は一五〇〇人といわれて、タリンでも異質な建造物なのかもしれない。

教会の正面はロシアアカデミー名誉会員である工芸家A・N・フローロヴによるモザイクで飾られている。内部には三つの祭壇がある。周囲の装飾は、色彩豊かなモザイク、イコン、そしてステンドグラスが見られる。祭壇の奥から差し込む青い光は、神秘と厳粛さを、壁面の多くのイコンは物語性を醸し出している。祭壇にある窓辺のステンドグラスは、サンクトペテルブルグの工芸家E・K・ステインケによるものである。

祭壇前の説教壇は、第一五代モスクワ及び全ロシアの総主教、ロシア正教会首座主教であったアレクシイ二世（アレクセイ・ミハイロヴィッチ・リディゲル）が長い間ミサを行った場所である。

彼は、一九二九年にタリンで生まれ、この教会に親しみ、レニングラードの神学校で学んでいる。さらにレニングラードから再びタリンへ。そしてノヴァゴロド、レニングラード府主教となり、一九八六年から総主教に選ばれた。彼は寛容さと勤勉によってソ連時代の弾圧と抑圧を回避させて、ロシア正教の復活に努力したのであった。他宗派との融和、宗教教育と「信教の自由」という難題をソヴィエト政府に認めさせている。二〇〇八年一二月、彼はモスクワ郊外で死去しているが、彼の忍従な活動の源流は、このタリンでの人生が反映しているといわれる。

教会に入ると、すぐ右の壁に日露戦争で沈没したバルチック艦隊を記念したプレートがある。日露戦争の日本海海戦で戦ったバルチック艦隊は、サンクトペテルブルグにあるクロンシュタットをニコライ二世に見送られて、タリン（ロシア帝政時代はレーヴェリ）に寄港。そして母港リバウ（現ラトヴィアのリエパーヤ）で最終補給を行い、長い航海を始めている。バルチック艦隊とは、ピョートル大帝によって創設された伝統ある海艦隊である。日露戦争時、その中から精鋭艦隊を選び、ウラジオストクと旅順にあるロシア太平洋艦隊を支援するために、第二・第三太平洋艦隊として急遽編成されたものである。タリン寄港の目的は武器弾薬・食料の補給に加えて、日本艦隊に対応するために激烈な訓練を行なっている。また、ここにあるプレートの由来は、海戦で犠牲になった多くの艦隊員がエストニア出身者であったからである。このメモリアルは、日本、ロシア、そしてエストニアの悲劇の合わせ鏡といえる。

外に出て教会の写真を撮ろうとするが、広角ではデフォルメされてしまう。さらに北の夕暮れは、光が弱く、露出調整のISO感度を上げるが、ディスプレィで見た表示結果と違っている。中世の狭い路地のために画角調整で後ずさりできない。どうしても全体像が撮れず、今流行りのドローンがあればと思いながらの失敗作となった。

教会の南にある日本大使館に寄り、エストニアに住む日本人について少々の知識を得た。その後、四九メートトもあるキーク・イン・デ・キョク（塔から「台所をのぞけ」の意かな）塔、**デンマークの庭**（エストニア人と戦

って窮地に陥った時のデンマーク国旗起源の場所）と旧市街南部を散策した。

最後に中世の壁の呪縛から解かれ、現代版の占領博物館を訪れることにした。ツアーで来たときには占領博物館が日程に含まれていなかった。エストニア人のガイドはソ連時代のレジスタンス活動を誇らしげにしきりに語っていた。この占領博物館はソ連による占領初期から独立までをテーマにした資料館である。ぜひエストニア訪問の折には、この歴史の合わせ鏡を訪れてほしい。インターネットでも資料を見ることができる。

占領初期から独立までを時代区分ごとに、七本のドキュメンタリービデオを中心に上映している。当時の遺産も陳列している。独立までの苦難な歴史を再現しようと努力したのであろう。感動した。

エストニアの支配の歴史は、リヴォニア騎士団、デンマーク、ポーランド・リトアニア連合、スウェーデン、そして帝政ロシア・ソ連などと波乱に満ちている。この展示は、抑圧され、逆境に喘ぐエストニア史の最後の局面であることを祈る。

映像の最後の場面はソ連からの独立であった。薄暗い上映室に明かりが点ったときには、心底、ほっとした。メモを取りながら閉館ぎりぎりまでの見学となった。

七時半のヘルシンキ行きに間に合うように、急ぎに急いだ。今日は最初、雨がちだった。明日の天気が気になった。きっと波穏やかで、天気は回復するだろう。

12・トゥルク・ナーンタリ

今回はヘルシンキを拠点として、二泊三日の温泉地ナーンタリとトゥルクを組み入れてみた。フィンランドのサンドイッチのまあーるいサンピュラを切り裂いて、中にハム、チーズや生野菜を入れるような計画である。ヘルシンキを離れてナーンタリに滞在し、「フィンランド歴史の具」トゥルクを味わってみたい。鏡に映る「歴史の具」は、ヘルシンキとはひと味違う味になりそうである。

早朝、ヘルシンキ・カンピの中央バスターミナルから、約二時間半。トゥルクの長距離バスターミナルに着くと、ホテルの送迎バスを探した。バスを探すのに少々戸惑った。幸い、バスは少し離れたマーケット広場に駐車していた。何とかバスに乗ることができて、旅の不安は安堵感に変わった。個人旅行の面白さはこの辺りにあるのかもしれない。

ナーンタリは、古都トゥルクの西一三キロ離れた古い町である。一四世紀頃にスウェーデンやスカンディナヴィアで、宗教的に影響のあった聖ビルギッタ修道院が、一四三八年、トゥルクの北マスクに建設された。その後、カルマル同盟のデンマーク王「バイエルン」のクリストファー三世（一四一六～一四四八）によって海岸部のこの町に移転された。現在、この地は美しい渓谷（ナーンタリ・・・スウェーデン語）の名で広く知られ、ラテン語「V・G」は町の紋章となっている。ここには、フィンランドでただひとつの聖ビルギッタ修道会がある。

一四四三年、クリストファー三世は町の憲章を定めて、貿易権やその他の特権をこの町に与えている。同時に多くの人々の巡礼地となり、街も形成されて、繁栄していった。しかし、スウェーデンのグスタヴ一世ヴァーサがデンマークから独立すると、福音ルター派が支持されて、宗教改革が進められた。多くの教会所領が没収されて、修道院活動の収入源も絶たれていった。ナーンタリの修道院施設も同じ運命を辿り、取り壊されている。現在残っている教会は唯一往時の姿を留めている。修道院がなくなると、町は衰退し始めた。追い打ちをかけるように大火による被害やペスト病の蔓延に至る。通行税や関税も減少して、街の苦境は続いていった。一時、ナーンタリの住民から全てをトゥルクへ移転する案も出てきた。しかし、その中で、尼僧たちが日課としていたニット手芸とソックス編みが町の財政を支えるようになった。

一六四二年、グスタヴ二世アドルフの死後、ペール・ブラーへが宰相オクセンシェルナと執政をめぐり権力闘争に至る。その結果、ペール・ブラーへは敗れて、フィンランド総督としてトゥルクに赴任した。彼はトゥルクを中心にフィンランド経営に心血を注ぐようになった。ナーンタリに新たな町の憲章を定め、街の復興にも挑んだ。しかし、かつての繁栄を取り戻すことはできなかった。

潮が満ちてきたのは一九世紀末、カレヴァンニエミ岬に温泉（スパー）が発見されたことであった。ナーンタリは、フィンランドのみならず、ロシア、スウェーデンからの観光客と保養者で賑わうようになった。さらに一七世紀、防火計画された幾何学的な町の復興計画にもかかわらず、狭い中世の路地が残ったままであった。キャットテール（猫の尻尾）と呼ばれて、中世の雰囲気を醸し出していた。このことはフィンランドの「四つの中世ノスタルジックタウン（他に、トゥルク、ラウマ、ポルヴォー）」として、町の評価を高めていった。

一九二二年になると、フィンランド大統領の公式別荘が修道院から湾を隔てたカルタランタ（ルオノンマア島）に建てられた。ナーンタリはフィンランド第二の政庁都市となったのである。さらに一九九三年には、カイロ島にムーミンワールドが開園すると、世界中からムーミンファンが集うようになった。保養とエンターテイメントの相乗効果（シナジーかな）である。

現在も昔のスパーがレストランの一部に残っている。一九八四年に完成したナーンタリ・スパーは伝統を引き継ぎつつ、新たなビジネスで世界から観光客を呼び寄せている。幸い、大型客船を係留するこのスパーでは、宿泊、サウナ、プールサイドなどを楽しむことができた。もちろん、豪華客船への宿泊は、とても私には叶わなかったが・・・。

また、ナーンタリは今や観光地だけではなく、フィンランドの主力エレクトロニクス産業や石油精製など、トゥルク経済圏の重要なメンバーである。貿易港としても、他の北欧諸国との有力な結節点となっている。

宿泊ホテルのスパーで旅の汗を流した後に、周囲の森林を散策した。まだ岸辺の薄氷に残雪が残っている。氷は春の兆しを感じさせて赤味を帯びている。対岸に見えるスパーホテルの全景、そして木々の間に時々顔を見せる中世の教会。まもなく進むと、白く長い橋が見えてきた。ムーミンワールドの入口である。

橋の両側には澪標が点在し、カモメが顔を向けて歓迎の目配せをしている。数人の訪問者が戻ってきた。ヨーロッパ人ではないようだが、簡単な英語で状況を聞く。出入りが自由とのこと。確かにゲートの料金所は閉じていた。園内は冬のフェスティバル、春夏の多種多様な催しに備えて保守点検や修繕期間を設けているようである。周囲の森には静寂が広がっていた。時々野鳥のさえずりが聞こえる。ほとんどの施設に残雪がまだ散在している。子供たちの歓声や大人の笑顔とは無縁な、雪の残る楽園である。

ブルーベリー色の胴体に赤銅色のとんがり帽子を被ったムーミンハウス。その下にあったシーシェル（貝殻）。人魚姿の貝殻に顔を突っ込み、写真をパチリ。ネットによると、最近、この貝殻には最新の電子装置が組み込まれたようで、多くの訪問者を楽しませているという。でも、アナログな私の記念撮影も楽しい思い出となった。

ムーミンワールドやアニメの「影のアイディアマン」であるデニス・リィヴソン（一九四六〜二〇一三）は、トーヴェ・ヤンソンのムーミンキャラクターを最も効果的にひとびとに伝えたといわれている。ムーミン哲学はいくつかの大きな価値観で構成されていると彼はいう。

「それは家族、友情、他人と自然に対する尊敬、冒険と心の安らぎのすべて」であるという。家族と共にこのカイロ島や周囲の島々で、自然と文化の素晴らしさをぜひ享受してほしいという。彼のこの思いは、一九六七年、イスラエルを旅行中にボランティアで戦ったアラブとイスラエルの六日間戦争にあるという。彼の経験から若い人々に反戦を説いている。

ムーミンワールドを一回りした。展望台からヨットハーバーを眺める。住宅街の一部区画、そして教会墓地も歩いてみた。墓地は北欧やロシアに見られるような彫刻公園であった。墓地に埋葬された人々は、地上での愉楽を永遠にあの世にも期待して、墓の彫刻芸術に己を託しているようである。死後もまた人間の欲望と芸術的な行為は続くのかもしれない。

ホテルに帰り、海に映る夕陽をカメラで追い続けた。北欧の残照は明日への期待であった。日は沈むが、また昇る。バス旅の疲れが静かに癒されていった。

翌日、ホテルの送迎バスでトゥルクに行く。最初に印象に残ったのがプウトリィマーケット広場の**若い男女の乗馬彫刻**である。帰国後、ネットで調べて、元フィンランド大使館勤めのリトヴァさんにも問い合わせてみた。そして、この彫刻の概要を知ることができた。

彫刻家ヴァイノ・アールトネン（一八九四〜一九六六）によるこの彫刻は、第二次世界大戦中にイェーテボリィ（スウェーデン）から受けた食料や衣類などの多くの援助に対する感謝の表現であった。

当時、冬戦争、継続戦争、そしてラップランド戦争などで人々の生活は艱難辛難に満ちていた。カレリア地方からの難民、特にラップランド戦争によるフィンランド西南諸都市への影響は甚大であった。冬戦争以来、スウェーデン各地からの義勇軍が対ソ・フィンランド戦に参戦している。スウェーデン政府の表面上の中立にもかかわらず、両国市民間の相互信頼は高まっていった。このような戦況の中で、イェーテボリィからの多大な援助物資はトゥルク市民にとって貴重であり。感謝に富んだものであった。

戦後、トゥルク市民が復興に励む中、イェーテボリィ市民に絆と感謝の念を贈る計画が持たれた。その中で国民に不動の名声を有するヴァイノ・アールトネンに記念碑の製作を依頼した。一九四八年、デッサンが完成。さらに少々遅れたが、二体の像が鋳造されて、一九五五年、完成した一体はイェーテボリィへ、他の一体はトゥルクのコンサートホール傍に設置された。

作品は馬に乗る若い男性と女性の像である。馬の頭は互いに友情溢れる姿勢で向き合っている。台座には「友情の絆で結ばれて　オーボ（トゥルクのスウェーデン名）市民から親愛なるイェーテボリィ市民へ」と刻印されている。私にとってこの広場で最も感動したのはこの言葉であった。

追記すれば、当時敵国都市であったサンクトペテルブルグ（一九五三年。最初の西欧側との姉妹都市）は、その後イェーテボリィ（一九四六）と同じようにトゥルクとも姉妹都市となっている。

帝政ロシア時代、トゥルクはロシアの西洋への重要な窓口であり、対スウェーデンの前衛基地であった。

南にはバルト海制海権の拠点軍港ハンコやポルッカラがある。ハンコは、一九四〇年、モスクワ条約でソ連に割譲されている。しかし、この港の周囲はフィンランド領土であるし、トゥルクヘルシンキ間の鉄道もこのエリアを通り、さらに一部エリアはスウェーデンのボランティア隊によって監視されるという奇妙な軍港になっていた。一九五〇年、租借地ポルッカラと引き換えにハンコは返還されている。その後、一九五六年にポルッカラもまた返還されている。ポルッカラは五〇年間という租借期限であったが、一一年という早期返還になった。その理由はフィンランド・ソ連友好協力相互援助条約（YYA）締結と両国の良好な政治環境、そして国際情勢が寄与したものと推測される。

これらのトゥルクを中心とする南西フィンランドは、バルト海支配の戦略地として魅力あるエリアであったのだろう。帝政ロシア、ソ連、そして現ロシアへと政権交代が起こるたびに、時の首脳・指導者はトゥルクを訪れている。トゥルクは現代に至るまで、ロシアが無視できない中核港湾であり、軍事戦略上で目を離せない、しかも産業基盤に富むエリアであり続ける。

いずれにしても、この印象的な彫刻像から、ノーザンミラーズの各都市間の交流を見ることができた。

マーケット広場から南下して、アウラ川沿いへ出た。アウラとはスウェーデン語の語源では「水路、水脈」、フィンランド語では生活臭のある「鋤」を意味する。薄褐色の川は、ゆっくりと東から西の多島海に向かって流れている。上流は農業地帯であったために、かつては牛糞尿の富養泥で濁りも濃かった。一九七〇年代以降、かなり改善されて透明になっている。今では多くの魚類を川底に見ることができる。市民の上水道の貯水池もあり、川沿いには古代からの住居遺跡が発見されている。

フィンランド語の都市名はトゥルクで東スラブ系起源（あるいはスウェーデンの説）の市場を意味するが、ス

ウェーデ語ではオーボである。つまり単純には川に住むである。しかしより古い法律用語ではそこに住む権利を表している。その権限は国王の所有する土地に永続的にすむことであるという。まさにトゥルク住民はこの川と共に歩んできたのであった。川沿いには市の文化施設も多く見られる。

最初にこの川沿いにあるシベリウス博物館を訪れることにした。というのは、トゥルクにシベリウスの博物館がなぜあるのだろうかと長く疑問に思っていたからである。シベリウスといえば、奥地のアイノラと森と湖を想像する。前の箇所で述べたヘルシンキのアカデーミネン書店でのシベリウス展も思い出された。その時の展示会資料では、トゥルクとの関係は見いだされなかった。

シベリウス博物館はまさにアウラ川対岸にあった。正面は、コンクリートの外枠を張り付けたような彫塑的な外壁である。そして低層（地下と一階）が横広がりの長方形である。モダニズムの原点である機能性を象徴している。正面玄関を含めた広いガラス張りは、外との親和性に富んでいた。

一九五〇年代末、トゥルク市とオーボ・アカデミー大学では、ジャン・シベリウスとヴァイノ・アールトネンの合同の博物館を建設しようと議論されていた。しかし、この計画は財政的に頓挫した。そこでシベリウス博物館だけの建設計画が進められて、トゥルク市も引き続きその計画に予算を付けた。

一九六〇年代に入って建築家ヴォルデマル・ベックマン（一九一一～一九九四）がシベリウス博物館の建屋設計を任されることになった。そして、一九六八年、彼はニュー・ブルータリズムいう斬新な現代建築様式によって博物館を完成させている。ブルータリズム建築とは粗い打ち放しのコンクリートによって、荒々しさと豪快さを表現している。彼が以前に増築したオーボ・アカデミー大学図書館の形態とは大きく異なっている。古典様式とモダニズムという単なる折衷思考から完全に解き放たれている。内装は大きな曲面を描く放物線状の骨組みで、同時代のメキシコの建築家フェリックス・キャンデラ（一九一〇～一九九七）から影響を受けているといわれる。キャンデラの用いた「構造と表現」は、流れるような曲線と曲面が一体化してひとつの空間を作り出している。どうにか、博物館は完成し、同年に開館を迎えることができた。

この建物の中庭は、著名なフィンランドのランドスケープデザイナー・造園家メイ・リス・ローゼンブロイジャー（一九二六～二〇〇三）によって設計されている。ただ現在庭園は廃止されているようで、ひとつの半円球の立体だけが置かれている。少々気になるところである。

博物館は大きく分けて三つのセクションになっている。ひとつは世界中から集められた歴史的楽器や民族楽器の展示と保管。二つ目はシベリウスを含めた音楽家の楽譜、原稿、録音、写真、コンサートプログラム等を有する文書資料室。そして三つ目はコンサートホールである。ホールは一九六八年以来、水曜コンサートシリーズが続いている。その他の演奏会は室内楽としてジャズ、民謡、もちろんクラシックなどもしばしば演奏されている。現在、博物館の管理と資金提供はスウェーデン系オーボ・アカデミー大学（一六四〇年にトゥルクに設立され、一八二七年にヘルシンキへ移転した王立オーボアカデミー（現・ヘルシンキ大学）とは異なる）音楽学科に属するオーボ・アカデミー財団が担っている。

博物館がシベリウスに因んで名づけられた理由を辿ってみたい。

博物館の建設地は王立オーボ・アカデミーの植物園であった。植物類はカール・フォン・リンネの弟子ペール・カルムが持ち帰ったものに由来する。その後、トゥルク大火に遭い、植物園に関わる王立オーボ・アカデミーがヘルシンキに移転すると、植物園跡地が売却されて、所有が変わっていった。

一九二三年、多くの事業を経営し、博愛主義者として有名なマグヌス・ダールストレームがオーボ・アカデミー大学に植物園の跡地を寄贈した。一九二六年、伝統的なスウェーデン、フィンランド、エストニアの民俗歌謡やダンスの研究者であるオットー・アンデションが、創設間もないオーボ・アカデミー大学の音楽学・民謡学部の教授に就任した。すると、船舶主であったロベルト・マットソンがその運営に資金援助を申し出た。さらに彼の息子であるクルトも世界から収集した楽器類を大学に提供し、ここに博物館の基礎が出来上がったのである。博物館は「オーボ・アカデミー大学の歴史的音楽コレクション」という名称で知られていた。

ただ、しばしばシベリウスに関する展示会などがこの建物で開催されて、「シベリウス博物館」と呼ばれることもあった。この名称が論争となると、混乱を避けるためにアンデションはシベリウスの名前を建物に正式に使用することを彼に依頼した。シベリウスはこれを快く承諾したのであった。

「オーボ・アカデミースクールの歴史的音楽コレクションが「シベリウス博物館」という名前を冠することは大きな喜びをもって同意いたします。私の人生と芸術に対して、あなた方がいつも示してくださる親しみのこもった私への関心に深謝いたします。博物館はあれこれとユニークなものを追い続けて、オーボ・アカデミー大学は今や最大の音楽コレクションを擁することになりました。ですので、この件をお受けすることは私の誇りであり、喜びとするものです。一九四九年一月一六日　ジャン・シベリウス」（拙訳）

シベリウスは、一九〇〇年、パリで開かれた国際万国博覧会にヘルシンキ・フィルハーモニック（現・ヘルシンキ・ソィルハーモニー管弦楽団の前身）の副指揮者として同行し、トゥルクのカルペラン男爵と知己を得たカルペラン男爵はアマチュアの音楽愛好家で、この頃から死ぬ（一九一九）までシベリウスの良き相談相手であり、経済的にも彼のために多くの援助をしてきた。特に民族独立を奮い立たせた交響詩「フィンランディア」の名称は、カルペランの提案として有名である。曲名の経緯からすると、彼らの友情がいかに深いものであったかが推察される。

トゥルク生まれのオーボ・アカデミー大学音楽部長ファビアン・ダルストロームは、彼らの親交の証として二人の間で交わした書簡を出版している。彼は二〇〇五年、シベリウス研究によってフィンランドラジオ年間最優秀音楽賞を受けている。オットー・アンデションもまたフィンランドの民俗音楽の研究者として、その後もカレリア民俗音楽からシベリウス音楽への影響、そしてその端緒を研究し続けている。もちろん、多くのトゥルクの人々も、作曲家シベリウスを誇りに思い、シベリウス博物館を物心両面で支援している。

玄関ホールのテーブルから外を眺めながら休息を取る。広い窓枠からアウラ川を眺めると、庭のトゥルク大火を免れた樫の木が春の装いを始めている。植物園時代からトゥルクを見守っていたのだろう。フィンランドの象徴であるシベリウスの常設展示を見て、博物館を去った。あの重々しい序奏から、激しいクライマックスへ、そして潮が引くような美しい旋律、最後に高らかに訴え続けるフィンランディア賛歌が背後から私の全身を振幅させた。アウラの岸辺を歩くと、川面には幻の交響曲となった第八番が波紋を広げている。上流からの小さな木屑同士が彼の楽曲に合わせて共振するかのように流れ去っていった。

シベリウス博物館を少し下ると、トゥルク大聖堂の森が広がっていた。大聖堂の巨大な塔はトゥルクのランドマークであり、フィンランドの歴史的信仰の中心である。

木造のトゥルク教会は一三〇〇年代、アウラ川上流の岸にあるコロイネンの小高い土手に建てられた。初期教会にある聖具室の壁は、フィンランド最古の石造りと考えられている。現在もその礎石の一部がそこに残っている。後に教会はバルト海沿岸を略奪し尽したヴィクツル・ブラザーズによって破壊されている。現在、そこには白い十字架が立てられて、周囲に野草が広がっていた。野草の中でひときわ目立つハルジオンが咲き誇っていた。この史跡はまばらな地区住民たちのレクリエーションエリアとなっている。

教会がいつ、この場所から町の中心であった旧大広場へ移ったのかは正確に特定できていない。おそらく、一二四九年頃、第二次スウェーデン十字軍遠征前後に、河の畔ウニカンカレ小丘にあった木製の教会跡地に新たな石造りの教会が完成したと推測される。一三〇〇年頃、それが現在の大聖堂となったと思われる。（一二二九年、ローマ教皇グレゴリウス九世の命でトゥルクに司教座が置かれたとの説もある）。大聖堂が処女マリアと聖ヘンリック（ヘンリー）司教に奉納されていることを考えると、トゥルク大聖堂の始まりはこのあたりに初帯を置くのが妥当かもしれない。もちろんこれ以前からカトリック布教の歴史とフィンランドの起源に関する資料や論証もあり、議論は続けられている。だが、便宜上、この議論はここでひと区切りにしたい。[78]

以後、大聖堂はスウェーデンのウップサラ司教座の影響下でフィンランドカトリック教の中心となった。フィンランドの教会典礼や各地の石造り様式もこの大聖堂から大きな影響を与えていった。さらにスウェーデンの宗教改革以後も、スウェーデンの国教である福音ルーテル派の主力メンバーとしてフィンランドの政治や文化に大きな役割を担ってきたのである。

一八〇九年、ロシア皇帝アレクサンドル一世によるフィンランド大公国が成立すると、トゥルク大聖堂はポルヴォー議会によってフィンランド福音ルーテル派首座監督教会の地位を法的に承認された。独立後もその地位は変わらないまま現在に至っている。

聖堂内に入る前に大聖堂の写真を撮ろうとした。だが、あまりにも高く（一〇一メートル）、広角レンズでは塔の両稜が歪んでしまう。確かに教会の歪みも絵になり面白い。しかし、リアルに映る造形の方が心を動かすものである。あれこれと構図を工夫してみて、なんとかワンショットを撮ることができた。大聖堂前にある「フィンランドの父」ミカエル・アグリコラ像が私の苦労する撮影ポーズを見て微笑んでくれた。

帰国後、現地の地図で見ると、「ブラーへ」公園の中心がビューポイントとなっていた。撮った画像から探しだして見ると、確かに林の背後に美しい中世の象徴・大聖堂が正座している。陳腐な表現だが、「ただ典雅である」のひとことである。

大聖堂は歴史上、しばしば損壊を被ってきた。特に、一三一八年、ノヴァゴロドの侵入によるスウェーデン軍との戦闘で大聖堂は大きく損壊されている。その後、聖堂は拡張されて、福音ルター派への宗教改革以後、三度の大改修が行われている。だが、一八二七年のトゥルク大火災では、本堂内部や塔などが完全に崩壊し、大聖堂史上で最も大きな被害をもたらした。現在の大聖堂はその折に大修繕した外観そのままである。ただし、改修といえども、中世の建築様式はしっかりと保持されている。

一八八〇年代、フィンランドの民族運動の影響でサイドチャペルが刷新され、スウェーデン王エーリック一四世の妻カーリン・モンスドッテルのチャペルも造られた。一九七九年、最新の防災設備を含めた大改修と保存技術が施されて、現在、コンサートなど、市民のイベントにも利用されている。

聖堂の二階には展示ホールが設けられ、一四世紀から近代までの教会に関する資料、典礼聖具、テキスタイル、中世の彫刻などが陳列されている。内部のチャペルや墓には、歴代司教・監督や歴史上有名な人物たちの記念資料が多数保存されている。特にスウェーデン王エーリック一四世の妻カーリンやドイツ三〇年戦争時にグスタヴ・アドルフ二世の配下で活躍した四人のフィンランド将軍たちのメモリアルチャペルは人々に関心を抱かせている。

入口で資料を購入して、聖堂の拝廊から身廊に入ると、厳かなミサが行われていた。礼拝中である。そうか。今日は日曜日か。

高いアーチ型天井の下には、広い内陣の通路が奥まで延びており、周囲のパイプオルガンや説教壇が見渡せた。説教壇はC・L・エンゲルによるデザインである。厳粛で静寂が肌に感じられた。

現在の内陣の場所には、一四八〇年代、諸聖人のチャペルや中世後期の有力な司教の墓室があった。一六四九年以降、この後陣に豪華な高壇が設けられて、四二の副祭壇が設置された。その後、大火災の後に修復されて、現在の形になっている。C・L・エンゲル設計による中央祭壇には、スウェーデンの宮廷画家フレドリック・ウェスティン（一七八二〜一八六二）による栄光に満ち、輝く山上での「主イエスの変容」が描かれている。これは昇天および再臨と共にキリストの神聖顕示の重要主題である。

教会内部を見る場合、建築様式や宗教画の美術的特性に関心が移りがちであるが、物語として絵画や彫刻、そして多くの遺品を見るのも感動を呼び寄せるものである。

例えば、内陣北側には、アーチ型天井を有するカンカイネン・チャペルがある。カンカイネンはトゥルクの北マスクにある荘園名である。フィンランド出身のスウェーデン名門貴族であるホルン家やクルキ家がこの地の出身であった。宗教改革後、一六五五年から五七年にかけて彼ら一族に名誉ある墓区域を造ったようである。ホルン家のエヴェルト・ホルン（Evert Horn, 一五八五〜一六一五）は、ナルヴァの将軍兼知事として活躍し、ロシアとのイングリア戦中にプスコフ包囲で戦死する。この戦いで多くのフィンランド人が兵士として戦傷と飢饉の犠牲となっている。スウェーデン軍はポーランド・リトアニアでの作戦と冬の到来を理由に退却するが、ロシア内部では「動乱の時代」が続いていた。結局、帝政ロシアは、この戦いで軍事的にも通商的にもバルト海への道が絶たれてしまった。他方、一六一七年、ストルボヴァ条約によってスウェーデンは広大な領土を獲得する。バルト帝国の基礎を築くことになった。一九三四年、エヴェルトの肖像画がフィンランド切手として発行されている。なお、クルキ家はトゥルク大聖堂の最後のカトリック大司教としてアルヴィド・クルキを輩出している。

　このチャペルの中央には、スウェーデン王エーリック一四世の王妃カーリン・モンスドッテルのバルサム（芳香性含有樹脂）体が、一八六七年、トゥルク城からここに移されている。石棺は新たな黒色の大理石である。彼女の唯一の肖像であるレリーフも壁に据えられている。後に棺の背後にある窓に彼女と二人の王子、そして聖墳墓（イスラエルにあるキリストの埋葬と復活の墓）がステンドグラスに描かれている。絵はロシア生まれの画家ウラジーミル・スヴェルチコフ（一八二一〜一八八八）によるものである。光に映えた色鮮やかな三人の物語は感動的なものである。カーリン・モンスドッテルは一九五四年にスウェーデンの歴史映画となり、話題となった。またフィンランド民衆にも長く愛され続けている。[79]

　周囲にあるチャペルの壁や天井のフレスコ画はR・W・エークマン（一八〇八〜一八七三）によるものである。彼は一九世紀のフィンランド美術にとって大きなターニングポイントを創り出したといわれている。特に二つの絵はフィンランド教会史にとっても伝説的に語られてきた作品である。

　ひとつは、ヘンリックのキュピッタの泉の洗礼である。これは、一一五五年の夏至の日、フィンランドの異教徒が初めてローマ・カトリック化したときの象徴である。現在、この泉は大聖堂から約八〇〇メートル東南にある先端的な科学ビジネスエリアに位置し、一八世紀頃は温泉施設として利用されていたという。

もうひとつはミカエル・アグリコラがグスタヴ・ヴァーサへフィンランド語訳の「新約聖書」を献呈している場面である。アグリコラはフィンランド初代の福音ルター派プロテスタントの大監督になっている。

エークマンはトゥルクの北西七一キロにあるウシカウプンキで生まれ、一〇歳の時に両親を亡くしている。高等教育を受ける機会はなかったが、G・W・フィンベリィの手ほどきを受けている。ストックホルムのロイヤルスウェディシュアカデミーで学び、スウェーデン市民権を得て、奨学金でネーデルランド、フランス、イタリアなどを含めて多くの作品体験をした後に、一八四五年、トゥルクに戻っている。一八五五年、フィンランドの市民権を再取得して、トゥルクで生活し、亡くなっている。宮廷画家として、フィンランドのロマンティックポートレートを先導し、初期のナショナル・ロマンチシズムの代表的な画家兼教師であった。

物語をさらに続けたいが、北欧の昼間は短い。ここで後半の話へと、一旦筆を止めよう。

急いで二階の展示ホールへ上り始める。窓から射す光と歴史の襞が壁にしっくりと融合している。一瞬、画面構成を巡らせた。カメラのファインダーをこの陰陽に向け、シャッターを切った。帰国後、当時通っていた写真教室の講師からお褒めの言葉をいただいた。カメラの腕というよりも、大聖堂の積層した歴史の光がうまく整っていたのであろう。思い出の写真となった。

外に出ると初春の暖かさに上着を脱いだ。川辺の水仙と飛翔するカモメの群れは、私のファインダーを楽しませてくれた。岸辺の白いボートを背景に水仙を撮っていると、あのメーラレン湖の女王の顔が思い出された。鈴蘭をピョートル大帝に届ける役割である。だが、今日も鈴蘭はホテルのデスクで留守番である。

古くから水仙は、ギリシア神話であれ、中国の神仙思想であれ、人間に多くの示唆を与えてきた。

ギリシア神話によると、水仙は川の神ケピソスと妖精レイリオペの息子であるナルキッソスに由来する。母親レイリオペが、ある時、預言者に息子が長生きするかどうかを尋ねた。預言者は「自分自身を知らないで生きれば、長く生きるであろう」と答えた。母親がこの言葉の謎を理解できないまま、息子ナルキッソスはやがて美しい青年に成長した。多くの男女が彼に求愛するが、その中に森の妖精エコーがいた。

エコーは主神ゼウスから主妻ヘラが近づいてきたときに警告の合図をするようにと指示されていた。しかし、このことでヘラは怒り、エコーに罰を与えた。エコーが話をしても、言葉の最後の音節だけが繰り返されるだけで、会話ができないようになった。そのため、ナルキッソスはエコーの愛に気づくことなく無視し続けた。エコーは拒まれた愛に悩み、姿が細り、最後には相手との声だけが木霊として残るようになった。

この話を聞いた復讐の女神ネメシスは、ナルキッソスが神々の集うヘリコン山の泉に行った時に、泉の水鏡に映る己の姿に見惚れ続ける運命にしてしまう。ナルキッソスは美しい自分の姿を水面に見て、恋い焦がれて、やがて憔悴死してしまう。神々はこれを憐れみ、彼を水仙の花に変えたのであった。水辺の水仙はいつも水面に顔を向けて咲くようになったという。でも、私の庭の水仙は地面だけを見詰めているよ。

水仙の花言葉は「自己愛」や「自尊心」などといわれて、残念だがネガティブである。

だが、北欧などやアングロサクソン系の語源からは「春の到来」、「再生と復活、特にキリストの復活」などが語られることが多い。

もうひとつ別のギリシア神話からの黄水仙にまつわる話がある。紹介しよう。

ゼウスと彼の姉であるデメテルとの間に生まれた娘ペルセポネーは、冥界の王ハーデスによって一目ぼれされる。ペルセポネーが花摘みに夢中になっている間に、ハーデスがペルセポネーを黄泉の国へ連れ去ってしまう。ペルセポネーが連れ去られるときに摘んだ濃紺の水仙が手から零れ落ちてしまう。翌年から春になると、水仙は黄色い花を咲かせることになる。

大地の母であるデメテルは、娘が連れ去られたことを知り、悲しみ、怒る。すると、地上のすべての穀物は枯れ果てて、食物は消え去ってしまう。ゼウスも神々も困り果ててしまう。他方、泉下のペルセポネー（地上ではコレーと呼ぶ）もハーデスに抗して絶食を続ける。が、ペルセポネーは空腹とハーデスの愛に負けて彼の出した十二個の柘榴のうち四個を食べてしまう。柘榴を食べたものは、地上に戻ることはできないのが冥界の決まりと知って失念した。他方、ゼウスは荒れ果てた地上に困り果て、ハーデスと話し合いをする。その結果、ペルセポネーが食べた柘榴の数に応じて一年の三分の一をハーデスと過ごして、水仙が咲くころには地上に帰ることになった。そこで黄水仙は春をもたらす農耕の女神ペルセポネーを象徴する花といわれる。残りの三分の二は母デメテルと暮らすことになる。これがこの世の「四季」の起源といわれる。

黄水仙の花言葉は、母からすれば「私のもとへ帰っておいで」であり、ハーデスから言えば「愛に応えて」であるのだろう。

特に欧米では、水仙は「希望」の象徴であり、ガン患者をサポートする団体の多くは、春の訪れと共に咲くこの水仙を「希望」のシンボルとしてキャンペーンに用いている。

散策路から見たブラーへ公園とポルタン公園に話を戻そう。

ブラーヘ公園の中央に位置するペール・ブラーへ像はフィンランドを理解するときに忘れることのできな

いモニュメントであろう。

このペール・ブラーへ像は、フィンランド国民に人気のある作家J・L・ルーネベリィの長男ウォルター・M・ルーネベリィによって彫刻されて、一八八八年に除幕された。銅像は二・九五メートルの高さである。最初にルーネベリィによって造られた台座は、小さすぎた。そこで、その台座はブラーへが都市計画をしたラアアへ（スウェーデン語でブラーへシュタッド）市に売却された。ラアアへ市のブラーへ像はトゥルクの像よりも少し大きめの複製で、一八八八年、市の中央広場に設置された。同じような銅像は、ブラーへがフィンランド在任中に見聞を広げた北カレリアのリエクサ、タール産地のカイーニ、そして晩年に暮らしたスウェーデンのイェンチョーピンのグレンナでも見られる。

四メートルの御影石の台座は、同年中に完成されて、スウェーデン語によるフィンランド国民によるブラーへに対する哀悼が刻まれている。

「私はこの国に満足しているし、この国もまた私に満足している」

この言葉は一八〇六年に出版された彼の回想録からの引用である。回想録の前半部分については、必ずしも彼自身はフィンランドに満足していたとは言えない。西海岸以外のフィンランド人への愚痴が記録に散見されるからである。後半部分は一部の歴史家などから疑義や異説が論じられている。だが、「伯爵公（ブラー〈）の良き時代」といわれるように、フィンランドに心血を注ぎ、多くの貢献をした歴史的事実は認めたいものである。

ペール・ブラーへ・ザ・ヤンガーは、一六〇二年、現在のストックホルム郊外にあるリィドボーホルムでスウェーデンヴァーサ朝に繋がる名門ブラーへ家に生まれている。当時、貴族の多くの若者がヨーロッパで勉学したように、彼もまた厳しい教育の後に、ヨーロッパへ向かっている。帰国後、グスタヴ二世アドルフの侍従に抜擢され、アドルフの生涯の友となった。最初、彼は軍人を望んだが、病弱であったために王室私設財務官にならざるをえなかった。

だが、第四次ポーランド戦（一六二六～一六二九）では、軍人大佐として目覚ましい戦功を挙げた。その終結であるアルトマルクの和議（一六二九）に交渉団の一員として参加している。アルトマルク条約の翌年、スウェーデンはプロテスタント国デンマークが敗退（一六二五）したため、代わって欧州中を巻き込んだ三〇年戦争（一六一八～一六四八）にプロテスタント国として参戦している。一六三〇年、ブラーへは二八歳にして王の顧問メンバーとなっている。だが、一六三二年、三〇年戦争の最中、王アドルフがリッツエンで戦死し、彼もまた二歳下の弟をこの戦いで失っている。以後政治活動が中心となる。

ひとり娘クリスティーナは幼く、権力は後見者オクセンシェルナを中心にブラーへ等を含めた摂政団に移された。六年後の条約延期交渉では、オクセンシェルナを助けてストウムスドルフ条約（一六三五）を締結させている。特に国内の摂政団が戦争の早期終結を彼に期待し、和平交渉担当に任命された経緯があった。譲歩の多い和平であった。強固派のオクセンシェルナと意見を異にして欧州の流れから外された。

幸か不幸か、ストウムスドルフ条約によって、スウェーデンは三〇年戦争という巨大な戦いに専念することができた。彼の功績といえる。最後はカトリック教国フランスとプロテスタント教国スウェーデンが提携。親政に就いた女王クリスティーナによるプロテスタントとカトリックの融和の意を受けて、ウェストファリア条約（一六四八）が実現された。結局、両国がその後のヨーロッパ大陸で大きな影響力を及ぼすようになった。宗教から始まり、政治によってバルト海の覇権が達成された瞬間であった。

オクセンシェルナとの権力闘争に敗れたブラーへは、フィンランド総督（一六三七〜一六四〇、一六四八〜一六五〇）として二度も赴任することになった。この赴任を、しばしば左遷から復権を窺う雌伏の時と評価する人々もいる。しかし、私は少々異なる見方を持っている。ひとつには、オクセンシェルナと年齢も違うし、立場の役割も異なっている、二つ目には彼がフィンランド赴任を不満に思っていなかったという記述である。これは重要に思える。というのは、フィンランドは経済の伸び代が大きいエリアであった。そして三つ目、フィンランドはエーリック一四世以来ヴァーサ朝の重要な支配地であり、常に王位継承権に関わっている。ブラーへの真意はわからないが、後の歴史家が両者の二項対立を劇画として面白く脚色しているのではないだろうか。確証はないが・・・。

フィンランドにおけるブラーへの業績は多い。郵便制度に始まり、一六四〇年に女王クリスティーナと共に創設したオーボ王立アカデミー（現ヘルシンキ大学の前身）とその初代総長、教育改革、フィンランド行財政の効率化、商業や農業技術の振興、いくつかの新都市建設などに見られる。また、著述家としてペデル・スヴァータのグスタヴ・ヴァーサ年代記の継承者としても名を残している。

女王クリスティーナの退位後、カール一〇世グスタヴとカール一一世の治世下で、ブラーへは国会の議長、枢密院メンバー（国王に助言を与えるメンバーまたは国王の顧問）としてスウェーデン中枢で重責を果たしている。対外政策はフランスとのむずかしい間合いをどうにか乗り切っている。他方、バルト帝国を築いた功労者オクセンシェルナは、カトリックに帰依した女王クリスティーナと次第に疎遠となり、寂しい晩年となったといわれる。

ブラーへやオクセンシェルナは、大土地所有者のシンボル的存在であった。また彼らの保守性と大土地所有者の観点からしばしば批判されてきた。晩年のブラーヘは典型的な王侯貴族として豪奢な生活を送ったといわれている。一六八〇年、彼の造った荘園ボーゲスンドのブラーヘフスで七八歳の生涯を閉じている。彼の死後、カール一一世による王領地の回復政策が開始されると、議会は直ぐにブラーヘへの広大な土地、そしてその権力までも剥奪している。彼の従妹エバ・ブラーヘとグスタヴ二世アドルフとの恋物語は書物や映画でなお語り継がれている。

歴史上の人物評価は時代や個々人の歴史観によって異なってくる。すべてが納得できる「真実」はないのかもしれない。それぞれがその歴史観に疑義や異議を持ちながらも、資料などから共通のコアを描いてみる。互いがそれぞれの歴史観を調整しながら合意形成を模索する。それがもうひとつの歴史上の人物像であり、新しい歴史観を創造するといえるのかもしれない。もちろん、折衷主義と批判されるだろう。だが、歴史は融合からのアウフ・ヘーベンである。歴史には自然科学にない止揚された物語が必要なのである。

アウラ川に再び出る前にブラーヘ公園を斜めに横切り、ポルタン公園を突き抜けた。

ヘンリク・ガブリエル・ポルタン公園は、ブラーヘ公園の方から行くと、次第に道が広がり、両公園の景観連携が見事に設計されていることに気づく。

公園の中央にあるポルタン（一七三九〜一八〇四）像は、逞しいロダンの青年像と異なり、黙して俯きながら思索する姿である。右手にペン、左に巻紙を持ち、フィンランド人文科学の道を切り開いていった。彼の比較言語学（フィン人の起源、変遷）、歴史資料の整理・出版（フィンランドの言語・歴史・地理の研究に新聞を発行）によって「フィンランド歴史学の父」として尊敬され、また多才な人物であった。彼に続くフィンランドのナショナル・ロマンチシズムはスウェーデンからの影響の下、ロシア統治を飛び越えて自立の道へ走り出すことになる。特に図書館の充実や民間伝承収集の功績は、後のフィンランドの人々に影響を与えている。

ポルタン像の台座には、王冠とフィンランドの紋章、そして彼の「啓蒙運動」と「国民的科学」を守護する二人のエンゼルが刻まれている。後に、科学者を含むトゥルク知識人によるアウロラ協会からフィンランド中に浸透していったモットーである。それは、フィンランド民族・歴史研究の太い言葉の幹であった。

台座の右側にはその思想的後継者、ヤコブ・ティグストローム（一七八七〜一八五八）とフランツ・ミカエル・フランツーェン（一七七二〜一八四七）のブレストが彫り込まれている。

反対側にある円形の二枚のレリーフは、ポルタンの骨壺の前で彼を悼むフィンランドの女神である。そして哀悼する科学の精。彼らの手には勝利、平和、そして永遠のシンボルである椰子の枝が握られている。もう一枚目の背景には、広い文明の象徴である地球儀と彼の書物が配されている。歴史の守護神は啓蒙を意味する松明を掲げて、ポルタンの業績を、跪く科学の精に書き取らせている。歴史とは何かを伝えているのだろうか。内容を知っているのは足元にいるフクロウだけかもしれない。この寓話こそ現代になお続く、歴史とは、そして科学とは何かの疑問符に「歴史学の父」が答えているとも思える。でも難解である。

台座の背後には、フィンランド語とラテン語で、フィンランドの国と国民が彼を名誉ある人物として記念する像をここに設置したと記されている。

ポルタン公園からアウラ川の散策路に戻ると、ひとりの日本女性に出会った。夫がトゥルクの大学で留学研究をしているとのこと。一緒に滞在生活を続けているが、帰国が近づくにつれてこの地を去り難い思いであると。大学には世界中から学生が集まり、毎日の生活とその仲間に恵まれて帰国を忘れてしまいそうであるという。グッドラックの言葉で別れたが、私もスウェーデン・ウップサラ大学の夏季講習の日々を思い出した。彼らは今どのような生活を送っているのだろうか。ベルイマンに憧れて講習に参加したポーランドのマルコ、希望の映画プロデューサーになったろうか。ベルギーのグルンドベックはウップサラ大学で研究しているとか。そうそう、スペインの美人さんもいた。いま会った日本女性も、きっとトゥルクは人生の思い出となるだろうなあ。

アウラ川に沿って目指すはトゥルク城である。

途中、トゥルク中央美術博物館があった。最初、美術館と博物館は別々に建設予定であった。建築工事が進む中で、地下七メートルから一八二七年のトゥルク大火災で焼失した街並みの瓦礫が発掘された。同時に現場には多くの遺跡品があった。博物館の中に入ると、当時の生活様式を足元のガラス越しに見ることができた。破損した煉瓦の脇で、過去へタイムスリップしながら、休憩を取ることにした。

二〇〇四年、トゥルク現代美術館と博物館が統合され、現在の人気スポットであるアボア・ヴェタウス&アルス・ノヴァ（オーボ・昔と現代の美術）となった。

川の途中にヴァイノ・アアルトネン美術館、トゥルクシティー劇場、そしてインデペンデンス広場にある冬戦争の英雄アドルフ・エリック・エーンルート記念碑などがある。碑はエーンルートがカレリア地峡で観閲する場面を史実に基づいて制作されている。

川沿いには多くの彫刻が配置されている。海の野生動物との共生（シンビオセス）をテーマにバルト海の環境保護を支援しているという。ついい、これらの写真撮影や説明文に惹きつけられて、目的地への時間がかなり遅れてしまった。

「フォルム」海事博物館近くの帆船スオメン・ヨウッセン号まで来ると、大きな模型のデージーがあり、背後に**トゥルク城**の見張り塔が見えてきた。もうすぐだ。

城に到着したときはだいぶ日が傾いていた。細い空堀に木製の橋が架かっていた。残念だが、既に入口は閉まっており、外観を見るだけとなった。白と黒みを帯びた大きな斑な壁。城というよりも簡素な砦である。距離や角度、絞りを変えて数枚カメラに収めて、入城できなかった自分を慰めた。心残りであるが、陽が大分傾き、帰路が心配になってきた。

何度も書いているが、北欧の午後の光は明るいようだが、カメラのディスプレィに写る像と印刷時の光の濃淡が全く異なっている。かなり、用心しないと暗い写真となってしまう。わかっているが、城の歴史の深さに魅了され、カメラの数値調整を失してしまった。

懲りない性格である。帰国後に印刷してみると、やはり光の魔術師にやられてる。

トゥルクは一二二九年にローマ教皇グレゴリウス九世の命によって司教座が置かれた。以降、繁栄を続けた。一二八〇年頃、城はトゥルク防衛の要所として建設が開始され、フィンランドやロシア西域に対する北方十字軍の拠点となった。地理的にも対岸のストックホルムに近く、バルト海北部の有力な港で、特に他港と違って、厳寒時にも内陸部との物資集散地となって、バルト海南岸まで多くの航路が伸びている。

城の役割は、スウェーデンの行政庁やフィンランド大公の居城を主眼としたものではなかった。十六世紀中頃のスウェーデン王ユーハン三世の居城を除くと、あくまでも「バルト海とその周辺」を支配する軍事、そして付随する商業の要であった。ロシアによるヘルシンキへの首都機能移転まではフィンランド支配の中心地、そしてフィンランド文化の発祥地であった。この城からはスウェーデン王エーリック一四世とその妻女王カーリン・モンスドッテルの物語が伝えられている。

城内の部屋は大きいとはいえず、多くの日本人訪問者が感想をネット上に投稿している。内部の様子は彼らに任せるとしても、城の外装は豪華さが全くなかった。現存するフィンランド三つの古城のうちで最古の城である。城にはフィンランド独立の際、日本から支援を受けた大砲が展示されている。近代日本の生死を掛けた日露戦争の残影である。城の窓からは、トゥルク湾とバルト海を一望できるだろうと想像したが、今回は見ることができなかった。残念である。港は現在でも、ヨーロッパ諸国に開かれたフィンランドの玄関である。客船の出入は国内第一位。特にスウェーデン・トゥルク間の定期航路は両国歴史の臍帯である。

暗闇が濃くなってきた。帰りはタクシーやバスを考えたが、バス路線は既になく、今回は海外携帯も持ち合わせていなかった。結局、帰りはアウラ川に沿って、来たときと反対の川沿いを戻ることになった。しかも、ジンワリと歯痛が襲いかかってきた。痛み止めの薬を何度も飲むが治まらない。オーロラを追ってスウェーデン北部を歩いたときが思い出された。現地で発熱を伴った歯痛となり、応急の切開治療となった。今回は帰国まで耐えられるだろうか、心配になった。

フィンランドの中世から近現代までの「歴史のプロムナード」を逆歩すると、先ほど対岸で立ち寄ったインデペンデント公園近くの石碑（私は「小さな国の碑」と呼びたい）がその後の私の心に深く印象に残った。風車を背景に斜面に建つフィンランド内戦の爪痕である。

両側に供えられた緑の輪飾り。背後の碑にはフィンランド国民に伝える、いや多くの国の人々に伝える言葉が刻まれていた。フィンランド語、スウェーデン語、英語、そしてラテン語である。

「独立一九一七、小さな国の最大の力は統一（国民のまとまりかな・・・拙訳）である」

フィンランド夜明けのこの言葉は、この本を書きながら、心打たれ、しっかりと噛みしめた。

トゥルク広場に着き、深呼吸。夕陽に輝く周囲を見渡した。夕映えするロシア正教教会の光と影の情景が萎え切った身体を徐々に復活させてくれた。歯痛は続いたが、どこか心は和らいでいる。周囲の建物は長い影をコンクリート道に深く彫り刻んでいる。歴史の町、北欧の先端を駆ける都市トゥルクを心にしっかりと転写した一日であった。

若い女性が裸足でアウラ川沿いを走り去った。青い目に茶色の髪、青と白のTシャツ姿。手には空と湖の旗を掲げていた。

13・タンペレ

三月のヘルシンキの積雪は少なかった。若い人々と違い、遅めの朝食となった。その後、今日はロシア革命の英雄・レーニン博物館のあるタンペレへ行くことにした。

朝、九時過ぎにホテルを出てヘルシンキ中央駅に向かった。座席予約は数日前にしていたので、乗るだけである。年齢からすると無理のないスケジュールかもしれない。

ヘルシンキ中央駅のガラス張り天井のホームには、まだ小雪が残っていた。列車はタンペレ行きとヴァーサ行きの連結である。おそらく両者はタンペレで切り離されるのだろう。時間がくると列車は音もなく白い薄化粧のヘルシンキを後にした。

約一時間半で雪の積もったタンペレ駅に着いた。外はヘルシンキとは全く違う銀世界である。太陽の反射が眩しい。サングラスがなかったので、目を細めて雪の反射に対処せざるをえなかった。

駅でタンペレの地図を得て、レーニン博物館を確認した。同じ方向にムーミン谷博物館があり、西の方にはタンペレ市の繁華街が続いていた。踏みならされた雪道を進んでいった。町の花屋では白と黄色の水仙が並べられ、女性店員が花の手入れをしていた。雪の街に咲く水仙と彼女の笑顔。印象的だったので一枚、撮影を依頼すると、快く笑顔で応じてくれた。ストックホルム市庁舎のバルト海の女王からピョートル大帝へ依頼された鈴蘭を思い出した。今朝も少々水をやった。ホテルのデスクで留守番である。

段差のあるネシ湖とピュハ湖に挟まれたタンメルコスキ川の橋を渡った。ふたつの湖の高低差を利用して発電している。市の工業化の歴史を象徴する湖である。橋には多くの彫像があった。帰国して撮った彫像の写真をみると逆光による影絵となっていた。相変わらず、ドジである。

橋を渡ると中央広場に着いた。

広場の白と青空という雪景色が対照的でまばゆかった。バスを待つ人影も多く、広場の風景は広角撮影に絶好の構図であった。あれやこれやと微妙な画角調整をしているうちに、高い煙突から白い煙が上がっていたのに気付いた。最近では都市で煙が立つ煙突は珍しかった。これだと一瞬、頭に閃いた。フィンランド第一の工業都市タンペレである。反射する光を気にしながら、連続シャッターを切った。その瞬間、アイスバーンに足を取られて身体が宙に浮き、しばらくは立てなくなった。幸い、少々の捻挫だったが、痛みはひどかった。歳を感じた瞬間であった。でも、この青い空と白い雪は、フィンランド国旗そのものである。

しばらく歩くと交差点の真ん中に剣を掲げた青年の裸像があった。「タンペレ解放の像」と言われる。ムーミンで有名なトーヴェ・ヤンソンの父ヴィクトール・ヤンソンの作である。フィンランド苦難の独立・内戦後の一九二〇年、赤衛隊の占領を解放した記念に建てられた。フィンランドに多くの論議が巻き起こった作品である。

一九一七年、ヨーロッパは第一次世界大戦のただ中であった。

ロシア帝国は二月革命でニコライ二世が退位し、崩壊した。一〇月革命でレーニンはソヴィエト権力を掌握。一二月六日、フィンランドはロシアからの独立を宣言した。年末から一月にかけてロシアのレーニン革命政権はじめ各国がフィンランド新政権を承認した。スウェーデンのエーリック九世以来の強国支配からの独立である。しかし、フィンランド経済はロシア革命や第一次世界大戦の影響で大きく混乱していた。小作農民や工場労働者は、ロシア・ボリシェヴィキ革命の社会主義陣営（社会民主党左派・共産党）に共鳴していた。ロシアに抑圧されてきた言論・集会の自由が復活した。だが、過去の圧政の反動として大衆は次第に暴力的になっていった。社会主義陣営は労働者を守るために赤衛隊を組織。対して中産階級が支持する保守派陣営（ブルジョア陣営）は赤衛隊の暴力から自らを守るために自警団（白衛隊）を組織した。両者は単に赤か白かの腕章のみで戦うことになった。

赤衛隊は背後からソヴェトの武器援助を得て、ヘルシンキ付近とフィンランド南部を制圧していった。独立まもない政府は国内に留まる四万のロシア兵の介入を憂慮し、急いで白衛隊を正規の政府軍隊として編入した。更に政府はロシアで軍務を辞任していたC・E・マンネルヘイムを呼び戻し、指揮官に任命した。しかし、ヘルシンキは赤衛隊に完全に制圧されていた。やむなく政府は、北のヴァーサに退却し、態勢の立て直しを図らざるをえなかった。ここでドイツ帰国の青年軍人たち（イェーガー隊）を中心に政府軍が捲土重来

と、その訓練が行われた。ドイツからの武器援助もあって赤衛隊を撃退し、反転攻勢に転じた。[80] タンペレはこの内戦時の最後の大激戦地となった。この後、戦いはソヴェト軍の解散と撤退、政府軍のヘルシンキ奪回へと流れが大きく変わったのである。だが、真のロシアからの解放と独立はこの悲劇の内戦終結を待たなければならなかった。タンペレはその大きなターニングエリアであった。

青年像の掲げる剣は、この歴史でどのような意味を有したのだろうか。力による内戦は避けられなかったのだろうか。像を仰ぎ見るにつけ、力強さと来るべき自由を感じながらも、多くの疑問が生じて、複雑な思いであった。

このエリアは赤軍占領解放記念碑を中心にロータリーとなっている。北側には現代造形美の市立図書館、西には対照的なネオゴシック様式のアレクサンドル教会、少し離れた南にレーニン博物館が位置している。教会はロシア皇帝アレクサンドル二世の即位二五年を祝する奉納であった。一九三八年に火災に遭い、再建後は「新教会」と呼ばれて市民に親しまれている。

市立図書館は、図書機能のほかに鉱物博物館とムーミン谷博物館が併設されている。時間に余裕がないため、ムーミン谷博物館だけを見ることにした。内部撮影が禁止されているため、しっかりと網膜に焼きつけようと目を凝らしたつもりであった。が、帰国してみると記憶が曖昧であった。確かにムーミンハウスや原画、ミニチュアなどが並び、ヤンソンゆかりの多くの小道具があったことは思い出された。しかし、ムーミンやヤンソンについての内容はごく僅かであった。我が家の冷蔵庫の扉にあるムーミンマグネット、フィンランド旅行中に見かけたムーミングッズ、そして日本にもムーミンファンが多くいるという。その程度の知識であった。そこでこの項を書くにあたり、幾冊かの本を私の書庫から取り出し、またネット検索も試みた。その結果、私なりのトーヴェ・ヤンソン像が浮かび上がった。それは、トーヴェ・ヤンソンが単なるアニメや児童書の著者ではなかったということである。

トーヴェ・ヤンソンは一九一四年八月九日、彫刻家の父ヴィクトール・ヤンソンと画家の母シグネ・ハンマルステンの長女としてヘルシンキで生まれた。父はスウェーデン系のフィンランド人。母方はスウェーデン王室の宣教師を務めた父（トーヴェの祖父）や薬学教授（トーヴェの叔父）を持つスウェーデン知識人の家系であった。シグネはストックホルム工芸専門学校を卒業した後に美術教師となった。ヴィクトールとの結婚後は、多くの挿絵や表紙などを描き、家計を支えていった。またパートタイマーのデザイナーとしてフィンランド銀行造幣局で働き、多くの切手デザインも手がけている。特にトーヴェとの関係が深いのは、政治風刺雑誌「ガルム」の風刺画である。このフィンランドきっての風刺漫画は創刊から三十一年間続き、前半はシグネ、後半はトーヴェが描いている。[81]

このような環境で育ったトーヴェは、幼い頃からスウェーデンの教育文化に深く関わり、フィンランドのスウェーデン社会を代表する人物になっていった。彼女の作品もまたスウェーデン語で書かれていた。そのためか、初期のトーヴェの作品は一般のフィンランド人に高く評価されることはなかった。その理由として、フィンランド社会の言語問題があったからだろう。もちろんムーミンの背後にある陰影と哲学的奥深さが理解されるのには時間がかかったともいえるのだが・・・。

彼女の「ムーミン」シリーズが世界的に脚光を浴びたのは、一九五三年（一九五四年）のロンドンの日刊紙「イブニング・ニューズ」による「ムーミントロール」の連載であった。この連載は一九五九年まで続き、その後、弟のラルスが引き継いでいる。一九五三年、『それからどうなる？』（日本語訳一九九一年）でニルス・ホルゲルソン賞、一九六六年には国際アンデルセン賞、一九八四年にフィンランド国民文学賞、一九九二年にセルマ・ラーゲルレーブ賞を得ている。これによって北欧でのトーヴェ文学は確固たるものになった。その後、広範囲な著述活動をし、二〇〇一年に没している。ムーミンシリーズは日本でもテレビアニメとして放映され、多くのファンを持っている。若い世代には、彼女に関する研究者も多く出てきている。二〇一四年はトーヴェ生誕一〇〇年ということで世界的な催しが企画された。今後、彼女に関する広範囲な研究結果が期待される。[82]

ムーミン谷博物館を出た後に、図書館ロビーで簡単な昼食をとり、レーニン博物館へ向かった。雪は道路の両脇に高く除雪されていた。近くに小学校があるようで、下校中の生徒たちに出会った。どこの国の子供たちも同じように雪遊びを楽しみながらの帰路であった。

ほどなく古い一部七階の建物があった。正面にはレーニンの円形レリーフと「レーニン博物館」を示すフィンランド語、英語、そしてロシア語が刻まれていた。文字の下にはフィンランド語とロシア語でレーニンが一九〇五年と一九〇六年にこの建物のホールでロシア社会民主主義労働党の会議を行い、またフィンランド独立に寄与したと刻まれていた。

パークタワーといわれているこのタンペレ労働者会館は、一九一二年、一九三〇年に拡張されている。現在、ここにはタンペレ社会民主党の事務所、タンペレ大学の一部、会議室やレストランなどが含まれている。一九八五年まであったタンペレ労働者会館劇場は隣の敷地に移されている。

古びた玄関から中二階の展示室に上がると、女性のスタッフが応対してくれた。受付の書棚にはレーニンの著作やレーニングッズが飾られていた。

閲覧料を払うと、女性はきれいな英語で展示室の簡単な説明をしてくれた。規模は小さいが、世界に数少ないレーニン博物館だと強調。ソ連邦時代には各地に幾つものレーニン博物館があったが、連邦崩壊による騒乱の中で博物館の数とネットワークは消失していった。ここは数少ない常設展示と資料保存を行っているという。所有・運営と維持管理はフィンランド・ロシア友好親善団体によって行われている。

第一展示室はレーニンの人生と功績を、第二展示室はレーニンとフィンランドとの関係について資料を年代順に展示している。第二展示室にはレーニンがヘルシンキのアパートで使用した家具などもあった。いく枚かのレーニンの写真や彫刻像も飾られていた。

ウラジーミル・イリイチ・ウリヤーノフ（「レーニン」は変名）は、一八七〇年四月二二日にヴォルガ川の畔にあるシンビルスク（現在のウリヤノフスク）に生まれた。多くの変名を持ちながら革命運動家として活躍し、最初の社会主義国家・ソヴィエト共和国のリーダー、そしてマルクス主義の理論家として世界の歴史で大きな役割を果たしている。[83]

彼に関しては、いままでに多くのことが語られ、特にソ連邦崩壊後は、新たな歴史的な評価も加えられている。レーニン博物館の資料から、フィンランドやタンペレとの関係で、もうひとつの**レーニン像**を考えてみたい。

タンペレは一七七九年にスウェーデンのグスタヴ三世の下で建設された。対ロシアの戦略基地として、内陸部交通の要所である。同時に、ラップランドを含めた木材資源の豊なヒンターランドを要している。

帝政ロシア時代には、二つの湖を利用した紡績工場や製材工場が造られて、その後、一八七六年に鉄道が開通すると、豊富な電力と木材資源によってフィンランド第一の工業都市へと発展していった。町の工業化にともない、労働者の数も増加し、フィンランド労働運動やロシアの影響力の強い社会主義・共産主義運動の中核となり、「赤い都市」とよばれていた。

レーニンが革命運動に奔走していた時期、フィンランドでは独立運動と社会主義・労働運動が大きな渦潮となっていた。その渦中がタンペレとヘルシンキであった。当時、タンペレはロシア各地のゼネストに呼応して労働者を中心とするフィンランド最大のストライキを起こしている。

そのような地域情勢の中で、一九〇〇年、このレーニン博物館はフィンランドで労働者による最初の集会施設として建てられた。最初の建物は三階建てのモダンなものであった。数回の改修を経て、一九九二年、現在の一部七階建となったようである。そのとき、光と音のデザイン演劇アカデミーがこの上部階に加わった。これもまた歴史の光と色彩を象徴しているのだろう。

ロシア革命期のレーニンとフィンランド関係は二つの段階に区分できる。展示室にある地図にはレーニンがフィンランドに滞在した時期と場所が記されていた。

前段階は、一九〇五年の一月・血の日曜日事件、六月・戦艦ポチョムキンの反乱、九月・日露戦争ポーツマス条約調印、一二月・モスクワ蜂起と大きく歴史が激動していった。

一九〇五年の一一月、レーニンはシベリア流刑後に西ヨーロッパへ亡命、帰国して、サンクトペテルブルグやフィンランド各地で活動している。帰国途中、タンペレの労働者たちやフィンランド社会民主労働党のリーダーたちと直接会って話をしている。

同年の一二月二五日から三〇日まで、ロシア社会民主労働党は党大会をタンペレで開き（タンペレ会議）、この建物のホールが会場となった。レーニンと妻のクループスカヤは、タンペレ駅近くのホテル「ペッレル」に、他の代表たちはハメーン通りにある「ホテルバイエルン」に宿泊している。この会議はロシア各地の四一人の代表が参加した。会議の議長はレーニンであった。さらにここはレーニンとジョセフ・スターリンが初めて顔を合わせた歴史的な場所である。その後のフィンランドと帝政ロシア、そしてソヴィエト連邦の歴史がこの二人によって大きく回転するとは、だれが予想しえただろうか。

第二回のタンペレ会議は、一九〇六年一一月に秘密裏に開催された。過半数はメンシェヴィキ派であったが、議長レーニンはメンシェヴィキの選挙計画（党員資格の拡大）を激しく批判し、決定を変更させている。さらに翌年七月には両国国境にあるコトカで、さらに一一月にはヘルシンキで会議をもっている。この年は、第二回のドゥーマ（帝政ロシア議会）解散とストルイピンの反動が始まり、一二月には再び西ヨーロッパ亡命となった。だが、レーニン情報は、フィンランド経由で西ヨーロッパとロシアの間を往復していた。

革命の後半は、一九一七年二月（ロシア暦）から一九一八年である。

レーニンがスイス・ジュネーブに滞在中、二月革命（ロシア暦）が勃発し、臨時政府の勧告でニコライ二世は退位した。レーニンは急遽、封印列車で敵国ドイツを経由して、中立国スウェーデンに上陸。多くのフィンランドやスウェーデン社会民主主義者の支援でペトログラードのフィンランド駅（後に詳細記述）に立つことができた。しかし、労働者・兵士中心のソヴィエトとブルジョワ中心のケレンスキー臨時政府（二重権力構造）の対立は激化していった。臨時政府はボリシェヴィキ弾圧を強めていき、レーニンはヘルシンキへ逃れることになった。不屈のレーニンは逃亡先フィンランドから革命と武装蜂起を指導し、一〇月革命（ロシア暦）によるソヴィエト政権樹立を成し遂げた。一二月六日、フィンランド議会が独立宣言をすると、追って一二月三一日、レーニン政府は世界に先駆けてフィンランド新政権を承認した。

一九一八年のフィンランド内戦中、レーニンは短期であるが、東カレリアを訪問し、フィンランド赤衛隊を支援している。その後、ロシア内外の情勢悪化で、カレリア帰属問題は未解決のままフィンランドからソヴェト軍を撤退させている。

レーニンのフィンランド滞在は少なくとも二六回、滞在期間は合計で約二年以上になる。しかも、彼の基本思想である「国家と革命」は、このフィンランド逃避中に執筆されている。[84]

博物館はレーニンを、フィンランド独立に対して大きく寄与していると評価している。それがこの博物館由来のようである。しかし、私が見るところでは、一般フィンランド人のレーニン博物館に対する関心は必ずしも高いようには思えなかった。ひとつには、第二次大戦前後（冬戦争、継続戦争）の対ソ連戦で経験したトラウマによるものであろう。もう一つは伝統的にEU、特に他の北欧諸国への指向が強く、現代フィンランド社会でもこの流れは止められない。事実、最終稿の段階では、フィンランドは一九九五年一月にEUに加盟、二〇二二年二月のロシアによるウクライナ侵略を機にNATOに加盟（二〇二三年四月四日）している。

フィンランド独立は、ロシア一〇月革命後のロシア国内各派による混乱、そして第一次世界大戦という際どい中に達成された。ロシア新政府は国内の混乱を鎮圧することが焦眉の急であったのだろう。同じことはポーランドや他のロシア帝国諸領にも言える。ただ、それらに加えると、レーニンの個性と人生歴にあったように思える。彼は若い頃から民族独立に対する関心と理解が強かったようである。結果的にはそれらの諸民族の独立運動のエネルギーをロシア革命に転化している。また、無意識か、あるいは故意か、人生観か、レーニン自身にその下地があったと私は言いたい。読者の意見はどうだろうか。また、博物館が主張するレーニンあってのフィンランド独立も理解できる。が、逆にレーニンのフィンランドでの雌伏の時期とフィンランド人々の影の支援があって、ロシア革命が成功した部分もあると思える。

さらに、最近、レーニン博物館はレーニンの事績とソヴィエト連邦との関係を再考していると報じられている。複眼的な視点から、この時期の両国関係がより詳細に研究されることを期待したい。

博物館を出ると、だいぶ日が陰り、雪の反射も少なくなった。だが、日中に雪が解けたので、歩くのに難儀した。そうです。米ソの雪解けも別の意味で、いくつかの国にぐじゃぐじゃをもたらしたようだ。

朝に渡った橋の上流から、一八二〇年創業のフィンレイソンの工場を眺めた。日本でもよく知られたフィンランドを代表するテキスタイルブランドである。フィンレイソンのキャッチコピー「毎日の生活に美を」は、フィンランド工業製品のこの地の源流である。今夜はフィンレイソンのムーミン枕で熟睡しよう。

14．スオメンリンナ

初春のヘルシンキはまだまだ寒い。マーケット広場に積雪はないものの、エテラ港は氷に閉ざされていた。マーケット広場にある世界遺産スオメンリンナ行きの待合室には数人の客がいた。その中には朝から酔っているおじさんがいた。訳の分からない（もちろん、私はフィンランド語を理解できないのだが・・・）話し方でやたらに話しかけてくる。少々困惑した。間もなくフェリーが来たが、彼は乗る様子もなかった。

朝日に反射して輝く海氷は眩しく美しい。春の海面には瑞煙が立ち込めている。フェリーはシャーベット状の海を進む。マーケット広場が点のように小さくなっていく。

この航路はスオメンリンナ要塞が建設されている頃から往来が活発であった。ヘルシンキ本土と物資や兵士、民間人を輸送するのは手漕ぎボートだった。一八三〇年代頃から蒸気船になっている。しかし、冬は氷上を馬橇で通った。現代から考えると、むしろロマンチックな風景である。今や船は砕氷能力を持ち、滑るように進んでいく。文明の進歩がよいのか、どうか、ふと考えてしまう。

昔、あるロシアのジャーナリストが要塞までの冬の海路を古代神話の迷路に譬えていた。確かに馬橇の轍のない氷海は迷路かもしれない。船の先端の銀塊は波打って煌めく。おそらく、そのロシア人にとって不思議な異次元の世界を感じたのかもしれない。


船が接岸すると、張り出した岸壁の氷が飛散した。船から上がると目の前に堂々とした赤レンガの建物があった。ロシア時代に建築された兵舎で、ジェティバラック（ショアバラックス）と呼ばれている。半円形のゲート上にはランタンが載っている。一八六八年から七〇年頃に建てられたものである。現在はインフォメーションセンターや小さな歴史展示室、レストラン、ホテルやキオスクなどが含まれている。

インフォメーションセンターに立ち寄り、カメラと貴重品以外のものを預けた。快く引き受けてくれた。身軽になったので要塞の南端にあるキングスゲートを目指して、まだ雪の残る道を歩くことにした。ここからアーチラリー湾に架かる橋までがスオメンリンナ要塞の街並みといえようか。スウェーデン時代の石の建物（石の文化）、帝政ロシア時代の木造の建物（木の文化）、そして低い丘の上には教会（心の文化）があった。

教会の周囲はチャーチパークという。あちらこちらの常緑樹に真綿のように雪が残っている。周囲が一七八〇年代のキャノン砲と砲弾が配置されており、それらには鉄鎖が絞められていた。なぜ教会を武器で囲んでいるのか不可解であった。しかし、その謎はこの要塞の歴史にあるのかもしれない。

最初に訪れたときはこの教会を見上げただけで、通り過ごしていた。翌年の九月上旬、再度この要塞を訪れている。早春に来たときは寒さと準備不足で、ただただ、キングスゲートを目指しただけであった。しかし、この夏の終わり頃には、周囲の木々が色づき始め、花々は頭を垂れて地面に落ちそうだった。ポプラの木には黄色い巨大なキノコが張り付いていた。大きい季節差のある風景に驚いた。

キングスゲートの帰りに教会に寄ってみた。中に入るとその空間の簡素さに驚いた。最初に見たときの教会の印象とはかなり違う。スオメンリンナにある教会の役割を知ったのである。

この教会はロシア占領の頃、ロシア正教を信仰する兵員のために造られた教会であった。

スウェーデン時代、要塞のこのエリアに福音ルター派の集会所はあったが、教会の建物はなかった。一八二〇年代、ヘルシンキの都市計画者C・L・エンゲルがこの島に大きな兵舎と集会場兼教会を複合施設として計画していた。しかし、建設の具体化はされなかった。そこで一八五四年八月、サンクトペテルブルグの建築家K・A・ソーンの設計によるロシア正教会を建てることにした。五つの小キューポラと主ドームを持つ五角形のロシアの伝統的な教会である。中世ロシアの英雄アレクサンドル・ネフスキーへ奉納されている。ネフスキーは、一二四〇年七月、ネヴァ川に上陸し、スウェーデン軍を小部隊で敗走させている。その意味でこの教会は両国関係を映すミラーであった。

その後、教会に兵士たちの新たな集会場を追加して、周辺に学校、図書館、幼稚園まで整備された。確かにこの辺りは、要塞文化の中心を感じさせる。

フィンランド独立後、ロシア正教会のシンボルは撤去されて、ロシア正教活動はヘルシンキ市街に移された。一九二八年、この教会は建築家エイナール・シェーストレームによる設計で装飾のないフィンランド福音ルター派教会に改修された。教会タワーの上には灯台が設置された。群島の多いヘルシンキ湾では、灯台は現在でも水先案内として重要な役割を担っている。小さなベルタワーにはスラブ紋章というロシアの面影が残っていた。が、一九六三年の改修で教会内部にあった重厚微細なロシア美は、大部分が消えてしまった。現在、教会は多くのヘルシンキ市民にとって、結婚式、各種のイベントやコンサート、小さなオペラなどで人気の集会施設となっている。現在のキャノン砲と砲弾の配置理由は分からずに終わってしまった。

教会を出ると、「クラウンワーク」と呼ばれる低い稜堡とマンサード屋根（上段が緩く、下段が急な寄棟）のある煉瓦造りの建物群があった。周囲の稜堡は堅牢なモザイク模様の石積壁と狭間からなり、門の上部にはスウェーデン王室の紋章が刻印されていた。建物の名称は要塞の創設者スウェーデン王グスタヴ三世に因んでいる。王は一七七五年七月八日に礎石を置き、完成三年前に亡くなる。歩いてるときは気付かなかったが、棟の外壁は一八五五年のクリミア戦争の爆撃で半壊しており、一時しのぎの屋根で覆われているという。道案内の矢印は保育園と図書館を示していた。これらの建物群では、かつて要塞守備隊の兵器や弾薬を製造・保管していた。現在は政府事務所、図書館、宴会ホール、オーディトリアムや住居などに利用されている。周囲の広場にある遊具施設には多くの雪がまだ残っていた。

さらに南に進む。スオメンリンナの要塞群島で最も大きいストラ・エステル・スヴァテ島とヴァルゲン島の間にあるアーチラリー湾に出る。この辺りはスオメンリンナ観光の中心となっている。要塞時代、この島々間にある「程よい湾」は天然と人工が調和した軍事施設の中核であり、スウェーデン群島艦隊の基地であった。

島には橋が架かっていた。対岸の要塞壁には多段の銃口が見られ、砲撃機能がそれぞれの銃口で異なっている。高所にある大きい砲は、水上や氷上から対岸の島へ上陸する敵を撃破する。並ぶ砲は通る敵艦船を徹底的に威圧し、自国艦隊を防御するように配置、工夫されている。現在、ここにある埠頭からはマーケット広場へ水上バスが発着している。西側には乾ドック、その南には要塞のメイン広場であるグレート・コートヤード、それを四方から囲むように指令棟とその関連する建物が立ち並んでいる。

海風が冷たく、雪の反射も眩しかった。手足が悴んで、これ以上の前進は無理だった。

橋の袂にあるスオメンリンナ博物館で暖を取ることにした。中に入ると、凍て付いた身体と心が緩み、周囲の状況が次第にはっきりと見えてきた。周囲は飾り気のない倉庫の骨組みで、一般的な博物館とはかなり異なる風情である。細長いこの二階建ての煉瓦棟は、一七七〇年代にF・H・アフ・チャップマンによって設計された艦隊用の用具倉庫である。ロシア時代、クリミア戦争で大きく損傷し、その後、食料備蓄倉庫として利用されていた。現在の建物は、一九四四年にロシアの空爆を受けた旧館別棟を改修したものである。インフォメーションセンターや小さなカフェ、売店などがある。一、二階は**スオメンリンナ要塞**の歴史資料の展示会場となっている。中の一角にあるカウンターでコーヒーを注文し、出来上がるのを待ちながらスオメンリンナ要塞についての資料購入を質問した。資料は島内にあるいくつかの博物館で、それぞれに関連するものを置いているという。

淹れたコーヒーを受け取り、三席ある小さなテーブルのひとつに座った。そのとき、突然、反対展示室の奥で音響効果の効いた砲撃音がした。振り返ると要塞の歴史を上映しているようである。クリミア戦争の英仏艦隊による激しい艦砲射撃音であった。朝の食事の残りとコーヒーで空腹を癒してから音の展示室を閲覧することにした。

展示室入口でチケットを購入。その券とパンフレットを読むと、大きな四桁の数字が表示されていた。

「一八〇九」

簡単な説明によると、「国難と端緒―フィンランド戦争から二〇〇年記念、フィンランド国立博物館・スウェーデン王立軍事博物館との共同展示博」と記されていた。数年前からある展示のようである。この四桁の数字が持つ意味こそバルト海の合わせ鏡であった。

フィンランドはスウェーデン王国の一部になって以来、ロシアに対する国境防衛の要であった。この間、国境は次第に東に移動した。バルト帝国と言われたグスタヴ二世アドルフの時代には、ロシアとストルボヴァ条約を締結し、カレリアの一部とイングリアを獲得して東進の絶頂を迎えた。さらに一六四八年、スウェーデンはヨーロッパを大混乱に陥れた三〇年戦争を終結させて、ウェストファリア条約によって北ドイツ諸領も手中に収めた。バルト海全域の制海権を確立したのである。他方、ロシアはロマノフ王朝初期の混乱が続き、バルト海進出は夢のまた夢であった。

しかし、ロシアはピョートル大帝になると、国内の社会改革を推進し、強固な農奴制による皇帝権の強化、急速な西欧化を推進していった。さらに、ストルボヴァ条約を破棄することでバルト海進出を目指した。そしてピョートル大帝は大北方戦争で宿敵スウェーデン・カール一二世に勝利することができた。ニュスタード条約ではフィンランド湾の東部支配を実現させせた。その間、ピョートル大帝は自身の西欧化のシンボルたる首都セントペテルブルグ（現サンクトペテルブルグ）、そして要塞クロンシュタットをスウェーデン国境に建設した。一七四三年、大帝の娘エリザヴェータは、スウェーデンの復権を目指したハット党戦争で圧倒的優位に立ってフィンランドを占領、オーボ（トゥルク）条約でキェミ川以東のフィンランド東南部を掌握した。当然、ロシアのバルト海進出に対するフィンランド防衛は、スウェーデンの最優先課題となった。しかも、南スウェーデンにある軍港カールスクローナからフィンランド湾南岸への補給・援軍は遠すぎた。ここにフィンランド要地に堅牢な防御要塞の建設が必要となった。

このようなバルト海の国際情勢の中で、一七四八年からスウェーデンの要塞建設が始まり、一七五〇年、西のイェーテボリ要塞に対比して、この要塞を「スウェーデンの城」（スヴェアボリィ）と命名した。しかし、フィンランド人はその発音に馴染めなかったのか、ヴィアポリィとフィンランド語で呼び、ロシア時代にもこの呼称が続いていた。

建設総責任者に任命されたのはA・エーレンスヴァールドで、築城の名手フランス人ウォーバンの星形要塞の影響を受けたといわれる。要塞建築の資金は、国内財政が厳しい折、同盟関係にあったフランスに依存した。そのために当時のヘルシンキ文化がフランス化したといわれている。[85]

その後の建設期間は波乱に富んだ歴史となった。しばしば計画が変更された。建設工事は度重なるバルト海の戦役や国内政争で中断され、また再開され、そして遅延された。初期の目的はあくまでも対ロシア戦に対峙する巨大な砦を建設してロシアの西進を阻止することであった。だが、ヨーロッパの情勢はナポレオン戦争の合従連衡の中でバルト海の勢力均衡もまた崩されていった。ルーレットゲームは開始された。

一八〇七年、ナポレオン一世とロシアのアレクサンドル一世、プロシアのフリードリヒ・ヴィルヘルム三世がティルジットで講和した。ナポレオンはこの時の密約の中でロシアのフィンランド領有を認めた。すると、アレクサンドル一世はスウェーデンに第三次対仏大同盟からの離脱を形式的に促す。グスタヴ四世がこれを無視すると、翌年二月、ロシアはスウェーデンの対応を理由にフィンランドに侵入した。ロシアからの冬季の戦争開始は異例であった。

博物館のポスターには二人の人物が大きく描かれていた。ひとりはスヴェアボリィ建設功労者A・エーレンスヴァールドである。この人物は誰もが当然と認める。だが、もう一人はスウェーデン海軍副提督カール・オルフ・クロンステッドで、スウェーデンの歴史に薄黒く隠れた人物である。

ルーレットは始まった。高く積まれたチップを置くと、赤と黒に区画された円盤が回された。ルーレットのダイスが反対方向に投げ込まれた。ルーレット盤が静止した。賭けた数字は一八と〇八であった。運命の数字であった。クルピエ（胴元）は誰で、勝者は誰だったのだろうか。86

ロシア軍はロシア・スウェーデン国境の要塞を次々と陥落させて、数週間後にはヘルシンキに達していた。他方、一八〇一年以来スヴェアボリィ要塞司令官はスヴェンスクスンド海戦の英雄クロンステッドであった。一八〇八年二月一日頃から彼は周囲の不穏な動きをするロシア軍を察して、要塞の全軍に防戦体制を整えさせていた。しかし、アレクサンドル一世は三月二二日、当時フィンランドの中心都市オーボ（トゥルク）を占領。三月二八日には全フィンランドの併合を宣言した。

スヴェアボリィの包囲網が次第に狭まる中で、四月二〇日、要塞では直接ロシア軍との戦端が開かれた。その後、戦闘が激化する中、しばしばロシア軍からの休戦交渉や降伏の催促が発せられて、その瞬間に砲撃が止んだ。そして再び砲撃が開始されという状況が繰り返される。そのような中で、突如、四月六日、彼はスヴェアボリィの三島をロシアに割譲すること、さらに、もしも一か月以内にスウェーデンから援軍が来なければ、残りの島々も引き渡して、降伏することを決意した。交戦は続いたが、やはりスウェーデンからの援軍は来なかった。ついに、五月八日、クロンステッドは全面降伏を申し出た。ここに、覇権を競ってきた二国は終止符を打ったのである。スウェーデン王エーリック九世（聖王）以来のフィンランド支配は終わったのである。

問題は、なぜ北のジブラルタルと言われた難攻不落のスヴェアボリィが、兵力不十分なロシア軍にいとも簡単に降伏したかであった。その説明は、歴史を紐解く「時代の流れ」、その論じる者の「立ち位置」がシンクロナイズされて、謎はいまだに解けていない。

クロンステッドの弁明によれば、砲弾は残り二週間分しかなく、開氷域の出現まではさらに四週間以上もかかると推測した。当然、その間にスウェーデン援軍の見込みはなかったという。これに対して同時代のスウェーデンの人々は、十分な兵力と弾丸があったはずだから籠城で持ち堪えるべきだったと反論し、彼を謀反人と誹謗した。また彼が晩年、ロシア皇帝から年金を受け取っていたという事実から、ロシア側に買収されていたとの説もある。歴史家の中にはロシア軍による間断なき心理戦で敗北したとか、デンマークとの二面作戦と要塞能力の過少評価による絶望感、あるいは平地築城理論を高低差のある群島に用いた要塞設計ミスなどなど多くの推測・憶測が論じられてきた。

最近では、多くの婦女子を含めた要塞市民を悲惨な戦いから救ったヒューマニストであるとか、戦争責任者であるグスタヴ四世によるスケープゴードに過ぎなかったなどと、再評価も現れている。いずれにしろ、真の降伏理由を知るのはクロンステッドのみである。

この後のノーザンミラーズは大きく変わった。スウェーデンは、この対ロ戦から勢力を西のノルウェーに向けて、ヨーロッパの戦乱から逃げ切る水際平和外交を執ることになった。他方、ロシアはバルト海の軍事と経済の支配者となっていった。そしてフィンランドは自治大公国となり、独立へ至るまでの苦難な道を歩み始めるのであった。まさしく「一八〇九」は三か国のルーレットであった。

ロシア支配となったスヴェアボリィは、一八五五年のクリミア戦争でイギリス海軍とフランス海軍の艦砲射撃で損害を被った。爆撃はスヴェアボリィがもはや時代遅れの代物に過ぎなくなったことを証明した。しかし、ロシアの目的は要塞をサンクトペテルブルグ防衛という新たなバルト海支配の前線基地にすることであった。クリミア戦争敗北を踏まえて、要塞の火力増加、加えて火薬庫を屋根のある堡塁で被い、破損しやすい石垣から堅牢な土塁砲台へと補強替えをしている。小型陸戦隊から快速洋上艦隊へ、そして最新の機雷装備による積極的な要塞防衛体制を整えていった。要塞本部のあるヴリィエーン島と南部のグスタヴスヴァールド島を機動的に連動させる工事も行われた。今も島の南部に残るこのときの巨大な砲列は壮観と言える。フィンランド湾侵入に対する「要塞エスプラナーディ（二本の通りに挟まれた道である）」である。

二〇世紀に入ると、一九〇六年七月三〇日、ロシアの要塞砲兵と艦隊水兵が反乱を決起した。反乱はロシア革命の導火線となった。しかし、四日間で鎮圧されて、二八人の反乱兵は処刑され、要塞の一部に損傷を残すだけとなった。

一九一八年五月一二日、フィンランド共和国の旗がグレート・コートヤードに掲げられた。要塞はスオメンリンナ（フィンランドの城塞）と名付けられた。しかし、この年は要塞の歴史で最も暗い年となった。内戦で白衛隊の捕虜となった赤衛隊員およそ八万人が戦犯審査を待つ間、各地に収容されることになった。守備隊員の少ないスオメンリンナもおよそ八千人の赤衛隊員を収容する施設となった。秋には釈放が始まり、翌年の初め、収容所は閉鎖されたものの、食料不足や劣悪な環境からおよそ千人以上の同胞が病で死んでいった。フィンランド独立内戦の代償はあまりにも大きかった。

一九一九年から一九七三年まで、スオメンリンナの軍事的な役割はなお続いていた。第二次世界大戦中は対ソ連戦のヘルシンキ防空の責務を担った。爆撃被害は軽くすんだが、現在のスオメンリンナ博物館の北側の数か所に損傷痕が残されている。また、当時、世界に誇る乾ドックは対ソ連の戦後賠償として船舶を造り続けたのである。現在でも冬季の格納庫として、また古い木造船の修理にドック施設として利用されている。一九七三年、スオメンリンナにあった海軍兵学校を除いてすべての軍事施設は他に移転している。現在「スオメンリンナ管理委員会」の下で要塞の修復、地域の保全と開発を行なっている。

スオメンリンナの歴史ビデオと多くの展示資料を見た後、博物館を出た。冷たい海風が頬を叩いた。途中、乾ドック、A・エーレンスヴァールドによって設計されたグレート・コートヤード、なおも往時の雰囲気が残る周囲の建物群、そして記念館へ立ち寄った。

エーレンスヴァールドの記念碑は、グレート・コートヤードの中央にある。グスタヴ三世自身による下絵と直接指示によって、墓そのものは一七八八年に完成した。そして最後の仕上げであるブロンズが完成したのは一八〇七年であった。墓の両端は古代ローマ式の艦船の舳（ローマンロストラ）、台座の上には彼の紋章の盾、剣と兜、そしてスウェーデン最大の功労者に対するセラフィム大勲章のデザインと鎖が飾られていた。だが奇しくも完成の翌年、ロシアはフィンランドに侵入し、最後のロシアスウェーデン戦となっている。

広場を出た後、砲台のある土塁沿いを南下した。土塁は凍てり、幾度も足を滑らせた。海風は強く、外套は煽られて尾を引いた。群青の海原を眺めると、合間に白い氷の小波が立ち、鈍い銀箔の径が伸びていた。ロシア時代の象徴であるクスタアーンミッケ陵堡の砲列は宿敵スウェーデンに向けられていた。土塁の尾根を歩き終わると、キングスゲートに辿り着いた。歴史の足取りは少々重かった。

キングスゲートはＣ・ホールマンによる略図に基づき、Ａ・エーレンスヴァールドによって設計された。一七五二年にアドルフ・フレデリック王を乗せた船が要塞視察のためにここに停泊したのを記念して、一七五三年から一七五六年にかけて建設された。階段と跳ね橋は、その後二〇年経ってから完成している。損傷が大きかった桟橋は一九九八年に再建され、現在マーケット広場からのフェリー乗り場となっている。

キングスゲートから眺めるバルト海は曇天模様であった。春はまだまだ浅いのかな。

15・マンネルヘイム博物館

シリアラインでストックホルムに移動するためにオリンピアターミナルに向かった。乗船手続きを終えて時間を見るとまだ余裕があった。確か近くにマンネルヘイム博物館があったはずだ。フィンランド近現代史の中心人物の素顔を少しでも垣間見たい。時間に間に合わなければ場所だけでも確認して、次回に訪ねようと思い立った。[87]

ターミナルから切り立つ岩盤と紺碧な海に沿う道を辿る。途中、フィンランド・ロシア友好の女神像に出会った。この像は体貌が少しデフォルメされている。つい魅惑に満ちたバルト海の乙女像と比較してしまう。

道を南下したが、入口がどうも見つからなかった。少し戻ると、小さな目立たない博物館の案内標識があった。博物館への近道のようである。階段かあ。きついな。急峻な階段を上ると、周囲の展望が開けてきた。広大なエテラ港からスオメンリンナ島まで見渡せた。閑静な高級住宅街カイヴォプイストである。目の前にベルギー大使館があった。他の多くの外国大使館が周囲に集まっている。近くには一九世紀のフィンランド美術を集めたシュネーウス美術館もある。

白い木造の建物が見つかった。

「C・G・E・マンネルヘイム、一九二四―一九五一、この家に住む。フィンランド元帥」

フィンランド語とスウェーデン語による表示で、さらに開館曜日と時間、そしてガイド時間が表示されていた。ただ、今回は乗船時間に間に合わないために入館を諦めた。

次に訪ねた時は休館であった。そして三度目に訪ねたときにはあの険しい階段が見つからなかった。最初に迷った付近には、厳重なセキュリティに囲まれた新しい建物があった。警護スタッフらしき人に出会ったので、博物館を聞くとすぐ先の道を上るとよいとのこと。上る道沿いの高い塀にはカメラ撮影禁止の表示が続いていた。この付近はアメリカ大使館であった。周囲の厳重な警戒が理解できた。向かい側にはフランス大使館やイギリス大使館もあったが、アメリカ大使館に比べると裸である。アメリカ大使館の正面玄関には、あの見慣れた鷲のマークが威厳を保っていた。周囲を歩いている女性に博物館を訊ねると、さらに上まで行って、エストニア大使館の角を曲がるとよいという。確かに見覚えのある白い館がやっと見えてきた。

受付で話を聞くと、前に見学者がいて案内は時間待ちになるという。博物館の通訳ガイド数が限られており、博物館も狭いので重複を避けたいという。周囲は古典美のある幾つかの建築やエテラ港の眺望もよいので、それらに感動しながら待つことにした。

四〇分位の散策の後に、入館すると、受付の女性が今度は少々困ったように話す。ガイドスタッフは数ヶ国語を話せるが、残念ながら日本語は話せないという。英語でよいかと聞いてきた。もちろん了承した。前のガイドツアーが終わると、背の高い女性が案内してくれた。案内に先立って貴重な言葉をいただいた。

「歴史の評価には一面だけの真実がないように、マンネルヘイムについてもその時代や見る者の立ち位置で常に大きく揺れ動いてきた。しかし、彼がフィンランドの近代史上、いかに大きな役割を果たしたかは誰もが認めている」との趣旨であった。

彼女の説明は頷けた。老元帥が身体に鞭を打ちながらも、第二次世界大戦中の敗戦処理をし、瀕死のフィンランド独立を維持したことは確かであった。かつてマンネルヘイムの戦略・戦術に悩まされて、前進を阻まれたスターリンさえも、「フィンランド国民はマンネルヘイムに大きな借りがある」と讃えたといわれている。彼が生きた大きな歴史のうねりがこの老練な将軍を必要としたのかもしれない。

最初の案内はマンネルヘイムを象徴する玄関広間であった。ここで彼は多くの客人を出迎え、さらに彼好みのブラウン色の床や家具のある客間へと案内するのが慣わしであった。

広間の正面には公的な業績を示す多くの贈答品や記念品が展示されていた。これらの品々はどれも彼の人生を語るうえで欠くことのできないものである。

それらの中に五本の儀仗旗があった。

レッドライオン旗は赤地に黄金のライオンが絹で縁取られている。竿頭にはスウェーデンヴァーサ朝のシンボルである麦束の王冠が乗っている。旗はフィンランド独立内戦五周年記念日の儀式用に準備されたものである。贈り主はヴァーサ市に住むスウェーデン語系の控訴裁判所長夫人からであった。マンネルヘイムはこのスウェーデン由来のライオンと麦束の旗を特に気にいっていた。同時にスウェーデン語系の人々にとってはより意義深いものであったようだ。もちろん、彼は故国フィンランドとフィンランド語を愛したことは当然である。しかし、どこか彼の祖先のいたスウェーデンへの憧れがあったようである。この旗は少なくとも一九三九年の冬戦争によるヴィーボリィでの勝利行進まで使われていた。[88]

次のイェーガー隊旗は旗の中央に一九世紀フィンランド大公国近衛隊に由来するレッドライオン、そして青地にクロスパティーのマントバ十字（マルタ十字の変種）、四つの白地にプロイセンの鷲の紋章が描かれている。竿頭には猟兵（イェーガー）のシンボルであるイェーガークロス。旗の下には「栄光と祖国のために」と記されている。マンネルヘイムは一九三七年の七〇歳の誕生日にイェーガー隊連盟からこの旗を贈られている。しかし、このイェーガー隊はフィンランドの歴史を複雑重層化したのであった。

フィンランドのイェーガー隊員は第一次世界大戦中にフィンランド独立を目指して、ドイツ・プロイセンで軍事訓練を受けた活動家や青年たちであった。大戦中はドイツ東部戦線でも活躍している。フィンランドが独立後に内戦になると、帰国し、ロシア軍からの帰国組たちと共に赤衛隊と戦い、勝利に至る。まさしくフィンランドの独立と内戦の勝利は、これら二つのグループの軍事的な役割と国民の広範囲なナショナリズムがもたらしたといえる。しかし、彼らイェーガー隊は次第に政治・軍事的な影響力を強め、マンネルヘイムたちのようなロシア軍帰国者たちとしばしば意見を異にした。イェーガー隊大隊司令官は就任挨拶でその立場を明確に述べていた。

「君たちはこの旗の中央にあるライオンの紋章を誇りに思うと同時に、四隅にあるドイツの鷲とも睦まじく結び続けることを祈る。祖国は君たちにとってかけがえのないものである。が、この美しい旗には四羽の鷲もいることを忘れてはいけない」（拙訳）。マンネルヘイムは、一九一八年二月二六日、ヴァーサで一度だけこの旗でイェーガー隊を観閲している。

さらに隣には栄誉のホワイトバーナー旗があった。表は白地に金の月桂冠で縁取られたマンネルヘイムのモノグラム（組み文字）、そしてフィンランド由来の八つの州の紋章が配置されている。裏側にはフィンランドの紋章、竿頭にはブロンズの彼のモノグラム。この旗は一九一八年五月一六日のヘルシンキ凱旋行進の際にひとりの女性から贈られものである。マンネルヘイムは贈呈式典の演説で、この女性を含めフィンランドのすべての女性やロッタ・スヴァードのメンバーの働きに感謝の言葉を述べている。

ロッタ・スヴァードとは、国民的詩人J・L・ルーネベリィの「旗手ストールの物語」に出てくる男女の名である。フィンランド兵士スヴァード（スウェーデン語で「剣」）は、妻ロッタ（「神の運」）を連れて、一八〇八年のフィンランド戦争（第二次ロシア・スウェーデン戦争）を戦う。スヴァードは戦死するが、ロッタは戦場に残り、負傷した兵士たちを介護する。この詩はルーネベリィの名声を高めて、人々の民族的アイデンティを奮起させた。この組織の起源は、独立の内戦時に白軍の中でボランティアとして兵士たちを助けた女性たちを称していた。その後、一九一八年末に組織化され、対ソ連戦の時に男性が徴兵される中、次第に軍の補助的な役割を果たすようになっていった。第二次世界大戦中は、銃後の守りとして世界最大のボランティア組織となった。しかし、戦後、政府によって解散させられている。

最左端にある旗は栄誉あるホワイトライオン旗である。

旗は白地に金色のフィンランドライオンが描かれている。その周りには九つの白バラが配置されている。裏地には独立内戦時に功績のあった兵士たちに与えられた自由十字がある。この自由十字は冬戦争後にマンネルヘイム十字勲章として、勇敢で素晴らしい功績や指導をしたものに与えられている。竿頭は黄金の月桂冠に囲まれたフィンランドライオンである。このフィンランドライオンの起源はスウェーデンのフィンランド大公国時代のものを受け継いでいる。

この旗は独立内戦時にヴァーサの女性たちによって縫製された。それをイグナチウス大佐夫人がオーバーコートの裏地に縫い付けて、敵陣を潜り抜け、夫の司令官に届けたものである。マンネルヘイムはこの功績で夫人に栄誉のメダルを与えている。一九一八年四月一三日、マンネルヘイムは彼女に次のような感謝の電報を送っている。

「私たちの戦友と私自身のために、このようなうつくしい旗をいただき感謝します。この旗のごとく私たちの大義は純白で、そして輝き、最後の勝利に至るまで、あらゆる場面でこの旗は私たちと共にあり続けるでしょう」（拙訳）

このホワイトライオン旗の隣にその初期の旗がある。旗は、一九二一年頃にエリック・ヴァストリムによって図案化された。白地の中央には、四つの図案化されたバラと幸運のシンボルが描かれている。一九二五年、組織の年次総会で組織旗として認められ、翌日にマンネルヘイムに手渡されている。マンネルヘイムは彼らの代表たちをこのカイヴォプイストの邸宅に招待し、功績を称えている。89

旗はその時代背景とその物語を伝え、象徴し、意匠されている。これらの旗はフィンランドの歴史とマンネルヘイムの人生を深く織り込んでいるのだろう。

同じこの部屋には彼の功績を示す数々の品が展示されている。フィンランドの将校たちから贈られた銀の剣、独立内戦時にスウェーデンの義勇兵士たちから贈られたカロリン剣、フィンランドで集められた皮の募金リストと青と黒のバトン、そして鹿の剥製。それぞれが多くの逸話に溢れている。

まず、**マンネルヘイム**の独立内戦時からヒエタニエミ墓地に埋葬されるまでの概略、そしてこの博物館設立の経緯、それらを追うことで旗や品々の意義を考えてみよう。

一九一四年七月二八日、第一次世界大戦が勃発すると、マンネルヘイムはロシア帝国陸軍として東部戦線で活躍し、一九一六年までにセント・ジョージ（ゲオルギー）勲章、セント・スタニスワフ勲章、セント・ウラジーミル勲章、そしてセント・アン勲章を授与され、昇進を重ねていった。その後、連合国側に旗幟を鮮明にしたルーマニアを支援するために、カルパティア山岳帯から黒海に至るまで活躍の場を広げていった。そして、ついに大戦三度目のクリスマスを迎えることになった。東部戦線・西部戦線ともに連合国軍と同盟国軍は一進一退の持久戦となった。その間マンネルヘイムは、前線指揮官から司令官となり、一九一七年一月、彼の騎兵師団は東の間の予備軍となった。彼は暫しの休暇をサンクトペテルブルグで過ごし、皇帝ニコライ二世に謁見。その後ヘルシンキで親戚友人たちと会うことができた。

しかし、そこで出会ったものは故国フィンランドの窮状と軍務への帰りに遭遇したロシア二月革命であった。特に二月革命はその後の彼の人生を大きく変えた。親戚友人たちの反ロシア感情とフィンランド独立への思い。彼の軍歴を輝かせたロマノフ王朝の崩壊。更にサンクトペテルブルグで経験したロシア革命軍からの生死の逃避行。激動する両国情勢の中で、現隊帰任の足は自然と鈍っていった。彼は古傷の治療を理由に、オデッサで療養しながらロシア新政府

の混乱状況を見守ることにした。その間、ワルシャワ時代の知人ドゥホーニンが新政府軍の参謀総長となると、マンネルヘイムを予備役へと解任同様の処置にした。彼の過去の経歴と思想から判断すると、現状の革命政府と一致しないというのが表向きの理由であった。

おそらく、実情は彼に対する温かな配慮があったのではないだろうか。知らせを受けてからの状況は厳しいものなっていった。革命によってロシア国内は混乱を極め、ドゥホーニンもまた参謀本部のあったマヒリョウ（現ベラルーシ共和国東部）の駅で革命兵士たちに斬殺されている。マンネルヘイムの生命さえ危うくなっていった。

マンネルヘイムは急変する故国フィンランドの将来に思いを馳せ、急遽帰国することを決意する。ロシア皇帝への愛着や恩義を思い抱く余裕はなかった。目の前で繰り広げられるボリシェヴィキの残忍性をフィンランドに移植することはどうしても認め難かった。途中、大胆にも服装や徽章を変えることなく、ありのままの姿で行動した。幸い義弟たちの助力によってヘルシンキへどうにか辿り着くことができた。この時の堅い意志、状況判断、そして人々の協力は、アジア旅行での経験と共に彼の政治哲学の基底になったように思える。

マンネルヘイムがヘルシンキへ戻った翌月、一九一八年一月、革命支持の赤衛軍に対抗して、独立を果たした新政府は白衛軍を国軍に衣替えし、彼に編成と訓練を委ねることにした。

その後、赤衛軍がヘルシンキを占領すると、新政府はマンネルヘイムの提案の下に首都機能をヴァーサに移した。まもなくマンネルヘイムは新政府軍を整えると、周囲の駐留ソヴェト軍を武装解除させて、タンペレを攻略し、ヴィーボリィ（ヴィープリ、ビボルク）占拠へと進軍していった。その間、ドイツで訓練を受けたイェーガー隊とドイツ軍がヘルシンキを抵抗なく落とすことができた。一九一八年五月一六日、マンネルヘイムの新政府軍（白衛軍）は市民の歓呼の中、ヘルシンキに入ることができた。

しかし、親ドイツ勢力とイェーガー隊の発言力が増大し、さらにドイツ側の内政干渉も強まっていった。マンネルヘイムは、軍制度を含めて彼らの干渉を黙認する新政府としばしば衝突していった。一九一八年六月、彼は総指令官を辞任し、スウェーデンに亡命することになった。その後、フィンランド議会は新国王にドイツ皇帝ヴィルヘルム二世（最後のドイツ帝国皇帝）の義弟フリードリッヒ・カールをフィンランドに迎えることに決めた。

だが、第一次世界大戦はマンネルヘイムが予想したように、ドイツの敗退色を濃くしていった。そこで政府はマンネルヘイムが主張するスカンディナヴィア諸国や米英仏との関係改善を試み、武装中立路線へと舵を切り、フィンランドの運命を彼に託することにした。彼の心中はいかばかりであったろうか。

政府の新たな要請を受けた彼は、故国フィンランドのためにスカンディナヴィア諸国や英仏を訪問して、独立承認と食糧援助の交渉を続けていった。幸いに彼の訪欧からの帰国前に、人々に援助食糧を届けることができて安堵したようである。

一九一八年一一月、ドイツ革命を経て、第一次世界大戦が終結した。フィンランドはパリ講和会議・ヴェルサイユ条約によって完全な独立を獲得することができた。この間、短期間であったが、マンネルヘイムは政治の頂点・象徴としての摂政（スウェーデン大公国の名残）に選出され、翌年、激動のヨーロッパの中で新憲法を制定し、新しい政治体制を作り上げた。

周囲の後押しで、新憲法による大統領選挙に立候補した。だが、左派勢力の増大や彼のロシア軍歴、更に問題となったことは過去の件であった。つまり、ロシア革命軍に対抗してロシア白衛軍を援助するためにサンクトペテルブルグを攻撃することを主張したことであった。これらの批判の中、結局、彼は支持を得られずに敗退した。その後、しばらく公職から離れて、狩りや旅行など、自由な生活を送りながら、赤十字や児童福祉などの奉仕活動に専念した。この期間の休息は彼の人間としての厚みを作り上げ、その後のフィンランド外交に役だったのである。ただ、政界を一時離れても、政治的な陰の影響力は引き続き大きかったようである。

彼はヘルシンキに帰国の際、幾つかのアパートで仮住まいしていた。しかし、彼自身、ポーランド滞在中の家財が戻ると、末の住まいを考え始めた。また、独立や戦時の英雄が仮住まいを続けることに周囲の戸惑いもあった。そんな折に、現在のカイヴォプイストの別荘の話が持ち込まれた。閑静でエテラ港の眺望もよく、即座にお気に入りとなった。

一九二五年、大統領選への出馬を要請されたが、断わっている。この時期に所有者と長期借用契約を結び、ここで私的生活と公的な交流が始まった。カイヴォプイストは、政財界、文化人の集いの場所となった。それぞれの部屋の内装、家具の配置、そして間取りや接待客への配慮など、改装に必要なことは常時持ち歩いたメモ帳に書き留めていた。彼の関心の高かった騎馬、狩猟、そしてアジア紀行に伴う記念の品々はどの部屋にも見られる。それらの中で乗馬に関する歴史的な絵画や垂直乗馬の写真が目を引いた。最初、その理由が理解できなかった。しかし、彼の伝記や資料を読み解くうちに、なるほどと納得できた。彼の騎馬に対する愛着と熱意は大きかったし、馬への愛も強かった。確かに少年時代の落伍者が再出発したのは近衛騎兵隊員であり、人生の根幹は馬との出会いであった。その中で、特に彼の居間に飾られている騎馬戦闘シーンの油絵が気がかりだった。ガイドスタッフに聞いてみると、この絵画はパリで購入したもので、作者はスペイン人と言われているが、詳細は分からないという。資金も限られる中、騎馬に関するいく枚かの絵を画商などに依頼し、購入してきたという。このオスマントルコ風の騎兵に立ち向かう騎馬将校は、ロシア近衛騎兵であった自らに思いを重ねていたように思える。

三〇年代からフィンランド軍の要職を務めて、一九三九年に第二次世界大戦が勃発すると、第一次フィンソ戦争（冬戦争）となる。彼は憲法上の最高司令官に任命されて、ソ連軍と戦い、どうにかソ連侵攻を阻止することができた。一九四二年、同国唯一のフィンランド元帥の称号を贈られる。第二次フィンソ戦争（継続戦争）ではドイツ軍からレニングラード攻撃を要請されたが、拒否している。あくまでも自衛のための戦であり、侵略や拡張主義でないことを内外に強調したのであった。彼の叡智と機転でもあった。

彼の娘ソフィーに宛てた手紙の中で、「歳と健康を考えれば、私は最高司令官の重責などを引き受けたくなかった。しかし、政府と大統領の懇願に私は膝を折らざるをえなかった。私はいま四度目の戦争の中だ」と語っている。当時の彼の心境をよく伝えた感動的な言葉である。

一九四二年、議会は彼の七五歳の誕生祝いとして、ヘルシンキに彼自身の家を贈ることを計画した。しかし、政府の提案した石造りの豪華な建物には全く関心を示さなかった。また、政府と貸し主との交渉も進展せずに、政府の祝文は宙に浮いたままになっていた。一方、彼自身、所有権問題は既に解決済みと思っていたようである。この間、対ソ連戦で援助を得ていたナチスドイツの戦況が悪化。スカンディナヴィア諸国と協調して武装中立を訴えていた彼に再びフィンランドの命運が託されることになった。

一九四四年八月、第六代の大統領に押されて、フィンランドのドイツからの戦線離脱に奔走する。一九四五年、彼はこの別荘が賃貸状態なのを知り、一部の未払賃料をすべて払い、政府が最初に予定した資金と国民募金による財団利息でロホヤのキルクニエミに別荘を購入した。

その年の最後の夏は、別荘で農園作りや畜産作業など、新たな趣味で一息ついた。この時の国民募金は、一九一九年、「自宅をマンネルヘイムへ贈ろう」という合言葉で始まった。募金額は個人名義としては、フィンランド史上最高と言われている。当時の金額で七五〇万マルッカ以上と言われ、一九二〇年にこの資金を基に他の多くの協賛を得てマンネルヘイム将軍児童福祉財団を設立している。

思えば、このカイヴォプイスト別荘の賃貸期間にヨーロッパの歴史は大嵐に襲われて、フィンランドという小さな船は大波に飲み込まれていった。冬戦争、継続戦争、ラップランド戦争。大国間の謀策の中で小国が独立を保ち、それを貫くことがいかに困難かを示した歴史的な事例であった。彼は大国の難題を甘受しながら、苦渋の選択をし、国家の瓦解をどうにか回避させることができた。だが、続く敗戦処理も老いと病との戦いの中であった。

老将軍が肩の荷を下ろしたのは一九四六年三月であった。

第六代大統領を辞任し、短い夏をロホヤのキルクニエミで過ごす。しかし、戦時中の友人知人に対する敗戦国裁判に心を痛めたのであった。しかし、病状の悪化により、ストックホルム、パリやリスボンでの静養の後に、スウェーデンのカロリンスカ病院の主治医ナンナ・スヴァードの勧めで、スイスのレマン湖畔にあるモントルーのヴァルモン・サナトリウムで療養することになった。そこで故国への思いと戦時の回想を書きながら療養を続けた。スイスは彼にとって人生最高の場所となったようである。

「この世で過去を忘れ、静かに、こころ休める場所があるとすれば、それはスイスである」と友人に書き送っている。特にアルプスの山々と風景を称えている。

しかし、一九五一年一月二七日、病状が悪化し、スイス・ローザンヌの州立病院で腸閉塞の大手術をするが、不帰の客となった。フィンランドを代表するパーシキヴィによって急派された主治医ナンナ・スヴァードに見守られて、苦痛なく安らかな死期を迎えた。奇しくも、この日は苦難するフィンランドの歴史に彼が最初に登場した日付であった。遺骸は故国フィンランドへ運ばれて、国葬のあとヒエタニエミ墓地に埋葬された。

彼の死後、このカイヴォプイストの別荘はマンネルヘイム博物館となり、一九五七年にはマンネルヘイム財団が建物と土地の半分を所有することとなった。しかし、残りの賃貸関係は続いていた。二〇一六年現在、全ての所有権は財団が有しているという博物館からのメールを頂き、安堵した。要するに首都ヘルシンキの生活期間、彼は自分の邸宅を持たなかったといえる。昨今の日本の政治家と比較すると考えさせられる。

彼の人生の象徴であるこの玄関広間から客間に入ると、書斎となっている。ここの書棚は二階の書籍とは雰囲気を異にしたノンフィクション書籍と資料であった。パリの蚤市で購入した一八世紀の中国風の机もあった。机には妻、娘、母、そして親類の写真、その脇には長女ソフィー・マンネルヘイムの彫像があった。部屋の反対側の端には、冬戦争中にデンマークの義勇兵たちから贈られたグリーンランドのジャコウ牛の皮があった。これは戦時、ミッケリ（カレリア）総指令本部の机に置かれたものであった。一九〇六年から一九〇八年にかけてアジア探検（探索を兼ねる）旅行をしたときの品々も見られた。

次の居間には、ヴィクトル・ウエステルホルム（風景画家、一八六〇〜一九一九）によって描かれた出生地ロウヒサーリの風景画、ネパールで仕留めたトラの皮、祖先の肖像画などが見られた。スタッフの許可で数枚の写真を撮ったが、後に見ると大分ぶれた写真が多かった。思いのほか荘重な室内は暗かったのである。隣のダイニングルームは彼の招待客への細心の心づくしの場所であった。部屋は穏やかなグレーとブルゴーニュ色である。招待客を歓待するに相応しい色彩であった。中央にあるイタリア製ムラノのシャンデリアは、友人画家アクセリ・ガッレン・カッレラ（一八六五〜一九三一）による贈物である。灯は彼の肖像画を柔らかく射し込んでいた。これらの多くの絵画は、六〇年間、スウェーデンの親族にあったものを彼の死後に博物館が購入したものも多い。

狭い階段を二階に上った。彼のポーランド時代の家具や戦時中にミッケリ総司令本部にあった簡素な野外ベッドがあった。書斎ガラスの飾り棚には、彼の輝かしい軍歴や業績を示す勲章や記念の品々が陳列されていた。その中には日本を訪れた時に授与された勲一等旭日桐花大綬章も見られた。その他の部屋は現在、特別展示や講演などに利用されている。

二階からまた元の広間に下りた時に、階段の壁にモザイク細工があるのに気づいた。麦藁製のフィンランドライオンであった。スタッフに尋ねると、この細工は継続戦争の折に捕虜となったソヴェト兵から贈られたものであるという。当時マンネルヘイムはフィンランド赤十字の総裁として捕虜たちの待遇改善に努力を払っていたのである。彼らの感謝の印であった。彼のヒューマニズムに深く触れた瞬間であった。

見学を終えて、スタッフに彼の妻アナスタシアについて聞いてみた。

「あのダンディーな彼が、なぜ離婚（一九一九年に正式に民事離婚）に至り、さらに多くの伝記の中で女性関係がなぜか出てこない。なぜでしょうか」と質問をしてみた。少々艶のある話を期待した。

「離婚はやはりロシア貴族の女性との相性だったのでしょう」と簡単でそっけなかった。とはいえ、それでは納得のいくものではなかった。

その後、ヘルシンキを去る日に、戦時に青年兵士であったという老タクシー運転手にこの件を聞くと、「彼はフィンランド人が誇れる人物だし、多くの女性にもてましたよ」という。そこで少し納得し、それ以上の詮索を求めなかった。一九三六年、ヒトラー登場でヨーロッパに風雲立ち込めるパリに彼は病床の元妻アナスタシアを見舞っている。

博物館を去る時にスタッフから、ロシア大使館がすぐ近くにあるので見てくださいと勧められた。

確かに帝政ロシアとソヴィエト連邦は彼の人生に深く関わっていた。一枚の鏡をロシアとすると、もう一枚の鏡はスウェーデンかもしれない。ナチスドイツに疑念を持ち、スカンディナヴィア主義とスウェーデンへの片思いが続いていた。さらに、サンクトペテルブルグで見たロシア革命とその騒乱から、故国の進むべき道をしっかりと把捉したのであろう。彼の脳裏に描いた政治体制は、おそらく、イギリスやスウェーデン型の立憲（立憲君主？）主義、議会制民主主義だったのではないだろうか。彼の蒔いた種は貧困と内戦の苦境から脱出し、残忍な殺略と陰湿な革命を避けながら、どうにか現在の共和国フィンランドを結実させたように思える。政治家や軍人を歴史の絵巻から描き出すことはなかなか難しい。だが、彼から生きるヒントを多く学んだように思える。

市電の通る広い道に出ると、閑静な広い敷地に鉄柵で囲まれたロシア大使館があった。かつての時代を象徴するハンマーと鎌が建物の正面に深く刻まれていた。ただし二〇二四年にはどうなっているだろうか。

16．オーランド諸島（アハベナンマー諸島）

朝起きると小雨が続いていた。その間、資料の整理をしていると、外が明るくなり、雨が止みそうに思えた。ふと数日前のフロントでの会話を思い出した。

「オーランドに行くには空路かタリンク・シリアライン、あるいは陸路でトゥルクまで行って船という選択しかないのだろか」と話すと、同じ時間で幾分安く行くならば、ヴァイキング・ラインがよいとのこと。また、夕方出発なので一晩寝ると早朝には着くとのことであった。

よし、ホテル代を節約するために夜間航路もよいだろうと思い立った。

昼近く、ホテルを出る頃には雨も止んだので、オーランド島マリエハムンを目指すことにした。元老院広場（セナーッティ広場）の周辺散策で時間を調整する。幸い近くにトラム乗り場があったので、ヴァイキング・ライン発着港までトラムを利用した。トラムの運転手に事情を話すと、カタヤノッカプイストで降りるように合図してくれた。少々、出港まで時間はあるが、いつもの思い付きの旅路。心細さや心配はなかった。いつも、私の旅は到着地での状況判断となるので、乗船切符は片道だけとなった。後はオーランドに関する少ない知識に頼ることにした。

窓口で船室の希望を聞かれた。私は船室での宿泊は希望しないと返答すると係は戸惑ったようだ。スウェーデンに渡るときに利用したタリンク・シリアラインの経験からすると、早朝に到着するだろう。しかも乗り降りは短時間である。寝過ごしてストックホルム着になることを恐れた。だから船室は必要なかった。

乗船の後、展望デッキ周辺に腰を下ろした。夕闇に沈みゆく太陽の美しさに感動した。

ヘルシンキ港を出てしばらくすると、中央廊下にバンドと歌手が現れた。音楽のサービスである。女性歌手と船上のピアニストが共演。リズムは夕闇の雰囲気で重奏化した。音の波紋は広い通路から浪間に消えた。演奏されたのはスウェディシュポップス。約三〇数年前にウップサラ大学の夏季語学研修中に町で出会った老夫婦との会話ドが思い出された。

語学授業の終了後、市街地に買い物に出かけた。その時にバス停でスウェーデン系オーランド人に会った。娘がウップサラに住んでおり、数日前に訪ねてきたという。当時、世界のポップス界を席巻していた「アバ

(ABBA)」の話をすると目を輝かす。「アバ」はスウェーデン文化の代表である。島の多くの人々に親しまれ、歌われているとのこと。島はフィンランド自治領域であるが、人々の多くはスウェーデン人である。その時以来、オーランド島は私のスウェーデン・フィンランドの文化的・歴史的な関心事になっていった。オーランド諸島はフィンランド南西とスウェーデン東岸の間にある島々で、フィンランドではアハベナンマー諸島といわれている。

船がマリエハムンに着いたのはまだ夜も明けない朝方だった。霧の煙るタラップを降りると、下船者は十数人だけであった。彼らは瞬く間に薄闇に消えた。冷たいバルト海の風がターミナル広場の草木を靡かせていた。あてもなく暗闇の中にひとり残された。下弦の月と星の瞬きだけが別世界を感じさせた。

ターミナルの待合室に戻る。ガイドブックの地図を頼りに現在地を確かめた。そうか。この発着ターミナルは島の西側に位置しているのだ。東海岸は距離にして一キロ強とすると、海に出るのに時間はかからないだろう。オーランドの朝日を撮り、その後、オーランド史跡・カッスルホルム城へ行ってみよう。

ガイドブックの地図を頼りに歩き始めた。道の両側には黒子のような樹林が続いていた。雨上がりのアスファルト路面がまだ濡れており、月明りに反射していた。北極星がくっきりと大きく見えた。だが、歩くうちに心底心細くなっていった。松林の陰に海が見えた時はほっとした。

人影のいない数軒の別荘があり、側道は海に突き出ていた。周囲には数隻のボートが係留されており、雨雲が遠景の島影に重く垂れていた。その雲間に朝日がわずかに姿を見せ始めていた。

「ビンゴー!」

急いでカメラを準備して撮り始めると、突然大粒の雨が身体中を打ち始めた。急いで三脚を閉じた。レンズを上着で被い、傘を広げた。大粒の雨によるボディブローであった。とにかく松林に逃げ込み、雨滴の乱打をしのいだ。しばらくすると雨は止んだものの、太陽は完全に雲間に逃げ込んでしまった。

カメラをしまい込み、またもとのアスファルト道路に戻り、人影を待った。

しばらく待つと、朝のジョギング姿の女性に出会った。カッスルホルム城を尋ねると、市内から大分離れており、徒歩では無理だと説明してくれた。改めてガイドブックを読む。地名は市内地図の端にあるが、小さな矢印が示されていた。郊外のようである。

その時、通り過ぎようとするタクシー運転手に合図をして、事情を話した。このタクシーはターミナルに向かっている。他のタクシーに連絡するので、この場所で待つようにという。まもなく連絡を受けたタクシーが来てくれた。カッスルホルム城へ乗車を頼んだ。


二〇分位経つと城に着いた。のどかな風景である。

城の右側には池があり、城壁の白い漆喰と赤褐色の積石が水面に映えて過去の彩りを伝えていた。城壁には巨大な角を持つ鹿の旗が靡いていた。空気がさわやかで、幾分冷たい。反対側は野外博物館となっており、料金窓口にはスタッフがいなかった。残念にも季節外れである。ゲートの奥には芝生が続き、オーランド各地から集められた古民家が点在していた。ミニ・スカンセンである。

このカッスルホルム城の名は、一三八八年、ボー・ヨンソン・グリップの土地台帳に見られる。彼は当時のスウェーデン摂政時代のマグヌス四世の有力な政治家・将軍であり、実質的にフィンランドの政治経済を掌握していた。城とオーランド島はこの頃からヴァーサ王朝を通して、スウェーデンのフィンランド支配の拠点となった。しかし、スウェーデンのフィンランド前線が東に延びると、統治行政の拠点は東対岸にあるトゥルク（オーボ）に移り、この支配拠点は徐々に崩壊の一路を辿った。残された部分も、一七四五年の火災によって廃墟となった。その後、修復が試みられて、二〇〇一年、現在の姿に復元することができた。

城の周囲を回り、写真撮影を終えると、運転手が近くに要塞跡があるので見ないかと促してくれた。車でなだらかな道を五、六分ほど上り下りすると、砲台と倒壊した要塞跡が散在していた。確かに城との距離は近かった。現在、城址と要塞間はウォーキングコースやサイクリングコースとなっている。

この要塞跡がロシア最西の無敵艦隊に譬えられた**ボマルスン要塞**であることを知り、興奮を覚えた。早速、砲台に立ち、周囲を見渡す。海峡の持つ戦略的な位置が理解できた気がした?・・・。断崖と島々の狭い海峡と奥の深い台地。もちろん、戦史家でもなく、軍略家でもない私の空と海と島影を眺めたファンタジーな素人感想である。ただ、この雄大な自然にある激戦地の廃墟は、戦争の虚しさと人間の愚かさを感じさせるのである。

このボマルスン要塞の歴史は、ナポレオン戦争の混乱の中、一八〇八年にロシア皇帝アレクサンドル一世がフィンランドに侵入し、翌年、フレードリクスハムン(ハミナ)条約でフィンランドとオーランド諸島の割譲を得たことに始まる。ロシアは長い間スウェーデンとバルト海覇権をめぐり争ってきた。ロシア帝国はこの島を、対スウェーデンの西の前線基地として、またバルト海支配の戦略拠点として、島を難攻不落な要塞につくり替えようとした。実質的な工事は一八三〇年代に始まり、およそ二〇数年かかっている。だが、クリミア戦争が勃発したときは、三つの堡塁と主要塞しか完成していなかった。

クリミア戦争は、一八五三年から一八五六年にかけて、主としてクリミア半島を含めた黒海沿岸地帯で行われている。オスマン帝国、イギリス、フランスなどと、対するロシア帝国によって激戦が繰り広げられた。その開戦の理由は、イェルサレムをめぐる聖地管理問題と言われているが、それはひとつの契機に過ぎなかった。ロシア帝国の南下政策に対抗して、英仏両国がヨーロッパとアジアの主幹線路であるこのエリアを防衛しようとしたのである。

また英仏政府は国民世論を強く意識したといわれている。強国ロシアに対抗する傾きかけているオスマン帝国。人々の判官びいきでもある。戦端が切られた状況は、「人々の熱き奔流」による典型例となった。ロシア帝国による当初の戦略見通しは、短期決戦のはずであった。まるで現在のプーチンによるウクライナ侵攻に似ている。しかし、オーストリア帝国などの諸外国は風見的な対応で戦争は長期化していった。ひとつの突破口としてバルト海沿岸からフィンランド湾を経てサンクトペテルブルグを攻撃する案が浮上していった。ここにロシア帝国の西側前哨基地であるボマルスン要塞が英仏連合の最重要な奇襲目標とされた。ボスニア湾・バルト海、それらの沿岸を制することは戦争の帰趨を大きく左右するからである。

クリミア戦争は、欧州全域を巻き込んだ第一次世界大戦の前奏曲といわれる理由がここにあった。90

このボマルスン要塞を見た後に、オーランド海洋博物館前でタクシーを降りた。途中、フロントガラスに雨上がりの虹が映り、旅の醍醐味を味わうことができた。入館までの時間待ちに近くの小高い丘パドフス・パリエットからバルト海やボスニア湾特有の群島、そして、マリエハムンの街並みを展望することができた。丘での高校生の野外授業の風景も脳裏に残っている。

この博物館は大型帆船ポマーン号を浮かべて、船首像や船舶用具などの多くの海洋関連品を展示している。

特にバルト海での海運業は、島の経済を大きく支え、現在に続くオーランド群島の繁栄と歴史に貢献している。幸い、博物館でクリミア戦争のボマルスン要塞に関する歴史ビデオを購入できた。このドラマを参考に当時のボマルスン要塞と、その後のオーランドの歴史を辿ってみよう。

スウェーデンとロシアという異なる二つの文化・社会を持つこの小さな島が、クリミア戦争の勃発によって歴史の表舞台に登場していった。

イギリスはこの戦域にナポレオン戦争以来の最新で最大のバルト海艦隊を派遣している。艦隊指揮官は海軍で数々の軍功のあるサー・チャールス・ネピア提督であった。艦隊はイングランド・ポーツマスで編成されて、無尽の実弾訓練の後に、多くの市民やジャーナリスト、そしてヴィクトリア女王直々の激励の中を出港している。ネピアは出港数日前にタイムズ紙に「私がいれば、一か月以内にロシアの要塞クロンシュタットをきっと地獄に落とすことができるだろう」と演説している。この話は黒海でのクリミア戦争が一進一退の中で世論を歓喜させて、期待をかけさせたのである。

このバルト艦隊のキーパーソンは地図作成と水路測量で知られていたバーソロミュー・ジェームス・サリヴァンであった。ダーウィンのビーグル号航海に参加し、ダーウィンもその技術と知性を高く評価していた。だが、クリミア戦争時、彼は海軍を退役しており、彼の輝かしい業績は沈滞していた。戦争の報道は、彼にとって海軍での再活躍となるだろうと小躍りした。

他方、ボマルスン要塞の指揮官は、ロシア帝国軍人ヤコブ・ボディスコで、遅々として進まない要塞建設の責任者でもあった。彼は若い時にナポレオン戦争の破局をパリで見ていたが、野戦経験は全くなかった。六〇歳過ぎの彼にとって、関心はボマルスンでの平穏な生活と、彼の後輩の妹ナタリーナとの恋であった。

建設要員としてロシア中から集められた服役者と島民との紛争、兵士の脱走事件、そして建設資材難などで要塞建設は進まなかった。だが、ボディスコにとって重要なことは、問題の多い要塞建築よりもナタリーナや貴族・軍人たちとの楽しいパーティであった。さらにもうひとつは、サンクトペテルブルグ流の転寝であったという。戦端が開かれた頃、彼はナタリーナと結婚し、三人の子供と穏やかな生活を送っていた。彼らのバラ色な生活が世界の大きな渦に飲み込まれて、消え去るとは予想もしていなかっただろう。

ネピアはボマルスン要塞を前にして二つの戦略を練っていた。

ひとつは黒海で苦闘を続けている英仏同盟軍に加えて、ロシアとの歴史的な敵対国であるスウェーデンをこの作戦に抱き込むことであった。特にスウェーデン参戦による海兵員の増強は戦略的に重要であった。だが、この計画はスウェーデンにとってナポレオン戦争後に維持してきた中立外交政策の放棄ともなる。さらに黒海の戦況が定かでなかった。もし同盟軍が去った後に、ロシアと戦うことになれば、リスクは大きい。大きな賭けであった。またスウェーデン世論の動向も分かれて、複雑化していた。スウェーデンが唯一、同盟軍に協力したことは、ストックホルム、クリスチャニア（現オスロ）以外のスウェーデン諸港で食糧などの物資を積載することを可とすることであった。その典型例はゴットランド島への寄港であった。現在でもこのゴットランド島は、対岸のロシア領飛び地カリーニングラードに対して話題になっている。ロシア帝国はスウェーデンの参戦をどうしても阻止したく、苛立ったのも理解できる。特にバルト海に浮かぶオーランド諸島は、両国にとって重要な軍事拠点であり、深い歴史的な経緯もあった。

もう一つは、測量士サリヴァンにボマルスン海峡の測量と島の偵察を命じたことであった。ネピアは出帆後しばらく、積極的な攻撃を控えていた。だが、戦略の大きな変化が現れたのである。

ロシア製の島海図はあまりにも杜撰であった。サリヴァンはスウェーデン系島民の協力によって、周辺海域の詳細な海図を作成することに成功した。激しい戦乱が予想された。混乱する中、島民たちは対英仏同盟軍に対抗するためにロシア軍への協力を強制されていた。しかし、島民のスウェディシュ・アイデンティティまでを奪うことはできなかった。島民たちはサリヴァンに積極的に援助協力したのであった。

サリヴァンは情報収集と偵察によって、巨大な要塞は実質的には主要塞と三つの堡塁以外は未完成なこと、そして要塞の弱点は陸地側にあることを知った。艦船だけの攻撃では、多大な犠牲が伴うことが予期された。また、浅瀬の多い島の海峡に大型蒸気艦船をどのようにして接近し、いかにして上陸して、砲撃を実現するかをしっかりと頭に刻み込むことができた。あとはこれらの情報からネピアが英仏同盟軍を調整し、いつ攻撃するかにかかっていた。

一八五四年六月一九日、英国艦隊はカレーに寄港、一二〇〇〇人のフランス軍を乗船させた。六月二二日、満を持してイギリス軍による最初の攻撃が開始された。しかし、両軍ともあくまで手探りの砲撃戦にすぎなかった。イギリス艦隊は島々を包囲しながら、フランスの陸戦隊の到着を待った。サリヴァンの情報から、あくまでも主戦は上陸による陸戦であった。

他方、完成までにさらに二〇年以上も要する要塞がフィンランド本土から援軍が到達するまで持ち応えられるかどうか、ボディスコは確信がなかった。だが、八月三日、彼はロシア皇帝ニコライ一世に「オーランドはあらゆる方面から包囲されている。だが、死んでも降伏することはない」と書状を送っている。皇帝はそれを読み、書状の端に「いいやつだ」と書き残している。

英仏同盟軍の上陸に備えて、要塞周辺の島民たちの家々は焼き払われた。住民たちは要塞付近から退去させられた。島全体が混乱を極めた。ボディスコは要塞の首脳を集め、徹底抗戦をすることを強く主張した。

カレーを出港したフランス軍が到着しイギリス軍に合流すると、八月八日、英仏両軍は上陸を開始した。難儀した砲台築造も要塞を見下ろす丘に確保することができた。

ついに八月一三日、総攻撃が始まった。たちまちロシア軍は二つの堡塁を失い、残るは主要塞とひとつの堡塁のみとなった。さらに英仏艦船からの支援砲撃で、弾倉爆破は時間の問題となった。兵士の一部には反乱の動きさえ出始めた。遺書を書く者もいた。汚染された水で下痢嘔吐が蔓延。喉の渇きを癒すためにアルコールで泥酔する者も多かった。もはや彼らの止血包帯さえも見当たらなかった。射程の届かない大砲では負傷者と死体の間から反撃することさえできない。英仏の銃撃・砲撃は狭間へ容赦なく撃ち込まれ、激しさを増していった。八月一六日、ボディスコは、義弟を含めた多くの兵士を失い、さらに犠牲者の数は増えていった。彼は間断なき砲撃と犠牲者の山に直面し、悩み苦しんだ。そして、ついに彼は人命優先を選択したのであった。英仏による無条件降伏の提案を受け入れたのである。

二〇数年間、造り続けたこの巨大なロシア帝国のシンボル・ボマルスン要塞は、総攻撃からたった四日で崩壊したのであった。むなしい限りである。

イギリス・フランス同盟軍は、ボマルスン要塞の勝利のあと、スウェーデンによるオーランド諸島の併合を提案した。しかし、スウェーデン国王オスカル一世は、まだ強力なロシア軍が本国に残る限り、この危険な贈り物を受け取ることはできなかった。結局、英仏同盟軍は、このマンモス要塞を維持するには莫大な人的犠牲と経済的負担が生ずることを懸念し、再建不可能にまで爆破したのであった。

その後、戦域の焦点と国民の関心は黒海のクリミア半島に向けられた。

ネピアは本国海軍本部との間でクロンシュタット攻略について意見を異にした。ネピアも、そして詳細に探索したサリヴァンもクロンシュタット攻略は実行不可能であることを知ったのである。またネピアの性格からマスコミ対応などが問題視されて、本国に召還されている。英国バルト艦隊が本国に帰還すると、ネピアは莫大な戦費に比べて戦果が少ないと国民から批判され、後に退役している。まったく世論とは勝手なものである。煽ったのはだれだったのか。その後、国会議員となり、海軍軍政改革に尽力している。一八六〇年一一月に七四歳で亡くなっている。

他方、サリヴァンにとってクリミア戦争は、ひとつの大きな人生の転換点となった。英国バルト艦隊の中で最も重要な役割を果たした人物として有名になった。その後、一八八〇年、八〇歳で亡くなっている。

ボマルスン要塞司令官のボディスコは捕虜となり、フランスに連行されている。帰国後、三年間投獄され、後に釈放されている。彼の帰国後、処分についてアレクサンドル二世とその審議会メンバーたちは激しい議論をした。だが、困難な状況でも、兵士たちの命を救ったという理由で降伏の罪を許されている。ロシアも粋な判断をしたようである。この頃、人命優先の例がヨーロッパで多々見られる。興味ある一コマである。一八七九年、ボディスコは現サンクトペテルブルグで亡くなっている。

要塞防衛に活躍した三〇〇人ほどのフィンランド精鋭部隊員は、ロンドンの南に位置するルイスに捕虜として収監された。帰国後、オーランド戦とその歌を語り継いでいる。この地ルイスには、亡くなったロシア軍捕虜たちの記念碑も立てられている。

多くの悲劇を生んだボマルスン要塞。その爆破材は、その後ヘルシンキに運ばれてアレクサンドル劇場やウスペンスキー教会などの建設資材として再利用されている。これらの煉瓦や石材は歴史の記憶としてヘルシンキの建物に嵌め込まれたのである。

クリミア戦争の最終処理はボマルスン要塞陥落の二年後、一八五六年三月のパリ条約であった。[91]この講和会議でオーランド諸島は戦前と同じくロシア帝国が領有を続けることになった。ただし、黒海と同様に非武装化された。島民たちが望んだスウェーデンによる再統一は実らなかった。終戦直前に参戦を決意し、オーランド諸島のスウェーデン復帰を目論んだオスカル一世のシナリオは幻に終わったのである。

一九一七年、フィンランドが独立すると、島民は長い歴史を有するスウェーデンとの経済的、文化的な連携を理由に島の自決権を主張し、一九二〇年にフィンランド議会によって認められた。しかし、領有権はスウェーデンとフィンランドの間で、島民を含めた争点となり続けた。一九二一年以降、国際連盟の調停で非武装・中立・独立的自治・スウェーデン語を島民の言語とすることで、フィンランドの領有となった。この調停案作成には、日本の国際連盟事務次長、新渡戸稲造が大きく関わっている。領土をめぐる国際紛争解決のモデルとして現在もなお注目を集めている。

私は日本人として、フィンランド人にこの件で何度か感謝されている。ただ、平和裏に解決したものの、その後のスウェーデン人や島民の立場を考えると、少々複雑な思いもある。

オーランド海洋博物館を出た後、天気は回復し、日差しが強くなった。マリエハムンの市街地を西から東へと横切って歩いた。

オーランド自治政府機関の**議会堂前広場**にはいくつかの彫像とオーランド諸島の歴史を刻んだ九つのゲートが並んでいた。一八〇九年のスウェーデンによるロシア帝国へのオーランド諸島の割譲から、一九七〇年の自治政府の北欧会議代表参加までの説明プレートがゲートに張り込まれていた。ただ、この時はEUに関する刻印はなかった。この島に関すれば、島民が平和に、円滑に自治を続けることを期待したい。

広場周囲の写真を撮った後に、議会堂を訪ねてみた。突然にもかかわらず、議会スタッフがわざわざ照明をつけて、議会場を見せて、説明してくれた。オーランドは軍事・外交以外、政治的・社会的にフィンランドの他の地域とは異なる独自の自治を獲得しているという。これに対して私は司法権についてはどうですかと尋ねようとした。英語の単語が出てこない。私の英語力はこんな程度である。スタッフと互いに顔を見合わせながら、あれこれと頭の中を旋回していた。「ジェリー・・・ジュディー・・」と検索を続けるうちに、「司法」なる単語がやっと思い出された。深い息を吐きだした瞬間であった。[92]

その後、近くのマリエハムン市庁舎を訪れた。マリエハムン市の名称がロシア皇帝アレクサンドル二世（クリミア戦争を終結）の妻マリア・アレクサンドロヴィナに由来することを知った。さらに隣にはオーランド博物館があった。残念にも改装中。同じようなことは長年の旅で経験しているので「またか」の感で終わった。この原稿が完成する頃は、いや既に立派なお色直しが済んでいることだろう。

帰りの船便は真夜中に発った。ヘルシンキ着は翌日の一〇時過ぎであった。ターミナルの待合室から夕陽が船橋に映えて心を奪われた。カメラのレンズを幾つか替えながら、撮り続けた。窓ガラスの映り込みは、オーランドの光と影の鏡像であった。

三か国世界遺産一覧

フィンランド

1.ラウマ旧市街　2.スオメンリンナの要塞　3.ペタヤヴェシの古い教会　4.ヴェルラ砕木・板紙工場　5.サンマルラハデンマキの青銅器時代の石塚群　6.シュトルーヴェの測地弧　7.ヘーガ・クステンとクヴァルケン群島

スウェーデン

1.エーランド島南部の農業景観　2.ビルカとホーヴゴーデン　3.ルレオのガンメルスタードの教会街　4.ヘルシングランドの装飾農家群　5.エンゲルスバーリ製鉄所　6.ヴァールベリのグリメトン無線局　7.ハンザ同盟都市ヴィスビュー　8.ファールンの大銅山地域　9.カールスクルーナの軍港　10.ターヌムの岩絵群　11.ドロットニングホルムの王領地　12.スコーグスシュルコゴーデン（森の墓地）　13.シュトルーヴェの測地弧　14.ヘーガ・クステンとクヴァルケン群島　15.ラポニア地域

ロシア

1.サンクト・ペテルブルグ歴史地区と関連建造物群　2.キジ島の木造教会　3.モスクワのクレムリンと赤の広場　4.ソロヴェツキー諸島の文化と歴史遺産群　5.ノヴゴロドの文化財とその周辺地区　6.ソロヴェツキー諸島の文化と歴史遺産群　7.ウラジーミルとスーズダリの白い建造物群　8.セルギエフ・ポサドのトロイツェ・セルギー大修道院の建造物群　9.コローメンスコエの昇天教会　10.コミ原生林　11.カムチャッカ火山群　12.バイカル湖　13.アルタイのゴールデンマウンテン　14.西コーカサス山脈　15.カザン・クレムリンの歴史遺産群と建築物群　16.フェラポントフ修道院群　17.クルシュー砂州　18.ビキン川渓谷　19.デルベントのシタデル、古代都市、要塞建築物群　20.オヴス・ヌール盆地　21.ランゲル島保護区の自然生態系　22.ノヴォデヴィチ女子修道院群　23.ヤロスラヴル市街の歴史地区　24.シュトゥルーヴェの三角点アーチ観測地点群　25.プトラナ高原　26.レナ川の石柱自然公園　27.ブルガールの歴史的考古学的遺跡群　28.スヴィヤジツクの集落島にある生神女就寝大聖堂と修道院　29.ダウリアの景観群　30.プスコフ建築派の教会群　31.オネガ湖と白海の岩絵群　32.カザン連邦大学の天体観測所群

Дворцовый мост
Кунсткамера
の学院館
венадцати
коллегий
リカ・ネヴァ
エルミタージュ美術館
Государственный
Эрмитаж
ヴァ
アドミラルテイストヴォ
Адмиралтейство
青銅の騎士
Медный всадник
Admiralteyskaya
Адмиралтейская
マネシュ
Центральный
выставочный зал «...
聖イサアク大聖堂
ナベレジュナヤ・リキ・モイキ
ス
Стр

青銅の騎士

おまえが好きだ
ピョートルの造りし街よ
厳格で整ったおまえの姿が好きだ
滔々と流れるネヴァ川も
その岸辺をおおう花崗岩も
鋳鉄の欄干の装飾模様も
物思いに沈んだ夜の
透きとおるような薄明り
月明かりなき輝きも
そんなときには　自室で物を書き
読むのにもランプはいらず
人通りも絶えた街なかで
眠る巨大な建物も明るく照らされ
海軍省の尖塔もまた光を受けて輝く
しかも黄金色の空に　宵闇を放つことなく
暁はつぎの暁に急いで交代しようとし
夜には半時間しか残さないのだ

プーシキン「ペテルブルグの物語　序」93

1・フィンランド駅

早朝、ストックホルム市庁舎を発つときに、メーラレン湖の女王から依頼された鈴蘭を持った。ヘルシンキ中央駅に急いだ。数日前に購入していたチケットでサンクトペテルブルグ行きの高速列車「アレグロ」に飛び乗った。列車の車体には一本の赤と四本の青が流れるように描かれていた。座席に着くと、慌ただしかった気持ちも潮が引くように落ち着いていった。

途中、ロシア国境を超える前に入国カードの配布と、国境でのパスポート・ビザの検閲があった。以前サンクトペテルブルグを訪れたときに、現地ガイドに「EUのようにビザ申請のない旅行ができるといいね」といったことが思い出された。その時、ふと互いに顔を見合わせたのである。車中、念入りな点検を受けると、不安感が過ったが、もはや心は「青銅の騎士」に向かっていた。

このヘルシンキ駅を終着とするリーヒマキ・サンクトペテルブルク鉄道は、一八六七年に建設されて、一八七〇年に完成している。当時フィンランドは大公国で、ロシア帝国と同君連合であった。一八六二年、路線はリーヒマキでフィンランド最初の鉄道路線であるハメーンリンナ・ヘルシンキ線に接続した。一九一七年のフィンランド独立までこれらの区間はフィンランド国鉄が運営していた。一九三九年以降の対ソ戦でカレリア地峡がソ連に割譲されると、一部区間がソ連領となった。路線が他のロシア国鉄と接続したのは、一九一三年、ネヴァ川に鉄橋が敷設されてからであった。

二〇〇〇年代、高速鉄道が開業し、二〇一〇年、愛称「アレグロ」がカレリアントレインズとして、ヘルシンキ・サンクトペテルブルク間で運行された。運行開始時にはフィンランド大統領タルヤ・ハロネンとロシア首相ウラジーミル・プーチン（二〇〇八〜二〇一二首相在任）が一番列車に試乗している。

しかし、二〇二二年二月、状況が一変した。二〇二二年三月二八日の報道によると、フィンランド国鉄はロシア向けの運航を停止したようである。ロシアのウクライナ侵攻でスカンディナヴィア諸国の対ロシア政策が大きく変わったからである。私とガイドの願いは遠のいたようだ。その後、この路線がどうなったかは読者のネット検索に委ねたい。

さて、旅の話を続けよう。

列車が到着した**フィンランド駅**は、中心街から北に逸れて、ネヴァ川を越えた位置にある。メトロ一号線プローシャチ・レーニナと二三・三〇番トラムと六番トラムの交点にある。

駅舎内はヘルシンキ駅を小さくしたような雰囲気で、小都市の平凡な駅である。もはやそこには、ロシア革命の激しく重厚な歴史は感じられなかった。ガラスの天蓋は丸く小さいが、ヘルシンキ駅に類似している。設計はスウェーデンの建築家といわれている。ロシアの旧首都の駅名を「フィンランド」（ロシア名・フィンリャンツキー駅）と呼ぶのは妙に聞こえるかもしれない。しかし、一般的には、その路線の終着地名を使うのが通例である。ネフスキー大通りの中ほどにモスクワやウラル方面に行くターミナル・モスクワ駅がある。同じような駅の呼称はヨーロッパ各地でしばしば見受けられる。

ナショナル・ロマンチシズム建築であるヘルシンキ中央駅に比べると、かなり見劣りするものの、この駅こそロシア帝国のフィンランド支配の玄関口であり、ロマノフ王朝崩壊の始発駅であった。

ただし、現在の駅舎には大きな注釈が必要であることが帰国後に分かった。

私が利用した駅舎は、一九六〇年に建て替えられたものである。旧駅舎をネット上の写真で見ると、両翼に二階、中央に一階のファサードがあり、現在ある時計台は見られない。現在のこの駅舎はかなりモダンな様式になっている。これらのことを勘案してお読みください。

レーニンは、一九一七年の二月革命（新暦三月）の報に接して、スイス・チューリヒから交戦国のドイツ国内を封印列車（運行中は外部との接触が禁止）で帰国。途中、中立国スウェーデン、船でフィンランドに上陸、橇と鉄道でロシアとフィンランド国境に移動。フィンランド駅の前の駅ペロオストロフでレーニンの妹マリア・イリイニチナ、スターリンやその他の同志に出迎えられている。ただし、現在のこの区間にはロシア路線として九つの駅名がある。心の中では当局による逮捕を不安視していたようである。この時の車内の様子は妻のクループスカヤが『レーニンの思い出』で書いている。しかし、各種の本や資料にはこの路線の始発がどこかは記載されていない。

「一九一七年四月三日の夕方、ペテログラードのフィンランド・ステーションにレーニンが到着したときの光景は、少なくとも四人の目撃者によって記録されている」と『ソヴェト革命史』に書かれているだけで途中経路の詳細はない。ネット上ではヘルシンキ駅構内で皇帝の貴賓室に立ち寄ったという書き込みを見つけたものの、資料上で確証は得られていない。

私なりに読み解いてみる。レーニンのフィンランド協力者、そしてヘルシンキでの亡命生活について多くの記述があるが、危険を侵してまでもヘルシンキへ南下しただろうか。スウェーデン・フィンランド間は船で渡り、その後、橇による移動記述があるので、ヘルシンキではなく、両路線の結節点であるリーヒマキでこの路線に乗ったと私は推測する。ただし、ウィキペディアはヘルシンキ経由なので、やはり、この線かな・・・。

ネット上のヘルシンキ中央駅始発説について、ヘルシンキ駅構内の関係者に尋ねたことがあるが、分からなかった。現在、皇帝やフィンランド大統領の貴賓室らしいものはない。でも、昔、もちろん皇帝の貴賓室があったことは確かである。でも、ターミナル・フィンランドまでの中抜け物語があっても良しとしよう。

一九一七年四月一六日（ロシア暦四月三日）午後一一時一〇分、レーニンはスイス・チューリヒからこのフィンランド駅に着き、楽隊の演奏する「ラ・マルセイエーズ」の中、花束を贈られて、多くの同志、労働者、水兵や兵士たちに迎えられている。彼は駅のロシア皇帝貴賓室に案内された後に、駅前広場のサーチライトの中、装甲車の上に立ち、多くの群衆や兵士たちに革命の意義を説いたのである。

念のためクループスカヤの『レーニンの思い出』（p．240）からこの時の様子を記しておこう。

「革命を体験しない人は、この荘厳、華麗な美しさを想像することはできないだろう。赤旗、クロンシュタットの海軍から派遣された儀仗兵、フィンランド駅からクシェシンスコイ会館に至る道を照らし出すペトロパヴロフスク要塞の探照燈、装甲車、沿道を警戒している男女労働者の列。フィンランド駅へは、チヘイゼとスコペレフが、ペトログラード労働者・兵士代表ソヴェトの正式代表として出迎えにやってきた。同志たちは、チヘイゼとスコペレフのいた貴賓室に案内した。イリイッチがプラットフォームに出たとき、一人の大尉が彼に近づき、直立して、何か報告した。イリイッチは、突然のことに少し狼狽して、挙手の礼をした。プラットフォームには儀仗兵が立っていた。イリイッチとわれわれ亡命者の仲間はみなそのそばを通り過ぎ、われわれは自動車に乗せられたが、イリイッチは装甲車に乗せられてクシェシンスキー宮殿につれて行かれた。「社会主義革命万歳！」――イリイッチは、彼をとりまいた数千の群衆にこのことばを投げかけた。イリイッチは、すでにこの革命のはじまりを全身でもって感じていた」94

彼はこのときの演説を基に機関紙「プラウダ（真理）」に現在の革命におけるプロレタリアートの任務について「四月テーゼ」として掲載。ボリシェヴィキ革命の基本路線を敷いたのである。

彼の帰国後、臨時政府内では政党間の主導権争いや戦争の今後の対応について内部抗争が続いていた。ケレンスキーを首班とする第二次政府は戦争を継続、土地改革や憲法制定会議を先送りし、そして革命の芽となるレーニンとボリシェヴィキに武装解除を求めていった。

レーニンはメンシェヴィキと社会革命党（エスエル党）が臨時政府に協力していることを非難。臨時政府はツァーリ政府と同様に「変わらない帝国主義者」であると定義づけをした。プロレタリア政権樹立に際しては、戦争の即時講和、ソヴィエトへの権力集中、産業と銀行の国有化、国家による土地の収用を主張していた。他方メンシェヴィキ側は、ロシアはまだ社会主義に移行する段階に達していない。レーニンこそロシア共和国を内戦に導こうとしていると反論した。しかしレーニンは「すべての権力をソヴィエトへ」のスローガンの下、活発に演説と行動を繰り返した。

一九一七年七月、ペテログラードの労働者大衆と兵士、水兵による反臨時政府の武装デモが発生した。対応に苦慮していたケレンスキーが、曖昧なドイツ諜報機関から「レーニンはドイツから賄賂を得たスパイである」という情報を得た。それを根拠に各報道機関やペテログラード駐留部隊に彼の国家反逆の噂を流布した。これによってレーニンとボリシェヴィキの支持は急落した。ここで臨時政府はどうにか武装デモを力で解除させ、鎮圧することができた。さらに臨時政府はレーニンとボリシェヴィキ幹部に追い打ちをかけるように逮捕状を発出した。この情報に接したソヴィエト中央委員会は法廷闘争を含めて、対ケレンスキー政府への対応を議論した。しかし、レーニンの身柄の安全確保は不可能と判断し、レーニンを首都から逃すことにした。

レーニンは変装し、隠れ家を転々とする亡命生活がはじまった。初期には、サンクトペテルブルグの北西にある避暑地ラズリーフ湖付近であった。だが、人々との交流も多く、危機感を抱いた。そこで一時的に安全な協力者のいるヘルシンキに向かうことになった。徒歩と列車の逃避行は困難を極めた。

「ペトログラード－ヘルシンキ線の機関士、ヤラヴァの助けを借りることにした。このヤラヴァはレーニンを罐焚きの助手として、機関車に同乗させる。というわけで、汽車がロシアとフィンランドの国境を越える間、ボルシェヴィキの党首は機関車の隅で煤にまみれながら、石炭をくべるようなふりをしていた。国境の駅でも、彼に気をつける役人はひとりもいなかった。フィンランド領のテリオキに着くと、レーニンは気軽く地面に飛び降りて、機関手と握手をかわしてから、護衛のラヒヤを従えて、そのまま立ち去った」[95]

このときに使用されたという蒸気機関車が一九五七年にフィンランドからソ連に贈られて、現在フィンランド駅ホームに保存・展示されている。

レーニンがフィンランドに潜伏していた九月七日、前線総司令官コルニロフ将軍が「死滅しつつあるロシアの大地を守る」と唱えて、皇室部隊を率いて反革命クーデターを起こした。最初、ケレンスキーはボリシェヴィキ一掃の機会だと捉えたが、コルニロフが臨時政府に全権を渡すことを要求すると、鉄道労働者にストを指令。ボリシェヴィキやソヴィエトへ協力を要請し、「赤衛隊」の組織化と維持を認めたのであった。これに対するコルニロフ部隊員も真相が明らかになると、戦意を失い、敗北を予期し、鎮圧された。

結果として、臨時政府はボリシェヴィキに対する抑圧を緩和した。逆にボリシェヴィキの反戦を掲げる主張は人気となり、支持が急拡大する。

九月、ボリシェヴィキはペトログラードとモスクワの二大都市で、労働者・兵士によるソヴィエトへの支持を得ることができた。一〇月、レーニンはボリシェヴィキ党員の激増を知り、再び変装してフィンランドからペテログラードに戻る。レーニンは直ちに武装蜂起による権力奪取を主張。反対するジノヴィエフとカーメネフを批判。さらにソヴィエト大会後の蜂起を求めるトロツキー案は機会を失すると拒否する。一〇月一一日、ボリシェヴィキ中央委員会による投票の結果、レーニンの単独武装蜂起が採択され、一〇月革命（一一月）へと突き進んでいった。ロシア臨時革命政府打倒が宣言されたのはその深夜であった。

一九四〇年に書かれて版を重ねたエドマンド・ウイルソンの名著『フィンランド駅へ』（日本語版　岡本正明訳　みすず書房　1999）は次の言葉で最後のページを締めている。

「到着の夜、クループスカヤの記録では・・・レーニン夫妻は個室をあてがわれた。そこでは、アンナの養子の少年が、『共産党宣言』の結びの文句である「万国の労働者、団結せよ！」というスローガンを、二人のベッドのうえに掲げて、歓迎してくれた。

クループスカヤによると、彼女はその夜、イリイチにほとんど話かけなかった。「言葉にしなくても、すべては理解されていたからである」」

この歴史的トポスこそ、二〇世紀最大の衝撃を、ロシアばかりではなく全世界に与えた震源地であった。歴史は宙に時を刻み、その後、人間は歴史の新たなページを編み続けている。ソヴィエト連邦崩壊後もロシア革命に繋がる糸で、人々はなおも小さな布を脈々と織り続けようとしている。その布がどんな色で、どのような形になるか。私には分からない。が、この場所で起きたことは理解できる気がする。駅近くにレーニン広場があり、彼の銅像が立っている。鈴蘭は、もうすぐ青銅の騎士に届けられるのだ。

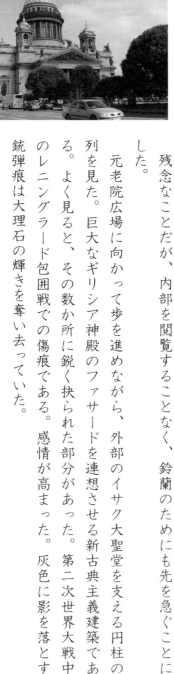

2・レニングラード封鎖

フィンランド駅の広場でタクシーを拾い南下した。ネフスキー大通りを西に、イサク大聖堂前の広場で降りた。水仙の花が咲く頃は、ロシアにも春が近づき、道路の雪も溶け始めていた。近年は雪解けもかなり早くなったといわれている（地球温暖化で「ソヴィエトの雪解け」も、もっと早ければよかったのにと思うこの頃である）。イサク大聖堂前のロータリー広場には、ニコライ一世の騎馬像が往来する車の流れを見下ろし、ロマノフ王朝の威厳をみせつけていた。前方には、**イサク大聖堂**のドームが金色に輝いている。96

残念なことだが、内部を閲覧することなく、鈴蘭のためにも先を急ぐことにした。

元老院広場に向かって歩を進めながら、外部のイサク大聖堂を支える円柱の列を見た。巨大なギリシア神殿のファサードを連想させる新古典主義建築である。よく見ると、その数か所に鋭く抉られた部分があった。第二次世界大戦中のレニングラード包囲戦での傷痕である。感情が高まった。灰色に影を落とす銃弾痕は大理石の輝きを奪い去っていた。

第二次世界大戦を前に、奇妙なことに、反共を党是としたナチスドイツがモスクワでソ連と不可侵条約を締結（一九三九年八月二三日）し、世界の人々を驚愕させている。日本の平沼騏一郎内閣はソ連・モンゴル人民共和国との国境紛争ノモンハン事件（九月一五日深夜停戦協定）の対応に追われていた。平沼は日独軍事同盟の成立に苦心していた。独ソの条約締結で「欧州の天地は複雑怪奇なる新情勢である」という有名な言葉を残す。日独同盟交渉を打ち打ち切りとなり、責任を取って、内閣総辞職をしている。この不可侵条約にある秘密議定書は、独ソ相互が東ヨーロッパ、バルト三か国、そしてフィンランドでの勢力圏を認め合い、相互権益を確認したものであった。97

その九日後、条約による相互の不可侵を盾として、独ソ両国はポーランドへ電撃侵攻している。英仏はナチスドイツに翻意を求めたが、進撃は止まらなかった。二日後、ポーランドと相互援助条約を結んでいた英仏が参戦。戦火はヨーロッパ、そして世界へと拡大していった。

侵攻後、ソ連とナチスドイツはポーランドを分割して、バルト三か国を秘密議定書に従って支配下に置いている。同年、一一月三〇日、西側国境を強化するためにフィンランドを本格的に攻撃している。第一次フィンソ戦争（冬戦争）である。その間、スウェーデン、ノルウェー、デンマークの三か国は、この冬戦争に中立を宣言。スカンディナヴィア諸国からの直接のフィンランド支援はなかった。バルト海を取り巻く歴史の複雑さと錯綜を改めて世界の人々に印象づけた。

フィンランドは対ソ戦で健闘し、世界に小国の意地を示したが、一九四〇年三月に講和を結ぶに至る。

他方、対ソ連との安全を一時的に確保したナチスドイツ軍は、北方のデンマーク、ノルウェーに電撃侵攻を開始した。目的はノルウェーの水力発電、スウェーデンの鉄鉱石の確保、北海沿岸の対英防衛であった。南方はベネルックスとフランス、そしてバルカン半島へと制圧を拡大していった。スウェーデンはなお中立を維持して、戦後、スウェーデンの中立外交への批判と疑念を人々に抱かせる原因となった。

だが、ナチスドイツによるイギリス本土攻撃が停滞する。冬戦争で健闘したフィンランドを目前にしたナチスドイツは、ソ連の軍事力を軽視したようである。一九四一年六月二二日、本来の反共産主義の原則に立ち返ったのである。ナチスドイツは短期決戦を前提に対ソ連のバルバロッサ作戦を開始した。第二次世界大戦で最も死傷者の大きかった独ソ戦である。東部・北部の戦線諸国は、元々、反ソ連、反ロシア感情が人々の間に流れていた。それらを下地に、ナチスドイツは虚を衝くようにウクライナ・モスクワ・レニングラードへと破竹の勢いで戦線を押し進めていった。他方、南部カレリア地域にいたフィンランド軍は冬戦争で大幅な譲歩をさせられたソ連への復讐心を滾らせていた。このような状況の中、独フィン両国からの挟撃によってレニングラード（サンクトペテルブルグの旧称　一九二四〜一九九一）の陥落は時間の問題となっていった。町全体が緊迫して、暗雲が立ち込めた。

その後、レニングラードの人々は、一九四一年九月八日（初旬）から一九四四年一月一八日までの約九〇〇日（政府公式では八七二日）間、周囲をナチスドイツによってほぼ完全に封鎖される。人々は飢餓、疫病、厳寒に苦しみ、さらに人々の間ではカニバリズムまで発生し、砲撃と爆撃に耐え忍んだ。市民の死亡数は百万人を超える（レニングラード市当局発表は六三万二二五三人）といわれている。この時の状況は、多くの歴史書や関連書物によって語り伝えられている。ただ、このレニングラード封鎖に関する情報と実態は、当時のソ連政府が国内外に厳しく統制してきた。ソ連政府は戦争の光の部分とヒロイズムだけを切り取り、語り継ぎ、影の部分を隠蔽していた。多くの事実が公文書、個人の記録などによって自由に出版・報道されるようになったのは、ソ連崩壊後のことである。

そのような苦境の中で、レニングラード市民、ソヴィエト軍前線兵士、そして世界の反ナチスドイツの人々を勇気づけたのは、一九四二年八月九日、レニングラードで行われた新生ラジオシンフォニーによるショスタコーヴィチ交響曲第七番（レニングラード）の演奏であった。

旧ラジオシンフォニーの楽団員は、戦火や飢餓で亡くなり、また戦地に召集されて壊滅的状態になっていた。ラジオから聞こえるのは、空虚なメトロノームの音だけだった。このような状況で大きな転機となったのがレニングラードの最高権力者ジダーノフによる一言であった。彼は共産党中央委員会書記、レニングラード州委員会と最高会議書記、レニングラード軍管区軍事会員であった。

「市は活気を取り戻しつつあるのに、ラジオは何でこんな音ばかり流している。これでは気が滅入るだけだ！」と彼は苛立った。発作的に受話器を取り上げて、直接ラジオ委員会に電話した。

「ジダーノフだ。君らは何でこんな陰気な雰囲気を作っている！　何か音楽をやらんか！」

彼は特に音楽好きな人間ではなかった。スターリンのお供でオペラにゆくことはあったが、普段、音楽には興味を示さなかった。だからこれは、人間の本能が言わせたとしか思えない言葉であった。しかも、彼の言葉が持つ威力と強制力を知らない者はレニングラードにいなかった。

戦火の中に残されたラジオ委員会や演奏者たちは、彼の言葉をミューズの言葉としてシンフォニー再開に奔走した。早速、生き延びた町の音楽家、軍人楽師などが追加募集された。餓死と凍死の「白い地獄」の中、一九四二年四月五日、プーシキン・ドラマ劇場で指揮者K・エリアスベルクによる「祝典序曲」や白鳥の湖から「情景」「ワルツ」「チャールダーシュ」などが演じられて、ラジオ中継もされた。飢餓と電力不足の中で音楽放送が戻ったのであった。旧ラジオシンフォニーの再生である。

その後、新生ラジオシンフォニーによるショスタコーヴィチ作曲「交響曲第七番」がクイビシェフで初演されたときに、ショスタコーヴィチはプラウダ紙上で「・・・私はこの「交響曲第七番」をファシズムに対する我々の闘争と、来るべき勝利、そして私の故郷“レニングラード”に捧げます」と表明した。

この言葉を実現するために、その後、多くの人々はあらゆる面で苦難な戦いを続けたのである。

そして、レニングラードの人々は万感の思いで新生ラジオシンフォニーによる「レニングラード」初演の時を迎えたのであった。不足の楽団員はソ連各地から集められた軍人音楽家であった。一九四二年八月九日。朝から太陽が出ていたが、気温は低く、夏とは思えない肌寒い日であった。砲撃の中であった。

会場はフィラルモニーの大ホール（推察すると、現在のセントペテルブルグフィルハーモニックオーケストラ本拠地かな?）、指揮者はエリアスベルク、そして封鎖三四五日目であった。

私が訪れたときは、この会場エリアは芸術広場となっていた。中央にプーシキンの立像があり、周囲にロシア美術館、ロシア民族芸術博物館、ミハイロフスキー劇場などがある。そしてロシアツアーの折には、規模の小さいバレー劇場で「白鳥の湖」を鑑賞することができた。入場を待っている間、周囲を観察。血の上の救世主が近くにあること、バレー上演中にストロボなしのカメラ撮影で仲間から注意を受けたことなどが思い出される。

さて、この時の様子を『戦火のシンフォニー』（日野まどか著　新潮社　2014）は、録音技師長ベリャーエフの証言として次のように紹介している。

「戦後、私は《第七番》を優れた指揮者や優れたオーケストラで幾度も放送し、コンサートでも聴いた。しかし、一九四二年八月九日の、エリアスベルクの指揮によるあの演奏で味わった感動と比べられるものは、ひとつもない。あの時、あのコンサートに出席した人々は永久にその思い出を胸に刻むだろう。私の同僚たち、日々を防衛や当直や爆撃の中で働いた同僚たちも同じ思いだ。私は幸いにもあの初演に参加し、ラジオでこの素晴らしい初演を伝えた人間であることを、誇りに思う」

かくして、「交響曲第七番」のレニングラード初演は戦火の中で成功した。だが、残念なことに電力不足のために録音されることなく、「幻の名演奏」となった。なお、ネット上のYOUTUBEで一九六四年のエリアスベルク指揮によるライブ録音があり、簡単に聴けるようです。聞いてみてください。
なおこの曲は、スターリンとの関係で批判（例えばバルトーク）されたり、逆にソ連体制批判を含むとの評価もされた。曲の人気も落ちて評価は難しいが、最近、再評価の動きもある。重い曲だというのが私の感想。音楽もまた、感動を伴い、ときにはその物語を引き継ぐ。この飢餓極限の中で演じられたオーケストラの話も同じである。その物語をどう読むか、爆撃と砲撃の中で書かれた交響曲をどのように聞くかは人々それぞれの考え方だろう。だが、戦争の悲惨さと対峙した人々の生き方には心を寄せたいものである。[98]

戦火の痕跡のあるイサク大聖堂の右先には、アレクサンドロスフスキー庭園がある。前方には元老院広場があり、花が咲き乱れていた。まるで二つの花園によって、L字型の旧海軍省が包囲されているような構成である。長閑に散策する人々の影も多い。その美しさと武力官庁である旧海軍省とのアンバランスな風景は、どうも私には馴染めない。そこに矛盾を感じるのである。社会とは、歴史とは、そのような矛盾だらけのものなのだろうが・・・。私の疑問符は続くのである。

元老院広場の中央には、右手を差し出した「青銅の騎士」が立っている。第二次世界大戦中の戦火の中、市民や防衛組織によって木々でカモフラージュされたのである。彼の見つめる目は西ヨーロッパだろうか、ウクライナなのだろうか。ネヴァ川、宮殿橋、そしてペテロパヴロフスク要塞の尖塔など、視界の先に広大なパノラマが眺められた。

3・元老院広場

旧元老院の建物側から公園（デカブリスト広場・元老院広場・ピョートル広場）に入る。メーラレン湖の女王から託された鈴蘭の受取人である青銅の騎士が草花の間から見えてきた。長い旅の終幕が演じられようとしている。

かつて冬に来たときは、すべてが白と灰色であった。このような草木に囲まれた風景などは想像もできなかった。カメラのズームを少しずつ拡大しながら歩を進めていった。青銅の騎士像の前に達すると、シャッターを連射し続けながら、踏み石を一周した。

冬に訪れた時の風景が、幻影のように目の前に重なった。積もった雪の間からピョートル大帝と若きデカブリストたちの群像がモンタージュとなって現れた。雪片が像の周囲で舞い始めた。

ここは近代ロシア史転換の記念すべき場所であった。この元老院広場には確かにネヴァ川に向かって左側にカーキ色の名称由来の旧元老院議事堂がある。現在ロシア憲法裁判所が入っている。

ロシア帝政時代の元老院は皇帝による立法、司法、行政機関を臨時に輔弼し、ボイヤー・ドゥーマ（特権貴族会議？）に代わるものとして、ピョートル大帝が不在の時にその役割を果たすために設立された。その後、恒久組織として帝政ロシア末期まで、その機能に変更はあったが、所属する役人と官庁を含めて存続し続けてきた。元老院議長は皇帝と元老院の橋渡しで、「皇帝の眼」ともいわれた。その後、行政機能はアレクサンドル一世の時代に創設された国家評議会がその役割を継承することになった。だが、立法権の方は形として継承したが、空洞化して実現しないまま、後に大きな問題を孕むことになった。一九世紀の元老院は、実質的にロシア最高の司法機関となっていた。刑事・民事の大審院を有して、全国すべての法制度と官僚を支配していた。

元老院広場の右側には旧ロシア海軍省がある。現在はロシア海軍総司令部や海軍大学校が入っている。なおこの場所にはかつてピョートル大帝によって造船所が建てられていた。建物は数多くのサンクトペテルブルグ市街の都市計画に関与したアンドレヤン・ザハーロフ（一七六一〜一八一一）によるもので、他に多くの代表的な建物を市内に残している。一八〇六年から一八二三年にかけて建築され、塔頂の風見鶏は遠くから一瞥できる。元老院広場に繋がるアレクサンドロフスキー庭園はイングリッシュガーデンで、四季折々の花が咲き、市民の憩いの場所となっている。ピョートル一世の生誕二〇〇年を記念してアレクサンドル二世によって建造されたものである。広い庭園の木陰には彫刻群を有し、多くの有名な作家や作曲家、探検家（ニコライ・プルジェヴルスキー）などの彫像が置かれている。ここは目抜き通り「ネフスキー大通り」の始点でもある。

さてこの**元老院広場**であるが、ソ連時代、「デカブリスト広場」と呼ばれて親しまれてきたが、二〇〇八年、帝政時代の元老院広場として名称が復活している。ソヴェトよりも帝政ロシアへの懐古かな・・・？

一八二五年一二月一四日、ここは専制政治と農奴制に反対したデカブリストが反乱のために集結した場所である。このときに蜂起したロシア革命家たちを一二月党員と呼んでいる。ロシア語で一二月をデカーブリと称するからである。その中心になったのは一八一二年の対ナポレオン戦争に参加した貴族・青年将校たちである。彼らはモスクワへ侵入してきたナポレオン軍に対して冬の到来を利して、焦土化作戦を行い、反転攻勢させている。さらに撤退するナポレオン軍を追い、ヨーロッパ・パリへ進撃した。だが、そこで目にしたのは西欧の近代的政治思想と自由な市民たちである。自国ロシアの後進性にも気づく。彼らは帰国後、それぞれがロシアの専制政治や農奴制を排した立憲君主制や共和制を実現することを目指し始めた。

最初、一八一六年、（サンクト）ペテルブルグの六人の近衛連隊士官による「救済同盟」とよばれる秘密結社がつくられる。それが一八一八年にモスクワで「福祉同盟」に改組。これはドイツの大学生による秘密結社を模した博愛クラブに近かった。しかし、彼らの目的は、あくまでも専制政治と農奴制を打破するものであった。一八二一年、政府からの弾圧を避けるために、いったん偽装解散されている。その後、ペテルブルグを中心とする立憲君主制志向の「北方結社」と、ウクライナを中心とする過激な共和制を目指す「南方結社」に分かれる。一八二四年に両結社の合同が提議されたが、反専制政治と農奴解放以外の内政問題や思想的背景などで意見を異にした。さらに具体的方法論でその相違が露呈すると、活動が滞っていった。

その間にアレクサンドル一世がロシア南部アゾフ海北東部にあるタガンログ（ピョートル一世が最初に黒海艦隊の基地）へ行幸中に急病死する。帝政内は後継者をめぐり、三週間以上の混乱と空白が生じる。皇帝の弟コンスタンチン大公派と三男ニコライ大公派との継承争いが生じたのである。この機会に北方結社は武装蜂起を企て、首都ペテルブルグの各連隊に軍事クーデターを呼び掛けた。

結局、帝位継承はニコライ一世が即位することで決着する。そこで北方結社は、一二月一四日、元老院と近衛師団が新皇帝に対して宣誓をする機会に蜂起することを決定する。だが、反乱軍三〇〇〇人ほどの兵士が元老院広場に集結したものの、準備不足であった。しかもその指揮者が当日に離脱している。だが、反乱兵士たちは上官の命令に従い行軍し、この広場に集結、「憲法制定とコンスタンチン」を叫んだという。この部分を、ウイキペディアは創作のようであるとの指摘している。

いずれにしても、反乱軍は九〇〇〇人を超える政府軍に包囲される。さらに、反乱軍の説得を試みたペテルブルグ総督や軍司令官が反乱軍に射殺されるという偶発事故が起きた。ツァールスコエ・セコー・リツェイ（帝国学習院）で学んでいた者たちは一部参加者はいるが、ペテルブルグ大学の教授を含めて多くの学生たちはこの事件に参加することはなかった。

事態の拡大を阻止するために、ニコライ一世は自ら指揮に当たり、反乱軍に壮絶な砲撃を開始する。反乱軍はたちまち混乱に陥る。雪積もる広場と凍てるネヴァ川は鮮血で染まり、反乱は一日で鎮圧される。

その後、南方結社の武装蜂起も密告で首謀者が逮捕され、一部は反乱攻撃を開始したものの、政府軍に壊滅される。いずれの組織も失敗に終わったのである。厳しい尋問の末に首謀者ペステリら五人は死刑、その他の一二一人はシベリア、極東、カザフに流刑となる。流刑者には二〇代が多く、彼ら指導者と交際のあったプーシキンなどは当局の監視下に置かれた。

このシベリアなどに流刑となった夫を、貴族の身分を放棄してシベリアに後追いした妻たちがいた。彼女たちはその後、ロシア女性の鏡と称賛される。この事件はプーシキンはじめ、多くのロシア知識人たち、多くの民衆から共感を呼んだのである。

シベリアで苦役に服しているデカブリストたちにプーシキンが贈った詩を加えよう。

シベリアへ⁹⁹

シベリアの鉱山の奥そこに
たかい誇りをもってたえ忍べ。
君たちのかなしいはたらき

思いのけだかい願いは亡びない。

幸なき者の心かわらぬ妹 ——
のぞみはくらい地の下にも
はげみとよろこびを呼びさます。
まちわびた日がおとずれるだろう。

愛と友情がくらいとびらを通して
君たちのもとにとどくだろう
いまわたしの自由の声が君たちの
苦役のひとやにとどくように。

重いくさりは地の上に落ちて
ひとやはくずれ　戸口で自由が
よろこびにみちて君たちを迎え
兄弟がつるぎを渡すだろう。

この事件は、失敗に終わったものの、前近代的な農奴制の崩壊とロシア革命の端緒となった。
青銅の騎士に向かって、この若者たちの心をどう思うかと問うてみたい。もちろん答えはないだろうが。

青銅の騎士はこの広場のデカブリストの乱を見下ろして、何を思ったのだろうか。

一二月の反乱の風は、雪に埋もれた枯草を靡かせ、雪片を落として、去っていった。広場の古い情景が私の生温かい血潮を揺らす。冷たい風が再び吹くと、古い記憶は深く凍てついて、地下深く埋もれてしまう。

青銅の騎士を目前にメーラレン湖の女王から預かった鈴蘭をどのような形で渡すべきか、思案する。

4・青銅の騎士

青銅の騎士は、ピョートル一世（大帝）の崇拝者エカテリーナ二世（女帝）によって彼に捧げられた像である。フィンランド湾岸から運ばれた巨大な花崗岩の台座には、ロシア語とラテン語で「エカテリーナ二世からピョートル一世へ、一七八二年」と刻まれている。彫刻者はフランスの哲学者・文学者・批評家Ｄ・ディドロ（一七一三〜一七八四）がエカテリーナ二世に推挙したフランス人エチエンヌ・モーリス・ファルコネによるものである。この銅像の名称はプーシキンによる叙事詩「青銅の騎士 ― ペテルブルグ物語」によって広く人々に親しまれて、一般化していった。

ファルコネは、一七一六年、パリに生まれ、大理石工からヴェルサイユ庭園の彫刻家Ｊ・ルモアーヌに弟子入りする。Ｊ・ポンパドゥール侯夫人の後援で王立セーブル製陶工場の監督となり、小さな製陶調度品などに多くの有名な作品を残している。一七六六年にエカテリーナ二世に招かれて、この「ピョートル大帝騎馬像」を完成する。その後、パリに戻り、王立アカデミーの彫刻絵画部門の学長となり、芸術論の著作評論に専念する。

ディドロは彼らの百科全書の彫刻項目を別立てで彼に委ねている。特にディドロとの文通の中で、青銅の騎士の制作過程やエカテリーナ二世との交際について多くの記述がみられる。その中で「芸術家は将来の名声を得るためのものではなく、内なる必要性によって作品を制作している」と論じている。「青銅の騎士」は彼の芸術論の結晶ともいえる。この像はエカテリーナ二世、ディドロ、百科全書派という時代の社会・文化の背景を彫刻という形で表現したものである。一七八八年、パリに戻り、ロイヤルアカデミーの彫刻部門の助教授となるが、フランス革命では彼の宗教作品は破壊されている。一七九一年、パリに死す。

月桂冠を載せた騎士ピョートルは堅固な意志で困難な波の階段を上りながら、馬の手綱をとり、ロシア国民に前進を呼び掛けている。踏みにじる蛇は悪の象徴である。

ピョートル一世（大帝）は旧来のロシアを西欧化しようと、熊の首に縄をつけるがごとく近代化を推し進めたとされている。そのピョートルと宿敵スウェーデンとの関係をもう一度簡単に見てみよう。

ピョートル（一六七二〜一七二五、在位一六八二〜一七二五）は、アレクセイ一世（在位一六四五〜一六七六）とその二番目の妻ナタリア・ナルイシキナとの間に生まれた唯一の男子である。一六八二年、異母兄フョードル三世（在位一六七六〜一六八二）の病没後、その実弟であるイヴァン五世（在位一六八二〜一六九六）が病弱であったために、ピョートルが後継者に迎えられる。しかし、イヴァンの実姉ソフィア・アレクセーブナが銃兵隊の反乱を利用してイヴァンを正帝に据えて、自らが摂政として実権を握る。ピョートルは副帝として、名のみのツァーリとなり、遠ざけられる。

一六八九年、ソフィアはクリミア・タタール遠征の失敗が露呈すると、反対勢力によるクーデターの危機を感じ、ピョートル殺害を企てる。だが、ピョートルは機先を制して、要塞並みの堅固なトロイツェ・セルギエフ修道院に逃走し、総主教、有力貴族、そして軍の同志たちを結集し、逆にソフィアを修道院に幽閉する。その後、ピョートルは、政治を母とその兄レフ・ナルイシキンに任せて、思いのままの行動に明け暮れる。モスクワ郊外の外国人居留地に出入りしては西洋文明に接する一方、模擬軍隊を組織しては実戦まがいの遊びをおこなっている。また、彼らと日夜、乱痴気騒ぎを起こしては、多くの聖職者たちや保守層の人々の眉を曇らせる。

その母も一六九四年に死去。さらに共同統治者のイヴァンも一六九六年に死去すると、実権ある単独皇帝に就くことになる。彼の目標は、対トルコから黒海沿岸の影響力を排除すること。そしてスウェーデンから過去の失地を取り戻して、バルト海の覇権を奪い、西洋列強に加わることであった。

一六九七年、バルト海の覇者であったスウェーデンでは一四歳一〇ヶ月のカール一二世が即位する。宿敵はまだ若造である。するとバルト海沿岸諸国は流動化する。ザクセン・ポーランドのアウグスト二世はスウェーデンからリヴォニア領の奪還を計画する。一六九九年九月にザクセンのドレスデンで、ポーランド、デンマーク、ロシアがスウェーデンに対して北方同盟を締結する。いずれの国々もスウェーデンに領土を奪われ、バルト海の権益を失っていた。

翌年、ピョートルは対トルコ戦でアゾフ海・黒海から地中海への出口を模索した。しかし、新設の海軍によってアゾフ攻略は成功するが、さらなる単独侵攻はできなかった。そこで、外交戦略によってヨーロッパ諸国に対トルコ戦を求めたが、これも失敗する。結局、南下方針は大きく転換せざるをえず、トルコと和睦。そこでフィンランド・イングリア（現在のロシア・レニングラード州）、エストニアに侵入することで、バルト海への新たな出口を求めたのである。

一七〇〇年一〇月、ピョートルはノヴァゴロド経由でスウェーデン領ナルヴァ要塞（現エストニア）を大軍勢三五〇〇〇で包囲する。しかし、スウェーデン籠城軍は果敢に戦った。北方同盟のアウグストはリヴォニアを、デンマークは親スウェーデンのホルスタイン・ゴットルプ家領へ侵入する。ここに前後二一年間にわたるバルト海の覇権を賭けた大北方戦争の幕が切り落とされる。

対するカール一二世は素早くコペンハーゲンに上陸し、デンマークを戦線から離脱させ、一一月末の雪の悪天候の中を、エストニアのパルヌ港から上陸。僅か八〇〇〇足らずの軍勢でナルヴァ要塞のロシア軍に奇襲、ピョートル本陣を包囲する。他方、ロシア軍は凍てる大砲、外国将校のスウェーデンとの内通、自軍兵士の質悪など、悪条件が重なる。ピョートルはフランス人将校に指揮権を委ねて、戦線を離脱。ロシア軍は壊滅的な打撃を受けて、ナルヴァから敗退する。ナルヴァの敗戦後、ピョートルはいくつかの局地戦でスウェーデンと戦い続けるが、並行して対スウェーデン戦に備えて軍備の増強と軍制の改革を断行する。彼の国内改革は、その軍事優先の延長線上にあった。100

ピョートルの改革の一歩は、強固な要塞を建設し、バルト海支配の海軍を創設することであった。一七〇三年、スウェーデンの支配地であったネヴァ川河口沖に要塞クロンシュタット、川の西岸にペテロパヴロフスク要塞、その対岸に海軍埠頭と造船所（現在の旧海軍省）を建設する。数年前に自らお忍びで加わったヨーロッパ使節団の滞在地アムステルダムやロンドンをモデルとして、ヴァシリエフスキー島に碁盤目の道路を造り、貴族たちを移住させる。沼沢地であったネヴァ川河口に人工の都市ペテルブルグを造成し始めたのであった。なお都市の別名はサンクト・ピーテルブールフ、サンクトペテルブルク、一九一四年〜一九二四年にペテログラード、一九二四年〜一九九一年にはレニングラードともいわれる。大戦の帰趨を制した頃、一七一二年、守旧で因襲の続くモスクワからここへ遷都する。以後、ロシア帝国の都「西欧に開かれた窓」として発展を続ける。

他方、カール一二世は、踵を変えて、アウグスト二世に包囲されているスウェーデン領リーガを救出し、ワルシャワを占領する。アウグストはロシア軍の支援は受けたものの、連携不足でフラウシュタットの戦いで大敗を喫する。その後、カールは傀儡政権スタニスワフ一世レシチンスキを擁立し、ポーランド・リトアニアを支配下におく。ここでカールが対応に苦慮してきた反スウェーデンの北方同盟は瓦解する。

一七〇七年秋、ポーランドに区切りをつけたカール軍はザクセンを経て、ロシアの首都モスクワ攻略のために越冬する。大陸の厳冬は、バルト海沿岸やスウェーデンの比ではなく、兵士たちには過酷であった。特にこの年は異常なまでの寒さであった。さらに長い行軍による疲労、味方の補給不足、風土病や凍傷によって死者が続出する。ピョートルの焦土作戦と執拗なまでのゲリラ戦はカールを苦しめた。

一七〇九年の春、カールは悪戦苦闘するモスクワ攻撃から転じて、食糧補給のために穀倉地帯ウクライナへと迂回南下する。しかし、この年の記録的な大寒波で行軍の兵士に多くの凍死者を出したのである。

この時、ロシアからの独立を謀って、親ピョートルだったウクライナ・コサック首領イヴァン・マゼッパ（一六八七〜一七〇九）が謀反を起こす。ピョートルは直にマゼッパを破門し、彼の人形を見せしめに磔刑としたうえで、彼の本拠地バトゥールィン（ウクライナ北部）を陥落させる。マゼッパは、カール一二世本隊に合流する前に、ロシア軍に奇襲され、壊滅的な打撃を受けた。だが、他のウクライナ・コサックは彼に追従することはなかった。かろうじて敗走しながらカール軍のウクライナ・ポルタヴァ包囲戦に加わる。だが、既にこの時点でスウェーデン軍は南下強行軍で疲弊しており、二万人弱まで激減していた。他方、準備万端なピョートル軍は四万二〇〇〇を超えて待ち受けていた。戦闘開始後、カールは左足を狙撃されて、スウェーデン軍は指揮不能に陥り、混乱する。結局、この激戦は一日で決まり、ロシア軍の大勝利となる。さらに頼りにしていた援軍アダム・ルードヴィヒ・レーベンハウプトもレスナーヤの戦いでピョートル率いるロシア軍に襲撃され、主力軍への補給と戦闘参加が大幅に遅延する。

カールとマゼッパの少数者たちはドニエプル河を渡り、オスマン帝国領に逃れた。他方、翌朝、残るレーベンハウプトはプロイセンによる講和使節を断った後に、上部将校と相談の上、さらに全兵士による投票で降伏を決断。ロシア側はスウェーデンに味方したすべてのコサックを処刑する。レーベンハウプトのこの降伏は大北方戦争の帰趨を象徴するものとして、後々まで語り継がれている。その後、レーベンハウプトは投獄され、一七一九年、ロシアの地で亡くなっている。この戦いで降伏して捕虜となった兵士たちは、厳寒と飢餓のシベリア流刑やサンクトペテルブルグ建設という過酷な重労働で地獄を見る。

カールはオスマン帝国のベンデル（現・沿ドニエストル共和国が実効支配地、モルドヴァの一部）に数年滞在し、再起を図る。だが、ピョートルは対トルコ戦で九死に一生を得たプルート川の戦い以外、その優勢は変わらなかった。さらにトルコ内部とカールとの間で軋轢と混乱が生じる。カールは幽閉され、やむなく故国へ二週間足らずの逃避行となる。だが、故国のストックホルムはペストが蔓延しており、生き地獄の状態であった。バルト海周辺諸国の対スウェーデン包囲網もプロイセン、デンマーク、ハノーファーを中心に復活。イギリスも新王位継承で親スウェーデンをから離脱。戦いの再構築が求められた。そこで対ロシアではバルト海周辺領土の放棄を条件に単独講和を企てる。カールは急遽戦略を変更、デンマークからスコーネを堅持するためにルンドで軍を再編し、デンマーク・ノルウェー戦へと向かう。が、北の流星カールも、一七一八年一一月、デンマークのフレデリクスハルド（現ノルウェー）を包囲中、突然の狙撃に遭い流れ去る。近年、遺体の発掘調査が行われている。流弾説も有力であるが、狙撃の原因は今も謎となっている。

ピョートルとカール・一二世の戦を顧みれば、ロシア原野にはひまわりと耐寒性のあるカモミール（和名カミツレ）が咲いている。ひまわりの種はロシアの人々の食用油として利用されている。カモミールはロシア原野に咲く小さなマーガレットであり、化粧水や薬用として採取されている。花言葉は「逆境に耐える」といわれ、ロシア人好みの花である。そしてひまわりはロシア・ウクライナを象徴する花である。長い歴史上の宿敵であるロシアとスウェーデンの覇権争いはここに大勢が決したのであった。しかも、この戦いは北方の大地とバルト海に大きな転機をもたらし、ウクライナ民族、コサックは独立を求めて苦難な足取りで現代へと辿り着くのである。101

この大北方戦争は二つの伝説を歴史に残すことになる。

ひとつはマゼッパである。彼はポルタヴァでの敗戦の翌年、オスマントルコのベンデルで病没する。後にウクライナ悲劇の英雄として、ジョージ・バイロンやヴィクトル・ユーゴーの詩「マゼッパ」、チャイコスキーとプーシキンによる詩歌劇、ハンガリーのピアニスト、フランツ・リストによる交響詩「マゼッパ」などによって世界の人々の共感を呼び、語り継がれることになる。

もう一つはカールによる厳冬のモスクワ攻略中止とピョートルの焦土作戦である。

ナポレオンやヒトラーが対ロシア戦で同じ轍を踏み、世界史の転換点となっている。その理由をカールがロシア厳寒の恐ろしさを予見したからだと説く人もいる。それでも、このことは人間心理の罠を読み解くときに、「なぜ」という疑問符を人々に残すのである。

その後、ポルタヴァ勝利の後、ピョートルはフィンランドへ侵攻し、一七一四年に自ら創設したバルチック海艦隊によってハンゴー（ハンコ）沖で大勝利を得て、バルト海覇権を不動のものとした。

さらにロシア軍は追い討ちを掛けるように、ストックホルム及びボスニア湾西海岸地域をしばしば襲撃している。スウェーデンは自国の地勢の有利さと国民による危機意識で、辛くも本土占領を免れた。ここに至り、スウェーデン国内情勢が動揺した。北ヨーロッパの外交関係も変化し、どうにか本土占領を逃れることができた。幸い、フランスの仲介を機に、カール一二世後にウルリカ・エレオノーラ（カール一二世の妹で、短期間王位を継承）の夫フリードリッヒ（フレドリク一世）が即位すると、ニュスタード条約（ウーシカウプンキ）でスウェーデン・ロシア両国は講和条約を締結する。

一七二一年一一月、ピョートルは戦勝記念祝賀の折に、「祖国ロシアの父」として元老院とロシア正教宗務院から大帝の称号を贈られる。ここにピョートルによってロシア帝国が確立する。一七二五年一月にピョートルは五二歳で死去している。

冬に訪れた時のことが再び思い出された。

白い背景に際立つ青銅の騎士像。見上げると、頑健な鋼の英雄ピョートルというよりも、感情の赴くままに生きた自由人に思えた。だが、その背後には西欧の合理性を追い続け、絶えずロシア馬に鞭を打つ姿。そして、もうひとつの顔は進化発展の早い西欧への焦りと劣等感を見ることができた。この両面はロシアという国を考えるときの重要な視点に思える。

氷雪の木々の間に天然のスクリーンが突如出現し、**冬のネヴァ川**が映し出された。これが流行りの８Ｋの美しさかな。いや、もっともっと美しい。

霧の帳と降りしきる雪、凍てるネヴァ川を帆船群が遡上する。祝砲が撃たれ、あらゆる吹奏と打楽器が演じられる。サムソンによって口を引き裂かれるライオンの周りを道化師たちが踊り狂う。月桂樹の小枝が降り注ぎ、聖歌が流れる。ネヴァ川の氷塊が川面を跳ねるように岸辺に打ち寄せて、砕ける。銅鑼の叩きに合わせて川は航路を再び結氷させてゆく。大きく岸辺の氷が隆起する。ピョートルの乗る船首をめがけて人々はミール（平和）、そしてウラーと叫びながら氷上を渡る。気の遠くなるような歓喜のどよめきが天頂に達する。その瞬間、霧はしだいに消え去り、青いネヴァ川がゆったりとながれ、春を迎えるのである。[102]

まだまだ鈴蘭の清楚さは残っていた。間に合ったようである。

メーラレン湖の女王からの鈴蘭をピョートルに捧げようと一歩、一歩、前進した。長い旅であった。少々疲れた。だが、私はふと踵を返した。なぜか自分でも理由が分からない。ネヴァ川の岸辺にゆっくりと歩み寄る。鈴蘭を包む保護紙を解き、そっと川に流した。

パックス・ノーザンミラーズ。
パックス・ノーザンミラーズ。
パックス・ノーザンミラーズ。

ターミナル

旅の終着駅はサンクトペテルブルグであった。長い旅は終わった。メーラレン湖の女王から託された鈴蘭は、青銅の騎士に渡すことなく、終わりを迎えた。でも、ストックホルム、ヘルシンキ、サンクトペテルブルグを書き終えてホッとしている。小さな時間、一〇年以上も紡いできた愚書である。脱稿して感慨深く振り返る。およそ四〇年以上も関心を持ち続けたこれらの国々。愛着による偏見と自己流の物語になってしまったのではないか、危惧する。でも、やっと人生の終局に間に合ったのだから良しとしよう。

しかし、第三の鏡であるロシア、サンクトペテルブルグについては十分に書けなかった。時間がなかった。訪問回数（二回）も少なく、未完といえる。人生の終着駅に間に合わせるための苦肉の策であった。さらなる詳述は別の形にしたい。でも二度目のノーザンミラーズの旅路にターミナルがあるのか、自信はない。

この書は北欧物語である。日本に言及することはあまりなかった。付け加えたいと思った時もあった。けれど、できる限り抑えに抑えてきた。ただし、日本抜きの鏡像はこの旅物語では書けなかった。その意味では、これはスウェーデン、フィンランド、ロシア、そして「私の座椅子から眺めた鏡」である。

さて、作中で地名と人名、年代を記述するのに多くの困難と工夫を感じた。ウィキペディアと、持っている資料との間に相違もあった。しかし、過去の事実を検証することも、立証することも私には不可能である。できるだけ誤謬のないように試みたが、難しかった。文章に齟齬はないか、事実誤認や誤想がないか、最後まで気がかりであった。校正の見落としや誤記の少ないことを祈るのみである。

読者へのお詫びとなるが、今回は自力による編集・校正を試み、不慣れなことが多かった。校正については担当の山崎領太郎さんからの指摘で大いに助かった。いかに校正作業が大変なものであるのかを痛感した次第である。ただ、推敲と修正を重ねる中で、これが自分の限界だと己に納得させて筆を置くことにした。試行錯誤の文章の推敲はおそらくエンドレスだろう。天与の時間もある。寛容とご理解をいただきたい。

引用文や参照資料は読み易くするために、少々工夫を加え、腐心してこのような形になった。多少引用が多いという指摘もあった。だが、恣意的に先人の資料を自己流に書き換える考えはない。できるだけそれらの著者や記述者をリスペクトする意図である。その意味で違和感を抱く方もいるかもしれないが、ご理解のほどを願う。なお、後半の注釈は短評としてお読みください。何かを得て頂けたならば、幸いです。旅の年次、季節に不統一を感じるかもしれない。数次の訪問による複層的な物語と理解ください。なおウィキペディアについては、多くの情報提供とヒントを得ることができた。感謝したい。

文章と画像のコラボレーションを試みようとした。だが、費用的に難しかった。文章で表現が難しい部分に少しだけの私の撮影画像を添付した。補足になればと願っている。表現できない部分は四次元、五次元の「読者の心の空間」に期待したい。私は記述する中で「歴史による人間の知性と情感」を信じながら筆を進めてきた。だが、昨今の世界情勢を鑑みると、唯ただ期待し、そう願うのみである。

出版にあたり協力頂いた揺籃社、そして担当の山崎領太郎さんに改めてお礼を申し上げたい。

いつも陰に陽に励ましてくれたカミさんへ、最大の心を込めた感謝の言葉を贈りたい。

途中下車・下船（脚注）

1・『鏡の中の物理学』朝永振一郎著　講談社　1976
『鏡のなかの鏡』ミヒャエル・エンデ著　丘沢静也訳　岩波書店　2001

2・ストックホルム直行便

二〇二〇年、ANAが東京・羽田からストックホルム・アーランダへ直行便を就航する予定であった。しかし、世界的なコロナのパンデミックで延期となった。羽田九時四〇分発・アーランダ一三時着、帰りはアーランダ一四時二〇分発・羽田に翌日七時一〇分着の予定であった。昔、SASにはストックホルム直行便があった記憶がある。大分前に廃止されている。

さらに二〇二二年二月二四日、ロシアのプーチンによるウクライナ侵攻が行われた。スウェーデン・フィンランドは急遽NATOの軍事同盟に加入することになった。ロシアによる脅しともいえる非難が両国にされている。このような国際情勢の中、フィンエアとSASはロシア上空の空路を変更している。二〇二三年三月時点、フィンエアに問い合わせた。東京・ヘルシンキ便は所要時間一三から一四時間かけて、北極圏周りの直行便に替えたとカスタマーセンターによる説明があった。詳細を調べてないが、ANAについてはロシア空域を回避して、中央アジアルートで運航しているという。なお、以前あったストックホルム直行便は欠航となっており、現在は運航されていないと、チャットでの回答を得ている。入国時のコロナ対応については、航空会社に問い合わせると、それぞれの大使館に問い合わせてほしいとのこと。このような状況がどのくらい続くのか。

3・シニア（大）・ステーン・ステューレ　(Sten Sture den äldre)

老ステーン、あるいは大ステーンとも呼ばれて、スウェーデン中世後半の歴史上の重要な人物である。

一四四〇年頃に有力貴族ステーレ家に生まれる。父はカルマル城主で、王国顧問会議のメンバーであった。当時スウェーデンはデンマークとのカルマル連合について賛否が分かれ、内戦が続いていた。大ステューレはデンマーク王クリスティアン一世によって追放されたカール八世クヌードソンの甥であり、デンマーク支配からの分離主義者であった。対デンマーク戦では、いくつも勝利を飾り、政治的に有力な貴族となっていった。一四七〇年のカールの死後の翌年、アルボガ（ヴェストマンランド）の身分制議会によって実質的なスウェーデン支配者である摂政に選出される。

その年の一〇月一〇日、デンマークのクリスティアン一世がスウェーデンに侵入すると、ブルッケベリィ（現在のストックホルム・ヒョートリエット辺り）の戦いでデンマーク軍を撃破している。この戦いで大ステューレは名を高め、スウェーデン独立の救国者となった。ガムラ・スタンの大聖堂には、この時の戦いを記念した「セントジョージとドラゴン」の木像がある。この勝利日は、最初の国民の日となっている。この時に兵士や農民によって歌われた聖エリュアン（Sankt Örjan）は最初の国歌といわれる。

現在の国歌「古き自由な北の国」は、一九世紀のヴェストマンランド地方で歌われてきた民族曲に民族学者で作家であるリカルド・デベックの詞を当てている。この曲が次第に人々の間に広まり、一八八〇年代頃から国歌とみなされるようになった。

大ステューレはデンマークとの戦いでは、さらに一四六二年のヴェストマンランドのハラカーの戦い、一四七〇年のエーレステンの戦いなどでも勝利している。

彼の支持基盤は、メーラレン湖周辺の鉄鉱石業者、下級貴族、特に農民たちである。この頃の身分制議会では、農民の力を無視できなかった。これはロシアや他の東欧とは違うスウェーデン史の特徴といえる。この間、一四七七年、ウップサラ大学を創設し、一四八三年にはスウェーデン最初の活版印刷に寄与、国内の安定を図った。また一四八一年、デンマーク王クリスティアン一世の死後、ヨハン二世がスウェーデン王（一四九七）を兼ねると、これに強く反対した。しかし、ユニオン派（カルマル連合賛成派）

の大貴族や僧侶たちに強要され、ヨハン二世の即位を認めざるをえなかった。

一四九五年から一四九七年、デンマーク・ロシア連合がフィンランドへ侵入すると、それを撃退している。だが、一四九七年三月、大貴族や聖職者と対立が激化、失脚する。その直後、デンマークが侵入し、農民を主力とする大ステューレ軍はストックホルム北のローテブロウで敗れて和解する。しかし、一五〇一年、再び摂政となり、独立闘争を開始する。彼の軍はエーランド・カルマルに陣を敷き、戦い続ける。しかしハンザ同盟から和解の仲介が入る。その交渉のデンマークからの帰途、一五〇三年、病で亡くなっている。その後、マリーフレッドに埋葬され、さらにストックホルム東のプロテスタント系聖堂に移葬される。

寡婦となったインゲボリィ・トットはフィンランドのハメ城に移り、一五〇七年に亡くなっている。夫の戦場への留守中、よき内助であったと評価されている。ストックホルム大聖堂の「セントジョージとドラゴン」像の一部に彼女の像も置かれている。

4・クヌート・ヴィクセル (Johan Gustaf Knut Wicksell)

スウェーデンの経済学者。一八五一年、ストックホルムに生まれ、ウップサラ大学で数学と物理学を学ぶ。最初、数学者を目指したが、人口問題や社会問題に関心を持ち、マルサス主義の信奉者となり、経済学に転じている。人口増加は経済の破局をもたらす。ゆえに、結婚時は避妊すべきであると論じた。またキリスト教マリア風刺(無原罪懐胎)などを唱え、無神論者で急進的な言動から入獄したこともある。自称社会主義者を標ぼうして、労働者階級に理解をよせるが、マルクスの経済理論には関心を持たなかった。おそらく、ロンドンでのフェビアン協会との接触経験によるものだろうか。

一八八七年、社会科学の振興に尽くしているローレン財団の援助で、イギリス、オーストリア、フランス、スイス、ドイツを経て、一八九〇年に帰国している。ストラスブルクでは大学に登録して聴講を試みてはいるが、ドイツ歴史学派には馴染めなかった。オーストリア学派(限界効用学派)であるメンガー(一八四〇〜一九二一、マルクスによって法曹社会主義と嘲笑)からの影響を受けている。

だが、大学院学生の頃から、賛否の多い急進的・合理主義的な言論で社会に知られてはいたが、経済的には不安定な人生を送っていた。大きな理由として、当時スウェーデンの大学では経済学は法学の一分科であった。経済学を教えるためには法学の学位が必要であった。帰国後、生活の安定や継続的な研究には大学に席を置く必要を感じたようである。そこで彼は経済学の博士号を取得し、さらに法学の学位取得を目指した。家計の逼迫に追われながら、四十五歳からの試験勉強であった。周囲の友人や家族の協力で、普通は四年はかかるといわれる課程を一年（ネットでは二年説）で終えている。学位を取ったものの、ストックホルム大学は彼の思想的な立場から講師採用を拒否。どうにか、ウップサラ大学の講師職を得ることになった。だが、正規の教授職は不可能であった。紆余曲折はあったものの、幸い、一九〇一年一一月一日、彼の支持者たちの協力もあり、ルンド大学で教授職を得ることができた。そして正教授となったは一九〇四年、一一対八の投票結果であった。T・ゴルドルンドによる彼の伝記を読むと、彼自身ホットしたようでルンド大学を評価している。大学就任の報は、ルンドの人々を喚起させた。権威者たち、保守主義者たちは、彼のような合理主義者や急進派、変則社会主義者には厳しかったようである。まあ、彼の性に関する問題もあるが・・？・

経済学の視点からすると、彼はスウェーデン学派の始祖といわれ、またケインズ経済学の先駆者と評されている。

第一の主著『価値・資本および地代』（一八九三）では、ローザンヌ学派の一般均衡論による交換理論やオーストリア学派の資本理論をもとに、分配における限界生産力説を展開した。しかし、彼のもっとも顕著な貢献は、自然利子率（仮想の実物市場で形成される瞬時の理想利率）と貨幣利子率（市場での利子率）との乖離が投資と貯蓄の不均衡を生み、物価の変動を引き起こすという説である。発達した信用制度のもとでは、その物価の変動が累積的な過程を辿り、貨幣経済の変動をもたらすとする。いわゆる経済動学理論の基礎を築いている。それは現代マクロ経済学から高く評価されている。私の大学時代の景気変動論が思い出された。

晩年の著作『国民経済学講義』(一九一三、二二)は、前二著を整理したものである。彼はまた、財政学の分野では、財政支出を賄う租税は、その支出がもたらす利益の対価であるという利益説で知られている。

一九一七年に、ルンド大学を定年退職、政府の経済顧問なども歴任している。特に晩年は夫人の影響で国際連盟の強い支持者といわれる。一九二六年、ストックホルムで没している。葬送行進には労働組合や各種の社会主義団体の赤旗で埋め尽くされた。

参考文献『近代経済学の群像』都留重人著　日本経済新聞社　1964
『十人の経済学者』水田洋著　日本評論社 1984

5・『北欧の旅 159』辰野嘉代子著　昭文社　1989

6・ストリンドベリィフェード

この論争に関して追記しておこう。

論争の発端は一九一〇年四月二九日の新聞「アフトン・ティドニンゲン」による記事「ファラオの崇拝」であった。ことの起こりは、ストリンドベリィの経営する小劇場「インティマ」(親和)の俳優たちが、劣悪な労働環境や未払い賃金をめぐりストライキを起こしたことにある。彼は新聞紙上で共同経営者兼俳優のオーガスト・ファルクを非難した。だが議論は対ロシア防衛、王制や民主主義に関する大きな問題へと発展していった。その背後には、彼の常日頃からの保守層との怨恨も絡み、問題を複雑にさせていった。約三〇〇人以上の専門家や権威者との一六か月にわたる四六五本の投稿論争となった。その議論の拡散理由は、それぞれの立場によって異なるものの、いつかの理由を挙げてみよう。

この件を纏めて書いてみると、時代に対する彼の苛立ちというものを感じる。

一九〇九年は生誕六〇年という彼にとって特別な記念の年であった。それにもかかわらず、世相は中央アシア・チベット探検によるスヴェン・ヘディンの帰国祝賀ムードで埋め尽くされていた。特にヘディンに対する国王オスカル二世からの貴族称号や紋章賦与問題などが絡んでいた。さらにロシアのニコライ二世からヘディン探検に対する精神的な、そして財政的な援助もあった。

一九一二年、ストリンドベリィに対抗した新ロマン主義者の旗手ヴェルネル・フォン・ヘイデンスタムがスウェーデン・アカデミー会員に選出されている。スウェーデン・アカデミーはノーベル文学賞選考機関でもある。この「ロマン主義の台風の目」にいるヘイデンスタムは、本来は画家を志して、南ヨーロッパやオリエントを旅する中で、スイスでストリンドベリィと出会い、彼に影響されて文学に転向している。だが、いまや反自然主義、反リアリズム陣営のリーダーとなっている。この愛国詩人・小説家は、「プロレタリア文学の衰退と崩壊」を首唱して論陣を張っている。ストリンドベリィが彼を特に批判したのは、ヘイデンスタムへ国費が支払われている点であった。しかし、ストリンドベリィの死後、一九一六年、ヘイデンスタムは、「文学における新時代を切り開く重要な役割を担った」としてスウェーデン人で二人目のノーベル文学賞を受けている。この年は文学賞のみであった。

ノーベル文学賞に関わる問題は、創設以来、常任アカデミー会員であったカール・デヴィッド・アフ・ヴィルセンの考えが強く反映されてきた。特に彼が強く反対してきたセルマ・ラーゲルレーヴについては、多くの周囲からの説得によって一九〇九年にどうにか譲歩し、授与することになった。ストリンドベリィに対してもヴィルセンは強く反対していた。ノーベル賞授与問題も含めて、ストリンドベリィの心境はかなり複雑化し、「ストリンドベリィフュード」を一層錯綜にさせたようである。

ラーゲルレーヴはストリンドベリィが亡くなった時に次のように述べている。

「彼の元妻シリ・フォン・エッセンは、ヘルシンキで彼の死の三週間前に亡くなっている。彼の人生の宿敵ヴィルセンは彼の死後一か月後、同じ年に彼の娘グレタが列車事故で亡くなっている。ストリンドベリィは、彼の周囲の人間を死に引きずり込んでいる。奇妙なことでないだろうか。主たるオーデンが大勢の従者を従えて、英雄の殿堂に向かっているのだ」

ネット上、ストリンドベリィフュードに関する出版物、論文、意見を多く見ることができた。それらのいくつかの概略の要約を紹介しよう。詳細は読者がアクセスしてほしい。

ビョルン・メエィダル（Björn Meidal）による超概略。彼は二〇一二年、ストリンドベリィ賞を受けている。

彼はストリンドベリィの議論だけではなく、フュード期間、ストリンドベリィについての人々のイメージも分析している。それぞれの陣営がどのように、そしてなぜ、ストリンドベリィを利用したか、逆にストリンドベリィが彼らからどのように影響され、そして、彼がそれをどう対応したかを見つけようとした。つまり、一九一〇年代、ストリンドベリィは若いころのラジカルな思想に元還り、初期の八〇年代の自己の考えや議論を繰り返すばかりであったと。ところが、メエィダルによると、このフュード期間では、彼の作品は過去の繰り返しはなくなり、むしろ新たな趣向を見出そうとしていたと主張している。

次に、スカンジナビア研究家エヴェルト・M・スプリンチョルン（Evert. M. Sprinchorn）は次の主張をする。

ユングやフロイトはストリンドベリィを正しく評価していなかった。ニュートンとライプニッツによるフュードと同じような扱いを彼らはしている。しかし、ユングの原理論そのものは、ストリンドベリィによって既に予期されたものであったと。

最後に文化・政治のジャーナリスト、リサ・ビュールヴァルド（Lisa Bjurwald）による現代文化論から見てみよう。

アウトサイダーたるストリンドベリィは、国家、王制、文化的なエリート層、そして教会や上流階級というスウェーデンの権力エリートに自己犠牲をもって対峙していた。そして、ストリンドベリィフュードは多くの人々や階層を巻き込んだ文化的激論であった。だが、現代のスウェーデンでの文化デベートは、常にクールで、疎遠で、悪いことに、故意にクールであると批判している。

少々、私の頭では整理が錯綜しているようだが・・・。理解できましたか。

これらの議論を踏まえると、大衆と知識人たち、社民党の文化政策、政治と文化などを考える上で、参考になる議論である。

たたし、議論の中で彼が再び社会主義思想に戻った（？）という点に関すれば、用語に齟齬を感じる。根本的理由は彼のウップサラでの青春時代とフランス・ドイツ・デンマーク・スイスなどの放浪の旅へ回帰したに過ぎないと理解したい。そして、成熟した果実が新たな命を生むための輪廻であったと私は考えるが・・・。いかがだろうか。

7・拙訳『Strindberg』 Michael Meyer Oxford University Press 1985

8・ビスマルク (Otto-von Bismarck)

一八一五年、プロイセン王国ザクセンのシェーンハウゼンに生まれる。ゲッテンゲン大学やベルリン大学で法学を学ぶ。卒業後、行政官試補となるが、職務に馴染めず、ユンカーとして兄と農場経営に携わる。その後、兄と分割経営をなし、経営が軌道に乗った折にイギリス、フランス、スイスを歴訪している。帰国後にユンカーサークルで知り合ったゲルラッハ兄弟から強硬な保守思想の影響を受ける。このことは栄達の契機ともなり、彼らを政治と法律の師としていた。しかし、後にプロイセン国益拡大のためには原理原則に固執しなくなり、ゲルラッハ兄弟と袂を別つことになる。

一八四七年、信仰熱心なユンカーの娘ヨハンナ・フォン・プットカーと結婚。宗教に懐疑的であった彼が信仰の道に戻ったといわれる。彼に宗教的な影響を与えたマリー・フォン・タッデンはヨハンナの友人であった。ビスマルクとの結婚後、ヨハンナは両親の愛娘、夫への自己犠牲、子供たちの良き母親であった。ヨハンナはあくまで家庭の人、彼にとって心の居場所であった。

一八四七年、マクデブルグ身分制議会の議員を振り出しに、プロイセン連合州議会議員、連邦議会プロイセン全権公使となる。そしてクリミア戦争を経て、強硬保守から現実政治へと大きく舵を切った。イデオロギーや理念に拘ることを避けるようになる。

一八五九年から左遷といわれた駐ロシア全権大使に転任する。逆に親仏反墺の立場にあるロシアの皇帝や外相からは歓迎される。

一八六一年にヴィルヘルム一世（在位一八六一〜一八八八）が即位すると、一八六二年、短期間のパリ駐在公使（全権フランス大使の記述あり）となる。同年に軍制改革で議会が混迷すると、陸軍大臣アレブレヒト・フォン・ローンの推薦でプロイセン首相兼外相に任命される。この時の軍制改革について下院予算委員会で行ったのが有名な鉄血演説である。早急な軍事力によって普墺両国を取り巻く現下のドイツ問題を解決しようと主張している。別名「鉄血宰相」といわれる。また一八四八年の三月革命後に成立した西南ドイツのフランクフルト国民議会成立で頓挫したドイツ統一を再度目指すことになる。小ドイツ主義（大プロイセン主義）の立場から自由主義・ナショナリズム勢力とも連携することで、それらの潮流を味方につけて権力を高めていった。

対外的には、三度の戦争に勝利してドイツ統一を実現する。一八六四年、第二次シュレースヴィヒ・ホルシュタイン戦争（デンマーク戦争）で、デンマークからシュレースヴィヒの管理権を得る。一八六六年のプロイセン・オーストリア戦争では短期決戦で勝利して、北ドイツ連邦を樹立。一八七〇～七一年のプロイセン・フランス（普仏）戦争では、連戦連勝の戦果を得る。一八七一年五月、フランクフルト講和条約を結び、賠償金五〇億フランを得て国内産業を支援、アルザス・ロレーヌの一部割譲で両国の長年の紛争地問題を解決する。そして統一ドイツ国家であるドイツ帝国を樹立させて、ビスマルクはプロイセン首相兼ドイツ帝国宰相となる。以降ヴィルヘルム一世の下でビスマルクは二六年間、プロイセンとドイツの激動期を乗り切ることになる。

ヨーロッパ外交政策では、第一次世界大戦までヨーロッパに小康状態をもたらし、「ビスマルク体制」といわる。つまり、フランスを牽制しながら諸国の均衡を維持し、自国の植民地拡大政策を巧みに抑え、直接的な紛争や戦争を避けた。結果的には、なんとかプロイセンとヨーロッパの国際秩序を維持させることができたのであった。

国内的には一八七一年から一八七七年にかけて、自由主義政党と協調しながら、貨幣の統一、関税の引き下げ、中央銀行の設立、法と裁判制度の確立、連邦制による自治、そしてドイツ帝国憲法を創設している。一八七〇年代前半、南ドイツを中心とする対カトリック抑圧（文化政策）を展開するが、抵抗が強く、妥協することによってドイツ帝国の基盤を確固とした。もちろん、いずれも統一ドイツ国家としてはまだまだ不備不足ではあるものの、ここにドイツ近代化の枠組みを成し遂げたといえるだろう。ストリンドベリィがドイツ滞在中にビスマルを高く評価した背後には、このようなドイツ国内外の政治状況があったのである。

さらにビスマルクは、社会民主主義者（国家社会主義として分類されることもある）F・ラッサール（ラサール）とたびたび会談を重ねている。だが、ラッサールの死後、ビスマルクは議会で自由主義者や社会主義政党と対立していった。特に政治的にはポーランド問題や泥沼化する憲法問題でビスマルクに批判的な自由主義者左派との対立は深まっていった。対するビスマルクは新聞雑誌の発刊に制限を加えつつ、賃金値上げや組合の団結権の保護を進め、リベラル色を装った。だが、経済的に保護貿易政策を取ったため、自由主義者たちと距離が広がっていった。保護貿易政策は、当時イギリス以外ではひとつの潮流となり始めていた。工業製品や農産物の保護は製造業者やユンカーなどの保守派にとって手放せないし、国家財政上からも関税収入は魅力的であった。

もう一つのビスマルクの批判勢力であった社会主義政党は、ラッサール派とマルクスのアイゼナハ派が統一する。ビスマルクは革命への危機感と王権保護の観点からこれらに弾圧を強めていった。一八七八年、二度にわたる皇帝ヴィルヘルム一世の暗殺未遂事件が起きると、事件と関係がなかったにもかかわらず、社会主義者鎮圧法を成立させている。この法によって社会主義者の活動は、帝国議会の内外で禁止され、社会主義者は居住地を追われることになった。しかし、偽装組織や集会は依然として開かれて、社会主義労働党の党勢は衰えることはなかった。社会主義政党の台頭に対抗して、ビスマルクは全国民を強制加入させる疾病保険（一八八三）、労災保険（一八八四）、傷害・老齢保険（一八八九）を成立させている。いわゆる「飴と鞭」である。私の大学時代の社会政策論では、社会保障を含めて、これらの政策は労働運動に対する懐柔策であったと彼を批判的に扱っていた。

一八八八年、ヴィルヘルム一世が亡くなり、跡を継いだフリードリヒ三世も三か月で病死、ドイツ帝国最後の皇帝（在位一八八八～一九一八）となるヴィルヘルム二世が即位する。最初、ビスマルクは、リベラルで親英仏的なフリードリヒ三世よりヴィルへルム二世の方が「まし」であると期待していた。だが、若いヴィルヘルム二世とは、国内外問題で意見の溝が深まっていった。

特に直接対立の原因となったのは、一八九〇年、「二月勅令」を出したことである。一八八九年にルール地方の鉱山労働者のストライキが起こる。皇帝は直接、労働者保護規定の改正と労働問題に関する国際会議の招集を予告する。さらに社会主義者鎮圧法（一〇月に失効）の無期限延長と強化法案が一八九〇年一月、帝国議会で否決されたことであった。議会や世論の動向を気にしながら国王の権限主導を求めようとする皇帝と、旧体制の維持と国王の遠隔操作を図ろうとするビスマルクの間では当然に政治姿勢を異にした。さらにこの年、ビスマルクを支持するカルテル三与党（保守、帝国、国民自由）が帝国議会選挙で敗北し、社会民主労働党が最多となる。ここに至りビスマルクは辞表を提出せざるをえない状況となる。罷免を決意していた皇帝は躊躇なく彼の辞表を受理。激動のビスマルク時代は終焉を迎えたのであった。しかし、社会主義への敵意は一貫して持ち続けたようである。

辞任後、侯爵の称号と元帥の名誉称号を授与されている。一八九一年、国民自由党の推薦で帝国議会補欠選挙に当選するものの登院していない。ベルリンを離れてフリードリッヒスルーに移り、回顧録を執筆する。一八九四年、ヴィルヘルム二世と形式的な和解をしている。同年一一月、彼の理解者である妻ヨハンナが死去すると、精神的にも肉体的にも急激に衰えていった。一八九八年、フリードリッヒスルーで息を引き取っている。八三歳であった。その時の臨終の言葉は、「私のヨハンナにもう一度会えますように」である。彼の墓石に刻まれた言葉は、「わが皇帝ヴィルヘルム一世に忠実なるドイツ帝国の臣」である。彼の死後の評価はそれぞれの立場によって著しく異なっているが、ドイツ国内には各種の記念碑が数多くある。

『ビスマルク』飯田洋介著　中公新書　2015

『ビスマルク　上下』ジョナサン・スタインバーク著　小原敦訳　白水社　2019

特にラッサールとビスマルクの関係については上巻のＰ三六五～に記述されている。

『ドイツ史』木村靖二編　山川出版社　2001
9・参考文献を引用して、一部読みやすく修正
『赤い部屋』ストリンドベリィ著　阿部次郎・江馬修訳　新潮社　1921
10・『北欧演劇論　ホルベア、イプセン、ストリンドベリ、そして現代』毛利三彌著　東海大学出版会　1980
反ノーベル賞というタイトルでミュージアムが短評しているものを拙訳で追記する。
「一九一〇年、社会民主青年部のアドルフ・ルンドグレーンが「国民賞（アンチ・ノーベル賞）」を提案したが、反応は小さかった。翌年、社民党青年同盟が新たな発案でストリンドベリィ募金を設けた。リチャード・ベルフ、カール・ノルドストレーム、ヤルマール・ブランティングや後のウップサラ大監督・ノーベル平和賞受賞者である友人ゼーデルブロムなどが募金設立の構成委員となっている。ゼーデルブロムは死去の折に彼の部屋で最後のミサに立ち会っている。寄付は労働者を中心に全国的に広がった。一九一二年、これらの「アンチ・ノーベル文学賞」の賞金は目標の二万クローネを超えて四万五〇〇〇クローネ以上も集まり、ストリンドベリィの誕生日に贈られた」といわれる。他の資料によると、「賞金は彼の子供たちやヘルシンキ在住の最初の妻シリ・フォン・エッセンに過去の苦労の代償として渡された（ストリンドベリィは受領しなかった）」との説もある。
11・『十人の経済学者』水田洋　日本評論社　1984
12・『August Strindberg A writer for the world』Björn Medial and the Swedish Institute 1995
13・ゲルサウ（Gersau）
スイスのシュヴィーツ州にある地域で、ルツェルン湖畔にある。何世紀にもわたり、古スイス連邦と永久同盟を結んだミニ（マイクロ）独立国家であった。

古代ローマ帝国時代、この辺りはヘルヴェティアといわれ、シーザーのガリア遠征以来ローマ帝国の支配下にあった。その後、ゲルマン民族大移動の中で、険しい自然環境に守られて、ヨーロッパの歴史から取り残されていった。しかし、中世に入り、北海・バルト海の商業活動が地中海商業圏まで南下し始めると、アルプス越えルートの中継点として脚光を浴びるようになった。特にアルプス峠の玄関口はハプスブルグ家や神聖ローマ帝国による支配が強化されていった。

一三五九年、ゲルサウは保護と武力援助を求めて拡大する古スイス連邦（原初三州はシュヴィーツ、ウーリ、ウンターヴァルデン）と同盟を結ぶ。一三八六年、オーストリア公レオポルド三世に対して古スイス連邦と共にゼムパッハの戦いで勝利する。この勝利は緩やかな同盟関係によるスイス連邦の統一と成長への転換点になる。なお、今日のスイス連邦の基礎となる中央政権と伝統的な地方自治の調和を規定した連邦憲法は一八四八年と一八七四年の改正で実現される。

一三九〇年、ゲルサウ住民はハプスブルグのルツェルン公から司法権や課税権を総額六九〇プフェニヒPFの金銭で獲得している。それ以来住民はその権利を行使し続ける。一四三三年には神聖ローマ皇帝シギスムントによって帝国内の自由国として公認される。その後、約三世紀半の間、国内問題に注力し、スイス連邦の保護の下でミニ共和制国家として自由と独立を死守してきた。ただし、共和制や国家の概念は現代政治学でいうものとは少々異なることに注意したい。

一七八九年にフランス革命が起きると国際環境が激変する。その末期、ナポレオンは対ハプスブルグの緩衝地域として、一七九八年に古スイス連邦をヘルヴェティア共和国として傀儡化し、ゲルサウ地域をヴァルドスタテンのカントン（シュヴィーツ州）に編入させた。だが、ナポレオンの治世が終焉すると、元の都市同盟の保護下で、一八一四年から一八一七年末まで再び共和制を宣言する。一八一四年九月〜一八一五年六月間に開催されたウィーン会議の結果、条約上、スイス連邦は永世中立を保障される。ゲルサウは、一八一五年、スイス連邦条約規定に従い、不本意ながらも最後の自治体として連邦のシュヴィーツ州（カントン）に加わることを決意する。一八一七年に議会承認を経て、一八一八年一月、正式に共和国を解散し、ゲルサウ地区として今日に至る。現在、温暖で風光明媚な観光地、ルツェルン湖のリヴィエラとして世界の人々が訪れている。スイス連邦の自然文化地区である。

14・『市民社会と労働者文化　スウェーデン福祉国家の社会的起源』石原俊時著　木鐸社　1996

15・右参考文献

16・参考文献『スウェーデンの世界遺産紀行』宇野幹雄　新評論社　2008

17・概略引用『A.G. ASULUND アスプルンドの建築　1885-1940』写真・吉村行雄　文・川島洋一　TOTO出版　2005

18・概略引用『北欧悲史』武田龍夫著　明石書店　2006

19・『カラー版　西洋美術史』高階秀爾監修　美術出版社　1990

20・『The Stockholm City Hall』Mats Wickman and the publisher 1993, 2003 Translation: Melody Ravish

21・**スヴェンスクスンド海戦**

一七七一年、グスタヴ三世は父アドルフ・フレドリックが死去すると、二四歳で国王となる。しかし国内は「自由の時代」で親フランスのハッタナ党と親ロシアのメッソナ党が対立、政党政治は腐敗していた。加えて同年は凶作で大飢饉が発生。農民たちは新国王に親政を期待し、貴族たちは新興ブルジョア勢力の抑制を求めていた。

一七七二年、グスタヴは無血クーデターに成功すると、新統治法で絶対王制を確立、内外の政治経済、さらに「グスタヴィアヌス」といわれた文化政策を推進した。しかし、ロシアのエカテリーナ二世と宿敵デンマークとの外交関係は進展せず、ロシアによるスウェーデンの分割案（グスタヴは知らなかったようだ）や親ロシアグループの跳梁跋扈などで対ロ政策は行き詰まっていた。

一七八七年、ロシアがオスマントルコと黒海を巡り再び戦争（一七八七～一七九一、ヤッシー講和）となると、これを機にロシアによる襲撃を偽装して、自衛名目で開戦（一七八八〜一七九〇）に踏み切った。バルト海の勢力均衡の再編を目指したのである。グスタヴは東フィンランドの回復を求めて、自ら陸戦隊を率い、他方フィンランド湾を中心とする海の戦闘も行った。最初のホーグランド沖海戦ではスウェーデン艦隊が撤退したことでロシアは戦略的な勝利を主張。次に第一次スヴェンスクスンド（現フィンランド・コトカ沖）の海戦ではスウェーデン海軍の弾薬不足による撤退と戦艦喪失に至り、ロシア艦隊勝利となる。そこでフィンランドで戦っているロシア陸戦隊への支援が可能となった。そこで第二次スヴェンスクスンドの海戦では、グスタヴ自ら艦隊を合流させて、スウェーデン艦隊の大勝利となる。ここで和平への端緒が開ける。この間、スウェーデンではフィンランド士官などによる「講和と議会要求」のアンヤラ盟約事件などがあった。さらに国内で反戦の動きも活発化する。またフランス革命が起き、瑞露両者はその波及を恐れて、戦争どころではなくなった。一七九〇年、領土変更なしでヴェレラ和平条約を締結し、グスタヴの名声は内外に高まった。が、ロシアの内政干渉は沈静化したものの、国内での政治不安は解消されなかった。一七九一年に両国は友好軍事同盟を締結し、ロシアはスウェーデンに財政援助を約束する。

なお、この絵の作者ペール・ヒルソトレームは、二〇代でパリ、ベルギー、オランダを旅行し、織物技術を習得している。最初のころは風景画が中心であったが、肖像画、特にストックホルムの中・上流家庭の日常生活風景を油絵で創作するようになり、貴重な歴史資料を残している。後年、歴史・宗教画も手掛け、タペストリー（タピスリー）作家としても名を成している。王立スウェディシュアカデミーの芸術部門教授兼科長になっている。

『海戦の歴史大図鑑』R・G・グランド　五百旗頭真・等松春夫監修・山崎正浩訳　創元社 2015

22・聖エーリック九世（Erik 9 den helige）

一二世紀頃（およそ一一五六年頃）、スウェーデンのヴェステル（西）イェートランド地方で生まれたといわれる。二〇代後半頃にスウェーデン王インゲ一世（在位一〇七九〜一〇八四、復位一〇八七〜一一〇五）の孫娘クリスティーナと結婚する。彼の家系も父がスウェーデンの騎士であるが、母はスウェーデン王ブロット・スヴェン（在位一〇八〇年代）の娘セシリアであった。これらが縁で、一一五六年にスウェーデン王スヴェルケル一世が暗殺されると、当時イェートランド地方の有力者であったエーリックは周囲の推挙で王として即位する。ただし、これらの伝説は資料も乏しく、歴史家の議論となっている。

彼は熱心なキリスト教徒（だが、ヴェステル（西）イェートランドの修道士たちを迫害していたという説もある）で、一一五五年（または一一五七）、布教のためにフィンランドへ第一回十字軍を派遣している。この時、随行したのがイギリスの司教ヘンリック（ヘンリー）である。一一七〇年代、初期の教皇公開勅書よると、孫のエーリック一〇世（エリック・クヌートソン）がエーリック九世の愚痴について次のような報告している。異教のフィン人がなかなか改宗しないために苦労している。もし彼らが素直に帰依すれば多くの血を流さないで済んだと。少々勝手な言い回しに思えるが・・・。また、エーリック九世は既婚女性の財産相続法を創設するなど先駆的な法制度の業績で知られている。

一一六〇年、ガムラウップサラ教会のミサの最中にマグナス（二世）ヘンリクソンによって襲撃されて、命を落とし、ウップサラに埋葬された。その後、ウップサラ大聖堂に移されている（この件は拙著『ウップサラ物語』で詳述）。死後、王位継承者たちによって殉教者として扱われる。その後、エーリック崇拝が広まり、国民的聖人として信仰の対象となった。

彼の死後、スヴェンケルの子孫とエーリックの子孫が交互に王位に就いている。両家はいずれもヴェステル（西）イェートランドやエステル（東）イェートランドを根拠地として勢力を維持していた。血縁的にデンマーク王家が絡んでいたために、スウェーデン内部は紛争状態になっている。ビルイェル・ヤールによるフォルクング朝が成立するまで、この時期を「スウェーデン内乱の時代」といわれている。

エーリックが聖人としてスウェーデン史に名をなす要因は、古代からのウップサラという宗教的権威とストックホルムの世俗権力との結合によって王権の正当性が主張され、維持されたことにある。そこで伝説を求める国民的アイコンとなったのだろうと私は推察する。事実、現在でも彼を祀るウップサラ大聖堂は、スウェーデン王家の戴冠式に関わっている。

23・聖ヨーラン（ギオルギオス、セントジョージ）とドラゴン

聖ヨーランとドラゴンはキリスト教以前から中東に起源をもっている。古くはローマ時代の「トラキアの騎士」などから、五、六世紀頃の地中海周辺地域の伝説（ギリシア神話を含めて）が絡み合い、一三世紀の「黄金伝説」に転移された。カッパドキアを舞台とするこの伝説は、ビザンチン文化に接した十字軍のヨーロッパ騎士たちによってもたらされた。騎士ヨーランが人間の生贄を要求するドラゴンを飼いならして、殺害し、生贄に選ばれた王女を救出したという。この伝説が洗練されて、騎士道物語のロマンスとして、一三世紀の東西ヨーロッパで民衆化していった。中世後期にはキリスト教の伝説と不可分な物語となり、文学、絵画、彫刻や紋章などに、あるいは「宗教や王権」の権威付けとして利用されるようになった。

24・エンゲルブレクト・エンゲルブレクトソン（Engelbrekt Engelbrektsson）

エンゲルブレクトは、一三九〇代？、ヴェストマンランドの出身であった。前歴は不詳だが、おそらくこのエリアの下級貴族で鉱山業者であったろう。ダーナラを中心とするこの反乱エリアは、現在の鉄鉱石産地北部キルナ、イェリヴァラ以前、スウェーデン有数の鉄、銅、錫などの鉱石産地であった。現在、銅鉱山ファールンは世界遺産となっている。一九九二年、それらの鉱山は閉山されたが、風光明媚でスウェーデンの原風景といわれる。ファールンの赤錆びた銅顔料は内外で有名。木材産業も栄え、玩具ダーラヘストがその代表的なシンボルである。グスタヴ・ヴァーサによるスウェーデン独立の契機となったスキーも盛んである。独立反乱を促すヴァーサが説得を断念してこの地を去るときに、翻意したダーナラ住民が雪の中をスキーで彼を追う。この記念大会

（ヴァーサロペット）が開催されている。スキーシーズン中は首都から特別列車が運行するほどである。少々余談だが・・・。

一四三三年から三四年にかけて、メーラレン湖北部のヴェストロス地方で農民、鉱夫、製鉄業者の間に、連合国王の執行吏に対して税や用役について不満が広がった。なお、この地域は、ヴァイキング時代から栄えて、一一世紀初期にはスウェーデン第二の都市でもあった。エンゲルブレクトは、その蜂起の指導者としてスウェーデン王国参事会と折衝したが、受け入れられなかった。反乱が起こると各地に拡大していった。一四三四年八月、反乱軍は各地の城を落として、大都市を除く全スウェーデンを掌握した。さらに貴族、大聖職者たちまで加わった。デンマークを盟主とするカルマル連合は危機に陥った。一四三五年にヴェストマンランドのアルボガで全国の貴族、聖職者、市民が招集されて、スウェーデン最初の議会（農民が含まれていたかは不明？）が開かれた。ここではカール・クヌートソンと共にエンゲルブレクトが最高軍事指導者に選出されている。デンマークとは一四三五年秋に休戦するが、翌三六年、再度戦闘状態にはいる。反乱軍は、なおもデンマークの強力な影響力下にあったストックホルムに向かって進軍する。だが、反乱軍は貴族、僧侶たちが支持するクヌートソン派、市民（ブルジョワ）や農民たちが支持するエンゲルブレクト派に分裂する。

だが不幸にも、一四三六年四月、エンゲルブレクトは病に倒れ、エレブロからストックホルムへ向かう途上、イェルマレン湖上（アルボガ南）の島に滞在する。同年、五月四日、近在の貴族モンス・ベンクトソンによって暗殺される。原因は反乱と直接関係のない個人的な怨恨関係とされている。当時、違法船の焼却問題でエンゲルブレクトとモンスの父親が争いを続けていた。モンス・ベンクトソンはネルケ地域のスウェーデン固有の貴族、主判事であった。気になる点である。だが、真相は藪の中で諸説ある。

彼の遺体はエレブロの聖ニコラス教会に埋葬。ノルウェーでも同様な反乱が起きて鎮圧されている。彼の死後、エーリックカルマル連合王は連合会議を開き、各国各地それぞれの主張に譲歩する。カール・クヌートソンら大貴族たちはカルマル連合に妥協。

この時、カールはカルマル連合内で短期間、しかも特異な地位でチャールス八世としてスウェーデン王位に就いている。逆に反抗を続けた農夫、鉱夫などは厳しく弾圧される。

その後、反カルマル連合となった活動はグスタヴ・ヴァーサに継がれていく。その意味ではエンゲルブレクトの反乱は、カルマル連合の中核であるデンマークからのスウェーデン分離独立の先駆けといわれる。また、農民たちが反乱軍に影響を与えたことは、農民による政治活動の契機ともなった。ただし、反乱集会を身分制議会の始まりと解釈する歴史家もいるが、一般的には、一四三六年、彼の死後のウップサラ集会といわれている。エンゲルブレクトは、彫刻、物語、オペラなど多くの作品で取り上げられて、また多くの地名などに名を残す。

25・ビルイェル・ヤール・マグヌソン・(Birger Jarl Magnusson)

正確な出生年は不明だが、一二一〇年頃（ｗｉｋｉ）と推定される。青年期をエストライィェートランドのビヤェルボで過ごしたとされるが、詳細は不明。一二三八年頃、他の求婚ライバルを制して、国王エーリック一〇世の娘インゲボリィと結婚する。その後、国内カトリック教の布教に努めて、さらに地位を強固にし、反対勢力の大領主たちに対処する。一二四〇年、第二次北方十字軍の将軍としてフィンランドへ遠征し、現地住民への布教と現地支配を強化している。さらにノヴァゴロド国に侵入し、アレクサンドル・ネフスキーとネヴァ河で戦い、敗退する。ただし、この件に関するスウェーデン側の記録はない。が、ロシアの伝説によると、両者が直接対決し、結果、ビルイェルは顔に傷を負ったという。二〇〇二年に故郷ヴァルンヘムの修道院にある彼の墓が発掘されて、調査された。残されているビルイェルの頭蓋骨には戦いによる傷跡が見いだされた。しかし、多くの戦闘を経ているために、この傷がロシア側の記録と合致するかどうかは判断できなかった。

一二四八年、国王からヤールの称号を得る。ヤールは国王の下で軍事・政治の執行にあたり、国王に代わって政務を行う実力者であった。一二四九年、ローマ教皇の強い要請もあり、再びフィンランドに遠征し、布教に努めて法王の信を得ている。これはその後の権力掌握に影響を与えた。一二五〇年にはエーリック一一世が死去すると、王に子がなかったので彼の息子ヴァルデマール（在位一二五〇～一二七五）を王位に就けて、フォルクング朝を開祖した。彼はそのまま国王の父として権力の座に留まった。一二五一年には大領主たちの反抗を徹底的に鎮圧している。一二五三年～五五年頃、現在のストックホルムの位置に城塞を築き、同市の基礎をつくっている。彼の残した手紙から判断すると、有力領主や外敵に対して防衛上、メーラレン湖群島を利用すると共にバルト海貿易の拠点としたようである。この意味でストックホルムの守護聖人と讃えられている。なお、一二五四年に妻のインゲボリィが亡くなると、一二六一年、ホルスタイン伯の娘でデンマーク王未亡人のメヒティルド（マティルダ）と再婚している。

対外的には婚姻政策によってデンマーク、ノルウェーと強く結びつくことで国内支配を確立している。さらに経済的にはハンザ同盟リューベックと提携して、またフィンランドを支配することで権力の資金源としている。一言でいえば、キリスト布教によるローマ教皇の権威とハンザ同盟の経済的支援による権力の確保といえようか。一二六六年、ヴェストイェートランドのヤールボルングで亡くなっている。墓はヴァルンハイム修道院にある。彼もまた他のスウェーデンの歴史上の要人と同じく、彫刻、絵画や他の芸術作品などで取り上げられている。特にリッダーホロメン教会隣にあるビルイェル・ヤール広場（旧リッダーホロメン広場）のグレート・デューク（大公）像は有名である。地名もまたストックホルム以外にも多く残している。

26・『スウェーデンの世界遺産紀行　自然と歴史のひとり旅』宇野幹雄著　新評論　2008

27・『A HISTORY OF SWEDEN』Herman Lindqvist Worsteds 2002

28・エストニア号遭難

ケント・ハールステットのように、高校生の時点から政治や社会に関心が深いのもスウェーデン教育（あるいは北欧）の特徴である。ごく最近の例を挙げれば二〇一九年のグレタ・ツュンベリィの環境問題がある。「人類最大の危機に際して大人たちは何もしていない」と主張して、登校を拒否して、国会議事堂前でひとりでストライキを行う。世界の若者も共鳴し、「未来のための金曜日」へと発展する。さらに国連本部で自らが演説に至る。この辺りもケント・ハールステットの高校生時代に見る政治活動と、その後の人生はどこか共通するようである。グレタ・ツュンベリィの活動が日本ではよく理解されない理由は、政治と教育との関係に中立性を求めるあまり、結果的には生徒たちが社会問題から距離を置くことになっている。他方、親御さんたちも生徒・学生に目立った政治活動を避けさせて、政治的無関係を子供たちに求めがちである。私の母も学生デモへの参加を心配していた。北欧ではスウェーデンだけではなく、多くの若者が政治に関心を持っている。まさに民主主義のインフラ整備である。早くから若者が民主主義とは何かを学び、社会的関心を持たせる教育は重要である。蛇足であるが・・・。

『死の海からの生還　エストニア号沈没、そして物語はつくられた』ケント・ハールステット著　中村みお訳　岩波書店　1996

関西支部海友フォーラム　https://www.jasnaoe.or.jp/k-senior/2009/091006-laiyuu-jono.html 20181130

29・シーグルド・フロステルウス(Sigurd Frosterus)とストレンゲル　(Gustaf Strengell)

バーバラ・ミラー・レーンの研究によると、ドイツやスカンディナヴィアの現代建築の発展は、ナショナル・ロマンチシズムからモダニズムへの道程でもあったという。この種の有機的な変化と、より複合的な光の進化は北欧建築思想の発展を裏付けている。その代表的な建築家として、特にフィンランドのフロステルウスとストレンゲルを挙げている。現代フィンランド建築を代表するアルヴァ・アアルトの言葉によると、ヴェルデから影響を得た二人はフィンランド現代建築に大きく寄与したという。「彼の個性的な影響力がはるか北欧に広がったのだといえる。特にフィンランドにおいてはシーグルド・フロステルウスの貢献は著しい。フロステルウスとグスタフ・ストレンゲルがフィンランド建築に与えた影響力は、アンリ・ヴァン・デ・ヴェルデ（ベルギーの建築工藝家・1863〜1957）の驚くほどの健全さ、しかも知的な個性に基づいていたものと確信できる」（拙訳）なお、ヴェルデはアールヌーボーからモダニズムデザインに展開を促進した人物と評価されている。
The Nordic Journal of Aesthetics No.35 2008: Gustaf Stengel and Nordic Modernism: Kimmo Serja

シーグルド・フロステルウスは、一八七六年にフィンランド南のアシッカラに生まれて、一九五六年にヘルシンキで没する。一九〇二年、ヘルシンキ工科大学を卒業。一九〇二年から一九〇四年までグスタフ・ストレンゲル（一八七八〜一九三七）と建築事務所を共にした（一九〇三〜一九〇四年の間、フロステルウスはワイマールのヴェルデ事務所、ストレンゲルはロンドンのチャールス・ハリソン・タウンセンド事務所に所属している）。

一九〇四年、二人は、現在のウルフォ・ケッコネン元大統領記念館になっているユーゲント様式の別荘を建築。一九二〇年には、哲学博士号を得ている。彼の論文は「アール・ヌーボー」に関するものが多い。代表的な建築は、ヘルシンキ市内のデパート「ストックマン」で、一九三〇年に完成している。その他、豪華なホテル・タヴァステフス、ノルディック銀行本店、いくつかの発電所など。ヘルシンキ郊外にも多くの作品が見られる。イェーテボリィ博覧会のフィンランド館の設計と美術部門を担当。また、フィンランドの現代建築界だけではなく、美術批評家であり、その支援者でもあった。特に、一九〇四年のストレンゲルとの共著『建築（Arkitektur）』は色彩と光に関して、フィンランド、北欧に理論上の多くの論争をもたらした。死後、彼の美術収集はアモス・アンダーソン美術館に移されている。
30・『Helsinki』Neil Kent Signal Books Oxford 2004

31・無名戦士の墓

二〇一二年の春に訪れたときに、この墓地区域で墓を掃除中の年配者に会った。彼の兄が冬戦争で戦死しているという。その墓がこれだと紹介された。確かに今日は復活祭。水仙の花と水を置き、孫の青年と一緒に墓参りしているという。道路側にある多くの墓碑は戦時の無名戦士ですかと聞く。彼らは兄たちと同様に戦死したヘルシンキ在住の身元の分からない戦士たちの墓だと説明してくれた。彼は歴史の生き証人であった。孫の青年は寡黙に私たちの話に聞き入っていた。二人との別れ際に堅い握手をした。その手は温かった。歴史を深く理解することは難しいが、それへのシンパシーもまた忘れるべきでないのかもしれない。

32・ヴァイノ・リンナ（Väinö Linna）

一九二〇年、フィンランド南西部にあるウルヤラで生まれる。フィンランドの小説家。小学校卒業後にさまざまな職業につき、一九五五年から作家生活に入る。一九六三年北欧文学賞を受賞、一九六五年タンペレ大学名誉教授。デビュー作は小説家志望である個人主義の若者を自伝風に描いた『目標』（一九四七）である。主著にベストセラーとなった『無名戦士』、三部作の『ここ北極星の下で』（1959-62）がある。一九九二年、タンペレで亡くなっている。『無名戦士』は非検閲の新版が『戦争小説（Sotaromaani）』のタイトルで二〇〇〇年に出版されて、多くの反響を呼んだ。初版では上官の荒々しい言葉、兵士たちに語らせたいくつかのリンナの批評が削除されていた。・・・不幸にして、唯一の英語版『無名戦士』にも誤りがあった。加除されている場面や文体に誤解される部分があった」　http://en.wikipedia.org/wiki/The Unknown Soldier（novel）　2012/03/10（拙訳概要）

33・テリア（Telia）

テリア（スウェーデン語）は、スウェーデン・ストックホルム郊外のソルナに本拠を置き、携帯電話や固定電話のサービスを提供する電気通信事業者。スウェーデンとフィンランドを主な拠点とし、子会社を通じて、東ヨーロッパや中央アジアでも事業を展開している。ストックホルム証券取引所、ヘルシンキ証券取引所に上場。スウェーデンとフィンランドの両政府が株式の4割前後を保有する。旧名は二〇〇三年フィンランドのソネラと合併して「テリア・ソネラ」に改称、二〇一六年に現在の会社名となる。

34・ラウリ・ピフカラ (Lauri Tahko Pihkala)

ラウリ・ピフカラは、一八八八年、ユヴァスキュラ北にあるピフチプダスで生まれている。フィンランド式野球のペサパッロ(pesäpallo)の考案者で、フィンランド最初のスポーツ競技専門コーチであった。ペサパッロは野球の変形で、現在でもフィンランド国民の愛好スポーツである。彼は、一九六九年、ユヴァスキュラ大学から当時の大統領ケッコネン等と共にスポーツ科学の栄誉博士号を受けている。一九〇八年のロンドンオリンピックでは走り高跳びに出場して十六位、その他円盤投げ、砲丸投げにも参加。一九一二年のストックホルム大会では男子八〇〇メートルに出場したが、一次予選で失格している。

一九五二年のヘルシンキオリンピック大会では三度目の野球（ベースボール）が復活した。競技されたゲームはフィンランド式ベースボールといわれる「ペサパッロ」であった。始球式はこの競技を考案したピフカラによって行われた。競技はフィンランド野球連盟と労働者体育連盟による短縮試合。試合結果はフィンランド野球連盟が八 - 四で勝利している。

一九八一年、九三歳でヘルシンキで没して、一九八八年には生誕一〇〇年を記念して記念切手が発行されている。

なお、彼には、フィンランドスポーツの功労者の他にもう一つの顔である極右の政治活動家でもある。フィンランド内戦中、白衛軍のハンス・カルム少佐の飛行部隊「クフモイネンの悪魔」のプロパガンダ責任者であった。この部隊は収容所にいる子供たちの大規模な処刑などを含めた幾つかの戦争犯罪疑惑を招いている。また、フィンランド人の軍事的な豪勇さを推進するために、熱烈な優生学の推進者であった。ペサパッロの発明はこの差別的な思想から、軍でのトレーニング用として考案されたといわれる。ただし、「クフモイネンの悪魔」事件については、ピフカラはそこにはいなかったという記述がある。

また、スポーツと政治との関係は、ある意味では難しい問題であるが、労働者がスポーツを通じてひとつの社会に纏まるという思想が彼にあったという記述もある。平和を願うオリンピックに見られるように単純ではなさそうである。

第二次世界大戦後、米ソが激しく対立する中で、スターリンがフィンランドへ東欧型の相互援助条約を提案した。しかし、共産党以外の政治家や国民は断固として反対した。その中で彼の政治的な立場と影響力を歴史書は次のように書いている。

「将校たちは非公式にノルウェーの将校の考えを打診したほか、この危機が紛争に発展した場合にそなえて、アメリカに慎重に接近して援助の約束を取り付けようとした。古参の積極的抵抗党員であるラウリ・ピヒカラはアメリカ大使館付きの武官に、ソ連と闘う準備を地下で整えている抵抗運動があることを伝えた」と。だが、ソ連の圧力は強まり、フンソ友好協力相互援助条約（YYA）として一九四八年春にモスクワで条約を締結せざるをえなかった。ただし、東欧諸国と異なり、内容的には相互の独立の尊重と内政不干渉の原則を貫くことに成功している。

『フィンランドの歴史』ディヴィッド・カービー著　百瀬宏・石野裕子監訳・その他訳　明石書店　2008

35・ハンネス・コーレマイネン (Hannes Kolehmainen) とパーヴォ・ヌルミ (Paavo Nurmi)

＊フィンランドの選手たちは、一九一二年、ストックホルム大会では二六個のメダルを得ている。参加国・地域二八の中で四位の好成績であった。このときのヒーローである**ハンネス・コーレマイネン**（一八八九～一九六六）は五〇〇〇メートル、一万メートル、そしてクロスカントリー個人で金メダルを獲得している。五〇〇〇メートルは一四分三六・六のオリンピック新記録であった。しかし、フィンランドはまだロシア帝国大公国の地位であった。一九〇六年のインターカレート大会（ギリシア）、一九〇八年のロンドン大会、そしてこのストックホルム大会でもフィンランドの国旗掲揚は認められず、開会閉会式はロシアチームの後陣に続かなければなかった。ストックホルム大会開会式では政治的な示威としてヘルシンキ女子体育クラブの旗を密かに掲げたが、

即座に撤去された。当時、フィンランドは正規の国旗も記章も決まっておらず、コーレマイネンたちは赤地に黄金のライオン・シャツとアームバンドを付けた。フィンランド応援団も赤地にフィンランド・ライオン記章の旗で応援した。

フィンランド国旗は独立から六か月後、翌年一九一八年五月二九日、国旗法が議会を通過して制定された。コーレマイネンは一九二〇年のアントワープ大会のマラソンでは肉薄するエストニア選手ジュリー・ロッスマンを一三秒差で破り、月桂冠を抱くことができた。白地にブルークロスの国旗に包まれ、マラソンのシンボルマークである円盤を待った笑顔はフィンランドの人々にとって永遠の誇りとなった。

＊パーヴォ・ヌルミ（一八九七〜一九七三）はオリンピックアントワープ大会（一九二〇）初出場で一万メートル、クロスカントリー個人と団体で金メダル、五〇〇〇メートルで銀メダルであった。次のパリ大会では五個の金メダルを得て「飛んでいるフィンランド人」のひとりに数えられた。しかし、彼はこの大会記録でもう一つの金メダルが予定されていた。だが、一五〇〇メートルと五〇〇〇メートル競技の間隔はたった二六分。さらに三〇〇〇メートルチーム、クロスカントリー個人と五〇〇〇メートルクロスカントリーチームと連続する。大会は灼熱の下で繰り広げられて、多くの選手が棄権や緊急搬送の状況であった。フィンランドチーム責任者は、彼を温存するために、彼を説得して一万メートル出場を断念させた。また一五〇〇メートルと五〇〇〇メートルの決勝間隔を一時間三〇分に変更することをＩＡＡＦ（国際アマチュア陸上連盟）に要請した。結果的にはヌルミの多くの金メダルに繋がったとも、あるいは彼の長距離金メダルの独占を阻止したともいわれている。競技終了後、彼はユニホームを脱ぎ捨て、インタヴューを避け、誰とも接することなくスタジアムを去った。従って彼は一万メートル防衛を果たせずに帰国することになる。

その後、彼はフィンランドに戻り、一万メートル世界記録を更新し、以降一三年間、破れることはなかった。一九二八年のアムステルダム大会では、再度黄金のメダルを獲得。三つのオリンピックで金九と銀三、そして二二の公式室外世界記録を成し遂げた。

ヌルミの練習は同世代のアスリートに比べると厳しく、用意周到であった。「私はレースに勝つよりも、よりよき決勝タイムで走らなければならないとの思いが常にあった。だが、好記録は勝利以上に達成が難しい」と一九二四年に書いている。

ただ、ロサンゼルス大会の直前に、彼のアマチュア資格が問題になり、参加資格が取り消されている。一九三四年に資格取り消しが確定すると、引退し、ビジネス界で成功している。スウェーデンや国際陸連など、引退問題は複雑なために省略したい。

スポーツミュージアムには彼のストップウオッチ、スポーツバッグ、黒いスポーツウエアが展示されている。エントランスには金箔のスパイクシューズと彼の頭像があった。彼がフィンランド苦節の時代にどのような活動をしたか、これらの品々は入館者に彼とその時代を思い出させるのである。

一九三九〜一九四〇年、間にナチスのポーランド侵攻を挟み、ニューヨークで世界万博（明日の世界の建設と平和）が開催された。ヌルミと当時世界記録ランナーであったタイスト・マキ（一九一〇〜一九七九）は冬戦争の資金活動のために万博に派遣された。ヌルミは彼のコーチであり、信頼する親友マネージャーであった。そしてヌルミはフィンランド館の開会式に出席し、この戦争がいかに不当なものかをアメリカ世論に訴えた。彼のシューズはフィンランド国民を代表して万博パヴィリオンに展示された。このときに撮られたふたりの写真は、背広姿のヌルミと白いカモフラージェのマキ。ふたりの役割分担がしっかりと記録されている。彼らもまた冬戦争の戦闘員であり、フィンランドの国民的な英雄の姿であった。

ヌルミは晩年になり、心臓病に悩まされ、視力も衰えた。彼は「スポーツは科学や芸術に比較すると時間の無駄といえる」などと評し、スポーツの限界を嘆いていた。一九七三年一〇月にヌルミはヘルシンキで亡くなっている。国葬であった。

36・ニコライ一世 (Nikolai Pavlovich Romanov 1)

一七九六年、サンクトペテルブルグ南方二四キロにある離宮・ツァールスコエ・セロで生まれる。祖母で啓蒙主義的なエカテリーナ二世（女帝）の死後に生まれているので、長兄アレクサンドル一世とは対照的に育てられた。性格や教育は父パーヴェル一世の影響が強く、専制的で、厳格な保守主義者であった。従って即位の混乱時にナポレオン戦争で西ヨーロッパを経験した貴族青年将校たちがデカブリストの乱（一八二五）を起こしている。この乱でプーシキンなども監視下に置かれていた。

翌年、ニコライは行政改革と農奴改革を検討させているが、専制による法の下で反動支配を強めていった。ヨーロッパでは産業革命が進行しており、この頃、農奴問題はロシアにとって緊急な課題となっていた。

他方、対外的にはギリシア独立戦争に介入、露土戦争ではオスマン帝国に勝利している。黒海への南下政策を実現しようとしたのである。しかし、イギリスの介入で断念せざるをえなかった。一八三〇年、一八四八年、ポーランドの自治権拡大運動に対して、ロシアによる直轄編入でその武装蜂起をどうにか鎮圧している。中央アジアのカザフでは泥沼の戦争がなお続いていた。また、一八四八年、フランスの二月革命が起こると、「ヨーロッパの憲兵」を唱えて反革命擁護者として行動、歴史の流れに逆らい、次に来る嵐の前の静けさをどうにか維持していた。しかし、ロシア社会に大きな地殻変動を起こす遠因となったのは、一八五三年から一八五六年にかけてのクリミア戦争であった。キリスト教聖地管理権問題で始まったオスマントルコとのこの戦いは、イギリス、フランスも巻き込み泥沼化し、ヨーロッパ大戦の様相となった。戦いはロシアの後進性を露呈し、敗色濃厚の中、一九五五年二月、風邪をひいたが、周囲の反対を押し切り、凍てる寒さの中で軍事パレードを行った。その月、肺炎となり崩御した。多くの歴史家は彼の治世を「反動と抑圧に始終した時代」と位置付けている。彼の専制政治と新しい知識人との落差は拡大した。

37・ヴァイキング (Viking)

ヴァイキングとは八世紀末から一一世紀中頃までヨーロッパやロシアに侵入し、略奪と交易を行った北方ゲルマン系の総称である。初期には小規模の集団で一時的、季節的な活動であった。時代が経る中で統率を持つ大規模な集団となり、統領や王自ら遠征軍を率いる場合も出現してくる。遠征はしばしば略奪行為だけではなく、一族の妻子を伴う植民や領土の確保となり、時には現地での傭兵となり勢力を拡大している。

一般的にヴァイキングは、出身地域別に分類される。ノルウェー系の西方、デンマーク系の南方、スウェーデン系の東方への進出などに分けられている。しかし、これはあくまで便宜上の記述で、相互の混交や不明瞭な協力活動も多々あったことを注記したい。ノルウェー（ノース）系はスコットランド、アイルランド、アイスランド、グリーンランド方面へ、そして北米ニューファンランドにまで達している。赤毛のエーリックのグリーンランド入植は有名である。デンマーク（デーン）系はフリースランド、イングランド、北フランス、イベリア半島から地中海にまで進出し、ヨーロッパ史を大きく撹拌している。スウェーデン（スヴェア）系はバルト海東部、ラドガ湖周辺、北ロシアからドニエプルやヴォルガの両水系に沿って、黒海、カスピ海、そしてコンスタンティノープルにまで達している。ヨーロッパにおけるアラビア貨幣の出土は、特にバルト海沿岸を中心にロシア東部に分布をみる。単なる略奪以上の交易や商業活動があったと推定され、サマルカンドやタシュケントなどのイスラム圏との経済交流の痕跡が各地にみられる。イスラム貨幣、銀の延べ板、腕輪などの財宝の発掘に、ルーン石碑の記述、北米の集落跡に彼らの活動をみる。

ヴァイキング活動の背景は、スカンディナヴィアにおける人口の過剰や気候変動による生産性の低下、狭い耕地からの脱出など多くの説がある。諸説に確定的なものはなく、第二の民族移動（ノルマン、マジャール、スラブ）ともいわれる。

文献上の本格的なヴァイキングの襲撃は北部イングランドにあるリンデスファーン修道院に始まる。略奪襲撃はイングランドを、さらに北フランスの河川を軽装と吃水の浅い船で遡上し、ハンブルグ、ルーアン、パリ、ナント、シャルトル、トゥールなど内陸諸都市に至るまで襲撃している。西フランクのシャルル三世は彼らとの妥協の貢納として、ノルマンディーを与えて公国として認めている。さらに彼らはイベリア半島を経て地中海・南イタリアまで進出、両シチリア王国を成立。大ブリテン島では先着成立していたアングロ・サクソン諸王国と衝突、アレフレッド大王の奮戦にも拘らず、ヴァイキングとの戦いは続いていく。一時、デーンのクヌートによる北海帝国という海洋領域国家が出来ている。一〇六六年、ノルマンディー公国のウィリアムはブリテン島に侵入、征服することでイギリスのノルマン王朝を立てる。他方、東に向かったリューリックの物語はノヴァゴロド公国（八六二頃）、キエフ公国（九世紀後半）、そしてロシアの諸都市の起源となり、現代に通じる政治・文化の交錯をもたらすことになった。

これらのヴァイキング活動は一三世紀頃には終焉を迎える。ヴァイキングはそれぞれの土地に根付き、王朝を作り、また貴族となり現地に同化していった。当然、彼らの強烈なアイデンティティは失われていった。他方、送り手であるスカンディナヴィアでは次第に有力な王権が確立されて、内部での混乱はまだあるが、中央集権化に向かっていった。

38・ヘルシンキの呼称

ヘルシンキのスウェーデン語による正式名はヘルシングフォシュである。一四世紀頃にはフィンランド語でヴァンター川を同じようにヘルシンガ（Helsinga）と称していた。この周辺流域の教区名とスウェーデン語の「急流」（fors）が合成されて、ヘルシングフォシュとなったとの説がある。他の説として、一三世紀にスウェーデン中部海岸にあるヘルシングランド地方の人々がこの地に移住して、それ以前はエステルランド（österland）と称していたものを故郷の名ヘルシングに変えたとの話もある。また他の説としてスウェーデン語の語源となるヘルシング（helsing）は語源ヘルス（Hals）（首または川の狭い部分）からきたともいわれる。確かに現在のヴァンダー川の河口周辺は、歩いてみるとこの呼称が想像できる。ただし、これと類似の呼称はスカンディナヴィア各地にみられる。

３９・『かもめ食堂』

「かもめ食堂はヘルシンキの街なかにひっそりとある」に始まる脱日本人三人とフィンランド客との奇妙な日常性の物語である。二〇〇六年、群ようこ著（幻冬舎）による作品である。映画（二〇〇六年公開）は脚本・監督荻上直子により、新藤兼人賞二〇〇六銀賞を受ける。映画と小説の流れに違いはあるが、いずれも日本とフィンランドの合わせ鏡となっている。

父が古武道家である主人公サチエは、子供の頃から料理に関心があった。食物科のある女子大付属で学び、大手食品会社に就職、弁当の開発に携わるが、素朴な自分の味との落差に違和感をもつ。次第に自分の店を海外で開くことを考えて、預金を続けて十年以上経つ。出店国を考えるうちに、父の知り合いであるフィンランド人を頼ることにする。会社が終わると、料理学校に通い、調理師免許を取り、フィンランド語もマスター。そのうちに、開店資金として賭けた宝くじが当たって夢が実現する。

ミドリはガッチャマンの歌詞をサチエに教えた縁で、かもめ食堂を手伝うことになる。小さいころからエスカレータ人生を送り、天下りの役人集団の会社に就職し、単調な生活を送る。覇気のない会社で働いて死んでゆくような嘱託社員。ところが、突然会社が解散し、退社する。海外旅行を思い立ち、目をつむり地図帳を人差し指で突き立てたのがフィンランドであったとか。

マサコは二十数年、親の看護をしてきたが、両親が死んで足枷がとれた。だが、弟が投資に失敗してワンルームマンション住いとなる。ＴＶでフィンランドのエアギター選手権を見て興味を持ってフィンランドへ。ヘルシンキに到着したものの、機内に預けた荷物が不明となる。そのときに偶然入った店が「かもめ食堂」であった。

三人三様な人生に初めての客であるフィンランド人のトンミ、そして、離婚歴のあるリサが物語の流れに加わる。最後に窃盗常習犯を合気道で取り押さえるエピソードが挿入されて、地元の評判となる。その中でマサコが帰国を考える。だが、三人の平凡な日本人食堂は続くようである。この映画はゆったりと流れるフィンランドの雰囲気で日本社会を映し出したヘルシンキ観光紹介かな。深刻な話もなく、気も心もゆーったりだね。

40・『ヴェガ号航海誌』A・E・ノルデンショルド著　小川たかし訳　フジ出版社　1988

41・**北極海北東航路**

***北東航路**「一五、一六世紀のいわゆる大航海時代以来、ヨーロッパから海路中国、日本など極東に達するルートとして、四つのコースが考えられた。アフリカ大陸の南端を回る南東航路、アメリカ大陸の南端を回る南西航路、そしてアメリカ大陸の北辺、北極海を回る北西航路、さらにユーラシア大陸の北辺を回る北東航路である。

このうち南東航路が一四九八年、ヴァスコ・ダ・ガマによる希望峰周航の成功によって開かれ、次いで南西航路が、一五二〇年、マゼランのホーン岬周航、そしてその部下たちの世界一周によって達成された。しかし北極海を東へ、あるいは西に向かいベーリング海峡を経てアジアに達する北東航路、北西航路は、大航海時代にはついに達成されなかった。これらの北方回りの航路は、その後スペイン、ポルトガルよりも遅れて海上制覇に乗り出したイギリスを初めとする各国の航海者たちによってくり返して挑まれたのだった。その数世紀にわたるドラマティックな探検史は、北東航路について本書に描かれている通りである。

北西航路については、一八五一〜五三年のマックルーアによる東からのプリンス・オブ・ウェールズ海峡とメルヴィル海峡の通過によって、その可能性が立証された。しかし実際に北西航路で一隻の船による周航が成功したのは、一九〇三〜〇六年、ロアルト・アムンゼンによる、わずか四七トンのユア号によってであった。この四つの航路の完航は、ヴァスコ・ダ・ガマの喜望峰周航以来約四世紀を要してようやく達成された」『ヴェガ号航海誌 上』の訳注による。A・E・ノルデンショルド著　小川たかし訳　フジ出版社　1988

***日中、オブザーバーに、北極評議会が承認**

「北極海を通る新航路や海底資源が注目されている北極圏の開発や環境保護について、周辺や沿岸の8カ国が話し合う「北極評議会」の閣僚会合が15日、スウェーデン北部キルナであり、日本、中国など6カ国を新たにオブザーバー国として承認した。北極評議会とは北極圏の持続可能な開発や環境保護について、北極圏の8カ国（カナダ、米国、デンマーク、フィンランド、アイスランド、ノルウェー、ロシア、スウェーデン）と先住民団体が話し合う機関。1996年に発足。軍事・安全保障は扱わない。ドイツ、フランス、英国など6カ国と20機関がオブザーバー。これまで日本や中国は臨時オブザーバーで、議長国の許可を得たうえで会議に出席してきた」朝日新聞、2013.05.16

＊北極政策白書

「中国政府は26日、北極海の開発や利用に関する基本政策をまとめた「北極政策白書」を初公表した。北極海を通る航路を「氷上のシルクロード」と呼び、中国主導の広域経済圏構想「一帯一路」と結びつける方針を示した。地球温暖化で氷が解けており、船舶の航行や資源開発で権益拡大をめざす。「核抑止の要となる潜水艦発射弾道ミサイル（SLBM）を搭載した原子力潜水艦を米ロの狭間に配備できる軍事的な要所でもあり、中国の関心は強い。具体的には「企業が北極海航路のインフラ建設や商業利用に参加することを奨励する」「企業が石油や天然ガス、鉱物資源の開発に参加することを支持する」と白書に盛り込んでいる。

中国進出の意図として、「北極には、平和利用を定めた南極条約のような国際ルールがまだ整備されていない。利用や開発をめぐる国際秩序の形成が今後の課題となっていることが念頭にあるもようだ」と評している。日本経済新聞　2018.01.27

＊グリーンランドを買収

「トランプ米大統領が、デンマークの自治領グリーンランドを買収する構想を持っていることが明らかになった。デンマークのフレデリクセン首相は拒否。トランプ氏は20日、来月に予定した同首相との首脳会談を延期することを明らかにした。米メディアによると、ロシアや中国が北極への進出をうかがう中、トランプ氏は周囲にグリーンランドを購入する方法があるか、検討するように話したという。トランプ氏も18日、記者団に買収交渉を認めた。ところが、フレデリクセン首相は「グリーンランドは売り物でない」と売却を否定した。これに対して、トランプ氏は20日にツイッターで「首脳会談を延期する。両国にとって多大な費用と労力を無駄にすることが避けられた」と、不快感をあらわにした。朝日新聞（ワシントン＝土佐茂生）2019.08.21

＊氷上シルクロード

「中国がロシアを抱き込む「氷上シルクロード」の野望」──「北極海航路」をめぐりアメリカと熾烈な争奪戦（二〇二三年）三月二〇〜二二日、中国の習近平国家主席がモスクワを訪問し、ロシアのプーチン大統領と首脳会談を行いました。・・・、中国にはロシアに近づく隠れた狙いがあります。東アジアからカムチャッカ海峡を抜け、ロシア北岸に沿ってヨーロッパに続く、「北極海航路」です。・・・ロシアは二〇〇一年、この規定（国連の海洋法条約）に基づき北極海の「四五％」の領有を主張しました。・・・今後も、アメリカは、同盟国であり北極海に広大な領有権を有するカナダとの連携を強め、ロシアの抑え込みを図ろうとするでしょう。・・・すでに、沿岸国のみならず、中国までが参加した「主導権争い」が激しくなっています」東洋経済 online

2023.08.23

42・ノルデンショルド（Nils・Adolf・Erik・Nordenskiold）

ノルデンショルドは、一八三二年にヘルシンキで生まれ、一九〇一年、スウェーデンのセーデルマンランド・ダルビェで没している。彼は探検家として北極探検の古地図にも関心が深かった。彼の著書には多くの古地図が掲載されている。当然、彼は体系的に古地図の収集を始め、多くの中世海洋地図を残している。現在、ヘルシンキ大学に残された彼の古地図はユネスコの記憶遺産として登録されている。

また、彼に因む地理上の名前も見かけられる。現在のノボシビルスク諸島と北タイミル半島間の北極海・ラプテフ海は、早期にはノルデンショルド海と称されていた。ロシアの北極海探検の先駆者であるラプテフは、彼の著書の中でこの件を詳細に記している。近年、この海域は海氷面積が激減して、その厚さも薄くなってきている。この状況が続けば、航行可能期間が長くなると予想されている。また火星のクレーターにも彼の名前が残されている。

43・『Helsinki』Neil Kent Singkebooks 2004 拙訳

44・フィスカルス (Fiskars)

フィスカルスはヘルシンキから南西に約八五キロの小さな村で、製鉄所の創業の地。村の名を冠した鉄工メーカーとして発展し、農業機械、刃物、園芸品を主力品として育てていった。

フィスカルスは、ネーデルランドの商人ペーテル・トルヴォステが、一六四九年、スウェーデン女王クリスティーナから私企業として初めて操業勅許状を得て、寒村フィスカルス村に溶鉱炉を設置したことに始まる。近くの急流による水力と豊かな森林からの木炭、物資運搬に便利な良港プフヤンクルなど自然環境にも恵まれていた。原料の鉄鉱石は最初、近くのプフヤで産する鉱石を利用していた。しかし、量的に収益が出ず、ストックホルム群島のウテミン、後にはスウェーデン・ウップランドなどの鉄鉱石を輸入するようになった。

銑鉄からの製品は、釘、ワイヤー、鋤や鍬、製鉄用かまど、車輪などを中心に事業を展開していった。しかし、収益の多いキャノン砲の製造許可は得られなかった。また鋳鉄製品からはポット、フライパンなども製造し、現代のフィスカルスグループに繋がっている。当時の最終製品はストックホルムを中心にタリンなどの近隣バルト海沿岸都市に輸出されていた。特に棒状地金はストックホルムのガムラスタンにあるアイアンマーケットで大量に取引されていた。一八世紀になると、近くのオリヤルヴィに銅山が発見され、銅の処理と関連商品が増えていった。しかし、一九世紀に入ると銅の生産も枯渇して、銅製品は減少する。経営権も一八二二年、トゥルク出身のヨハン・ヤコブ・ユーリンが製鉄所を買収。業務も鉄製品に集中するようになった。一八三二年、フィスカルスはフィンランド初のナイフ工場を操業、後にハサミとフォークも製造するようになる。特に一九六七年のオレンジ色のハサミは、プラスチックハンドルとエルゴノミックスなデザインで世界的なヒット商品となった。

その後、フィスカルスは、一九七〇年代、事業拡大のために会社を移転。村は一時ゴーストタウンと化した。一九八〇年代にフィスカルスの社長は多くのアーチスト、デザイナーやクラフトマンたちにフィスカルス村への移住を呼び掛けた。アーチストたちは古い住居や倉庫を工房に改装し、ギャラリーやワークショップに利用して新たな村づくりを始めた。現在は緑に囲まれた世界有数のアーチストヴィレッジへと変貌し、訪れる観光客も増えていった。この街のルネサンスは内外から脚光を浴び、日本の地方自治体でも少なからず影響を受けた地域もある。村にはフィスカルス博物館があり、フィスカルスの歴史とアーチストたちの作品を見ることができる。二〇〇〇年代に入ると、二〇〇七年にイッタラ&アラビアを傘下に置き、ファンクショナルとリビングという二大戦略を掲げて、他の消費財ブランドの買収に乗り出していった。

現在、関連する有名ブランドは、フィスカルス（ハサミ、園芸用品、キッチンナイフ）やイッタラ&アラビアはもちろんのこと、ガーバー（ナイフ、マルチツール）、ロイヤルコペンハーゲン（高級陶磁器）、ウォルターフォード・クリスタル（アイルランドのガラス製品）やウェッジウッド（英国の陶磁器メーカー）、ギルモア（水やり用の製品）、ハックマン（調理器具、食卓用金物）、ロイヤルアルバート（英国の陶磁器メーカー）、ロイヤルドルトン（英国の陶磁器メーカー）、フレンチレボルン（フランスのキッチンテーブルウェアやガーデニングツール）、スウェーデン発祥のレールストランドなども有している。

今や北米、アジアなどバルト海を超えた世界一〇〇か国以上を包摂する巨大なグローバル企業に変貌した。二〇一九年、陶磁器やガラスのリサイクルとリユーズによって煉瓦材や断熱防音材を製品化。デザインという華やかな分野だけではなく、地球環境問題への挑戦も見られる。

45・ヌータヤルヴィ・ラシテフダス（Nuutajarvi Lasitehdas）

ヌータヤルヴィ社は一七九三年に森と湖のヌータヤルヴィ地方（Nuutajaervi）に設立、フィンランドで最も古く、かつ現在でも操業しているガラス工場である。一九五〇年に工場が火事で喪失したために、ヴァルトシラ（Wartsila）に売却された。製品はアラビア・ヴァルトシラのブランドで販売されたが、その後、アラビアなどの多くの変遷の中で、一九八八年にイッタラ社、ハックマン社を経て二〇〇七年からフィスカルスグループでその歴史的な個性を発揮している。ワークシップ体験を募集中。

46・グレタ・リサ・イェーデルホルム＝スネルマン（Greta-Lisa Jäderholm-Snelman）

一八九四年、ヘルシンキで生まれ、スウェーデン系学校で学ぶ。その後、芸術工芸学校（現アアルト大学美術デザイン建築学部）を卒業。最初の個展は一九二二年、ヘルシンキであった。一九一四年から一九三二年にかけてイギリス、スウェーデン、フランスを幾度か研修旅行している。一九二九年から一九三七年まで中央工芸スクールの陶芸絵の教師。その間、フランスの陶芸会社エドモント・ラチェナル工場や旧国営セーヴル工場で創作を続け、フランスの作陶やガラス製作の技術を吸収している。一九三七年から一九四九年までフィンランドガラス工業デザインの先駆者リイマキ・ラシ（フィンランド、一九九〇年まで操業）、一九二一年から一九三七年までアラビア工場、一九四五年から一九六二年までイッタラのガラス部門などで活躍している。一九五〇年代にはインテリアデザイン照明、さらにフィンランドやイギリスなどの内外で新聞雑誌などの評論活動で高い評価を得ている。

夫と共にデザインしたパリの国際会議場（現在でも営業され、多くの芸術家の集いの場所）の建設などでパリやフランスへ多大なる貢献をしたために、一九六三年にはフランスのレジオン・ドヌール勲章を得ている。

フィンランドの苦難な時期である冬戦争では、夫と共に海外で故国の支援活動に奔走している。晩年、スペインのアリカンテ（スペインのバレンシア）で過ごしているが、パリやヘルシンキへの思いは強かったようである。一九七三年に静かな人生をここで終えている。

47・『ヨーロッパ陶磁器の旅物語〔3〕デンマーク、オランダ、フィンランド、スウェーデン』浅岡敬史著　グラフィック社　1991

48・参考資料

『北欧デザインの巨人たち　あしあとをたどって。』萩原健太郎著　永禮賢写真　ビー・エヌ・エヌ新社　2011

『フィンランドを知るためのキーワードA　TO　Z』日本フィンランドデザイン協会・萩原健太郎著　ネコ・パブリッシング　2019

49・バルト楯状地

「デンマークやアイスランドなどを除くと、北欧の大部分は先カンブリア代や古生代の地層が地表面に露出している。とくに、バルト楯状地と呼ばれる地域の基盤は世界で最も古い岩石からなり、一般的には北ほど古く、南になるほど新しくなるとされている。これらの岩石からなる地層が形成された先カンブリア代とは、地球形成期から約五億八〇〇〇万年前までの長い地質時代の総称で、放射年代測定の結果によると、現在知られている世界最古の岩石は三五億九〇〇〇万年前であるから、この地域の岩石は、およそ三〇億年という長い期間にわたって形成されたものである。したがって、この間には何回もの造山運動があり、一方ではさまざまな営力による浸食や堆積が行われ、さらに変成作用・風化作用も加わったので、楯状地は極めて複雑な成因による岩石や地層によって構成されているのである」

「図16.のように楯状地の約三分の二ほどは花崗岩類であり、残りの大部分は片麻岩である」

「楯状地の中央部を占める最も面積が広い造山帯スヴェコフェニーズの大部分は深成岩に分類されて、単に花崗岩と記されている（ボスニア湾からバルト海北部にかけて）。また、フィンランド南東部からラドガ湖にかけてと、南西端のオーランド諸島（アハヴェナンマー）などに分布する極めて粗粒のラパキビ型花崗岩は、マグマの最終残液が結晶した非造山性の火成岩に分類されている」（著者の加注記あり）

「このように、バルト楯状地はさまざまな地殻変動をうけて形成されてきたが、これらの変動が起こったのは少なくとも九億年前のことであって、これ以降は大きな変動はうけていない。このような地殻の比較的安定した陸塊を地質学ではクラトンと呼び、剛塊と訳している」・・・これらの説明によると、しばらくは新たな地殻変動はないようだが、核廃棄物処理の埋め立て地として問題がないのか、やはり私は将来を危惧する。長い参考引用となったが、この点有識者の再度の検討を願いたい。

引用文献『スカンディナヴィア　白夜・極夜の国ぐに』立石友男著　古今書院　1987

50・ノキアと棍棒戦争

一八六五年、スウェーデン系フィンランド人であるフレドリック・イデスタムはタンペレを流れるタンメルコスキ川沿いに製紙会社を設立している。翌年、西にある落差のあるノキアに第二工場を設立。その後移転し、現在のノキアに改名している。

他方、一八九八年に設立した技術力の高いゴム製品製造会社フィニッシュ・グミと、一九一二年に起業したヨーロッパ有数の電信電話ケーブル会社フィニッシュケーブルワークスはフィンランド独立後にノキアと関係を深めていった。さらに一九六〇年にフィニッシュケーブルワークス社内に立ち上げたエレクトロニクス部門が中核となって三社が合併した。これらが一九六七年にひとつの会社となり、現在のノキアの誕生となった。

ノキアが文献に最初に登場してくるのは、一五〇五年頃のノキア荘園にある。

当時、スウェーデン領であったフィンランドは王権（後のカール九世とポーランド・スウェーデン王であるシギスムンド）をめぐり、政権争奪で混乱していた。その影響は対ロシア戦とも絡み、農民支配が厳しくなった。またフィンランドの貴族内部も対立関係が複雑化していった。フィンランド各地では農民による暴動（棍棒戦争）が起きて、ノキア荘園もそれらのひとつになった。

ノキアが歴史に大きく名を残したのは、一五九六年の武装蜂起であった。農民たちは多くの鈍器（武器としての棍棒、穀竿、鎚矛など）などを用いて荘園領主の騎兵団に立ち向かい、勝利した。一部の小自作農は相手が遁走したときに残された武器や大砲を収奪して対抗した。しかし、一五九七年一月一日から二日にかけて戦闘は激烈を極めた。結局、シギスムンド側のクラウス・エリクソン・フレミングが力によって鎮圧した。数千の蜂起した農民たちが処刑され、首謀のヤーッコ・イルッカも数週間後に捕えられて処刑されている。この「棍棒戦争」はフィンランドの最後の農民蜂起といわれる。以降、王権による巧みな支配、フィンランド貴族の経済的特権の確立、農民たちも自ら封土支配から自立する努力などで、大規模な農民一揆に至らなかったのである。

この事件はしばしば現代史の視点から再考されて、TV番組となり、記念硬貨まで発行されている。しかも、ことは単にカール九世とシギスムンドとの権力闘争という観点だけではない。ロシア・スウェーデン戦争による民衆の疲弊、フィンランド貴族と農民の対立、社会的な不公平と階級間の格差、それらに対する闘争であったと考えられるようになった。

また、ノキアは一九一八年のフィンランド内戦では、タンペレと並んで社会主義陣営の赤衛軍本拠地のひとつとなっている。おそらく棍棒戦争による歴史的自立性が労働者を熟成させ、近代産業と資本主義の矛盾に対処したのであろうか。ノキアの歴史的な土壌に培われつつ、いまやノキアはフィンランドを代表する情報通信企業、そしてグローバル企業として世界に羽ばたいている。

51・アレクサンドル二世（Aleksandr Nikolaevich Romanov 2）

一八一八年モスクワで生まれ、父ニコライ一世のもとに厳格な教育がされた。しかし、文学は詩人ジュコーフスキー、法律は改革者スペランスキーなどを教師として、さらに改革派の叔母や知識貴族の友人、改革派官僚に囲まれて育った。

一八五五年、劣勢にあったクリミア戦争中、父ニコライ一世が急死すると、三七歳で皇帝に即位する。直ちにニコライ一世からの重しを解くためにクリミア戦争を中止して、パリ講和条約（一八五六）を結んだ。この条約で黒海での軍艦保有が禁止され、東地中海進出を断念、さらにベッサラビア南部を失った。彼にとってこの屈辱の中、目指すは解明派・改革派を中心に国内改革の準備に専念することであった。資本主義化、経済発展と自由主義的な社会改革、これこそが西欧からの遅れを取り戻すものと考えた。

一八六一年、農奴解放を布告。別名「解放皇帝」といわれる。しかし、上からのこの改革は分与された農民に騒乱が起きて失敗する。農奴は法的に自由となったが、諸義務は共同体（ミール）との連帯責任とされて、農民は村を離れることも自由な経営も阻まれた。さらに地主負担への不満と政府財政の悪化を招いている。他方、その他一連の改革は実行される。一八六三年、ニコライ一世の大学に対する制限を撤廃して教授会の自治を認めた大学令、一八六四年、地方自治機関であるゼムストヴォの設置、同年に陪審制度を取り入れた近代司法制度をスタートさせている。また教育改革では初等中等教育の無償化によって公教育を保証、女子教育では西欧諸国を凌いでいた。財政予算の一本化と国立銀行の創設も行っている。そして軍制改革では一八七四年に完全徴兵制を導入した。が、装備面ではなお西欧からの遅れは大きかった。シベリア流刑の二九人のデカブリストを含む多くの政治犯釈放も行っている。だが、専制制度そのものや、さらなる政治改革に着手することはなかった。

外交面では、一八六三年のポーランド一月蜂起の鎮圧やウクライナ語出版物の禁止で帝国内の抑圧を図り、プロイセン、オーストリアとの三帝同盟（一八七三）によってヨーロッパの勢力均衡を維持しようとした。バルカン、地中海への南下政策阻止に対しては、ひとまず棚上げし、済し崩しを図った。一八六〇年代から七〇年代にかけて、中央アジアに勢力を拡大させ、外交政策の中枢を東アジアの不凍港を求めて東進している。清とは曖琿条約・天津条約（一八五八）、北京条約（一八六〇）などを結び、さらにアムール川・ウスリー川の東に進み、ハバロフスク・ウラジオストックに居住地を確保している。日本とは樺太・千島交換条約（一八七五）を締結して国境を確認している。さらにイギリス、フランスの警戒心を危惧し、アメリカに接近して、開発に苦慮していたアラスカを売却（一八六七）している。一八七七年、南のスラブ主義への影響が増すとブルガリア保護の名目で対トルコ戦に挑むが、列強の介入で十分なる成果を得られずにベルリン会議（一八七八）で挫折している。

アレクサンドル時代の後半は、一八六六年の暗殺未遂事件とポーランド騒擾で皇帝は用心深くなり、国内政治の保守化と反動政治が顕著となっていった。一八七九年に二件、一八八〇年の冬宮広間と、皇帝に対する爆破事件が起こっている。このことから皇帝は不穏な国情を落ち着かせるために政治の自由化に舵を切った。不幸にしてその矢先、一八八一年三月、改革案の承認直後に「人民の意志」（暗殺活動を革命の中心とするグループ）によるテロリストによって暗殺に遭い、命を落としている。

新たに即位したアレクサンドル三世（在位一八八一〜一八九四）は父を弔い、暗殺遭難の場所に血の上の救世主教会（ハリスト復活大聖堂）を建てさせる。起工から二五年の歳月と多額な費用がかかっている。完成は一九〇七年のニコライ二世の治世。ロマノフ家による出資だけではなく、一般からの献金によっても賄われている。ロシアロマン主義建築様式に加え、中世建築の影響が濃く、設計はアルフレド・パルランド（一八四二〜一九一九）によるものである。モザイク作成は当代一流の画家が参加している。現在サンクトペテルブルグ歴史地区とその関連建造物群は世界遺産に指定され、その構成群のひとつとなっている。

最後に彼の評価を引用しておこう。

「アレクサンドル二世は凡人ではなかったが、彼のなかには二人の異なった人間が生きていた。二人の人間はしだいに成長し、たがいに争うようになった。この内なる争いは、アレクサンドルが年をとるにつれ、激しさを増していった。彼は愛想よくふるまうこともできたが、あっという間に残忍な態度に変わった。現実の危機に直面すると、冷静で勇気ある態度を保つことができたが、絶えず頭の中にしか存在しない危険におびえて暮らしていた。ピョートル・クロポトキン公」『ロシア皇帝歴代誌』デヴィッド・ウォーンズ著　栗生沢猛夫監修　創元社　2001

52・アウグスブルグの信仰告白とルター派の改革者

近代ヨーロッパの誕生はルネサンス、新航路の発見（大航海時代）と宗教改革を契機とするといわれる。大聖堂にある三人の彫像は、その意味ではヨーロッパとフィンランドの夜明けを創り出したといえる。

福音ルター派源流のマルティン・ルター（一四八三～一五四六）は、ドイツ・ザクセンのアイスレーベンに生まれ、一五〇五年、エルフルト大学の教養学部修士を終えて法学部で学ぶ。雷の霊験を機にアウグスティヌス修道会に入り、神学研究を深める。その後、ヴィッテンベルグ大学の神学教授となる。一五一七年にヴィッテンベルグ城内の教会扉に九五ヵ条の論題を掲示し、マインツ大司教によって流布されていた贖宥状（免罪符）の販売を批判した。一五一九年にライプツィヒでの公開討論会でルターがフスの説（カトリック聖職者の腐敗と聖職売買を批判）を容認すると、翌年、教皇はルターを破門した。一五二一年、カール五世はルターをヴォルムスの国会に召還して自説の撤回を迫る。ルターがこれを拒否したために、彼を法の保護外（アハト刑）に置くことにした。そこでザクセン選帝侯フリードリヒは彼をヴァルトブルグ城で庇護し、ここから彼は反ローマ教皇の改革運動を指導していった。その間、ルターは選帝侯保護の下で新約聖書のドイツ語訳を完成させて、印刷技術の普及と相まってヨーロッパ各地に流布していった。このドイツ語訳書は近代ドイツ語を生み出すことにもなった。

だが、ルターの主張はルター派内やツヴィングリ、エラスムス（水車で挽かれた粉をエラスムスが吟味し、ルターがその粉を捏ねてパンをつくる）などの人文主義者などと教義内容や方法論で次第に差異が生じ、それぞれの離反が続いていった。加えてその混乱は過激なルター派や反教皇・反皇帝の人々によって政治的な反権力闘争となっていった。ドイツ農民戦争（一五二四～一五二五・トマス・ミュンツアーの指導）や騎士戦争（一五二二〜一五二三・フッテンやシッキンゲンが指導）などを含めて神聖ローマ帝国内の騒擾は激化していった。これらに対してルターは政教分離（領邦内でのルター派の容認）、そして聖書主義の観点から過激なルター派や他の主義主張を厳しく非難。領主らにそれらの弾圧さえも呼び掛けている。強力な抑圧は内部分裂を招く。しかし、領主らによる過酷な対応によって騒擾はしだいに鎮圧されていった。新教がドイツ南部にまで広がらなかった理由はこの混乱に対する警戒と南部の新興経済や都市化の遅れ、保守性によるものと私は考える。従来のカトリック教が残存したのである。

しかし、その後も帝国内外の状況は不安定で、カール五世にとってはルター派諸侯を含めた帝国内の協力が必要であった。そこで第一回シュパイエルの国会（一五二六）を開催し、ルター派を含めた宗教問題を領国諸侯に委ねることで譲歩した。ところが、この一時認めたルター派を一五二九年の第二回の国会で逆転再禁止。ルター派諸侯や都市住民はこれに抗議した。ここに彼らをプロテスタントと呼ぶようになる。ルター等による改革の混乱は神聖ローマ帝国の崩壊と同時に封建制度の根幹を揺るがす問題ともなっていった。

一五三〇年、カール五世は、焦眉の対フランスと教皇クレメンス五世、そして対トルコの問題を沈静化させ、教皇から神聖ローマ帝国の帝冠を受けた。名実ともに皇帝となったのである。そこでカトリックと改革派の対立と混乱を解決しようと、アウグスブルグに国会を召集し、それぞれに信条を求めた。この間、異端と宣告されているルターは、ザクセン選帝侯領のコーブルグ城（半年滞在、その他ヴァルトブルグ城に一〇か月滞在）に滞在し、議論の推移を見守っていた。ルター派の人文主義者メランヒトンは両者の調停をはかるための「アウグスブルグの信仰告白」をドイツ語とラテン語で起草している。そして、ザクセン宰相がそれを皇帝の前で朗読した。一方、西南ドイツ四都市の「四都市信仰告白」やツヴィングリによる「信仰の弁明」が提示されたが、朗読には至らずに、プロテスタン内の分裂が顕在化しただけであった。ここにカール五世は過去のヴォルムス勅令によるルター派の再禁止をもって最終決定とした。

アウグスブルグの信仰告白（信条）は大きく三部からなる。ルター派の宗教的な信条、さらに既存の教会の悪癖を詳論した。最後に賛同者署名と既存の教会に対抗する意図はなく、ルター派の信仰はあくまで聖書に基づき、信仰によってのみ神の恵みで救われると総括している。この信仰告白はその後のルター派の基本理念のひとつとなった。

アウグスブルグの国会によるルター派の再禁止と他の宗派の排除は、カトリックとプロテスタントなどの対立を再燃させ、紛争を激化させせた。カペル戦争（一次一五二九、二次一五三一・ツヴィングリ派のスイス改革派対カトリック）、ルターに賛同するシュマルカルデン同盟（七諸侯と一一都市）とカトリック諸侯同盟との戦い（一五四六〜一五四七）と続いていった。

さらにルター派の盟主であるルターの死去（一五四六年二月一八日、アイスレーベン）とルター派の制度化・保守化は、改革の論争を加速させた。内外環境も大きく変化した。カール五世は混乱の制圧に一時的な勝利を得たものの、諸侯戦争（一五五二）で敗北し、皇帝の座を退く。一五五五年、カール五世に代わった弟フェルディナントは宗教戦争による帝国内の分裂を回避するために、アウグスブルグに帝国議会を召集し、宗教平和令を公布（アウグスブルグ宗教和平）した。ここにルター派は正当信仰として認められて、「領主が選ぶ宗教がその領国内で行われる」という原則が確認された。

ルター派は反教皇、反中央集権、世俗権力容認と信条分離などを目指すグループ、すなわち、領邦諸侯、都市の自由住民、そして世俗新興国王によって支持されていった。その波濤は北欧・イギリス・フランス・スイスの宗教・政治・社会改革として中世の歯車を大きく前に回したのであった。しかし、カルヴィン派を含めた新旧対立の終焉は、北欧諸国を含めたヨーロッパ強国間の覇権闘争とも重なり、（ドイツ）三十年戦争による「ウェストファリアの講和」を待たなければならなかった。もちろんこれらの流れは、近代的なキリスト教に帰依した個人が、宗派、教会、そして信条を自由に選択できる内容ではなかった。しかし、これによって歴史は重層的に前進したことは確かである。

もう一人のルター派の重鎮フィリップ・メランヒトン（一四九七〜一五六〇）は、ドイツのバーデンで生まれで、伯父ロイヒンの影響を受けてギリシア古典に通じていた。一五一八年にヴィッテンベルグ大学でギリシア語教授となり、人文主義者として名を成して、ルターの宗教改革に協力。ルターが非体系的・直観的であるのに対して、メランヒトンは体系的・知性的であった。プロテスタントの最初の体系書『ロキ・コンムネス（神学要覧）』を出版し、神学論のみならずその倫理的な観点からもルターの思想を補強していった。また、人文主義に基づく中等学校や古典的なクラブ（コレギウム）を開き、「ドイツ教育の父」ともいわれている。

「アウグスブルグの信仰告白」はルター派最初の信条である。彼の意図はローマ・カトリックとの対立をできるだけ回避し、世俗権力に容認可能な説得をすることであった。それに対するカトリックの反論に対しては『アウグスブルグの信仰告白の弁証』を著わして、正統ルター派の確立と継承を具現化していった。しかし、ルターとの教義上の隔たりが次第に生じていき（フィリップ派）、エラスムスやカルヴィンにも接近し、激しい批判に曝される。晩年のルター派は既存の権力に順応し、カトリックの残滓を残して、制度化していった。ここにルターの死に弔辞を読んだメランヒトンも、ルター死後のプロテスタント内の神学論争に翻弄されていく。一五六〇年、ヴィッテンベルグで死去。墓はヴィッテンベルグの諸聖人教会内にあるルターの隣に眠る。彼のカトリックや他の宗派に対する融和姿勢は、二〇世紀にキリスト教内の対話を求めた「エキュメニズム運動」（全キリスト教会の一致）の萌芽をみることができる。

北欧へのルター派は王権の中央集権化に伴いデンマークとノルウェー、そしてスウェーデンへと浸透していった。スウェーデンの一部であったフィンランドやバルト海沿岸諸国もまたスウェーデン勢力の拡大によってルター派化されていった。

大聖堂内にある最後の彫像はミカエル・アグリコラ（ミカエル・オラヴィンポイカ）である。彼は一五一〇年頃に、トゥルク（オーボ）の北にある寒村ツオリア（トルスビィー）で生まれた。小さい時から語学の才能に優れており、ヴィーボリィのラテン語学校で学び、聖職者になることを勧められた。ここで彼はエラスムスの神学説、宗教改革や人文主義を知った。この地域の統治はスウェーデン王グスタヴ・ヴァーサの支配下にあり、教会も王の改革を支持してルター派に属していた。彼の教師がフィンランド教区の中心であったトゥルクに移ることになった。その時、彼も従って移り、司教の写字生となった。この間、ルターの教えを広めていた牧師に出会い、彼の死後、その意志を継ぎ牧師となった。トゥルク司教は彼の将来性を見込み、ドイツのザクセン選帝侯領のヴィッテンベルグ大学に送った。ここでフィリップ・メランヒトンの講義を受けて、ルターの門下生となる。

一五三九年、アグリコラはルターやメランヒトンなどの推挙でグスタヴ・ヴァーサの信頼を得る。その後、トゥルクに戻り、大聖堂の学校長に抜擢される。だが、一五四八年にヴァーサによって学校長を罷免されている。一五五四年老司教が死去すると、ローマ教皇の許可なくトゥルク教会のオルディナリウス職、つまり実質的にはフィンランド最初のプロテスタント教会監督に任命された。彼とヴァーサはあくまでも権力者と被支配者の関係であった。その葛藤を歴史劇で観たことがある。権力から自立したいというフィンランド人アグリコラ。支配したいヴァーサ。アグリコラの卓抜な学識とその影響をヴァーサは認めざるを得なかった。複雑な互いの心理的描写は興味溢れるものであった。一五五七年、ロシアとスウェーデンの紛争（ヴィーボリィとオレシェカレス付近の小競り合い）の際、アグリコラは、ヴァーサ命で停戦解決のために交渉の一員としてモスクワに赴いている。帰国途上、カレリアのウーシキルッコ（現ロシア領）で病に倒れて死去している。

彼のフィンランド文化への功績は大きかった。当時、フィンランド語は書き言葉が統一されていなかった。そこで一五四三年、聖書の翻訳に先立って一般のフィンランド人が聖書を読むために、初版は一六ページだけであるが、語表記法『ＡＢＣ初歩読本』

を著わしている。これでフィンランド人が聖書を読む機会を得て、「フィンランド語の書き言葉の父」と彼は呼ばれている。その後、一五四八年、新約聖書を短期間でフィンランド語へ翻訳し、印刷の形で初完成させている。この辺りはルターが聖書のドイツ語訳に貢献していることに類似している。祈祷書、賛美歌、ミサ曲など、抜粋ではあるが、フィンランド語に翻訳している。彼の数多くの業績を讃えて、フィンランドの紙幣、コイン、切手などが発行されている。教会名、地名などに彼の名がみられる。

『ルター　ヨーロッパ中世世界の破壊者』森田安一著　山川出版社　2018
『プロテスタンティズム』深井智朗著　中央公論新社　2017
『改訳　プロテスタントの歴史』エミール＝G・レオナール著　渡辺信夫訳　白水社　1991
『マルティン・ルター』徳善義和著　岩波書店　2012
『フィンランドの文学』カイ・ライティネン著　小泉保訳　大修館書店　1993

53・『THE CATHEDRAL OF HELSINKI』Erausgegeben von Meri Eskola & Tapani Eskola Kustannus Oy Projektilehti Helsinki 1999

54・データセンター

「ウスペンスキー大聖堂の件で「ヘルシンギン・エネルギア（Helsingin Energia）」という会社に電話をしました。やっぱり高橋さんの言う通りでした。ウスペンスキー大聖堂の地下には、コンピュータのサーバーが設置されており、その余熱を利用した地域暖房施設が造られていることは正しい情報です。ウスペンスキー大聖堂だけではないそうです。ヘルシンギン・エネルジアによるとヘルシンキのいろいろな所（例えば、ショッピングセンターなど）からの余熱はヘルシンキのエネルギーの一〇％になります」

55・ヴィーボリィ（Vyborg）

ヴィーボリィは、現在はロシア名・ヴィボルク Vyborg（ラテン文字転記）である。参考までにフィンランド語・ヴィープリ・

Viipuri、スウェーデン語・ヴィーボリィ Viborg、ドイツ語・ヴィボルグ Wiborg と表記される。私は、最終稿で、悩みながら、ヴィーボリィと記しました。でも、校正ミスがあるかもしれない。ごめん。サンクトペテルブルグから北西に一三〇キロの距離にあり、ロシア連邦レニングラード州の都市である。この地域はヴォクサ川の支流にあり、ロシアとヨーロッパの東方貿易の中心地であった。一二九三年、第三次スウェーデン十字軍によってヴィーボリィ城が建てられた。この城をめぐってはスウェーデンとノヴァゴロドが数十年にわたって争い、一三二三年オーレシェク（バハキナサーリ、ネーテボリ）条約によって両者はカレリア地峡の国境を確定している。ヴィーボリィは、一四〇三年、スウェーデン王エーリック・ア・ポンメルンによって貿易権を与えられて、一七一〇年にピョートル一世に占領されるまでスウェーデンの支配下にあった。その後、ヴィーボリィは、スウェーデン時代を通じてバルト帝国スウェーデンの対ロシア前哨拠点であった。後背地には豊かな湖と森林狩猟地を持ち、ネヴァ川流域やノヴァゴロドとの交易も盛んに行われていた。ハンザ同盟の直接メンバーではなかったが、「同盟メンバーの工場」とも称されて、タリン、ナルヴァの競争相手であった。

しかし、一七二一年にニュスタード条約でロシア領になった。一七九〇年、第一次ロシア・スウェーデン戦争（スウェーデン王グスタヴ三世とエカテリーナ二世）が勃発すると、この湾内で史上有名な大海戦が行われている。

民族的にはバルト・フィン人の一派カレリア人である。フィンランド独立前後のナショナリズムの震源地となっている。独立時から冬戦争まではフィンランド領となる。フィンランドとロシアとの継続戦争、そして第二次世界大戦の結果、一九四七年、枢軸国と連合国との個別条約でソ連邦に割譲されている。人為的な国境がいかに歴史の趨勢や権力に弱く、時の推移に左右されるかの典型地といえる。

56・フィンランドの宗教

フィンランドの宗教は、二〇二二年現在では、フィンランド福音ルター派が六五・二(九八・一)%、フィンランド正教会が一・一(一・七)%、その他の宗教(ローマ・カトリック教会、ユダヤ教、イスラム教など)一・八(〇・二)%、不明または無宗教三二・〇(—)%である。カッコ内は一九〇〇年度の数字。資料・フィンランド統計

フィンランド福音ルター派とフィンランド正教会は国教として扱われており、政府が国民から直接税の形でおよそ一—二%を肩代わり、「教会税」として徴収、宗教的資金援助を与えている。しかし、近年では国民の信仰心の低下や政教分離を強める意見が高まり、国の教会支援は世論の支持を受けない傾向にある。それにともない「教会税」も毎年減少している。また、国教からの離脱を提供するウェブサイトサイトが開設されて、教会を去るものの数は大幅に増えている。まさに宗教の自由は四点満点中四点を獲得している。ウイキペディア　2023・1020

57・フィンランド語

北欧の話をするとしばしば言語について問われる。だが、詳細を説明するためには多くのページを要する。概略を私流にメモしておこう。かなり乱暴な記述だと思うが・・・。

「ノルド語(北欧語)とは、スカンディナヴィア北欧(フィンランドのスウェーデン語地域をふくむ)、フェーロー諸島とアイスランドで話されている相互に近縁の諸言語をいう。これには現在、一)スウェーデン語　二)デンマーク語　三)ノルウェーのボクモールと　四)ニュノルスク(以前は「リクスモール」および「ランスモール」と呼ばれた)　五)フェーロー語および　六)アイスランド語の六文学語が属する。これに加えるに、多数の方言がある。・・・さらにこれに、世界各地、とくに合衆国の北欧系移民が加えられねばならない」『北欧の言語　新版』エリアス・ヴェセーン著　菅原邦城訳　東海大学出版会　1988改訂

デンマーク語、ノルウェー語、スウェーデン語は、北方ゲルマン語系で、私の知るドイツ語と英語から推察できる単語も多い。

スウェーデン語は、他人に説明するときはドイツ語と英語の両言語を二で割ったような言語かなと説明している。かなり無理な説明かもしれないが・・・。ただ、現地の北欧人は、私の知る限り、相互に会話が成りたっているようである。ただし、それぞれの言語を文章で読むと、文体や語彙がかなり違っていて、私には類似性がわかり難い。ただし現在の北欧は英語がどこでも可です。アイスランド語、フェーロー諸島語は、昔の名残を持つ北方古ゲルマン語であり、フィンランド語はウラル語族の主流フィン・ウゴル語派に属している。しばしば「フィンランド語はアジアの日本語系統でしょう」と話す人がいる。これはフィンランド独立の際に反ロシアの立場から日本と関係があり、第二次世界大戦の時も対ソ連の流れで反連合国（アメリカは少々流れが異なっていたが・・・）にならざるを得なかったという歴史的な理由があったからだと私には思える。

初めて北欧を訪れたときに、フィンランドのツアーガイドはリップサービスに親日を強調し、いくつかの単語が類似していると話していた。両国の親近感を強調したかったのだろう。全く否定する根拠は私にはないが、誤解を招きかねない説明であると思う。参考としてユハ・ヤンフネンによると「フィンランド・・・日本語は、中国山東半島の「東夷」の一言語から高句麗語に接触し、それから派生したアルタイ語的類型」という仮説があることを追記しておこう。

言語問題はロシア、フィンランド、スウェーデンを理解するうえで、特にフィンランドのナショナリズムを考えるときに参考となるだろう。最後に、著述年が少々古いが、比較言語学の巨匠アントワーヌ・メイエ著、西山教行訳の『ヨーロッパの言語』（第二版）岩波文庫　2017を参考にフィンランド語について要約してみたい。

印欧諸語がヨーロッパを覆い尽くしたのは、太古のことではないが、それでも先史時代のことである。この頃から他の語族の言語は占有する地域から次第に減少し、消滅するか、誰にも注目されないで孤立した土地でひっそりと残存している。そのために言語学的な証拠が少なくなっている。

印欧諸語以外で、ヨーロッパに残る唯一の主要なグループはフィン・ウゴル語派である。フィン・ウゴル語派はヨーロッパ東部に見られるが、異民族の侵攻に押されて現在地になったようだ。古いものとしては先史時代に入ってきたフィンランド語グループの言語があり、ハンガリー語グループの言語が入っている。

フィン・ウゴル諸語は確かにアジア起源であるが、いずれも紀元前数百年に、アジアで印欧語族のインド・イラン語派から単語を借用している。．．．現在のヨーロッパには、フィン・ウゴル語派には二大言語がある。ヨーロッパ北部ではフィンランド語がフィンランドの主要言語となっている。．．．フィンランド語とマジャール語は起源が同じだが、フィン・ウゴル語派内では区別される方言グループに属し、はるか昔に分かれている。現在では、文法構造や語彙、単語は見た目では大きく異なっている。言語学者でなければ元の共通性が薄れて、その名残に気づかないだろう。

最後に纏めとして重複するが、引用したい。「ウラル語族（Uralic）を構成するのは、七〇〇〇年以上も前にウラル山脈の北部の地域で話されていたウラル祖語と呼ばれる言語の系統を引く諸言語である。ウラル諸語は、一三世紀以来文献による記録がある。二〇世紀における最も顕著な傾向は、周辺の支配的な言語、特にロシア語の影響により、多くの言語が衰退しつつあるということである・・・この語族には現在、フィン・ウゴル語派（Finno-Ugric）とサモエド語派（Samoyedic）という二つの主要な語派がある。フィン・ウゴル語派は、中央ヨーロッパの一部およびヨーロッパとアジアの境目の北部の地域で話されている。北部の「フィン諸語」は、ノルウェー北部と白海の間の地域、フィンランド全域、フィンランドに接する旧ソ連領の一部に位置している。この諸語の主要な言語はフィンランド語（Finnish）で、フィンランド、スウェーデン、旧ソ連、およびアメリカ合衆国（移民による）で、五〇〇万人以上の話者をもつ。エストニア語（Estonian）は、主としてエストニア共和国に約一〇〇万人の話者をもつ。ラップ語（Lapp または Lappish）の話者は三万人程度しかいないが、北部全域に広がっている。奇妙なことに、「ウゴル諸語」の主要言語であるハンガリー語（Hungarian あるいはマジャール語 Magyar）は、ウラル語族の他の諸言語からは孤立して存在している」
「言語学百科事典」デイヴィッド・クリスタル著　風間喜代三／長谷川欣佑監訳　大修館書店　1992

58・ユーハン・ヴィルヘルム・スネルマン（Johan Vilhelm Snellman）

スネルマンは一八〇六年、船長の息子としてストックホルムで生まれた。一八一三年、フィンランド大公国創立後に、彼ら家族は東ボスニア沿岸のコッコラへ移住している。一年後、彼の母が亡くなっている。母代わりの叔母の下で、オウルのグラマースクール（中等教育・ギムナジウム）を経て、一八二二年トゥルク帝国大学に入学する。同期にはJ・L・ルーネベリィやE・リョンロートがいた。彼の目標は聖職者であったが、父の助言にもかかわらず、突然大学を中退して、以前に父が関わっていた海の仕事に携わる。その後、二二歳で大学に戻る。一八二八年春、神学の最終試験に合格しているが、前年来、美術や自然科学、さらに文学や歴史を集中的に習得している。特にギリシア語や哲学は高得点をマークし、その後の人生に大きく影響した。

大学がヘルシンキに移ると、そこで一八三一年、帝国大学修士を得る。奨学金や家庭教師などで経済的に余裕ができると、ヘーゲル哲学研究に専念することになる。一九三五年、ヘーゲルで博士号を得ると、ヘルシンキ大学の講師に任命される。彼の講義は学生たちの人気となった。しかし、一八三八年の新たな反政府規制法が施行されて講師資格を解除される。この頃、彼が属した土曜会には、次世代を背負ったヘルシンキ・ロマンチシズムメンバーがいた。シグネウス、リョンロート、ルーネベリィ、そして最年少会員のトペリウスなどであった。

哲学を通して彼が主唱したことは、民族精神と民衆の覚醒、その基盤は人々がフィンランド語を使用することであった。当時の彼は、哲学者、ジャーナリスト、作家として、最も影響力のある人物となっていった。フィンランド史上での言語問題は、単なるナショナルロマンチシズムだけではなく、フィンランド政治の方向性を論じることであった。

初期の自由主義的立場は政府からの弾圧、教授就任の不採用、出版言論の規制強化などで厳しい対応を強いられた。一八三九年から一八四二年まで止むを得ず、スウェーデン、ドイツに渡り、帰国後、遠く離れた町クオピオの旧制中学の校長をしながら自己の主張を続けていった。そこで教育に携わりながら、フィンラン語教育と各分野でのフィンランド語使用をジャーナリズム界で主唱していった。一八五〇年にヘルシンキに戻ったが、経済的に困窮に陥っていた。

一八五五年、幸いなことに反動的で極端な保守皇帝ニコライ一世が亡くなると、改革的双頭の鷲（リベラルと保守ともいえるか？）のアレクサンドル二世が帝位に就いたのであった。政治的規制も緩み、論文の出版も可能になった。一八五六年、念願の大学の哲学教授に就任することができた。しかし、この頃、社会の政治状況が一層急進化し、フィンノマン（フィンランド語支持グループ）は別として、彼の政治的な立場はもはや保守的で、古い体制支持者と見なされ、人気に陰りがみえてきた。

一八六三年、ワルシャワの一月反乱でロシア帝国が大きく揺れると、「フィンランドはロシア貴族に属するものではなく、皇帝の保護のもとに発展すべきである」と皇帝迎合の立場を鮮明にしたのであった。さらに彼はラジカルな政治的な動きから退き、経済知識を深めていった。フィンランド自立には、経済と産業の振興こそが国の自主を確立するものだと主張した。一八六五年、セント・ウラジーミル三等勲章を授与されている。

フィンランド宥和策をとる皇帝アレクサンドル二世は彼に期待していた。皇帝との関係も良好となり、一八六三年、貴族、そしてセナーッティ議員となり、要職を歴任する。その後、いろいろと紆余曲折はあったものの、現実的妥協の下にフィンランド語をスウェーデン語と対等の公用語（言語布告）に漸次すること、さらに実質的には国会の再開を皇帝に認めさせることができた。将来に向けた彼からのフィンランド国民への大きな贈り物となった。

経済の面では、一八五〇年から一八五四年にかけて銀行システムや鉄道問題に関わっている。一八五五年にはタバコ会社・商社のヘンリック・ボルグストレムの支援で、アメリカのビジネス書をスウェーデン語とフィンランド語に翻訳している。また一八五〇年には、青春時代の海の経験を活かして、リガで海事法や海上保険についての知識も得ている。大学教授就任後は、一八五九年には理事、一八六〇年には大学名誉博士の称号を得ている。この間、身分制議会が再開されて、一八六三年にはセナーッティの財務大臣、フィンランド銀行総裁などでエネルギッシュに活躍。その最も注目すべきことは通貨改革と財政政策であった。

クリミア戦争（一八五三～一八五六）によって価値を失ったルーブルは、ロシア金融システムを不安定にし、フィンランドの産業経済に悪影響を及ぼしていた。一八六〇年、フィンランドは渋る皇帝を説き伏せて、ルーブルの四分の一の等価で独自の通貨マルッカを導入した。しかし、苦境にある経済問題の解決には至らず、通貨不安は続いていった。一八六五年、スネルマンはこの問題を引き継ぐと、ルーブルと直接結びつけるのではなく、四マルッカを一銀ルーブルとして、実質的に平価切上げをおこなった。だが、この時期、農作物の不作によって飢饉、そして金融引き締めによって銀行倒産がおこり、改革は厳しい局面を迎えることになった。財政の合理化、そしてフィンランド銀行は不動産を抵当に巨額の資金をドイツから借り入れて難局打開に努めた。時間が経つ中で、通貨価値は安定を取り戻すことができた。さらに金融政策の効果も伴い、ロシア市場への積極進出、木材輸出による大企業の出現、鉄道網の整備などで、どうにか新しい通貨を守り通すことができた。これらの推移の中でロシアからの自由を求める運動がフィンランドに深く浸透していった。

彼の政治的な非妥協性、過去のリベラル思想との落差、厳しい財政政策、強烈な個性などによって、フィンランド総督だけではなく、多くのフィンランドの人々に嫌悪と反発を起こさせ、一八六八年、セナーッティ閣僚を辞めざるをえなくなった。

残りの人生は、身分制議会の貴族とし、文学協会や科学協会の理事長に関わり、文化の振興に努めている。他方、リベラルとスウェディッシュグループの連合には対決姿勢を取り続けていった。この意味では、「ひとつのアイデンティティ、ひとつの国家」

という理想を分断した人物であったと批判もされている。一八八一年三月一三日、彼に好意的だったアレクサンドル二世が惨殺されると、スネルマンも追うように七月四日、避暑地「森と湖の町」キルッコヌミで亡くなっている。

「我々はもはやスウェーデン人ではない。けれどもロシア人にもなりたくない。だからフィンランド人でいこう」

歴史家で評論家のA・一・アルヴィドソンに由来するこの言葉は、各種の権力闘争の中で、「どいてよ、あなたに代わるから」という言葉と共に、フェンノマン運動の中、彼のモットーとして使われた。この常套句は、その後の厳しいフィンランドの歴史を読むにつれて、ある意味では、この常套句をアイロニーとして思い起こすのである。

59・レオポルド・メケリン（Leopold Henrik Stanislaus Mechelin）、ストルイピン、スヴィンフッヴド

＊メケリンは一八三九年に南フィンランドのハミナで生まれ、父は士官学校の視察官、哲学博士、国の審議官であった。家庭ではドイツ語とフランス語で生活している。だが、経済的に十分に恵まれた環境とはいえなかった。一八五六年、フィンランド王立アレクサンドル大学（現ヘルシンキ大学）で学び、一八六〇年に哲学の学士と修士の学位を得て、公務員を目指していた。いろいろな仕事を経験しながら、一八六四年、法学と政治学の学士も得ている。

一八六二年には義父となる大富豪J・H・リンドルースと共に、フィンランド最初の商業銀行であるフィンランドユニオン銀行の設立に参加している。一八六五年、リンドルースの娘、アレクサンドル・エリザベス・リンドルース（一八四四〜一九〇九）と結婚する。その後、妻の関連する多くの荘園を管理するようになると、経済的にも恵まれ、政治活動や経済界での影響力を増していった。経済力、人柄、彼なりの思想、法的知識、巧みな弁舌で市議会議員や国会議員を長く経験し、セナーッティ（一八八二〜一八九〇）を経て、実質的に首相（一九〇五〜一九〇八）であるセナーッティ副議長まで上りつめている。

一八六七年、木材機械の事業家、親友イデスタムが事業を拡張する折には、メケリンの義母の財産で彼を支援している。メケリ

ンは、最初、電気事業への進出を望んだが、イデスタムが躊躇したために諦めている。だが、妻の名義でノキア荘園を購入すると、現在のコングロマリット電気通信事業にこの名を残すことになった。一八七一年、ノキアが株式会社として出発したときは、第二の大株主となり、取締役となっている。彼らの銀行については義父の遺産で持ち株が増えて、一八六七年から一八七二年まで取締役を勤めている。一八七二年、銀行の最高経営責任者（ＣＥＯ）に選ばれたが、断り、アカデミックな経歴を選ぶことになる。

一八七三年、法学と政治学の博士号を取得すると、翌年、ヘルシンキ大学の法学と政治学教授（一八七四〜一八八二）に就任する。この頃ヘルシンキ市議会議長や多くの政府関係審議会、フィンランド銀行の取締役員（一八七七〜一八八二）などにもなっている。市民・民間団体の議長・会長なども歴任し、現在のヘルシンキ芸術デザイン大学やフィンランド芸術協会、アテネウム芸術ミュージアム（現アテネウム美術館）などの設立にも関わっている。若い時の芸術分野への憧れの表れといえる。海外にはしばしば赴き、フィンランド自治に関する論文を投稿し、フィンランド政治運動のプロ、平和活動家として国際的に高い評価を得ている。

一八七六年、ヘルシンキ産業博ではアレクサンドル二世とその家族のホスト役を務めて、その功績で貴族に叙任される。以後、貴族階級の代表として議会活躍を続けている。

一八八〇年、自由党を創設し、フィンランド最初の政党綱領を草稿している。しかし、党は五年後に言語政策問題や急進的な自由主義思想グループが生じて、分裂に至る。だが、彼はそのまま党に留まり、他の党派に合流することなく、独自の活動を続ける。その自由主義思想は死後、彼の仲間たちによって実現されている。

一八八〇年代のフィンランドの法典作成においては、彼の主張によってより内容的に精緻化される。

要約すれば、「一八〇九年、アレクサンドル一世は、自らポルヴォー議会でスウェーデン憲法を認めている。だからその後継者もその国法に拘束されるべきである。皇帝が専制君主であることは確かに認める。だが、それはフィンランドの憲法内での議論である。しかも身分制議会との連携においてのみ、大公としてフィンランドを統治できるのである」と。これはロシアとのユニオン主義とでもいえるかな。この考え方については、フィンランド国内で大きく議論が分かれることになった。

一八九〇年になると、郵便制度をロシアへ統一する宣言がされる。その時、ロシアとフィンランドが金融、関税、そして郵便制度を統一することに反対するセナーッティ意見書を彼は執筆している。郵便制度の統一が強行されると、他の閣僚と共にセナーッティを辞任する。この件で、ロシアからは「フィンランド最大の分離主義者」と見なされた。他方、国内では、「ロシアによる後方からの攻撃に対して、彼はフィンランドの権利を守る塹壕堤になっている」と国民から称賛される。この頃、フィンランドに好意的であったアレクサンドル三世さえも、「ロシアがフィンランドに属しているのか、フィンランドがロシアに属しているのか」と怒りをメモに書き残したといわれる。

セナーッティを離れても、彼は国会内外の委員会の議長、ヘルシンキ市議会議長、各種団体など、エネルギッシュに関わっている。さらに海外では、フィンランド自治の論調を張り、その広報活動に資金援助をしている。

次のニコライ二世の治世（一八六八〜一九一八、在位一八九四〜一九一七）になると、ヨーロッパを中心とした国際情勢は大きく変化した。隣国のプロイセンは巨大なドイツ帝国となり、3B（ベルリン、ビザンチン、バクダート）政策と海軍の増強を進めていった。またイギリスは3C（カイロ、ケープタウン、カルカッタ）政策で、さらなる植民地確保を目指していた。いずれもロシアの南下を阻もうとするもので、特にドイツ帝国の膨張主義は他の国々に大きな脅威を感じさせた。一八九四年にロシアは対独対策として露仏同盟を結び、兵力増強に努めた。それは二〇世紀初めにイギリス、フランス、ロシアの三国協商へと発展させた。

一八九八年、ロシア帝国の陸軍大臣にアレクセイ・クロパトキンが就任すると、同年、フィンランド自治の規制を強めるためにニコライ・ボーブリコフ（一八三九〜一九〇四）をフィンランド総督に就任させた。両者はフィンランドに徴兵を求めた。そこで皇帝は一八九九年、フィンランドの徴兵制度をすべてのロシア領内に派遣可能にするために、身分制議会（期間は一月一九日～五月三〇日）を召集した。この法制化をより効果的にするために、皇帝は二月一五日、「二月宣言」を発した。「フィンランド大公国に関すれば、ロシア帝国での立法化は、フィンランドでもその法の効力を適用できる。フィンランドの身分制議会はあくまで諮問機関に過ぎない。仮にセナーッティ（司法と行政）や議会（立法）に諮ったとしても、皇帝は彼らの意見に左右されることなく、それを無視して決定を下すこともできる」という趣旨であった。これはフィンランド自治権の廃止といわれ、第一次ロシア化政策（一八九九～一九〇五）のシンボルとなった。

同年三月、「二月宣言」に反対する大請願書は最終的にメケリンが準備と執筆を行っている。ただし、基本原案はウイルヘルム・シデニウム（一八六三～一九二六）によって作成されている。この大請願書は、広く国民に署名を呼び掛けられ、人口二〇〇万人のフィンランドで約五二万人以上の署名を得ることができた。当時の成人人口の三分の一に達して、この時の様子は映画化にもされている（一九三九、一九六八、そして一九七六はフィン・ソ合作）。海外ではナイチンゲール、エミール・ゾラ、イプセン等の海外著名人が組織的に請願支援を行い、ベルリン留学中のエートウ・イスト（一八六五～一九〇五）は名画「攻撃」を描いている。ロシアの鷲が法典を持つフィンランドの乙女に襲いかかる絵である。絵は大規模に複製されて、国内だけではなく、ドイツ、スウェーデンなどに広く流布された。

請願書はセナーッティや議会の代表者によってサンクトペテルブルグへ届けられた。だが、ニコライ二世は受け取りを拒絶した。代表団が帰国の際には、ヘルシンキ駅前広場に数千の群衆が無言のまま出迎えている。群衆の数人が「わが祖国」を歌い始めると、歌は広場全体に広がっていった。その時の請願書の原本は、現在、国立公文書館に保管されている。

失敗に終わった請願運動であったが、ニコライの強権を多くの民衆が知り、学生たちは自国の状況に覚醒した。ダッグマール・

ネオヴィウスを中心とする女性たちがこの運動で活躍し、その後、フィンランド女性参政権運動に道を開き、フィンランド民主化に大きな役割を果たしたのである。

翌年一九〇〇年、フィンランド語の地位改善が発表されたが、学校教育と行政機関にロシア語使用が強要される。またフィンランド独自の郵便切手使用もこの年の一月から無効となった。

一九〇一年、ロシア軍へ一体化する徴兵制が敷かれ、兵役も九〇日から五年に延長されて、ロシア国内の派兵は制限なしとなった。さらにロシア陸軍直轄部隊を除き、自衛のためにあったフィンランド軍は廃止されて、ロシア軍と一体化された。だが、入隊拒否と社会的嫌悪行動、さらにストライキが続出。皇帝は法令を撤回せざるをえなくなった。その代償として、一九〇二年から一九一六年まで、毎年一〇〇〇万マルッカをロシア帝国防衛のために払うことを決議した。幸いなことに、これによってフィンランドでは、第一次世界大戦時、職業軍人以外、直接的な軍役が見送られた。

一九〇三年から一九〇四年にかけて、メケリンや他のロシア化反対リーダーたちは国外追放となる。だが、一九〇四年から一九〇五年にかけてロシア帝国内では、日露戦争の勃発とその敗戦（一九〇四年二月〜一九〇五年九月）、青年エウゲン・シャウマンによるフィンランド総督ボーブリコフの暗殺（一九〇四年六月）、血の日曜日の惨事（一九〇五年一月）、戦艦ポチョムキン号の反乱（一九〇五年六月〜七月）や大規模なストライキ（ロシア第一次革命）等々、ロシア帝国そのものを揺るがす大事件が多発した。よって皇帝はフィンランド化の強行を棚上げせざるをえない状況となる。

一九〇四年一二月、亡命のメケリンがストックホルムから帰国すると、一万人以上の群衆がヘルシンキ駅前広場に集まり、出迎える。彼が国会に復帰した一九〇四年から一九〇五年にかけて、議会は護憲派が多数を占めるようになった。

一九〇五年一〇月から一一月にかけて両国に起きた大規模なストライキは、ロシア・フィンランドの政治状況を激変させた。事態収拾を図りメケリンは要望書を作成して、護憲派指導者たちと共に総督イワン・オボレンスキィに提出した。その三日後、一九〇五年一一月四日、皇帝は「フィンランドにおける法の復活に関する陛下による寛大なる手続き法」を発した。いわゆる「一一月宣言」である。宣言の内容は護憲派指導者とメケリンの要望に沿うもので、現行の「二月宣言」の中止、議会改革と市民権の自由を立法化するための国会の召集、フィンランド総督による専横な権限を廃止することを約束するものであった。彼らは宣言を受け入れた。これによってフィンランド第一次ロシア化抑圧期間が終了したのである。

ストライキ継続を主張していた労働者たちも軟化していった。さらにロシア支配層はこれによってメケリンがフィンランドでの過激な政治革命を根元から摘み取るだろうと期待した。他方この間に集まった民衆たちは、集会で新たな暫定政府にメケリンの名を挙げたのであった。

一九〇五年一二月一日、「一一月宣言」を実行するために、皇帝は特別国会を召集し、護憲派のひとりであるメケリンを優先的にセナーッティの財務部副議長（実質的に後のフィンランドの首相）に任命したのであった。セナーッティ司法部副議長はスウェーデン人民党創設者のひとりR・A・ヴェレーデ（一八五一～一九三八）がなった。メケリンによってセナーッティ名簿が出されると、皇帝はそれを認めた。ここにフィンランド史上初めての政治的セナーッティが出来上がったのである。彼の意図するところは、社会民主党（J・k・カリを含めて三人入閣）を含めた政党間の融和であり、あくまでも法に基づいてフィンランドの自治をロシアに求め、過激な社会革命を避けることであった。

この議会は一九〇五年一二月二二日に始まり、一九〇六年九月一八日に終わっている。最後の身分制議会となった。彼は政策綱領を初めて文書化し、議会演説はフィンランド語で行っている。フィンラド語推進グループに配慮したのであった。

だが、老フィン人党からは反動と反民族政権であると批判された。またジャーナリズムからは「ウィスパー（陰でひそひそと事を運ぶ）セナーッティ」とも呼ばれた。確かにこれらの背景には政策実現のため、総督ニコライ・ゲラルド（在位一九〇五〜一九〇八）やロシア蔵相・新首相であるセルゲイ・ウィッテ（一八三八〜一九二九）との協調があったことは確かである。ゲラルドは初めての市民出身のフィンランド総督で、自由主義者、少なくともフィンランド問題の理解者であった。だが、ロシアの強固な保守主義者の圧力で辞任に至った。ボリシェヴィキ革命時にはフィンランドに亡命。妻と共に賓客としてフィンランドに迎えられ、当時フィンランド領であったカーリール（Khalil）の結核療養所で残りの生涯を過ごしている。一九二九年に死去。メケリンとはどこか話が合った人間関係であったのだろう。

次の総督は軍人ウラジーミル・ベクマン（在位一九〇八〜一九〇九）で、「両国の文化的な統一は理解できるが、機能的には無理がある。でもフィンランド独自の権利と制度は侵してはならないことも理解できる。ただ、ロシア側に不満はある、ロシアの過激な革命者たちへのフィンランド側の対応である。この件はロシアにとっても耐えがたいものである」とメケリンに語っている。一定の理解を示しながらも、パスポートや集会の検閲、警察権の強化などを図っている。これはメケリンのセナーッティメンバーが辞任するひとつの理由となった。ロシア二月革命時、ベクマンは国家評議会を解任されて、拘束されている。しかし、フィンランド側の要請で釈放されている。余生はフィンランドのハリラ(Halliila)で送り、そこで逝去している。

ロシア国内の混乱の中、フィンランド国内ではメケリンセナーッティが左右からの厳しい批判に曝されるようになった。対ロシア・レジスタンス運動は、ロシア革命派と連携するグループと彼の主張するパッセヴレジスタンス（非暴力抵抗）グループに分裂したからである。彼自身はあくまでロシアのリベラルグループや立憲民主派と協力関係を深め、フィンランドの自主権確立を模索したのであった。ロシアがリベラル政権による立憲君主制となり、フィンランドが法に基づく自治を回復すること。これが彼の思いであったのだろう。だが、ロシアの政治社会状況はさらなる激動の時代を迎えたのであった。

身分制議会開催の中、一九〇六年七月、議会法が制定された。一院制議会と二四歳以上の男女に被選挙権を含めた普通選挙権が認められたのである。女性の参政権は実質的には世界最初といわれている。メケリンは、最初、男女平等の参政権や一院制議会に懐疑的で、法案の実現を留保していた。だが、後に第一代大統領となるカールロ・ストールベリィやヴェレーテに後押されて、セナーッティやロシア側をどうにか説得することができた。政府監視権限を議会に付与する法案と共に、これらを議会通過させている。ここに一八〇九年二月、そして一八六三年六月以来続いた身分制議会が廃止されることになった。また新しい選挙法の下で二〇〇名の一院制議会議員選挙が翌年の春に実施されることになった。

しかし、皇帝の「議会解散権と法に対する拒否権」は残されたままであった。議会の権限は制限され、一九一七年に独立を勝ち取るまで皇帝と議会の緊張関係は続いていった。この議会では言論・集会・結社・出版の自由の基本法も提案されて、採決されたが、皇帝は出版と結社の自由をあくまで認めることはなかった。

他方、メケリンは一九〇四年の早期から一九〇七年の夏にかけて政治家・法律家・ヘルシンキ大学教授であったハーマンソン（一八四六〜一九二八）とヴェレーテの助力で、新憲法草案を密かに準備していた。しかし、この草案は皇帝のフィンランドの支配権を制約するものとして新ロシア首相ピョートル・ストルイピンによって法案の成立を阻止され、実現できなくなった。当時の憲法骨格は、一八〇九年のグスタヴ三世のスウェーデン政体法由来のものであって、四つの身分制、特に貴族に偏した制度であった。だが、メケリンの新たな憲法草案は、これまで議論されたものとは大きく異なり、一九一七年のストールベリィらによる憲法作成に貢献する内容であった。

一九〇七年三月一五、一六日、新制度による選挙が実施された。比例代表制非拘束名簿によるドント方式である。選挙結果は改革護憲派の青年フィン人党（二六）が期待以上に伸びずに、小農と労働者の支持である社会民主党（八〇）と穏健護憲派の老フィン人党（五九）の勝利となった。その他の党はスウェーデン語系フィンランド人のスウェーデン人民党（二四）、自営農中心の農民同盟（九）、キリスト教労働者連盟（二）であった。議員二〇〇名中、ダッグマール・ネオヴィウスを含めた一九名の女性議員も誕生し、新しい民主的な社会の窓が開かれた。彼女たちの大請願活動からここに至るまでの経過はもっと評価し、大いに記述されてもよいのではないかと私は常々思っている。

一九〇七年五月に開かれた第一回国会で第一党になった社会民主党に対して、反社会民主党四党が結束して青年フィン人党のペール・E・スヴィンフッヴドを国会議長に選出している。スヴィンフッヴドは反皇帝主義者であり、ロシア化政策に反対する急先鋒となって国会をリードしていた。これに対して一九〇八年四月、議会があまりにも皇帝に対してリスペクトを欠くという理由で、皇帝は議長の解任を求めて国会を解散させている。

だが、同年、六月一、二日に実施された選挙結果でも社会民主党が微増（八三）しただけで、各政党とも大枠では前回と同様であった。女性議員も全員再選されている。さらにメケリン政権への失望を理由に社会民主党は政権への非難決議を議会通過させている。六月四日、メケリンは選挙結果を踏まえて、新たなセナーッティの組閣を皇帝に求めて、辞任を表明している。ニコライ二世（在位一八九四〜一九一七）が期待した護憲派はここに瓦解したのであった。さらにスヴィンフッヴドは第二回国会開会冒頭で国会の合法性と皇帝の解散命令の違法性を演説し、皇帝を非難している。これに対して皇帝は怒り心頭、再び国会解散を命じたのであった。

他方、帝国ロシア国内では、一九〇六年五月、保守的反革命家で、改革派でもあるピョートル・ストルイピンが首相になる。彼は一九〇八年五月、国会（ドゥーマ）で、あらゆる革命に関わることを粉砕すること、またフィンランド問題はロシア国内で立法化し、フィンランド議会そのものを容認しないと演説している。目的を実現するために総督F・A・ゼイン（在位一九〇九〜

一九一七）と共に従来の両国議会の慣行を無視し、第二次ロシア化政策を強行していく。

フィンランド議会は、以後選挙と解散を繰り返し、小さな法案は別として、国会や国内の改革は行き詰まる。ロシア革命と内外の混乱、フィンランド民衆の議会制への不信や不満、イデオロギー的な闘争が激化する。国会の権限はロシアに奪われ、第一次世界大戦が始まると、国会は完全に停止させられる。

メケリンはセナーッティ辞任の後、スウェーデン人民党に加わり、一九一〇年二月の選挙では最大の個人得票数を獲得している。議会慣例のシニア議長となり、一九一〇年から一九一三年にかけて憲法委員会議長として最後の活動を務めている。一九一三年の国会ではヴェレーテと共に新たな憲法作成の発議を行っている。これらは、現在からみれば違法な越権行為ともいわれ、さらにロシアの要望を多く入れていると批判されている。が、古い護憲派の象徴である彼は、最終的にはある種の現実政治に従わざるを得ないと考えてようである。他方、多数派社会民主党は、彼らの主張を譲らず、メケリンの憲法発議を拒否し、憲法作成過程を阻止しようと動いていった。ここがメケリンの政治活動の限界であった。

メケリンの国際活動では平和活動を強め、一九一〇年のストックホルム平和大会に参加している。一九一二年のジュネーヴ大会では大会副議長を務め、彼の平和主義が世界から注目を集めた。さらに国際法におけるフィンランドの立ち位置を国際会議で、また多くの著書を通じて訴え続け、非暴力・倫理的なレジスタンスを追い求めたのであった。

一九一三年の秋に腎臓病で国会を欠席し、翌年一月に亡くなっている。彼の遺体はヒエタニエミ墓地に埋葬された。その時、ロシア化による圧政に対してヘルシンキではシンボリックなデモが催されている。しかし、「死者からの記憶は、ブルジョアによるフィンランドを連想するだけだった」と冷めた批判的な意見も見られたのであった。

フィンランドの政治経済でメケリンは大きな役割を果たしているが、その立ち位置の問題を三つほどあげてみよう。

ひとつはナショナリズムとも深く関わった言語政策である。

前述のように、ロシア語やドイツ語に親しむ士官学校教員の父と、スウェーデン語が有力な南スウェーデンで生まれた母との間に彼は生まれている。家庭での言語はスウェーデン語とドイツ語であった。幼少期には母からフランス語、父からロシア語を学び、読み書きはドイツ語、フランス語を流暢に操っていた。後に英語も学んでいる。しかし、しっかりとしたフィンランド語を学ぶ機会がなかった。当時、多くの知識階級や役人はスウェーデン語を読み書きし、スウェーデンの知識を中心に動いていた。フィンランド語が人々の間に支配的になったのは二〇世紀初頭である。ここにフィンランド語推進派との齟齬が生まれたのであろうか。

もうひとつの理由は、彼の立憲主義という政治信条を支援したのがスウェーデン語グループであった。彼らの協力でフィンランド独立の舵をとろうとしたようである。辞任後も多くの団体の役員、会長や議長を引き受けているが、言語問題には消極的であった。彼の考えは、急激な一律のフィンランド語化ではなく、スウェーデン語とフィンランド語を公用言語にすることを主張していた。この点、結果的には彼の主張通り、現在、フィンランドでは両言語が公用語となっている。しかし、当時、時代の流れは、ナショナリズムと言語問題をセットにしてロシアから自主・独立を得ることであった。彼はこれに追従できなかったようである。

さらにもう一つは、自由主義的な思想の持ち主であり、一徹な護憲主義者で、そしてマイノリティの擁護者でもあった。特にユダヤ人問題では一八七二年、ユダヤ人入国禁止を撤廃する案を彼自から初めて提案している。提案は却下されたが、議会、セナーッティなどに働き続けている。ユダヤ人の市民権が完全に実現されたのは彼の死後、一九一七年末であった。社会生活を身に着けた傑出したユダヤ人はフィンランドの利益になるし、そうでないものは自然と国外に出国するはずだというのが彼の論理であった。

また思想的には法を遵守して、武力や暴力に依らない穏健な改革とフィンランドの自治を主張し続けた人物であった。強圧的なロシア化政策を進めるニコライ一世に対して、フィンランド法制史から強権的なロシア化政策を批判したのであった。彼の主張を具現化するために秘密結社カガーリを設立している。参加メンバーはその後のフィンランド政界で大きな役割を果たしている。だが、彼の設立した自由党が分裂崩壊したように、彼の法理論の限界も次第に顕在化していった。彼らの支持グループがスウェーデン語系のエリート層を中心としたもので、彼の主張が一般民衆に理解されなかったようである。しかもロシア情勢は混乱と過激化する中で、護憲主義の限界を知った若い世代は急進的な独立運動に傾いていった。労働者層の急激な変化、自身の法理論への拘り、独立へ向かう新たな動きに彼自身が桎梏となったようである。当然、時代の荒波を乗り切れずに人気は衰えていった。フィンランド史を語るときに彼の影が薄い理由はここにあるようである。

最後の三つ目は彼の経済環境とビジネスである。

彼の経済的視点は、個人経営を尊重し、経済と貿易の自由化を進め、競争によって産業を発展させることであった。このことが自治権獲得の早道とみていたようである。ある意味では古典的自由主義による経済思想であった。さらにビジネス面では、妻の資金力を背景に才能を咲かせている。もちろんこれも生き方ではある。だが、彼の政治活動の背後には常に経済力があったようである。このことは独立後に人々、特に社民系の人々から誤解を招いたように思える。

晩年にノキア社の会長(一八九八〜一九一四)となると、かつて若き日に主張した電気事業への参入計画について多くの株主を説得して実現させている。現在のノキアに至るまで多くの紆余曲折があった。その第一歩は彼の若き日の思いであった。

＊ピョートル・ストルイピン (Pyotr Arcadevich Stolypin) について追記しておこう。

帝国ロシアとフィンランド大公国に影響を与えたストルイピンは、一八六二年、ドイツのドレスデンで生まれている。父はロシア名門貴族で、彼が生まれたときはザクセンのロシア全権公使であった。ストルイピンはサンクトペテルブルグ大学で自然科学(農業、ただし恩師のひとりにメンデレーエフ、そこで専攻を物理・化学の記述あり)を学び、卒業後、内務省に入る。一九〇二年グロドノ県知事、そして翌年、サラトフ知事として革命運動を力で鎮圧している。この功で政府に注目され、一九〇六年に内務大臣、同年七月に首相となる。この頃、ロシアでは社会不安が増大し、革命思想が漲り、テロが横行、ロシア全土で政治家や官僚、官憲が次々と暗殺されている。首相になると革命色の濃い国会（ドゥーマ）を度々解散し、社会民主労働党の国会議員を逮捕し、選挙法を改正して、第一次ロシア革命を終焉させている。その後も弾圧は続き、多くの反対派を絞首刑にし、それらの処刑台は「ストルイピンのネクタイ」と恐れられた。

他方、皇帝体制内での改革にも取り組み、後に「ストルイピンの改革」と言われて評価されている。その代表的改革は農業である。農村共同体（ミール）からの自由離脱を認め、個人の土地所有確認と自作農の創設に力を注いだ。その他、改革は言論出版や集会結社の自由、地方自治（ゼムストヴォ）を含めた中央・地方の行財政改革、シベリア鉄道の敷設、宗教の調整（正教とユダヤ教）、ユダヤ人の権利拡大問題にまで及んでいる。逆に反改革者や被弾圧者からの憎悪は強く、しばしば刺客に襲われている。

一九一一年九月一四日、暗殺計画の警告にもかかわらず、ニコライ二世のキエフ行幸に従っている。リムスキー・コルサコフの「皇帝サルタンの物語」を観劇中にユダヤ人右翼主義者ドミートリー・ボグロフによって皇帝の面前で銃撃されている。四日後の九月一八日に死去。四九歳であった。ボグロフは軍事法廷にかけられ、九月二四日に絞首刑となる。

二〇〇八年のロシアのテレビ世論調査によると、「最も偉大なロシア人」にアレクサンドル・ネフスキーに次いでストルイピンが高い評価を得ているという。ただし、多くの歴史家や専門家の間では彼の評価は分かれている。繰り返して言えることは、歴史上の人物評価は時代背景によって動くし、価値観も多様化する中で判断は難しい。だが、彼の処刑者の数があまりにも多いことを知ると、私は評価以前に彼の名を引き出しの中に仕舞い込むだろう。彼は生前にロシア内の民族問題に強い関心を持っていた。息を引き取る寸前までフィンランド問題を警告していた。

＊ペール・E・スヴィンフッヴド（Per Evind Svinhufvud）

についても最後に述べておきたい。

フィンランドの歴史に欠かせないスヴィンフッヴドは、一八六一年、西フィンランドのサークスマキで生まれ、二歳の時に父がギリシア沖で遭難している。幼少期には父方祖父に育てられている。家族はスウェーデン・ダーラナ地方の出身で、五世代続くスウェーデン系フィンランド人である。祖父はカール一二世の将官として北方大戦争で活躍しているが、敗戦後、ラポーラ・マナー（荘園）に移り住み、フィンランドのハメで財務官を務めている。一五七四年以来、スウェーデン系フィンランド貴族であった。

一八六六年、祖父の自殺事故があってから、母と妹と共にヘルシンキに移り、スウェーデン系中等教育を受けている。一六歳で帝国アレクサンドル大学（現ヘルシンキ大学）に入学し、学芸（社会科学）と法学の修士を取得している。専攻はフィンランド、ロシア、スカンディナヴィアの歴史であった。一八八六年に卒業し、弁護士として働き、三年後にアルマ・エレン・ティムグレン（一八六九～一九五三）と結婚している。

その後、地方裁判所、トゥルク控訴審副判事を経て、三一歳の若さでセナーッティの法案作成委員となる。また、彼は家系継承の長として、一八九四年、そして一八九九年から一九〇六年、身分制議会が廃止されるまで貴族議員を務めている。だが、法案作成に飽きがきて、委員会を辞し、一九〇二年、再び控訴審判事になっている。彼の夢はゆったりした田舎の裁判所に勤務して、狩猟と射撃を楽しむことであった。しかし、神とドイツ保守派で有名なヒンデンブルグ（一八四七～一九三四）はスヴィンフッヴドをこのような牧歌的な道を選ばせなかったという。この記述は両者を保守の代名詞として表現したようである。が、この記述に私は違和感をもつ。当時のドイツの状況とこの時期のフィンランドはかなり違うように思えるからである。

彼の人生の山場は多くあったが、三つに絞ってみよう。

一つは裁判官としてのレジスタンスである。

一九〇二年、ロシア化政策下で起きた徴兵制反対運動に対して、知事が暴力で対処した事件が起きた。この件でヘルシンキ住民がトゥルク控訴審裁判所に訴訟を起こした。そこで赴任した彼は合法性と立憲主義の立場からボーブリコフ総督の訴追を開始した。総督は訴訟の停止を要求したが、法廷側は同意しなかった。結果、スヴィンフッヴドを含めた関係者一六人が解任されている。これまでは穏健なフィン人党や老フィン人党の支持者であった。だが、彼は、従来からの順法に依るだけでは問題を解決できないことを知ったのである。そこでヘルシンキに赴き、弁護士をしながら積極護憲派の青年フィン人党に加わった。貴族議員として議会に出席し、メケリンらによる非暴力抵抗組織カガーリで活動するようになる。一九〇六年、フィンランド南部地区（ラハティ地域のヘイノラ）の判事となった。任官したときは政治の最前線から距離を置くつもりでいた。だが、一九〇七年、初めての普通選挙が行われると、青年フィン人党の議員として当選。そこで前述したように初議会議長として選出され、皇帝と対峙することになる。他方、一九〇八年から一九一四年まで南カレリアの判事も努めている。第一次世界大戦が始まると、ロシアはフィンランド人の官職をロシア人に替えていった。スヴィンフッヴドはこれを拒否すると、罷免され、一九一四年一一月、シベリアへ流刑となる。彼は独立運動の関係者と接触を保ちながら、狩りや裁縫（この記述に少々驚き？衣類の繕いかな）などで時を過ごす。ロシア二月革命の知らせを受けると、どうにかヘルシンキに辿り着き、国民的な英雄として歓迎される。

二つ目には、独立宣言である。一九一七年七月二四日、ロシアのケレンスキー臨時政府は、「権力法」の廃棄と議会の解散総選挙をフィンランドに求めてきた。権力法とは社会民主党が主導して成立させた「外交・防衛を除き議会に国の最高決定を認める」ものであった。そのため、一九一七年一〇月に選挙が行われた。結果は社会民主党が九二議席を獲得して第一党となった。一一月一五日、再度議会は「権力法」を採択する。この法に依拠して非社民グループは結束して議会与党を形成して、一一月二六日、フィンランド史上初めて、そしてただ一度だけの国会による組閣命令をスヴィンフッヴドに下したのである。この後の組閣は大統領の権限となっている。

ロシア革命の影響で国内は混乱していたが、スヴィンフッヴド政権は独立宣言を国会に勧告、提案している。宣言について、社会民主党はロシア・ボリシェヴィキ派と事前協議することを主張した。対して非社民党グループは通告なしの独立宣言を求めていた。議会投票の結果、一〇〇対八八でスヴィンフッヴドの案が可決されて、一二月六日、独立宣言がスヴィンフッヴドによって発せられた。この日がフィンランド独立記念日となった。

直ちにスウェーデン、ドイツなど諸外国に独立の公式認証を求めた。しかし、ドイツを中心に諸外国は元統治者であるロシアの承認を待つとの返答であった。ブレスト・リトフスク条約を交渉中のドイツもまたレーニンと人民委員会との交渉をスヴィンフッヴドに強く勧奨してきた。彼はボリシェヴィキをロシア政府と認めたくないし、その政府が直ぐに倒壊することを杞憂していた。だが、早期解決を求めて、一二月三〇日、スヴィンフッヴド、政治家兼外交官のカール・エンケルとグスタフ・イードゥマン一行がロシア・ボリシェヴィキ政権とレーニンに公式認証を求めてサンクトペテルブルグのスモルニィに赴くことになった。

他方、ロシア・ボリシェヴィキは一一月一五日、「ロシア民族権利宣言」による一般的な自決権を宣言、一二月一八日にはフィンランド独立を認識したうえで法令を発布し、二二日には中央委員会で了承を得ていた。

革命政権所在のスモルニィ内部は多忙であった。現地に到着した一行は寒い廊下で待ち続けた。レーニン秘書ボンチ・ブルイェヴィッチが革命評議委員会による認証決定を持ってきたのは、ほぼ真夜中の一二月三一日であった。

「ここにフィンランド独立の認証署名がされている。皇帝時代にシベリア流罪になったフィンランドの英雄は我々ロシアにとっては敵でもあった。もちろんあなたたちは将来も我々を受け入れることはないだろう。しかし、我々がフィンランド国民をロシアの圧政から解放すれば、少なくとも世界には正義がないわけではないといえるだろう」と言って秘書は立ち去ろうとした。エンケルは「フィンランド議長がいまいるのだから、レーニンにお礼を言いたいので会わせてほしい」と頼む。結局、どうにか面会の都合がつき、一行はレーニンに会うことができた。

「これらのブルジョアに私が何をいえばよいのか」とレーニンはエンケルに言いながら、最初、困惑気味にスヴィンフッヴドとの面会を拒絶した。その時、トロツキーは挨拶するように勧められたが、きっぱりと彼らとの面会を拒絶した。しかし、秘書のブルイェヴィッチの説得でレーニンが会うことになった。レーニンは秘書に続いて現れて、心を込めてスヴィンフッヴドに手を差し出したといわれている。「あなたはいま満足してますか」とレーニンが聞いてきた。スヴィンフッヴドは「大変満足しています」と答えて、感謝の念を伝えたのであった。その後の二人の歩みを考えると、二人の手は心から握られたのかどうかは分からない。ノーザンミラーズに映る難しい質問ではある。ただ、苦難を経た人間同士の握手なのだから、敢えてイエスと私は答えたい。

一行がヘルシンキに戻った後に、フィンランド独立宣言が全ロシア中央委員会によって批准された。一九一八年一月四日であった。独立認証が報じられると、フランス、スウェーデン、ドイツ帝国に続いて各国の認証が続いていった。が、アメリカ、イギリス、日本などの認証は一九一九年五月となっている。第一次世界大戦後のパリ会議がなお紛糾、継続しており、フィンランド内戦によるフィンランド外交も不確かさであったことが影響したようである。

第三の山場は内戦とラプア事件の鎮圧である。

独立が宣言されたが、政治体制が決まらず、ロシア革命と世界大戦を反映して国内情勢の不安定さは大きくなっていった。

一九世紀後半になるとフィンランドの森林業や鉱業が発展し、また農業の効率的市場経済が国内に浸透していった。だが、工場労働者、農地改革者、そして小作人たちの生活は悪化していった。特に都市部労働者は、度重なる不況の波とロシアからの食糧供給の途絶によって困窮化を深めていった。失業率も高まり、ロシア革命に刺激されて労働運動が活発化していった。その中にはロシア型社会主義革命を目指すものも現れて、運動の中で左翼グループ・赤衛隊が形成されていった。レーニン率いるロシア・ボリシェヴィキはフィンランド独立の際、撤退するロシア軍が赤衛軍へ武器を渡すことを約束していた。他方、起こりうる革命に対処して経営者、地主や富裕な中間層などは自警団・白衛隊を結成することになった。一九〇六年にスオメンリンナでロシア軍兵士の反乱が起こったときには、これらの赤衛隊と白衛隊が激しく衝突をしている。同じく各地で両者の小競り合いが頻発していった。

一九一八年一月初旬、ヘルシンキで赤衛隊と白衛隊による最初の大規模な衝突が起きると、鎮圧軍のないスヴィンフッヴド政府は緊急に白衛隊を政府軍と認め、C・G・マンネルヘイムを軍事委員会委員長に任命した。ここに本格的な内戦が始まった。一九一八年一月二七日から二八日にかけて赤衛隊がヘルシンキを制圧する。スヴィンフッヴドは地下に潜り、どうにか掃海艇でレーヴァル（現タリン）に脱出した。ドイツとスウェーデンを経由し、ボスニア湾に面するヴァーサに辿り着き、政権を再建する。

赤衛隊はトゥルク、タンペレ、ヴィーボリィなど主要都市を含めてフィンランド南部を制圧する。だが、赤衛隊の多くはロシア・ソヴィエトの構成国になることを厭い、さらにレーニンによる追加の武器援助も失敗する。他方、マンネルヘイム率いる白衛隊にドイツで訓練を受けたイェーガー隊も加わる。スウェーデンからは志願兵が救援に駆けつけている。白衛隊が激戦の末に中枢タンペレを奪取すると、戦局は大きく変わっていった。さらに政府要請によるドイツ軍が南部海岸に上陸。四月中旬には白衛軍とドイツ軍がヘルシンキで合流している。その後、全土の内戦鎮圧に成功し、五月一六日、ヘルシンキで勝利を祝している。敗走した赤衛隊の一部はロシアに亡命し、その指導者はモスクワでフィンランド共産党を結成する。他方、スヴィンフッヴドは三万六〇〇〇人の捕虜を解放しているが、骨肉相食む争いを癒すにはかなりの時間を要している。特に捕虜問題は内戦による悲惨さと独立後の影の象徴となった。

一九一八年五月一八日、スヴィンフッヴドは内戦終了後に設けられた非常権限を持つ元首（摂政？）に任じられている。

次に国の統治形態が議論された。君主制にすべきか、あるいは共和制を選ぶべきかであった。内戦を経験しことで、議会では新たな革命を避けて、ロシアとは異なる共和制が支持された。しかし、政党間の争いの激化や過度な民主制による混乱を避け、強い君主制による国内統一を優先することが選択された。だが、これらのスヴィンフッヴドやマンネルヘイムなどの主張は、ドイツ帝国の敗戦と国王に推戴されたヘッセン公・フリードリヒ・カールの辞退（一二月）で頓挫してしまった。特にカールはドイツ敗戦国の立場からイギリスやアメリカとの外交関係を懸念していた。スヴィンフッヴドもまた強い君主制（権限）を望んではいたが、決してロイヤリストではなかった。だってあれほど反皇帝を声高に主張したのであるから当然だろうね。

スヴィンフッヴドは一九一八年一二月一二日、非常権限を持った元首を辞すると、マンネルヘイムが議会残部の国会議員だけによって摂政に選出されている。結局、政治体制は、社会民主党、農民同盟と国民進歩党が主張する共和制案が通る。翌年一九一九年三月の新議会選挙の際に国民によって共和制案が確認されて、四月六日、正式に共和制の宣言がされる。これは共和制側が農地などの社会改革と君主制に代わる強い大統領制を認めた譲歩の結果であった。一九一九年六月、新統治法（憲法）が議会で決議され、七月一七日、マンネルヘイムの裁可で発布している。初代大統領には国民進歩党のカールロ・ストールベリィが新議会によって選出されている。これが二〇〇〇年まで続いたフィンランドの強い大統領制の経緯であった。

その後、スヴィンフッヴドは公の政治舞台から身を引き、反共主義者による民兵組織の育成活動を続けている。一九二五年、大統領選挙候補になったが、選出されることはなかった。しかし、一九二九年末頃からラプア運動問題が大きくなると、新憲法の二代目大統領ラウリ・レランデル（農民同盟）は親ラプアのスヴィンフッヴドを首相に任命して、問題の解決を図ろうとした。一九三〇年七月から翌年の二月まで首相を務めることとなった。

さて、ラプア運動（事件）とはなにか、纏めてみよう。

内戦から約一〇年、フィンランドは反共主義者による「ラプア運動」問題が起きて、フィンランの立憲主義が荒波に呑まれる危機に瀕したのであった。

事件の起こりは、一九二九年一一月、フィンランド西部にある小さな村ラプアで、共産主義青年同盟が集会を開こうとし、キリスト教ルーテル派やフィンランド軍、そして将軍マンネルヘイムを誹謗した。これに対して地元住民や反共ナショナリストたちが暴徒化して集会に乱入し、乱闘騒ぎとなった。

このラプア村は白衛隊の発祥地であり、周囲は宗教的にも保守色の強い農村地帯であった。さらに同年一〇月二九日、世界大恐慌がアメリカに始まり、社会の不安が高まる中、共産党の暴力革命を懸念した人々がラプア運動に共鳴していった。共産党の非合法化や共産主義者の根絶を求める集会が各地で開かれるようになった。だが、運動そのものはリンチ、襲撃、そしてテロ行為に発展していった。一九三〇年六月、共産党の非合法化を求めて大規模なデモ行進がヘルシンキで行われる。七月、デモの到着地セナーッティ広場ではレランデル大統領、右派の重鎮マンネルヘイムやスヴィンフッヴドたちが出迎えている。彼らは運動自体をナショナリストによる愛国行為として一定の理解を示したのである。七月、特別国会で共産主義者を取り締まる「国家保安法」と「共産主義者法」が提出される。一一月には共産党員が国会、地方議会へ立候補することを制限する法案が成立。ラプア運動は頂点に達したのである。

運動の指導者はヴィヒトリ・コソラであった。彼は一七世紀の農民指導者クラウス・フレミングの子孫であると称していた。だが、ファシズムに傾倒し、ムッソリーニを真似ては、黒（ファシズム）と青（フィンランド）のアームバンドを巻き、粋がって、毎日酒浸りであったといわれている。しかも、運動そのものがさらに過激化して、誘拐やテロ活動などから暴力革命の兆しさえみられた。マンネルヘイムやスヴィンフッヴドなどは次第に警戒心を強めていった。特に自由主義者である初代大統領ストールベリィ夫妻が彼らに誘拐されると、リベラル・保守を問わずラプア事件に批判的になり、急速に運動の熱は冷えていった。一九三一年三月、レランデルの任期満了に伴い、スヴィンフッヴドが次の大統領に僅差で選ばれる。三回目の投票で農民同盟の支持を得て一五一対一四九票であった。この時は選挙人三〇〇人による間接選挙であった。

ところが、一九三二年二月、ラプア運動終息となる第二の事件が発生した。ヘルシンキの北五〇キロにあるマンツァラで、武装集団が社会民主党の集会を粉砕しようと襲い、社会民主党の非合法化を求めたのであった。暴力集団は警察の解散命令を無視して、激しさを増していった。すると、ラプア運動指導者たちは暴徒たちの行動を支持することを声明、政府に対して政権交代を要求したのであった。さらに元軍少将のクルト・ヴァッレニウスが反乱軍の指揮に加わった。

スヴィンフッヴド大統領は即座に軍に忠誠を求めて、ラジオで反乱者に帰宅を呼びかけた。大半の者は放送を聞くと、反乱を諦めた。一部地域の民衛団や部隊に荒い動きが残ったものの、三月春には終息していった。だが、断固として反乱を鎮圧した内務大臣やウーシマー県知事は職を追われている。他方、反乱軍は実刑に処せられたものの、総じて軽いものであった。民主主義に対する政府指導部の甘さが見え隠れする。いずれにせよ、これらの事件を契機に政治は極左極右から離れて、バランスの取れた中道寄り（？）となる。新たな対ソ関係とニュー・ナショナリズムへと政治社会の根幹が軌道修正されていった。

スヴィンフッヴドは一九三七年の大統領選挙（在任一九三一～一九三七）では社会民主党と農民同盟（次期大統領には同党からカッリオ）に阻まれて再選の機会はなかった。残りの晩年は狩猟と狙撃を愛好し、世界チャンピオン名誉ゲストとなっている。その後、冬戦争では、かなりのドイツ贔屓にもかかわらず、支援を求めたのはドイツのヒトラー、ムッソリーニではなく、ローマ教皇ピウス一三世であった。ただし、継続戦争では、彼もカレリアへの拡張主義、大フィンランド主義者であった。

生涯、彼はソ連型社会主義・共産主義を否定し続けている。また、フィンランド社会民主党による組閣では国内に混乱とマルクス主義をもたらすだけだと懸念し続けている。だが、フィンランドの政治はソ連との平和共存を求め続けていった。いわゆる「フィンランド化」(言葉には議論があるが・・・)である。彼は、この点を受け入れなかったようである。おそらくメケリンと同様に五〇年以上続いた反革命と護憲主義者の矜持であったのかもしれない。一九四四年二月、ロシア国境に近い南カレリアのルーマキで逝去。フィンランド議事堂前には、太っちょのおっさんが視線を前方に向けている。先に見えるものは何にだったのだろう。スヴィンフッヴド生誕一〇〇年を記念して、一九六一年、ヴァイノ・アールトン作の彫像が建てられたのである。

60・フィンランドのセナーッティ(元老院)

フィンランドのセナーッティ(Senate)は、長い間、元老院と訳す書物も多かった。だが、最近では無理な訳を避けて、現地語に近いカタカナ表記セナーッティが見られるようになった。おそらくラテン語由来による古代ローマ帝国のセナツス Senatus からの引用であろう。語源(senex)を直訳すれば「老人」である。複数形の Senes は文学作品、特に喜劇の登場人物はお決まりの老人であった。セナツスとは支配階級やその集まりを言い、より賢明な、あるいは経験豊かな年配者などであったのだろう。その後、貴族、領主が君主を補佐するための機能、すなわち諮問機関、審議院、元老院を表すようになり、機能的な意味に進化していった。だが、現在の民主主義政体では、古代ローマやその後のヨーロッパに見られたような元老院形態は存在していない。普通選挙で選ばれた議会を下院(米では Congress、英では House of Commons)、あるいは日本では衆議院などと称されている。下院に対応して上院(米では Senate)、あるいは日本では参議院(戦前は貴族院)などと称されている。これらの二院制議会の場合、上院は歴史的に貴族代表が拒否権や修正権を有しており、他の身分制議員よりも優位な地位にあった。したがって国によって議会制の歴史が異なるために言葉の意味がそれぞれ少しづつ違っている。司法機能を含める国もあり、上院の役割を適切に規定することは難しい。議員の選出も異なっている。カナダでは首相の助言に基き各地域や少数グループを代表する議員を選び、総督(イギリスのカナダ国王代理）によって任命。選出対象は各分野の実績や経験のある有識者である。アメリカ議会では二名の州代表者となっている。敢えて語源を尊重するならば、この機能は他の行政や立法機関による法案を一時的に保留し、もう一つの機関に差し戻すことによって、さらなる熟慮を促す限定権力、いわゆる老人（年配者）の知恵を持った機関といえようか。

フィンランドのセナーッティは、一九一九年以前、スウェーデンやロシアの議会形態に起因していた。それ以降は国会そのものが一院制となり、セナーッティ（元老院）という言葉そのものが歴史的な政治用語となってしまった。フィンランドに通じる識者の中にはそのような歴史的な役割の違いを示すために、カタカナ表記にしているようである。ここでは筆者もこれらにならいたい。

さて、フィンランドのセナーッティである。

フィンランドは、一二世紀から一八〇九年までの約七〇〇年間、スウェーデンの一部であった。ナポレオン戦争中に行われたスウェーデンとロシアの争い（フィンランド戦争）の最中、一八〇九年三月、アレクサンドル一世は占領地域ポルヴォーで身分制議会を召集し、皇帝への忠誠と引き換えにスウェーデン時代の法制度維持を認めている。さらに八月には、スウェーデンの行政機関に替わる大公国評議会を設置し、一八一六年にそれをセナーッティ（元老院）と改称している。同年九月、両国はフレードリクスハムン（ハミナ）の和議を結び、スウェーデンは正式にフィンランドをロシアへ割譲している。

この件では、スウェーデンのグスタヴ三世による一七七二年の「新統治章典」と一七八九年の「同盟および安全保障に関する法」がフィンランド統治機能の原型となった。おそらくロシア皇帝、および側近はこれらの法そのものは王権力を認めているし、国王の権力を弱めるものではないと判断したようである。おそらく周囲の法的識者による助言だったのだろう。あくまで国王は議会の権限を制限できるし、議会は国王権力を補完するにすぎないと。国王だけの宣戦布告権と貴族階級の権限に対する規制が法理にあったからである。他方、スウェーデンからの支援もなく、実質的に占領下にあったフィンランド側ではロシア本国とは異なるスウェーデン由来の法的根拠のある身分制議会が保持されることになった。さらにある程度の権限の自由が認められたという点では、フィンランドの政体は、両者の暗黙の妥協による産物といえる。その後、フィンランドはロシア帝国の他の地域（例えばポーランド）と異なり、ロシア皇帝による同君立憲君主制という形で穏健な大公国が続いたのである。

セナーッティはロシア人の総督が議長となり、最高裁判所にあたる司法部と内閣にあたる経済部が設置されている。メンバーはフィンランド人の貴族と平民出身者である。軍事と外交はセナーッティの権限から除外され、重要事項はあくまで皇帝による直接承認を必要とした。首都ペテルブルグには皇帝とセナーッティとの連絡機関が存在し、フィンランド人の国事委員会委員長がその役割りを果たしていた。ただし、セナーッティの議長はロシアのフィンランド総督であっても、実質的にはフィンランド人副議長がフィンランド行政の頭になっていた。しかし、自治独立運動が活発になり、ロシア革命前後になると、ロシア人がそれらの要職を占めるようになった。ここに対ロシアに穏健だった官僚や指導者なども急速にフィンランド独立運動に傾いていった。

61・アールヴィッド・ホーン（ホルン）(Arvid Bernhard Horn af Ekebyholm)

ホーンは、一六六四年、フィンランド貴族の子としてフィンランド南西部ハリッコ（現サロと合併）に生まれている。

トゥルク王立アカデミーを卒業したのちに、若くしてスウェーデン王立陸軍に入っている。一部資料によると、軍務についた理由は経済的な理由や父の陸軍大佐の地位によるものでなく、むしろ名誉や栄達に憧れていたといわれる。一八歳の時に国王親衛隊のマスケット銃兵、二一歳で旗手歩兵となっている。一六八七年には海外戦地を希望し、ネーデルランド、ハンガリー、フランダースで軍務に就いて活躍している。一六八八年には陸軍中尉、一六九三年には大尉、一六九六年にはカール一二世直属の精鋭部隊ドラバントの司令官に任じられている。この頃からカール一二世に接する機会も多くなり、カールの戴冠後にはお気に入り将官のひとりとなった一七〇〇年、ロシア、デンマーク、そしてポーランド・リトアニア連合、ザクセンはカール一二世をまだ青二才（即位時一四歳一〇か月）とみなして、これ幸いとホルシュタイン・ゴットープ、リヴォニア、イングリアの三方面からスウェーデン領に侵入している。大北方戦争の口火が切られたのである。ホーンは男爵となり、将官としてジーランド（シェラン島）からリヴォニアへとカールに従軍する。さらにカールはナルヴァ、デェナ（現在のリガ付近と思われる）、クリシェフの戦いで勝利。しかし、ホーンはこの時負傷している。この間、カールはポーランド、リトアニア、ザクセンを占領し、それらの傀儡王位継承を模索する。そして何とかこれらをホーンの才覚で切り抜ける。この時カールは彼の外交手腕を高く評価し、中将に昇任してスウェーデン主席使節としてワルシャワ議会に派遣している。しかし、一七〇四年八月、廃位されたザクセン選帝侯アウグストゥス二世がワルシャワを強襲しときに、ホーンは奮戦したが、降伏、捕虜となる。翌年、カールとアウグストゥス二世は捕虜交換に合意し、ホーンは本国スウェーデンに帰還させられる。これが彼の人生の大きな岐路となった。「人間万事塞翁が馬」であり、その後、直接軍務に就くことはなかった。

一七〇五年、カール一二世は海外戦地から国内問題に対処するためにホーンを王国国務院メンバーに昇格させている。一七〇六年、伯爵に昇進し、大戦中に移転したタルトゥ（独語ドルパト）大学（現エストニア）の学長に就任し、一七〇七年にはホルスタイン・ゴットープ公領の知事、一七〇八年にはカールの甥であるホルシュタイン・ゴットープ公カール・フレデリックの監督者になっている。後にそのゴットープ公カールを支持するグループが親ロシアグループ・ホルシュタイン党を作り、政界撹乱のキーワードとなっている。

王国国務院議長（実質的には宰相）には、彼の義兄であるギィルデンストループが就いていた。義兄はホーンの才能を早くから認めて彼を王国国務院メンバーに加えて励ましていた。だが、一七〇八年に義兄が亡くなると、一七一〇年、ホーンがその地位に任命される。その後、一七一九年までその任にあたり、さらに一七二〇年から一七三八年まで再任されている。

カール一二世が、一七〇九年六月、ポルタヴで大敗して、オスマントルコへ撤退亡命すると、スウェーデン国内や議会は大きな衝撃を受けた。その時、カール一二世は権力行使にあたって議会や王国国務院、顧問官などにしばしば不満や疑念を抱いていた。特にこの頃、敗走先であるオスマントルコから本国へ帰還のときに、ポンメルンへの救援船が遅れたことがあった。また、議会が国王権力を縮小するような動きもあった。カール一二世はこれらの件でホーンの関与を疑っていた。しかし、実際には、一七一三年から一七一四年にかけて、国王の同意なしに議会がウルリーカ・エレオノーラを摂政に推戴し、王権力を規制する動きがあったとき、ホーンは強く反対している。さらに彼はこのことで王国国務院を辞し、議会を解散させている。だが、カールが本国に帰還しても、ホーンとの関係は元に戻らず疎遠のままであった。カールが急死のときは、ホーンは公務から離れていた。二人の齟齬はなぜ生まれたのだろうか。カールがノルウェーのフレデリクスハルド要塞で落命すると、その後継者選びで、ホーンはウルリーカ・エレオノーラに伝統的な絶対君主制を放棄することを説得。その上で即位を勧めている。この辺りにカールとホーンの心の行き違いのヒントがあるように思える。だが、女王は議会による新統治法に馴染めず（一七一九〜一七二〇、議会、特に貴族部会に権力が集中し、王権力が規制された）、あるいは納得しないためか、一年足らずで退位している。後継として夫のフレドリック一世ヘッセン公（在任一七二〇〜一七五一）に譲位している。フレドリック一世は、直ぐにホーンを王国国務院議長に呼び戻し、内外の難問処理にあたらせている。

その後、王国国務院議長、貴族部会議長、秘密会議議長などの要職を重ねて、内外の安定と平和、そして大北方戦争による荒廃からの復興に努力した。この頃、議会の党派間争いが激化し始め、議員や党派の金銭問題、外国からの政党支援金など多くの問題が批判されている。フレドリック一世ヘッセン公の王位就任によってホルシュタイン派とヘッセン派の争いは止まったようにみえた。しかし、これは実質的にはホーンが党派間のバランスを取り、彼の調整感覚を生かしたものといえる。また親ロシアを中心とする慎重な外交政策を旨とするメッソナ党を立ち上げている。曲がりなりにもこの時期に、議会統治（新政体法・議会法＝憲法など）、公民権の拡大（一七六六年の言論出版の自由）と政党政治（メッソナ党とハッタナ党）など、近代スウェーデン政治の基盤が作られ、あらたな議会制の胎動が始まったといえる。

一七二〇年から一七三八年の彼の失脚までを「ホーンの時代」、そしてウルリーカ・エレオノーラとフレドリック一世から次のアドルフ・フレドリック（在任一七五一～一七七一）とグスタヴ三世のクーデター（一七七二）直前まで、およそ五〇年間をスウェーデンの「自由の時代」と呼び、スウェーデン民主主義の幕開けと見なされている。その中でホーンの時代は、絶対君主制から議会制への遷移期間。そして彼の政治末期である一七三〇年後半はスウェーデン政党政治の開花期といわれている。もちろん、現代政治の視点からすれば、これらの用語と内容のすべてを簡単に受け入れることはできないが、・・・。

彼の内外政治の特徴を概略述べておこう。

国内政治的にはホーンは当初、親ロシア・ホルシュタイン党に属していたが、ロシアのエカテリーナ一世の死去で影響力を失うと、一七二七年、この党は解党している。親ロシア派の流れは、一七三七年、ホーンを中心として設立されたメッソナ党に引き継がれている。下層貴族、農民、僧侶などに多くの支持を得て、現代風に言えば中道左派ともいえる。またホーンは中世以来の法整備と体系化を図り、新統治法による議会至上主義を最大限に利用している。だが、メッソナ党もハッタナ党も議会の権力闘争が激しくなると、法の拡大解釈や金銭・称号の乱発授与など、悪弊な議会運営が見られるようになった。

対外的にはメッソナ党は対ロシアとの冒険主義を排除し、慎重に思慮深く、対外拡張主義を制御している。このことから、臆病者を意味する綽名ナイトキャップ＝縁なし帽子党と呼ばれて、紳士然とした三つ折り帽子のハッタナ党と対比されている。この党の典型例は、伝統的な親フランスを排し、さらに対ロシアに対してはイギリスへ接近し、ハノーヴァー同盟への加入を議会に求めていた。しかし、この時、議会からの反対が多かった。そこで議会工作と王権の持ったった二票の追加でなんとかホーンの意向を実現させることができた。

経済的には、フィンランド・バルト沿岸貿易を重視し、重農主義政策を執っている。北方大戦争から国内経済が復興し、活性化すると、次第にスウェーデン人も自信を取り戻していった。ここに、対ロシアへの復讐戦が論じられる雰囲気が醸成されていった。他方、ホーンを追い落とそうとするハッタナ党は、メッソナ党と同じく一七四七年に設立されている。主として西部とストックホルムに地盤を持ち、上級貴族、都市市民からの支持を得ている。経済政策としては重商主義、対外的には親フランスで、バルト帝国の復活を公約としている。特にカール一二世による悲惨な従軍経験のない青年ハッタナは、親ロシア派のホーン政権を売国奴と激しく批判していた。

この時代、政界やスウェーデン社会を揺るがした一つの事件が持ち上がった。

一七三五年前後にフレドリック一世とヘドヴィック・タウブ（一七一四〜一七四四）との内妻情事が表面化したことである。政治を含めた社会的な問題となり、議会や聖職者部会でも論じられるようになった。特にホーンがこの問題で国王を非難したことで、国王とホーンとの関係は冷え切った。ハッタナ党も国王への影響力を求めて、逆にホーン批判のプロパガンダを広めて、議会の多数派工作に利用した。だが、ヘドヴィック・タウブ本人は政治的な関心がなく、国王は「問題は国家と関係なく、あくまで個人の問題である」と自己の主張を続けている。彼女は王の子を出産したときに死去している。その後、キャサリン・エッバ・ホーンとも親しくなり、国王は二人目の公式内妻を持つことになった。まさに国王自ら「自由の時代」を生き抜いたようである。

一七三八年から一七三九年にかけて、ハッタナ党は議会、貴族部会、そして外交や防衛にあたる秘密委員会で多数を占めた。悠長な座業と平和に勤しむホーンの弔鐘が鳴り響き始めたと噂される。ハッタナ党は秘密委員会で多数を占めて、フランスとの同盟関係が決定された。対ロシアの嵐が迫ってきたのである。一七三八年一二月、議会の多数派工作や立法で、ホーンは他のメッソナ党員と共に辞任に追い込まれた。ハッタナ党はジーレンボリィを宰相とし、バルト海の荒波に船出することになる。

一七四一年、スウェーデンのトルコ使節が暗殺されると、ロシアに宣戦布告、フィンランドが戦場化する。ロシア・スウェーデン戦争（ハッタナ党戦争）である。

背景には、ロシアのアンナ女王（在位一七三〇〜一七四〇）が崩御し、生後二か月のイヴァン六世（在位一七四〇〜一七四一）が王位に即位し、ロシア国内は混乱する。また一七四〇年一二月に始まるオーストリア継承戦争（一七四〇〜一七四八）でヨーロッパ諸国が対立、さらにフランスの資金援助などでスウェーデン政界が対ロシア復讐論で沸騰していった。一一月、ピョートル一世の娘エリザヴェータ（一七〇九〜一七六一）が宮廷クーデターによってイヴァン六世を廃位して、自ら即位した。スウェーデン側も戦いの準備不足もあり、両者は一二月に一時休戦する。だが、一七四二年三月にロシア側は停戦を破棄し、再びノーザンミラーズに戦乱が映し出される。他方、四月、ホーンは名誉と恩給を与えられて、逆に政治権力を奪われたまま、ウップランドのエケビィで余生を終えることになる。一七四二年、七八歳であった。

戦争は圧倒的にロシアの優勢で推移し、一七四三年八月、スウェーデンは国際情勢と戦力衰退でオーボ（トゥルク）条約を締結せざるをえない状態となった。占領されたフィンランドは返還されたが、フィンランドのキュミ川以東をロシアに割譲せざるをえなかった。さらにエリザヴェータ女王によるスウェーデン政治や王位への影響力は増していった。

ハッタナ党のリーダーで身分制議会や貴族部会の議長を務めたアクセル・フォン・フェルゼン・エルダーは彼の手記でホーンについて次のように述べている。「しばしばホーンの膝のゲートルが破れているので、それを尋ねると、国王のために、そして祖国のために献身的に祈りを捧げているうちに破れてしまった」と語ったと書いている。また海外の公使たちは「ホーンは背が高く、年に似合ずに銀髪で、傷を負ったデェナから生き延びた天恵な人物には似ず、物事を手際よく処理するタイプ（実務型）であった。プライドもあるが、部下にも若い人にも差別なく接して、非常に作法がよい。カール一二世時代の多くの老兵士たちへその後の財政的支援も欠かさないでいる」と本国への人物評価を記している。金は配るが、賄賂とは縁の遠い人であったといわれる。少々評価が高すぎると思うが・・・昨今の政治家は、さてさて。

62・ゲオルグ・マグヌス・スプレングトポルテン（Georg Magnus Sprengtporten）

ゲオルグ・マグヌス・スプレングトポルテンは一七四〇年、ポルヴォーに生まれたフィンランド系スウェーデン人である。

彼は陸軍に入隊すると、ヨーロッパや植民地を揺るがした七年戦争（一七五六～一七六三）に従軍し、大尉に昇進している。その後、一七七二年のグスタヴ三世のクーデターで兄ヤコブ・M・スプレングトポルテンを助け、自由の時代を終わらせ、グスタヴ三世による専制（啓蒙）君主制を実現している。反乱はスコーネのクリスチャンシュタッド、ストックホルムで起きた。そして兄ヤコブの生地であるフィンランドのスヴェアボリィでも決起するはずだった。しかし、フィンランドでの反乱は兵士たちの説得に時間を要し、ストックホルム反乱軍への合流が三週間ほど遅れてしまった。ストックホルムに着いたときは、既にクーデターは達成されて、グスタヴ三世による親政が施行されていた。しかし、国王はヤコブの助力に報い、昇進させている。ヤコブの負い目は大きかった。さらに反乱に対する貢献の少なさを誹謗する出版物が流布される。その対応に追われる中、部下の部隊間の争いなどもあり、心労が重なっていった。そこでロシア侵攻のフィンランド防備について、彼の意見書を国王に提出、受理されると除隊している。だが、引退後も国王は引き続きヤコブに敬意を払い、最高位のセラフィムナイト勲章を授与している。結婚することもなく、多くの年金を受け、ストックホルム・ユールガーデンで余生を終えている。

他方、弟のゲオルグはクーデター後、一七七五年、大佐に昇進して、東フィンランドのサヴォラックスの旅団長になっている。この地区で軍の組織化を行い、行政を整い、目覚ましい成果を上げている。彼がクオピオで創設した軍学校は、その後、国の士官学校に昇格している。しかし、この左遷のような処置から、短気で猜疑心の強い彼はグスタヴ三世に不満を持ち続けた。そのような折、一七七九年、サンクトペテルブルグを軍務で訪れ、女帝エカテリーナ二世と知己を得て、ロシアから大いなる歓待を受けて感動する。国王への不満が高まる中でこの対応にロシアへの関心が深まっていった。

翌年からフランスで二年間の滞在軍務につき、一七八一年にフィンランドに帰国している。この頃のゲオルグの在外勤務はグスタヴ三世の対外政策を反映していた。つまり、親ロシアのメッソナ党に違和感を持ちながら、ロシアの侵攻をできるだけ和らげ、政治や文化の面でフランスに歩調を合わせることであった。この流れの中、ゲオルグは滞在中にフランスの啓蒙思想家たちと交わる機会もあった。その中にはアメリカ独立の立役者であるベンジャミン・フランクリンなどがいた。

この数年で彼が体験したこと、鬱屈とした心理、そして思想的遍歴は、後の彼を理解する上で重要なポイントに思える。

ベンジャミン・フランクリンは一七〇六年、ボストンで生まれている。一〇歳で学校教育を終えると、兄の印刷出版所で働き、兄が自由主義論で投獄されると、代わってその発行人となる。ボストン市内の印刷業が禁止されると、フィラデルフィアに移る。その後ロンドンに渡り、帰国後はアメリカ最初のタブロイド紙「ペンシルベニア・ガゼット」（一七二九）を発行している。一七四八年、印刷業から手を引き、ペンシルベニア植民地議員の立場で啓蒙思想の普及に尽力している。

一七七五年、アメリカ独立戦争時の一三植民地の中央組織である大陸会議から初代郵便長官に任命されている。一七七六年にはアメリカ独立宣言起草委員となり、最初の署名者五人のひとりとなった。独立戦争中は、パリに滞在してヨーロッパ諸国との外交交渉に奔走する。特に独立戦争時のフランスによる協力・参戦、そして軍事的な中立を促すことに成功している。スウェーデン王グスタヴ三世はアメリカ独立戦争に理解を示し、中立を維持、義勇兵の渡米を黙認、世界で最初にアメリカ独立を承認している。フランクリンは、一七八二年から一七八三年まで在スウェーデン公使、一七七九年から一七八五年まで在フランス公使を務めている。一七八三年のアメリカ・イギリス間の独立承認交渉では、使節団の一員としてパリ会議に参加している。彼は政治家・外交官だけでなく、著述家や印刷業者、科学・技術者としても名を成している。特に、凧による雷実験の逸話は私の子供の頃から親しんできている。一七九〇年、フィラデルフィアで没している。

さて、ゲオルグであるが、一七八一年、パリでの多くの啓蒙的な経験を土産に帰国している。フィンランドをスウェーデンから分離独立させたいという思いは、この頃、強く募らせたようである。最初に考えたことは、グスタヴ三世の弟、後のカール一三世を擁立し、スヴェアボリィの反国王秘密結社と共謀することであった。だが、カールが計画案をグスタヴ三世に密告したため、初期段階で頓挫する。次に一七八六年の議会開催中に公然とグスタヴ三世を非難する。同時にロシアの軍事力によってフィンランドの独立を勝ち取るためにロシア閣僚と内通を試みる。翌年、公式にエカテリーナ二世からロシア軍務に招かれて、スウェーデン・ロシア戦（一七八八〜一七九〇）が始まると、フィンランド・スウェーデン軍と直接対峙するロシア軍指揮官に抜擢される。

この戦争はスウェーデンの国内政治に干渉するロシア勢力を排除し、ロシアからフィンランドを保持し、バルト帝国の領土回復を求めるものであった。だが、戦争の議会承認を得るために偽装防衛で戦いは始まった。だが、一七八九年七月のフランス革命が勃発すると急転回した。まさしくヨーロッパは激動の時代を迎えたのであった。さらにロシアとの同盟関係にあったデンマークもイギリス、プロイセンの圧力で軍を引き上げ、中立を宣言した。国内の情勢もアンヤラ事件など、貴族による反戦の動きが強くなっていった。軍事費も次第に逼迫し、スウェーデン軍は一進一退の状況となった。そこでスヴェンスクスンド海戦によるスウェーデンの勝利を機に和平交渉に入る。特にスウェーデン国王とロシア女王は、フランス革命によるフランス王家ルイ一六世の救出と反革命対策に関心が移っていった。一七九〇年八月、ヘルシンキ近くの小村ヴェレラで和平条約を調印し、両国の外交は小康を取り戻すことになる。

この戦争中、ゲオルグはポラッサッリミ(一七八九)の戦いで重傷を負い、戦場での働きを十分達成できなかった。この野戦はスウェーデン兵七五〇人に対してロシア兵は五〇〇〇人ともいわれる。スウェーデン一人で一〇〇〇人のロシア兵を死傷させたという話さえあるほどである。ロシア参謀将校は敵の勇気を讃えたという。他方、これによってエカテリーナ二世によるゲオルグへの信頼も揺らぎ、無能な詐欺師と酷評する。またスウェーデン・トゥルク高等裁判所はゲオルグを反逆者として訴追している。

一七九〇年に戦争が終結すると、一七九三年から当座しのぎに彼はロシアを去り、一七九八年までボヘミアで時の流れを袖手傍観することにした。一七九二年にグスタヴ三世が暗殺され、一七九六年にはエカテリーナ二世も亡くなっている。次のロシア皇帝パーヴェルが即位すると、再びロシアへ招かれて、一八〇〇年、ロシア代表としてナポレオン側と「人道救援に関する国際協定・マルタ騎士団憲章」による捕虜交換の協議を命じられている。しかし、一八〇一年にパーヴェル一世が暗殺されると、七年ほどおもな地位から遠ざかる。だが、アレクサンドル一世が即位すると、フィンランド侵攻の直前に対スウェーデン顧問として取り入れられている。一八〇八年一二月、伯爵の称号で最初のフィンランド総督に任命される。しかし裏切者、売国者などの非難を浴びて、フィンランドでは不評で、翌年に辞職している。

残りの人生は公務から引退して、サンクトペテルブルグで過ごし、一八一九年に亡くなっている。

彼に対する評価は毀誉褒貶で定まらないが、フィンランド独立の視点からもう一度検証することも必要だろう。

彼の任地クオピオの港岸にはメモリアルが建てられている。またボヘミア滞在中、ヨーロッパの自由人であるG・G・カサノーバ(一七二五〜一七九八)と定期的に交信した記録が残っている。イタリアの冒険家、作家で、波乱万丈の人生を送ったこの人物との交流は興味を引く話である。

63・『世界史のなかのフィンランドの歴史　フィンランド中学校近現代史教科書』ハッリ・リンタ＝アホ、マルヤーナ・ニエミ、パイヴィ・シルタラ＝ケイナネン、オッリ・レヒトネン共著　百瀬宏監訳　石野裕子、高瀬愛訳　明石書店　2011

64・『図説　フィンランドの文学　叙事詩「カレワラ」から現代文学まで』カイ・ライティネン著　小泉保訳　大修館書店　1993

65・『J. L. Runebergs home in Porvoo』guidebook 2005

66・カレワラ

「カレワ」は伝説の中で活躍する巨人。リョンロートはこれをフィンランド人の祖先と見なしている。

「カレワラ」とはカレワの勇士たちの国。ポポヨラの陰の国に対する陽の国。

以上は「カレワラ物語　フィンランドの神々」小泉　保編訳者　岩波書店　2008 の人名と地名の説明から。

カレワラは、青年医務官エリアス・リョンロートがフィンランドの東部とロシア北西部にまたがるカレリア地方、さらにイングリア(現在のサンクトペテルブルグを中心としたネヴァ川流域)に伝承されていた古代歌謡、叙事詩、呪文、歌謡などを採集したものである。そして、それらをフィンランド語に編集・整理し、長編叙事詩として集大成したものである。一八三五年の初版は、当時の社会状況も反映してフィンランド国民に大きな反響を呼んだ(「古カレワラ」)。その後、フィンランド文学協会の資金協力や新たな協力者の資料提供を受けて、さらなる収集と独自の資料を加えている。一八四九年、全五〇(詩)編、二万二七九五行の現「新カレワラ」が出来上がる。これが現在「カレワラ」として多くの人々に知られているものである。この一八四九年版の「カレワラ」は、多くの国で翻訳されて、日本でも一九三七年に森本覚丹が英語版から、一九七六年には小泉保がフィンランド語から翻訳している。その他、学校教材などを加えると、合計五編版のカレワラが出版されている。

「カレワラ」（カレヴァラ）とは「カレワという部族の英雄たちの地（国）」の意味である。主人公たちはカレリア地方を活躍の舞台としている。その半神半人の英雄たちは、呪術師で歌の名手でもある老ヴァイナミョイネン、色好みの若者レンミンカイネン、老人との結婚を悲しんで死を選ぶアイノ、魔法の機器サンポを作る鍛冶屋イルマリネン、悲劇の英雄クッレルボ、悪の象徴たる北の国ポホヨラの女主人ロウヒなどによってさまざまな話が繰り広げられる。

この作品は音楽家ジャン・シベリウス、画家ガレン・カッレラ、作家アレクシス・キビ、ユハニ・アホらに深い影響を与え、フィンランド新ロマン主義の源泉ともなった。

カレワラの評価は、その時のフィンランドの政治や社会状況によって変遷がみられる。語られるそれらの像は、フィンランドがバルト海の鏡に映るように、それぞれの立ち位置と時間軸によって異なってくる。だが、「カレワラ」がフィンランドの社会、歴史、文学と言語、そして政治に大きな波紋を投げかけた作品であることは変わらない。

簡単に代表的な見方を紹介しておこう。

フィンランドがスウェーデンからロシア支配に代わっても、スウェーデン語の影響力は知識人や上層部では大きかった。一八六三年、アレクサンドル二世は、議会の召集と同時に、フィンランド語をスウェーデン語と対等な地位に位置づけようとした。しかし、実際は一八八三年まで猶予期間を置いていた。さらに一九〇〇年、ニコライ二世はフィンランドの行政上の言語としてロシア語を導入し、さらなるロシア化政策を推し進めたのであった。だが、自治権の拡大、民族意識の高揚、そしてフィンランド独立の動きが活発化する中で、フィンランド語の地位向上は政治問題となっていった。

「国家は自国の言語と国民大衆による口承文芸に基づく文化的伝統があって、はじめてその存在が定義される」というドイツの哲学者J・G・ヘルダーの思想をカレワラが実現したのであった。このヘルダーの思想は、フィンランドだけではない。記録された歴史や文字をもたず、何世紀にもわたって支配者の言語を用いてきた被支配小国は大きな影響を受けたのであった。それらの国々では、少数の高等教育を受けた者が、自らの言語を学び、民族の伝統を求めて国中の辺境各地へ散って行った。フィンランドでもトゥルク大学のH・G・ポルタンが同様の思想を学生たちに説くと、いくつかのグループは田舎に散り、口承歌謡の収集を実際に行っている。トゥルク大学に進学したリョンロートは医学と同時に文学を学ぶ中で、それらの影響を受け、後の大事業へと発展させたのである。このようにカレワラの収集と編纂はリョンロートの単独、あるいは、フィンランドだけの事業ではなく、大きな世界史のうねりの一環であった。もちろん、リョンロートの功績が大きいことはいうまでもない。口承文芸の伝統を芸術へと高め、フィンランド語の地位を向上させて、さらに民族意識の高揚に影響を与えたことは確かである。

「カレワラ物語」を他の文脈から繙くと、それは位相空間の集合体といえる。つまり、原初の口承伝説や韻律が時間と空間、そして振幅と角度によって変容していったからである。

「カレワラ」は、前述のように関数の中で、政治や民族運動だけではなく、別の媒体変数によって表現されていった。そのことはフィンランド国内のみならず世界へ普及する要因ともなった。その代表が作曲家ジャン・シベリウスであり、画家アクセリ・ガッレン＝カッレラなどのフィンランドを代表する芸術家たちによるものであった。これらの芸術表現は、芸術運動カレリアニズムと呼ばれ、一八九〇年代に最高潮を迎える。その中で「カレワラ」はフィンランド民族文化の象徴とされ、「カレワラ」の原詩が採集されたロシア・カレリア地方がその揺籃の地と見做されるようになる。一方で、この認識は両大戦関で「大フィンランド」と呼ばれる領土拡張主義運動に利用されていく。つまり、『カレワラ』は、フィンランド国民国家形成過程において発生したロシア・カレリア併合運動、通称「大フィンランド（Suur-Suomi）運動」を支える役割を果たした」という。

さて、このカレワラとカレリアいう位相空間が時間という数値で、どのように変換され、その写像を見せてくれるか、今後とも見守ることが必要であろう。楽しみである。

『「大フィンランド」思想の誕生と変遷』石野裕子著　岩波書店　2012

『カレワラ物語―フィンランドの国民叙事詩』キルスティ・マキネン著　荒牧和子訳　春風社　2005

『北欧文化事典』北欧文化協会・バルト=スカンディナヴィア研究会、北欧建築・デザイン協会編　丸善出版　2017

67・アレクサンドル一世 (Aleksandr 1, Pavlovich Romanov)

アレクサンドル一世はロシア皇帝パーヴェル一世の長男。一七七七年、祖母エカテリーナ二世の愛を受けサンクトペテルブルグに生まれる。アレクサンドル・ネフスキーとアレキサンダー大王に因み命名され、祖母の庇護と教育のもとに養育される。宮廷革命で父パーヴェルが暗殺されると、多くの自由主義的な友人や啓蒙主義的人々に囲まれて、期待の中で即位する。特に家庭教師のスイス人ラ・アルプ（一七五四〜一八三八）もその一人である。彼は筋金入りの共和主義者で、法治国家に対する信念と専制主義への憎悪を説いている。確かに治世の前半は自由主義的な改革を行っている。諸省の設立、秘密調査局の廃止と先帝が処罰した者の釈放、大学の設置と自治、小学校やギムナジヤなどの教育制度の体系化、貴族の自発的な農奴の有償解放、また拷問の廃止などである。特にミハイル・スペランスキーの改革では立憲制の導入を目指した。しかし、貴族・官僚の反対で躊躇する。フランスとの対応が緊急となり、保守派に譲歩、スペランスキーを解任、追放している。

外交の面では、最初はイギリスやフランスとの友好関係を維持しようとした。しかし、ナポレオンが登場すると、共和主義者ラ・アルプの影響でナポレオンに敬意を持つようになる。だが、ラ・アルプのパリからの報告によってナポレオンの独裁体制と膨張政策を知る。そこで危機感を抱き、イギリスの提唱する対仏大同盟に加わる。だが、アウステルリッツでナルヴァ以来の大敗を帰する。フリースラントの戦いでも敗れて、プロイセンを含めたナポレオンとのティルジット（現在のロシア・カリーニングラードのソヴィェツク）の和約を結ばざるをえなくなる。この和約でナポレオンの大陸封鎖に加わり、英国側に立つスウェーデンと戦うことになる。この時アレクサンドルはナポレオンからフィンランド侵攻の了承をえている。彼はスウェーデンを駆逐してフィンランドを領有する。一八〇九年、自らフィンランド大公となり、フィンランドに自治を認める。トルコからはベッサラビア、アゼルバイジャンを奪い、これを併合する。だが、この大陸封鎖でイギリスとの密接な経済関係が破綻する。ロシア国内の各層から不満が噴出する。大陸封鎖に対しては実質的には英国との貿易を黙認せざるをえなくなる。またナポレオンからの対トルコ戦への支援もなく、ナポレオンが地中海やポーランド（ナポレオンは傀儡ワルシャワ大公国を成立）へ影響力を増大させると、対ナポレオン追従は困難となる。さらに妹のエカテリーナ大公妃が嫁いだオルデンブルグ大公国にフランス軍が進駐すると、両者の対立は決定的となる。一八一二年五月、アレクサンドルはトルコと停戦してナポレオンの侵入に備える。一八一二年六月二四日、ナポレオンは国境ネマン川を越え、対するロシアは祖国戦争（ロシア戦役）の幕を切ったのであった。この戦争の名称は、その後ロシアの対外防衛の代名詞となる。

ナポレオンはロシア領内に深く侵入し、九月にはモスクワに入城する。だが、ロシアの焦土作戦に敗れて撤退。この間、アレクサンドルはスウェーデンの新皇太子ベルナドット（ナポレオン麾下の将軍）に友好関係を求める。スウェーデンの対仏大同盟への参加とノルウェー取得への協力、フランス側のデンマークからの攻撃へ援軍、ナポレオン崩壊後にはベルナドットをフランス王位に推戴（残念ながら反故にされている）、戦費の貸与などの条件でフィンランドのロシア領有を確定させて、西からの遺恨の攻撃を阻止している。

ナポレオンがライプニツィヒ（諸国民の戦い）やワーテルローなどで惨敗して失脚すると、メッテルニヒと共に戦後処理のウィーン会議を舞台にその立役者となる。彼はキリスト教を中心としたヨーロッパの新しい国際秩序を目指す。キリスト教の正義と愛と平和の理念に基づきロシア、オーストリア、そしてプロシアの三皇帝間による神聖同盟を提唱。これは自由主義・国民主義運動に対する抑圧理念ともなった。他方、フランス革命による自由主義の拡散を恐れて、内外で保守反動政策を断行する。国内政治はアラクチェーエフに委ねて、晩年は宗教的神秘主義に耽る。ナポレオン戦争によるモスクワの炎上とロシアの勝利が彼の内面を大きく変えたようである。彼はドイツ人牧師に「モスクワの大火は私の魂を照らし出した。その時、私は初めて神を知ることができた」と述べ、「我が魂は今や光明を見出し、神の啓示によりヨーロッパの調停者という使命を帯びることになった」と断言する。

一八二五年一一月一九日（ロシア暦）、皇后の保養地である南ロシアのタガンログへ旅に出て、途中熱病に罹り、急死する。彼の演じたロシア史は、その後の史的大転換の序曲であった。複雑で理解に苦しむ四八年間の生涯であった。サンクトペテルブルグは、この月に大洪水があり、アレクサンドルは自分が犯した罪に神が罰を下したと悩んでいた。遺体はサンクトペテルブルグに運ばれて、柩のまま蓋を開けることもなく埋葬される。そのために皇帝の座を捨て、生きてロシアを彷徨、聖者になったという伝説を生む。

68・ハヴィス・アマンダ（Havis Amanda）

二〇世紀初期、絵画、文学などに見られるように彫刻もまたナショナル・ロマンティシズムの影響をうけて大きな花を開かせた。その代表的な作品がハヴィス・アマンダである。当時、フィンランドで有名な芸術家アルベルト・エデルフェルトが野外彫刻（パブリックアート）の選定を市の評議会（都市計画などなど）から委任されていた。そこでエデルフェルトは親友で、パリで活躍中のフィンランド彫刻家ヴィッレ・ヴァルグレンに彫刻作成を依頼することにした。その結果、一九〇六年、テーマの自由な発想を条件にパリで製作されて、一九〇八年に現在の位置に移された。

しかし、ヘルシンキ市民のこの彫刻に対する思いは複雑であった。完成前に新聞社に内容がリークされると、噂はヘルシンキ市民の間で議論の的となった。小さな岩の上でアシカに囲まれたヌード姿の女性。口元、眼差し、脛に置く指、そして反り返る誇らしげな姿態。裸体像の高さは一九四センチで、台座を含めると約五メートルとなる。モデルはパリ出身で、一九歳の女性マルセル・デルキニであった。この像に対する批判的な意見は、単に公共の広場でのヌード、姿態の艶めかしさによる女性の矮小化ばかりではなかった。女性像を台座に置くことによって女性を性的欲望の対象とし、あるいは物象化し、個人としての尊厳までを奪うものと議論された。折しも、フィンランドは二四歳以上の女性と男性に普通選挙による参政権が与えられたのである。しかし、パリや他の海外での評価は、「優美な調和」「魅了的親しみ」「生な自然」などと評価が高まっていった。国内でもスウェーデン系フィンランド人を中心に支持が広がり、次第に市民に受け入れられていった。

名前の由来はフィンランド由来のものではなかった。熱狂的なフィンランド・ナショナリズムの嵐の中で、ヴァルグレンはこの像のインスピレーションが古い北欧伝説の「アマンダとヘルマン」の歌詞によるものであると告白している。だが、北欧のヴィーナス・アマンダが海から立ち上がる着想はヘルシンキに最適であったと語っている。確かに、ヘルシンキはハヴィス・アマンダのようにフィンランド湾の波間から勃興し、いまやバルト海の乙女として世界の人々に親しまれるようになった。

なお、ハヴィス・アマンダ名は作者によると単に「人魚」とだけ称していたが、スウェーデン系新聞は「ハヴィス・アマンダ」、フィンランド系新聞は「ハーヴィストン・マンタ」または「マンタ」と呼んでいる。アマンダはラテン語で愛すべきを意味し、「アマンダとヘルマン」の民衆歌（時事ニュース、ユーモア、センセーショナルや教育的詩文）として一九世紀中葉にスウェーデンで流行していた。起源は古く、ドイツ、あるいはゲルマン古詩であると思う。アマンダのヘルマンによる裏切りと悲哀のこの歌はノルウェーでも知られ、ノルウェーのギタリスト・ボーカリストのリタ・エンゲルブレトソンによって歌われている。スウェーデンではアストリド・リンドグレーン（一九〇七〜二〇〇二）の映画「メープル山のエーミル」でメイドが口ずさんでいる。詩の内容を読むと、男の身勝手さとアマンダの悲哀に共感を感じるのである。

毎年、ワルプルギスの夜には、学生たちは彼女に白い帽子を被せて、発泡ワインやビールをかけて楽しんでいる。また一九九五年のホッケーのワールドカップではユニホームを着せられる。彼女は常にヘルシンキ市民にとって祝いの中心にある。

69・スウェーデン劇場

エンゲルの設計によるヘルシンキ最初の劇場（一八二七）は、現在の場所から少しだけ東にあった。木造の黄色い馬蹄型の建物は四〇〇席だけで、ビュッフェにもクロークにも暖房設備がなく、市民に不評であった。俳優もサンクトペテルブルグからの巡回一座で、単発ものであった。最初、演劇の言語はスウェーデン語であったが、間もなくフィンランド語でも開始された。だが、市民からより快適な新劇場建設の要望が高まっていった。

一八六〇年、スウェーデンの建築家兼技術者G・T・シュヴィッツ（一八一五〜一八六二）が馬蹄形の石造り劇場を完成させたが、三年後に内装部分が火災に遭い、多くを焼失してしまった。その後、一八六六年、それらは取り壊されて、現在の位置に再建されることになった。公募コンペが持たれたが、実質的には、サンクトペテルブルグ芸術アカデミー会員のニコラス・ベノイス（一八一三〜一八九八）による設計となった。火災で残された壁面内に建てられたので、シュヴィッツの設計に驚くほど類似している。この劇場はニュー劇場と称していたが、一八八七年に新しいフィンランド劇場が建つと、その後、スウェーデン劇場と呼ぶようになった。

一九一〇年代、エリエル・サーリネンによって拡張。一九三六年、エリエルの息子、エーロ・サーリネンとヤール・エクルンドが大改修を行い、両翼を再建し、三列通路を持つ現在の形にしている。二〇世紀初期には劇場監督はスウェーデン人で、配役の多くもスウェーデン出身者が多かったが、現在、多くのフィンランド人が仕事に従事し、観客もフィンランド人が多くなった。

一九一五年以来、劇場はフィンランド・スウェーデン劇場と称して、国立の劇場となっている。一九七八年、オルフ・ハンソンによってガーデンタイプの別棟にレストランが併設され、テラスも備わり、夏冬にわたり市民の集いの場所となっている。

70・『図説フィンランドの文学　叙事詩「カレワラ」から現代文学まで』カイ・ライティネン著　小泉保訳　大修館書店　1993

71・ザクリス・トペリウス (Zachris Topelius)

ザクリス・トペリウスは中部フィンランドのニューカールレビュー（スウェーデン語）近郊の寒村クードネスで、一八一八年に生まれている。父は医者で、フィンランド民謡収集の先駆者であった。一三歳の時にヘルシンキに出て、ルーネベリィを取り巻く民族主義者たち（土曜会）と交際、ルーネベリィの崇拝者であった。二年後、帝国アレクサンドル大学（現在のヘルシンキ大学）に入学して歴史学を学び、一八四七年には博士号を取得している。歴史のほかに神学、医学にも関心を持ち、フィンランド動植物研究所や大学図書館にも勤務。同時期にヘルシンキの中等学校で歴史、統計やスウェーデン語を教えている。この間（一八四二年～一八六〇）スウェーデン語の新聞「ヘルシンキ新聞」を発刊し続けている。一八五四年から現在のヘルシンキ大学でフィンランド史を教えて、一八六三年にはフィンランド語、ロシア語、北欧史の最初の正教授に就任。一八七五年から三年間、現在のヘルシンキ大学の総長を務めている。退職時は終身名誉教授となり、ロシア称号の国家審議官に叙任されている。公職引退後も多彩な文学活動で人々に影響を与えた。一八九八年、ウーシマー県のヘルシンキに近いシポーのマナーハウスで亡くなっている。彼の優れた作品の生誕地でもある。で

詩作『ヒースの花』三巻が代表作で、早い時期から高く評価されて、多くの作品を残している。また、歴史小説『軍医物語』四巻は、ロシア圧政の中、国民の民族意識と祖国愛を高めて、フィンランドの素朴な風景と歴史観が凝縮された作品といわれている。童話集『子供のための読み物』八巻は、理想的なキリスト教の愛と善意、そして子供たちの勇気を鼓舞して、アンデルセンを凌ぐ

評価を得ている。日本語訳としては『星のひとみ』、『白樺と星』、『ヴァルテル君の冒険』などが知られている。彼の作品は、当時、教育・文化においてスウェーデン語が中心的という社会を反映して、スウェーデン語で書かれている。しかし、作品そのものは、深くフィンランド民族とその自然・生活に根差したものであった。

なお、一九四六年、フィンランド児童文学作家団体によってトペリウス賞が設立されて、毎年、一月一四日の「トペリウスの日」に児童文学の価値を高めた功績作家に贈られている。

72・シベリウス（Jean Sibelius）とそのヘルシンキ映像展

フィンランドの三人の有名な写真家、ヘイッキ・アホ（一八九五～一九六一）、アホの娘クライレ・アホ（一九二五～？）、そして異母弟ビョルン・ソルダン（一九〇二～一九五三）による「三人の巨匠によるシベリウスとその写真と記録映像（短編集）」展がアカテーミネン書店であった。展示の内容を簡単に説明しておこう。

「ヘイッキ・アホとビョルン・ソルダンはフィンランドの写真と映画の先駆者であった。一九二四年、フィンランドの映像芸術の牽引力となった伝説的な会社「アホ&ソルダン」を設立している。彼らのどの作品もフィンランドの美の概念、日常生活の歴史、社会の工業化の道程を新たな視点で切り開いている。彼らはフィンランドで最も影響力のある現代映像の創造者であった。五分野にわたる今回の展示は、彼らの実り豊かな多面的な制作例として、さらに半世紀にわたる活動を祝する機会ともなっている」

ヘイッキ・アホ（A）とビョルン・ソルダン（B）は、一九三〇年代、アビッス（ABISS）グループのメンバーであった。それはドイツのバウハウスに影響を受けた「ニューヴィジョン」という写真運動であった。さらにソヴィエトの映画手法とバウハウス・スクールからの思想を具現化したドキュメンタリーフィルムと実験的な映像分野の先駆者である。また、フィンランドのカラー写真（パン・クロマチック・フィルム）撮影とその技術をドイツ「ツァイス」からフィンランドへ最初に導入している。

しっかりとした高低差のあるレンズアングル、視覚的変容から生じる楽しさ、中央ヨーロッパを特徴づける落穂拾いのようなクローズアップ。ここにレンズによる映像の収斂を見出すことができる。彼らの代表作「北の光」は北欧独特の柔らかな光と風土的な臨場感を醸しだしている。「北の光」の一〇枚のヴィンテージ写真は、パリのポンピドーセンター博物館（フランス国立現代美術博物館）に永久保存され、二〇一三年から展示されている。ポンピドーセンターは現代美術ではヨーロッパ最大の博物館である。このことは彼らの「北の光」が一九〇五年から一九六〇年代にかけてヨーロッパにおいて最も重要な作品群として高く評価されたことを意味している。

そしてシベリウスに関する映像について次のような説明がされていた。

「映像のカメラ・レンズは、一九二七年春、アイノラで初めてジャン・シベリウスの姿を捉えた。そこは巨匠シベリウスの晩年の住まいである。会社を設立してまだ三年しか過ぎていない若いカメラ芸術家にとって、この時の肖像フィルムは新鮮な映像となった。このユニークな記録映像は、「ジャン・シベリウス邸宅で」と名付けられて発表された。一九〇四年にトゥースラ湖畔（ヘルシンキから約四五キロ北）にあるアイノラに落ち着いたシベリウスは、その時既に世界に名声を馳せていた。野心に満ちたアホとソルダンにとってシベリウスこそ彼らの完全なるターゲットであった。

世界的な男はゆったりと湖畔で春の光を浴びている。その様子をソルダンはカメラでしっかりと捉えている。その目撃の瞬間は驚きであった。晩年のどのプロモーション写真もアングロサクソン風の山高帽子を被ったありふれた表情の巨匠であった。ゲルマン的な縁付き帽子を被りどこか気取っているファウスト。自己の才能を押し出すかのような表情。だがこの時は全く違っていた。

映像はアイノラでの寛いだ画面へと流れるように移り変わる。シベリウスの家族たちが周囲で遊び戯れ、彼らがよく知るカメラマンに嬉しそうにポーズをとる。娘たちは庭園でリンゴを摘む。作曲家は口に葉巻をくわえながら、新聞を読んでいる。主婦アイノは彼女の役割に精を出している。映像はシベリウスの創作中の数コマもまた手短に組み込んでいた。片手をピアノの鍵盤に置き、もう片方でメモを取っている。同じ瞬間、五女のマルガレータが窓から射す光のグラデーションを背にヴァイオリンを演じている。ビョルン・ソルダンの無言のレンズはこれらの光景を確実に捉え、アホの映像魔術によって瑞々しい光景へと現像された。これはフィンランド文化史に残る彼らの代表的な映像となった」

最後に二人の人生とその評価を付け加えよう。

ヘイッキ・アホはヘルシンキから六五キロ北にあるハウスヤルヴィで作家ユハニ・アホと画家ヴェニィ・ソルダン・ブロフェルドの長男として生まれた。ユハニ・アホは有名なフィンランド・リアリズム作家である。トゥースラ湖畔はフィンランド芸術家たちのコミュニティで、彼の父がこのヤルヴェンパーの別荘に住み、シベリウスと文化サークルの仲間であった。一九一〇年代、ヘルシンキ工科大学で学び、内戦中は赤軍で活動し、ヴィーボリィ戦では白軍に捕らえられたというエピソードを有している。一九二〇年代、ドイツ・ドレスデンに学び、そこでリトアニア生まれのダイナホ・セルキナと結婚。その後、娘クライレが生まれている。彼女は父らと共に仕事をし、彼らの映像手法や技術を継承し、フィンランドやスウェーデンで活躍している。一九二五年、ヘイッキはビョルン・ソルダンと映像制作会社「アホ&ソルダン」を設立。冬戦争期間はストックホルムで故国フィンランドのために戦争記録を世界へ発信し続けている。二人はビョルンがロンドンに去るまで新生フィンランドの写真やドキュメンタリー映像を制作している。戦後活動の停滞期があったものの、ヘイッキは娘クライレのカラー写真撮影と共に活動を続けている。一九六一年、ヘルシンキで没している。

ビョルン・ソルダンはユハニ・アホとその妻の妹ティリー・ソルダンとの間に、一九〇二年、イェーテボリで生まれている。ミュンヘンで学び、その後ヘイッキと多くの写真やドキュメンタリー映像を作成している。一九三一年、サンクトペテルブルグ生まれで、シベリウス・アカデミーで学んだスコットランド系イギリス人ダンサー・ヴィヴィエン・ビルセンと結婚。戦時中は前線の報道カメラマンとして作品を撮り続けている。戦後、イギリスに移り、妻の関係だろうか、死去するまでＢＢＣ・ＴＶのフィンランド部門レポーターとして活躍している。一九五三年、ロンドンで没している。

二人の作品は写真、ドキュメンタリー映像や彼らの父ユハニ・アホの著作を基にした映画「ＪＵＨＡ」など、四〇〇編以上にもなっている。一九九九年、アキ・カウリスマキがＪＵＨＡと同じような作品を「白いはなびら」でリメークしている。一九三二年以降に撮られた「フィンランドの天職」などの映像は、前述の「シベリウス」を含めて自然環境と調和した描写が特徴的である。

特に最近、彼らのドキュメンタリー映像が見直されて、高い評価を得て世界に紹介されている。その中でも「フィンランドの森と製紙産業」「フィンランドの農業」「フィンランドの製鉄」はフィンランドの産業ドキュメンタリーの三部作といわれている。これらは優れたフィンランドの産業映像であると同時に、一九三〇年代、大恐慌で喘ぐフィンランド映画産業を脱出させた掘削機であったといわれている。フィンランドの映画制作者兼監督であり、フィンランド映画評議員でもあったＴ・Ｊ・セルッカ（一八九〇〜一九七五）は彼らについて次のように述べている。

「彼らの映画の芸術的な価値は、機械が有するロマンチズムにある」・・・ということは、将来、ドキュメンタリー映像は商業的な要請に関係なく、国を近代化させて、産業や貿易を発展させることになるだろうと。

確かに対ソヴィエト戦では二人ともそれぞれの役割を果たし切っている。フィンランド外務省版であるフィンランド紹介の短編映画では、フィンランドの原風景である「森」と民俗思想を組み合わせてフィンランドの新しい価値を世界に紹介している。

ヘイッキ・アホの娘クライレ・アホは、記録映画制作者として一九四〇年代後半に「アホ&ソルダン」に加わっている。その代表作品は「ヘルシンキ夏季オリンピック」である。また彼女は商業スタジオを開き、フィンランドのカラー写真のトレンドセッターとして、一九五〇代頃から一九六〇年代にかけて活躍している。明るい色合い、機知に富み、落ち着いた創意。彼女の写真もまたフィンランド映像史上に画期的な時代を招来させ、いまなお現代美術との相互関連にその活力を維持させている。

現在、彼らのフィンランド写真・映画とドキュメンタリー映像は再評価されてきている。ヘルシンキ・ドキュメンタリー映像フェスティヴァル「Dec・Point」は、彼らに源流を持ち、その伝統を引き継ぎ、映像の未来に向かって広く国内外に発信し続けている。一般に日本ではフィンランド映画といえば、アキ・カウリスマキ監督である。一九三〇年代の映像といえばニルキ・タピオヴァーラ（二〇代で戦死）が評価の対象であった。この機会にドキュメンタリーを中心としたフィンランドらしい「アホ&ソルダン」の写真映像に関心を持ってほしい。蛇足に蛇足を重ねた記述となりましたが・・・。展示会説明から参考記述

73・聖モーリッツ（マウリティス、モーリス、モーリシャス）(Saint Maurice)

西暦二五〇頃、モーリッツはナイル川上流にある古代エジプト王国の首都テーベに生まれ育った。この頃初期キリスト教が広がり、ローマ市民や権力者が脅威を感じて信者たちを迫害していた。にもかかわらず、定評ある信者の彼は、ローマ軍の兵士となり、その有能さで順調に昇進し、テーベ軍およそ千人の指揮官となった。そのモーリッツが指揮するテーベ軍はキリスト教信者から構成されていた。

当時ローマ帝国は衰退と混乱の軍人皇帝時代を迎えて、支配者の度重なる交替で混乱していた。終止符を打ったディオクレティアヌスは四人による統治（テトラルキア）を決めて、マクシミアヌスを西側の正帝とした。しかし、ガリアやヒスパニアの農民反乱に手を焼いていた。マクシミアヌスはモーリッツのテーベ軍を呼び寄せて、アルプスのグレート・セント・バーナード峠を越えてガリアの農民騒擾を鎮圧することを命じた。さらにマクシミアヌスは戦闘の前にローマの神々への生贄とローマ皇帝に対する忠誠心を兵士たちに求めた。モーリッツは兵士たちに皇帝への忠誠を誓わせたものの、彼も兵士たちもローマ神への崇拝を拒絶した。

また、いくつかのガリア地域、特に現スイス地区でのキリスト教信者の迫害も同様に受け入れなかった。対して皇帝は軍罰として無作為に一〇人中から一人を死刑にすることを命じた。しかし、モーリッツも、続く兵士たちもローマ軍のこの慣行と地域信者たちへの迫害に従うことはなかった。マクシミアヌスは再三に亙るこのローマ軍規違反に彼と残りの兵士全員を処刑することを命じた。およそ西暦二八七年の話であった。この殉教地はローマの植民地であったスイス南西にあるアガウヌム（現在セント・マウリス地区）といわれている。付近にセント・マウリス大修道院がある。

この伝説の史実性に異論や諸説があるものの、人々の殉教者たちへの崇拝はヨーロッパ各地に広がっていった。特に神聖ローマ帝国では、一九一六年までモーリッツの槍（キリストの受難に使われた）、剣、拍車がオーストリア・ハンガリー帝国戴冠式のシンボルとなり続けた。ザクセン公ハインリヒ一世は領地カントンと引き換えに修道院からモーリッツの聖遺物を得て、次のオットー大帝がそれらを引き継いだといわれる。大帝はドイツ・マグデブルグに聖堂を建設し、ザンクト・マウリツィウス・ウント・カタリーナ教会と命名し、自身と妻の墓をそこに造っている。

エジプト・アレキサンドリアのコプト教会、あるいは他の東方正教会の守護聖人としても有名になっている。その他各地に彼の名に因む地名が多くある。例えばスイスのリゾート地セント・モーリッツなどである。教会、特定の職業団体などの名称も彼の聖霊伝説に由来するものがある。そしてエル・グレゴに代表するように、彼由来による芸術作品が多く作られている。彼に対する崇拝は、カトリック、プロテスタント、正教会の別なく信仰の対象となっている。ただしナチスには嫌悪されていた。

ブラックヘッドの守護者モーリッツ信仰は、このようなヨーロッパの社会文化の流れの中で、彼らギルドたちが守護者モーリッツを崇拝することで団結を強めていった。モーリッツは信心深く崇高な心を持つ武人だったと思われる。

74・ハンザ同盟（Hanse）

「ドイツ・ハンザは、もともとは北ドイツの商人集団であったものが一四世紀半ばに都市の連合体へと変貌した、すぐれて中世的な所産である。確かに、都市同盟そのものは、同時代のドイツやイタリアにも存在している。しかし、そのどれ一つとしてハンザほどの長続きはしないし、広がりを持つことはなかった。一五〇を越える海港都市と内陸部都市を結び付けた最盛期のハンザは、ゾイデル海からフィンランド湾、そしてバルト海からテューリンゲンまでの一五〇〇キロメートルの範囲を包摂していた」

目的は外地における同胞商人の保護と商業の拡大であり、弱体化の一途をたどる皇帝権に代わって北ヨーロッパで最大級の政治勢力となった。さらにハンザは近隣諸国家との戦争に勝利をおさめてはいるが、あくまでもその目的は経済的なものであった。

一二世紀、ライン河エリア、そしてバルト海沿岸にハンザ同盟が形成され、その後、急速に国際的な商業組織に発展し、巨大な政治経済の権力を把握してゆく。およそ五〇〇年にわたり北ヨーロッパを支配して、その勢力はイングランド、北欧、ロシア、エストニア、ラトヴィア、リトアニア、ポーランド、オランダ、ベルギーにまで及んでいる。同盟内での最後の集まりは、一六六九年のリューベックであった。初期の集まりは北ヨーロッパを移動して商いをするドイツ商人たちによるものであった。一四世紀中頃には北ヨーロッパを中心に一〇〇を超える都市がメンバーとなっていった。七〇から八〇以上の都市が積極的に活動に加わり、互いに組織費用を負担していた。その中にはチュートン騎士団も含まれていた。特にリューベックは同盟の初期から最後まで組織のリーダーであり続けた。

『ハンザ　一二―一七世紀』フィリップ・ドランシュ著　高橋理監訳　共訳は省略　みすず書房　2016

『HANSEATIC SITES, ROUTES AND MONUMENTS』County Administration of Gotland Almqvist & Wiksell Uppsala 1996

75・エストニア統計

＊二〇二一年エストニア国勢調査による外国生まれの人口・・・ウィキペディア英文から引用

ロシア八・二七、ウクライナ二・一五、ベラルーシ二・一五、ラトヴィア〇・四八、フィンランド〇・四六、…省略、エストニア生まれが八四・八九％の内、二〇一二六五人が外国生まれで、人口の一五％を占めて、その五五％がロシア生まれ。その八二％がソヴィエト時代後である。

＊二〇二一年エストニア国勢調査による民族構成・・・ウィキペディア英文から引用

エストニア六九・一％、ロシア二三・六％、ウクライナ二・一％、ベラルーシ〇・九％、フィンランド〇・六％・・・以下省略

＊二〇二一年ウィキペディア英文「エストニアの宗教（Religion in Estonia）」から引用

無宗教五八・四％、東方正教会一六・三％、ルーテル派キリスト教七・七％、他のキリスト教二・七％、イスラム教〇・五％、エストニア・ネオパガニズム（異教信仰）〇・五％、仏教〇・二％、他の宗教〇・九％、回答なし一二・七％

エストニアは歴史的にルーテル派キリスト教徒が多かったが、今日、宗教に対する関心が薄い国のひとつとなっている。日常の宗教生活でその重要性を感じる人口は一四％である。この件、第二次世界大戦前はおよそ八〇％はプロテスタントであった。しかし、その後、ソヴィエトによって占領された結果、ルーテル派は減少、ロシア移民により東方正教会が増えていったと記述。

76・アレクサンドル・ネフスキー（Alexander Netsky）

アレクサンドル・ネフスキーは中世ロシアの権力構造がキエフから北方ロシアを中心とする諸公割拠という時代に生まれている。東からモンゴルによるいわゆる「タタールの頸木」による支配、西からスウェーデン、ドイツ、リトアニアからの脅威に曝されるという時代背景であった。一二二〇年頃、ウラジーミル（「黄金の環」として現在人気の観光地）大公ヤロスラフ二世の次男として生まれ、幼少のころから父や周囲から高く評価されていた。初めノヴァゴロド公に封じられ、スウェーデン軍を奇襲作戦によってネヴァ川で壊滅させて、フィンランド湾からの通商路を護持した。後世、彼の英雄的行為を讃えて「ネフスキー」（ネヴァ川の）

と呼ばれるようになった。しかし、国政上の重要事項を決めるノヴァゴロド民会（「べーチェの鐘」・・・民主制の象徴といわれる）で人々から罷免される。おそらくドイツとの協調路線を主張する都市貴族たちによる排斥と思われる。その後、反ネフスキー派の予想に反して、ドイツ騎士団が襲来すると再びノヴァゴロド公として招かれる。

一二四二年二月、チュード湖（エストニアとロシア国境）の氷上の戦いでドイツ騎士団に決定的な勝利を収める。続くリトアニアの侵入も一時攻勢に出るが、完全に排除できずに同盟関係を結ぶことでドイツ騎士団に対抗した。しかし、東南からのタタール政権キプチャク・ハン国に対しては常に屈従に甘んじた。時にはタタール勢力の圧政に抗する民衆を抑えて、周辺諸公の上に立ってハン国との巧妙な外交手腕を発揮している。ハン国へ多額の貢納をし、弟アンドレイを排斥することでウラジーミル大公の地位を得ている。だが、一二六三年、東北ロシア住民が徴税について紛争を起こしたときに、問題解決のために四度目のハン国首都サライ訪問（カスピ海北の平原・・・現在は廃墟）をした。その帰途、ゴロジェッシ（ニジニ・ノヴァゴロド北西五三㎞）で病で倒れて、死去している。四三歳であった。

ネフスキーは熱心なロシア正教の信者であった。一五四七年、ロシア正教会の聖人としてイワン雷帝によって列聖されている。彼に因む教会・修道院は多く、特にピョートル一世によるサンクトペテルブルグのアレクサンドル・ネフスキー大修道院は有名である。修道院のある場所はネヴァ川の戦いの古戦場であったといわれている。

監督セルゲイ・エイゼンシュテインと作曲家セルゲイ・プロコフィエフによる映画「アレクサンドル・ネフスキー」は、スターリン時代に国策映画として企画・作成された。この映画はドイツ騎士団を迎え撃つ「氷上の戦い」を主テーマとし、戦闘シーンは彼のモンタージュ理論に沿った際立った撮影であった。祖国ロシアを救う英雄と騎士たち、そして民衆と協力する姿は国策映画としてその時代の合わせ鏡となった。また、一七二五年エカテリーナ一世によって聖アレクサンドル・ネフスキー勲章が制定され、スターリンもまた一九四二年、アレクサンドル・ネフスキー勲章を設けて対独・ナチス戦の功労者を讃えている。

77・聖ビルギッタ（ビルイェッタ）(Santa Brigida, Heliga Birgitta)

一三〇三年、ビルギッタはストックホルム北のウップランド・フィンスタで生まれた。彼女の父は裁判官で、母はスウェーデン名門家系フォルクング出である。だが、彼女は幼いころに母を亡くして、叔母に預けられて養育されている。大きな家に住み、そこでは家族が暖炉に集い、夕べには裁縫をし、教戒師の話に耳を傾け、ときには政治的な話をする日々を送っていた。その後、冷たいガランとした部屋に戻り、眠りに就くのであった。部屋にはただ一つの聖書台があるだけだった。このような環境の中で彼女のとりとめのない想像と宗教への関心が醸成されていき、七歳の時に最初の神の啓示を得たのであった。処女マリア、イエスキリスト、そして当時の社会問題に関する神のひらめきであった。だが、自ら神秘主義者になるには若すぎた。

彼女は一三歳になった時に、意に反していたが、後に地方の裁判長になる一八歳のウルフ・グドマルソンと結婚する。彼女は貴族の妻として、そして八人の子供たちの母親として、典型的な中世の女性であった。まもなく、時のスウェーデン王マグヌス・エリクソン（一三一九～一三六四スウェーデン王、一三一九～一三七四ノルウェー王）の王妃ブランカの侍女となり、宮廷との関わりが生まれていった。敬虔な王妃はビルギッタの身辺に起きた神秘な出来事に次第に強い関心を抱くようになった。ビルギッタは王エリクソンに対しても躊躇なく、王権の維持には神の庇護と日常の「良き生活」が必要と説いたのである。また、彼女の政治的関心は強かった。彼女の助言による十字軍参加の失敗、スコーネなどの南スウェーデンの買収などは彼女が影響力を与えたといわれる。さらに「弱いものに対して豪族が理不尽に冷酷であることを怒り弾劾した。無産階級、被抑圧者の側に立って果敢な闘いをやめなかった」（『スウェーデン女性史1　女、仲間を見つける』）といわれる。

一三三〇年代に夫と共にノルウェーのニーダロス（現トロンハイム）、さらにスペインのサンティアゴ・デ・コンポステーラへ巡礼した。そこでは、スウェーデンよりもはるかに貧しい人々、病に苦しむ人々、さらに教会の腐敗を目にしたのであった。また、フランス王によってアヴィニョンで監視されている教皇の状況（教皇のバビロン捕囚）を知ったのであった。その旅の途中、夫ウルフの病と死に直面。残された子の養育や自身の人生に悲嘆した。歳も四〇を過ぎていた。苦悩の末にたどり着いたのは、ウルフの結婚指輪をなげ捨て、新たな人生の可能性を模索することであった。家庭という壁を乗り越え、スウェーデン宮中の煩わしさからも抜けだすことであった。そこで全エネルギーを神の国に捧げる決意をした。ストックホルム西にあるヴァッテル湖畔にあるヴァドステーナで己の理念に従い活動を始めた。王マグヌス・エリクソンと王妃ブランカの援助もあって、彼らの荘園にビルギッタ会を設立することができた。幸い彼女は神の「啓示」という秘事にしばしば出遭い、文才にも恵まれていた。この「啓示」は個人的なものから、時の政治や宗教にいたるまで、詩的に、美しく、率直に表現された。この本はスウェーデンのみならずヨーロッパ中に流布されていった。そして、一三五〇年頃、ヨーロッパに蔓延する疫病に立ち向かう決意で、娘たちと僅かな宗教的従者と共にローマに向かった。ローマに移り住むと、自らの聖理（同じ宗教的、また道徳的な規範や修行の下で、僧、尼僧、托鉢僧が寝食を共にするという理念かな？）を実現するために修道院と尼僧院の建設を教皇に請願したのである。同時にローマ教皇のローマへの帰還も懇願した。また、社交界のみならずローマの貧困地域に直接入り、人々に救いの手を差し伸べていった。イエルサレム巡礼などは自らの理念の象徴であった。次第に多くのローマ市民に理解され、敬愛されるようになっていった。

多くの紆余曲折はあったものの、一三七三年、彼女はローマに死し、サン・ロレンツ・イン・ホルモーサ教会に埋葬された。その後、スウェーデンのヴァドステーナに移されている。一三九一年、ボニファティウス九世教皇によって聖別されて、一四一五年にはコンスタンツ公会議で彼女の聖性が確認された。一九九九年、教皇ヨハネ・パウロ二世は彼女を「ヨーロッパの守護聖人」と定めている。

彼女の遺志は娘カーリンに継がれて、ヴァドステーナの僧院・尼僧院は一時ヨーロッパ中から多くの巡礼者を迎えている。フィンランドのナータリンにあるビルギッタ教会の設立もこのような経緯の中にあった。しかし、スウェーデン王グスタヴ・ヴァーサの代になると、宗教改革が強引に推し進められていった。教会の荘園や特権などは剥奪されて、ヴァドステーナはもちろん、ビルギッタ会も衰退の道を辿っていった。

現在、ヴァドステーナの跡はアーチ天井と石柱の骨組だけを残して、湖の空下に映えている。往時の栄光の修道院活動はスウェーデン語訳の聖書や聖人伝承の中で語られ、中世スウェーデンの文化的資料として歴史的価値を伝えている。現在、聖ビルギッタは、カトリック・プロテスタントの両派からスウェーデンの聖人として、またひとりの自立した女性として高く評価されている。いわゆる中世という枠組みを乗り越えた女性モデルであった。彼女の活動はカルマル同盟の実質支配者マルグレーテ一世初め、その当時の多くの人々に影響を与え、女性像にひとつのエポックを切り開いたといえる。

78・北方十字軍と司教ヘンリック（(Bishop of Henric)

一〇九五年から一二九一年（アッコンの陥落）まで続いた中世十字軍はヨーロッパ社会に大きな影響を与え、その史的意義はバルト海以北にも新たな展開をもたらした。

一〇七三年、グレゴリウス七世が教皇に選出されると、ビザンツ帝国（東ローマ帝国）から援軍要請があった。セルジューク・トルコに対する巡礼者の庇護とイエルサレムの聖墳墓教会の奪還・開放などであった。そのためにヨーロッパ諸国のキリスト教徒に遠征軍を送ることを呼び掛けて組織されたのが十字軍の原型であった。これを実現したのが、グレゴリウス七世の弟子であるウルバヌス二世である。ウルバヌスはグレゴリウス七世による教会改革の原則を貫き、「七世が退けたものは、私も退ける。彼が生きた形で私も生きる。彼がカトリック的と尊重したものは私もまた確証する」と語り、ピアチェンツア公会議でグレゴリウス七世が意図した援軍要請を継承したのであった。

一〇九五年一一月、ウルバヌスは各地から大司教、修道院長、司祭などをクレルモン（フランス中部）に召集し、公会議を開催した。会議では叙任権闘争（特にハインリヒ四世との権力争い）の勝利と教会改革、すなわちキリスト教世界の内部と外部での「神の平和」をもたらす決議・採択を行った。会議の終了前日、イエルサレムや中近東のキリスト教徒が迫害を被っている窮状を訴えた。そのために贖罪の善行として、彼らを救援する遠征軍に参加することを大聴衆に呼びかけた。「主がそれを望み給う」と彼がいうと、聴衆は高揚し感動した。翌年、ル・ピュイ（フランス南部）の司教である教皇代理アデマールとフランス南西部のトゥールーズ伯レーモン四世が率いる第一回正規十字軍が結成された。その後、隠者ピエールによる民衆十字軍、その他少年十字軍、諸騎士団十字軍などを含めてフランス、ドイツ、イタリアから大小多くの十字軍が出発している。まるで熱に浮かされた軍事行進兼巡礼が行われたのであった。結果的には、イスラム諸侯の内部対立などもあり、辛うじてイエルサレムの回復を成功させて、イエルサレム王国などの十字軍国家を作ることができた。しかし、イスラム教徒の反撃は続き、その後も度重なる遠征が続けられる。十字軍の内容や期間、回数などは、現在でも多くの論議がある。回数は、二〇一六年版「詳説世界史B」によると、七回、その他大小の異なる遠征と回数が他の資料に記載されている。

十字軍はその後、多くの伝説とドラマ、権力の変容をもたらしている。ヨーロッパとイスラムとの軍事、政治、文化の「衝突と融合」がもたらされた。その影響はヨーロッパ全体にタイムラグを伴いながら波及していった。封建社会と教皇権の衰退、都市自治権の拡大、地域を超えた商業の発展、ルネサンス文化の萌芽など、近世の窓が開かれていったのである。

グレゴリウス七世以来の教皇たちによる対イスラム戦、そして対異教徒に対する改宗とカトリック・キリスト教の布教の考えは波濤のようにバルト海沿岸にも打ち寄せていった。その代表が「北の十字軍」と称する遠征である。北のカトリック諸国であるデンマーク・スウェーデン、ノルウェー、ポーランド、バルト海沿岸地域、そして北の諸騎士団がフロンティアに住む異教徒を武力によって改宗させ、支配していった。この「北の十字軍」は、本来の目的である聖地回復とは直接関係ない。形は布教目的であったが、中・西・南部ヨーロッパと同じく、時代が下がるに従い、欲望や野心による複雑多様な動きに包まれていったのである。

北方の十字軍については、山内進は『北の十字軍「ヨーロッパ」の北方拡大』で、リヴォニア帯剣騎士団、ドイツ騎士団などの修道会騎士団を扱っている。そして、一四一〇年のタンネンベルグの戦いを北方の十字軍の一区切りとしている。

バルト・スラブ人に十字軍が派遣された理由は三つ考えられる。一つは、彼らがキリスト教を攻撃するので、対抗上の防衛をせざるをえなかった。二つには、彼らは異教徒であり、彼らに対する戦いは正当な戦い、すなわち「聖戦」であった。第三の論理は、異教徒が平和的な伝道を妨害するために実力で排除し、彼らに信仰を強制したという。「北の十字軍」山内進著　講談社　1997

なお、十字軍の異民族征服のこの論理は、その後、イベリア半島のイスラム教徒の排斥・国土回復運動（レコンキスタ）へ、さらに新大陸、特に南アメリカでの侵略・掠奪の論理として展開されていることは注目すべき点である。

ただし、私の「北の十字軍」は、山内進の著書が論じている範囲とも異なる。エストニア・フィンランド限定の話である。

この頃、スウェーデンは国の形成が初期段階であった。スウェーデンの西側で起きたことはフィンランド、バルト沿岸でも起きていた。フィンランドのキリスト教化は六世紀から八・九世紀頃と推測される。出土したその頃の宝飾品や手工品の中にキリスト教のシンボルである十字架や死者の埋葬様式が見いだされている。おそらく、ストックホルム群島にあるビルカ（アンスガルの布教・八二九年頃）の布教拠点から交易圏の拡大に伴い、キリスト化はゆっくりと東進したと考えられる。特にトゥルクを中心とするフィンランド南西地域はヴァイキング時代からスウェーデンとの交流が多々みられて、宗教・文化的な影響も強かった。

しかし、スウェーデンによる組織的な「北の十字軍」がフィンランドに至る理由は、おそらくデンマークからのスウェーデン王権の自立過程、ローマ教皇と神聖ローマ帝国皇帝との権力闘争、一一九三年のクレメンス三世による北方十字軍の提唱とその後の教皇たちによる北方布教の勧告であろう。エーリック九世についての脚注22を参照。

その中での最大の理由は、ノヴァゴロド（東方正教会）の西進に対抗するために、王権の強化と教皇権の象徴として、カトリック教の東方拡大を図ったといえる。スウェーデン十字軍は、その後二次（対タヴァスティアまたはハメ）、三次（対カレリア）を経てフィンランド東方へと進出を果たして、ノヴァゴロド・ロシアと対峙・衝突していった。スウェーデンは政治的には、一七二一年のニュスタード条約（ウーシカウプンキ）によってカレリア、エストニア、リヴォニア、イングリアなどを失っている。しかし、フィンランドを中心に、これらの地域ではスウェーデンの宗教的・文化的な影響力は続いていった。

一一五五年（または一一五七年）、スウェーデン王エーリック九世は、異教徒フィン族による数度の襲撃を鎮圧するために、フィンランド南西部に十字軍を遠征させて、支配下に置いてる。これをスウェーデンによる第一次十字軍とみる説もある。

この時、随行したのがイギリスの司教ヘンリック（ヘンリー・一一〇〇頃〜一一五六）。ヘンリックは一一五三年、後に教皇ハドリアヌス四世となるニコラス・ブレイクスペアに伴いスウェーデンのウップサラに来訪している。しかし、スウェーデン内の政変に伴い、意図したウップサラ司教座に留まることなく、時の支配者エーリック九世の十字軍遠征に従いバルト海を渡ることに。地域的統合も政治権力も持たなかったフィン人は漸次征服され、エーリックは凱旋帰国する。「エーリック聖王の伝説」によれば、後にエーリックは、スウェーデンの先駆的な法の整備者として、また善き為政者・聖王としてスウェーデン国民に崇拝されている。

他方、ヘンリックの聖職や人生については、真偽を含めて多くの議論がされてきた。彼は高位のウップサラ大司教よりも説教者として、諸事情や欲望はあったろうが、現地フィンランドに留まり、布教活動を続けたようである。伝説によると、彼は多くの奇蹟を起こし、また教会の組織作りに取り組んでいる。死後、フィンランドで最初の聖人、トゥルク大聖堂の守護聖人として、またカトリック教のみならず、キリスト教諸宗派を超えて崇拝されている。地域的には北欧だけではなく、ドイツなどを含めたヨーロッパ各地で信仰の対象とされている。仮に彼の崇拝伝説や物語が歴史的事実から離れていても、彼の伝説は民衆の心のよりどころであり、期待であったのだと思いたい。

ヘンリックはトゥルクの二〇キロ北にある新たな司教座ノウシアイネン教会の司教となった。翌年、一一五六（または一一五五）年の冬、従者と布教中、寒村コユリオ付近で食べ物と馬の干し草を希って一軒の農家に入る。主人ラッリが留守だったために、その妻は彼らの願いを断った。寒さと空腹に襲われていた二人は強引にも、食べ物と干し草を獲て、お礼の金を置いて立ち去った。帰宅したラッリは妻から家探しの話を聞き、怒り狂い、彼らを追う。タイミング悪く、ラッリは礼金と詳細な話を聞いていなかった。凍てる湖岸で彼らを見つけると、ラッリはヘンリックを斧で殺害し、彼の帽子と指輪を奪い、それらを身に着けて帰宅する。ところが、奪った帽子と指輪を妻の前で取ろうとすると、指は千切れて、帽子は彼の頭皮を剥がしてしまう。そこへネズミの大群が現れて彼を襲う。彼は難を逃れて庭の木に登るが、下の池に落ちて溺死してしまう。

ヘンリックの遺体はノウシアイネン教会に移されて埋葬される。後に聖骨はトゥルク大聖堂に移され、遺された棺がノウシアイネン教会になお留め置かれている。この伝説はラッリが神の懲罰を受けた教訓として語り継がれ、多くの関連物語が伝承された。

一九八九年、コユリオの湖畔にフィンランドの彫刻巨匠アイモ・ツキアネンによるラッリの銅像が造られた。また周囲の風景は、フィンランド最初の「国立風景地域」に指定されて、鉄器時代からの住居跡と共にメモリアルエリアとなっている。スウェーデンの原風景地ノーラと姉妹都市である。ノーラを訪れたことのある私にはコユリオの湖畔風景が想像できた。

二〇世紀になり、ラッリはスウェーデンの力による北方十字軍遠征に抗った人物として評価が高まっている。確かにヘンリック伝説は、後の教会や権力者たちが布教の困難とその正当性を説明するために悪と戦う英雄伝として創作した部分も含まれているのだろう。後世に伝わるこれらの物語は、聖俗いずれの権力者にとっても必要であったと解釈される。「北の十字軍」による「善行」と「奇蹟」、それを民衆もまた彼ら自身の物語とし語り継いだのであろう。

79・カーリン・モンスドッテル（Karin Månsdotter）

カーリンは一五五〇年、ストックホルムで監獄衛視の娘として生まれた。母はウップランドの農民の出である。伝説によると、彼女はストックホルムの広場でナッツ類を売っていた時にエーリック一四世に見初められて、後に愛妾になったといわれている。その他、王の出入りする居酒屋、あるいはゲストハウスの給仕、王の妹の女中などと諸説がある。

エーリック一四世は彼女をリトアニア役や北方七年戦争の戦地に随行させている。しかし、エーリックは次第に精神的に不安定となり、彼女の存在が唯一の慰めとなっていった。またエーリックの暴力による被害関係者に彼女がいろいろと配慮していたという。彼らはカーリンに感謝の言葉を述べている。つまり暴君の後始末かな。

一五六七年、密かなルーレンティウス・ペトリ寺院での結婚の後に、一五六八年二月一〇日、彼女は公式に王と結婚して、女王・カタリーナ・マグヌスドッテルと改名する。次の日に戴冠式が行われる。この時に首相兼国務院議長が彼女に被せる冠を運ぶ途中、突然に気を失い、冠を床に落としている。不吉な出来事であった。その後、王の病状は悪化し、摂政が国事行為を行うようになった。この年の九月、弟ユーハン（三世）とカール（九世）、そして虐殺されたステューレ一族がエステルイェートランドで反乱を起こした。それに軍や貴族が追従し、エーリックは退位、投獄される。翌年、議会もそれを承認する。エーリックの監禁中、彼女も同じ運命であった。この間に生まれた子供は早死。長男グスタヴは母から引き離されてワルシャワ、エストニア、ロシアと数奇な運命を辿る。カーリンは財政的な援助や帰国を新国王に嘆願したが、認められなかった。その後、幾度かのカーリンとグスタヴは再会があったが、カトリック教徒として他国に生き、異なる言語を話す息子との再会はなくなっていた。最後に傭兵として働く中で捕虜となり、サンクトペテルブルグで死去している。長女シグリドはシギスムントの治世にスウェーデン貴族と結婚してカーリンと共に時間を過ごすことができた。しかし、カール九世が即位すると、カーリンは身の安全から娘をポーランドへ逃亡させている。エーリック支持者による幾度かの反乱があったが、成功することはなかった。エーリックは転々と城を移されて、厳重に監禁され、一五七七年に死去している。死因は毒殺説が有力である。この間、カーリンはエーリックが凶暴であったことを認め、周囲にエーリックの釈放を哀願している。また当時エーリックが信頼できる世話人はカーリンだけになっていた。資料によると、監禁によって二人の愛は一層深まったという。エーリックの死後、カーリンはフィンランドのタンペレ東一六キロにあるカンガサラのリウクシアラという荘園を与えられて、そこで一六一二年に亡くなっている。遺体はトゥルク大聖堂に移される。彼女はフィンランドで人気があり、スウェーデンでもたびたび書物や映画で取り上げられている。

人気の理由を考えてみよう。

ひとつは現シルビア王妃以外に庶民の娘が女王となったのは彼女がスウェーデン史上で初めてであった。ふたつ目は荘園リウクシアラをフィンランド有数の豊かな土地に育て上げている。さらに、棍棒戦争やスウェーデン王権の権力闘争に関与せずに中立を保持しながら、フィンランド農民に心を寄せていたからといわれる。

もう一つは彼女の心配りである。天性ともいえる。

一八七一年にジョージ・フォン・ローゼンが描いたカーリンの絵がある。絵はロマンチックな技法で描かれている。国王エーリック一四世が差しだす手をしっかりと包み、寄り添う王妃カーリン・モンスドッテル。王の有力側近であるユーラン・ペルソンが一二人のステューレ一族の処刑署名を国王に迫っている歴史画である。かなり細部まできちんと描かれているが、そこで描かれている場面は史実的にはなかったといわれる。だが、王に何かを訴えようとする姿、それは行き過ぎを留めたいという表情である。

確かに見事に描かれていると思う。ただ、彼女がエーリックの傍で政治に関わったかどうかは不明である。ただしエーリックの残虐さに対して、カーリンが反エーリック側にかなり配慮した行動を執っていたことは資料に残されている。

80・フィンランド内戦

「一九一八年の一連の出来事については、市民戦争（kansalaissota）という呼び方もある。この呼び方は、この戦争で同じ国の国民が敵対して戦ったということに重点を置いたものである。内戦（sisällissota）という呼び方も、この出来事を表すにふさわしい。ロシア軍やドイツ軍の介入があったものの、この出来事はフィンランド人の内部対立によるものだったからである」

「フィンランドの内戦は、民間人同士の戦争だった。内戦中、赤衛軍も白衛軍も残虐行為に手を染めた。惨殺者と惨殺された者が顔見知りであるというのも、べつにめずらしいことではなかった。ごく普通の人々がどうして殺人者になったのかを、研究者は議論してきた」『世界史のなかのフィンランドの歴史』ハッリ・リンタ＝アホ他著　以下省略

だが、この内戦という呼称については、しばしば「独立戦争」と称する人々もいる。白衛軍の相手である赤衛軍がソ連赤軍の影響力にあり、その内戦干渉を排するためにソ連赤軍へ武装解除を求めているからである。この説はこの戦いをソ連・ロシアからのフィンランドの独立戦であったと理解しているようである。本書では「内戦」の表現を執っている。

81・「ガルム」（Garm）

「ガルム」（Garm）とは北欧神話の霧の国ニヴェルヘイムへと続く洞窟グニッパヘッリルに立ちはだかる番犬の名である。

「一九二二年のクリスマス、フィンランドの首都ヘルシンキで、スウェーデン語の政治風刺誌「ガルム」が創刊された。先行諸誌が善戦した甲斐あって、ヘルシンキにはすでにカリカチュア誌の需要が育っていた。そこへ先発のカリカチュア誌が休刊し、ちょっとした隙間が生まれた。新規参入には絶妙なタイミングである。・・・外表紙は雑誌の美的側面をになっており、外表紙の絵を定期的にまかされる画家は、「ガルム」の「首席画家」とみなされた。メッセージ性をこめて、大胆な構図とシンプルな描線で動

きを描きだす。この得意わざを駆使し、シグネはその後三〇年近く「ガルム」の中枢で活躍する」『トーヴェ・ヤンソンとガルムの世界』冨原真弓著　青土社　2009

82・ムーミンとタンペレ

私はこの「ムーミン谷博物館」を出たあと、トーヴェ・ヤンソンがなぜタンペレと深い縁になったのかが気がかりになった。彼女の父ヴィクトールの彫刻「タンペレ解放の像」と関係があったのだろうかと推測した。帰国後、この件でムーミン谷博物館にメールを送った。その返答によると、「全く関係がなかったとはいえないが、大きな理由は、一九八六年に彼女の友人（あるいはパートナー）彫刻家トゥーリッキ・ピェティラが仲介したからである」という説明であった。

一九七〇、八〇年代、ヤンソンはヘルシンキ市にムーミンコレクションを寄贈することを求めていた。しかし、ヘルシンキ市当局はヤンソンの芸術的な評価をあまり理解していなかったようで、断ってきた。そこで、タンペレ美術館に作品を展示していたトゥーリッキが事情をタンペレ美術館長に相談すると、寄贈を受け入れたというのが事実のようである。タンペレ市の図書館に美術館が創設された。一九八七年にムーミンのための新たに美術館も開館したのであった。ある意味では、タンペレ市は彼女の芸術性を先見の目で評価していたといえる。

一九八六年にムーミン童話と漫画の原画をタンペレ美術館に、ムーミンやしきをムーミン谷美術館に、彼女の原稿を名誉文学博士になっているトゥルク市にあるオーボ・アカデミー大学図書館に、子供時代の愛読書をタンペレ市にあるフィンランド児童文学研究所に寄贈している。

余談であるが、二〇一八年の大学入試センター地理Bにノルウェーとフィンランドを舞台にしたアニメとして「ムーミン」と「小さなバイキングビッケ」が掲載され、フィンランドに関するアニメと言語との組み合わせを選ばせる問題が出題された。その時、「ムーミンがフィンランドを舞台にしているとは断定できない」と指摘されて、多くの意見がマスコミを賑わせた。

83・レーニン (Lemin, Vladimir Iiyich Ulyanov)

一八七〇年、レーニンはヴァルガ川のほとりシンビルスク（ウリヤノスク）に生まれる。父イリヤはカルムイク人の血をひく底辺出身ながら、カザン大学を卒業し、教育官僚として昇進して世襲貴族になっている。レーニンが中学校卒業の一八八七年、兄アレクサンドルが皇帝暗殺未遂事件の主犯として処刑される。レーニンはその年の秋にカザン大学に入学したものの、学生運動に加わったために退学。謹慎中に革命思想家・文学者であるチェルヌイシェフスキーの革命小説『何をなすべきか』を読んで、革命家の道を歩むことを決意し、マルクス主義の本を読み始めたといわれている。

独学でペテルブルグ大学の卒業検定試験に合格。一八九二年、サマーラで弁護士補として働きながら、マルクス主義青年サークルに入り、翌年に首都のマルクス主義者仲間に入る。一八九五年に逮捕されて、一八九七年に東シベリアに流刑となる。この地で彼を追ってきたクループスカヤと結婚。流刑中に『ロシアにおける資本主義の発達』を書く。

刑期が終わると、国外に出て、プレハーノフらと新聞イスクラ（花火の意でプーシキンに対するデカブリストの答辞）を創刊。一九〇二年に書いた『何をなすべきか』は革命論におけるレーニンの個性を示した作品となった。一九〇三年、ロシア社会民主労働党第二回大会で、組織論をめぐってメンシェヴィキのL・マルトヴォと激突し、自派をボリシェヴィキとして糾合した。一九〇五年革命の中、「プロレタリアートと農民による革命と独裁」を目標として掲げたが、自覚が権力を握ることは考えていなかったようである。一〇月詔書公布後、ロシアへ帰国。一九〇七年に再び亡命を余儀なくされた。反動期には支持者を失い、苦境に立ったが、一九一二年にはプラハ協議会を開き、社会民主労働党の再建という形で、初めて自らの党を創設した。

第一次世界大戦の勃発に不意を打たれた彼は、直観的にロシアの敗戦は最小の悪という方針を出して対処した。戦争の根源、そして各国社会民主党が「祖国防衛主義」をとった根本理由を掴むために、帝国主義の研究に没頭。この研究が一九一六年に脱稿して『資本主義の最高段階としての帝国主義』(『帝国主義論』)として結実した。ここで戦争を支持した社会主義者とはいっさい協力しない、来るべき革命では自党が権力をめざすとの考えを強く抱く。また戦時経済体制の中で社会主義が進むべき前提を見据えていたようである。一九一七年の二月革命が起こったときには、スイスにいた。ドイツと交渉の結果、あの有名な封印列車で四月初旬に帰国している。

帰国後ソヴィエトの多数派となると、権力をめざすという「四月テーゼ」を出し、党全体を結集することに心配る。メンシェヴィキと社会革命党に対してはブルジョアに迎合していると非難、プロレタリア政府と社会主義社会の確立を全党員に呼び掛ける。しかし、臨時政府に反対する活動と執筆で健康を害して、一時フィンランドの寒村ネイヴォラで療養。その間、七月、ペテログラード(一九一四年からソ連崩壊までこの地名)で労働者・水兵・兵士たちによる自発的武装・デモストレーションが起きる。レーニンは急遽ペテログラードへ戻り、沈静化を訴える。他方、臨時政府はレーニンとボリシェヴィキ指導者の逮捕と弾圧を強化する。レーニンたちは地下に潜り、潜伏中に『国家と革命』を書いている。しかし、党の秘密中央委員会はこの革命論を否決している。

一〇月革命の前夜には、すみやかなる行動を党に促し、ついに臨時政府を倒すことに成功。第二回ソヴィエト大会では人民委員会議長に就任。このとき四七歳であった。権力掌握後、権力基盤の拡大や憲法制定会議の解散、ブレスト・リトフスク条約や食糧調達などの問題で党内が厳しく対立した。が、常に自らの立場を押し通すことに成功した。もし自らの心を弱らせたら、パリ・コミューンのような敗北を繰り返すことになると考えたようである。

その後、唯一の同盟者であるエス・エル党左派(社会革命党左派)とも袂を分かつ。反対勢力と軍事的に対決するようになると、本格的な内戦となり、外国による干渉戦も始まった。一九一八年八月三〇日、エス・エル党の女テロリストに撃たれて二度目の重傷を負う。この事件はボリシェヴィキの赤色テロル宣言となり、大規模な反ボリシェヴィキたちの処刑となった。その中でレーニンはトロツキーの能力を十分に発揮させて、自らの指導力によって内戦を勝ち抜いている。一九二〇年の農民反乱、一九二一年のクロンシュタットの反乱を契機として、急激な社会主義政策を一時棚上げし、ネップ（新経済政策）への転換をはかった。一九二二年、ソ連邦形成に関する決定では自らの考えを盛り込んだが、この直後に脳梗塞の発作にみまわれる。病中で民族問題における大ロシア　排外主義を厳しく戒めている。党書記長のポストについては、スターリンを解任することを求めた遺言を起草。スターリンに謝罪か絶縁かの選択を迫る手紙を口述している。第三回目の発作を起こすと、廃人同様な生活を一〇ヶ月送った後に、一九二四年に死去している。遺体は本人の夢想もしなかった永久保存措置が施されて、赤の広場の廟にいまなお安置・公開されている。

８４・『国家と革命』レーニン　角田安正訳　講談社　2011

「第一版のあとがき
この小冊子は一九一七年の八月から九月にかけて執筆した。第七章「一九〇五年と一九一七年のロシア革命の経験」の腹案もすでに練ってあった。しかし、この章は、表題以外には一行も書けていない。政治的危機が生じ、一九一七年の十月革命が差し迫ったため、執筆を「妨げられた」からである。このような「障害」は歓迎するしかない。しかし、この小冊子の（「一九〇五年と一九一七年のロシア革命の経験」を扱う）第二分冊の出版は、恐らく、長期間にわたって延期せざるを得ないであろう。とは言え、「革命の経験」を成就することは、それを綴ることよりも快適で有益である。著者　ペテログラード　一九一七年一一月三〇日」
レーニンはこのあとがきにあるように、フィンランドで執筆と一〇月革命の準備に忙殺されていたようである。

８５・Ａ・エーレンスヴァールド　(Augustin　Ehrensvärd)

エーレンスヴァールドは、一七一〇年九月二五日、現在のストックホルム西・ヴェストマンランドのバルカレで生まれた。彼は一六歳で砲兵隊に入ると同時に、ウップサラ大学に入学。二年後、ヨーロッパを旅行して各国の砲術や要塞建築を学んだ。また、軍略的なマルストランド（イェーテボリィ北北西）指令官であった父、そして有名な「スウェーデン工学の父」クリストファー・プールヘムからの影響で成長していった。パリでは絵画、製図や彫刻まで学んでいる。政治的にはハット党員であった。創設間もない有力な王立科学アカデミー会員にも選出されている。対ロシア戦のハット党戦争に参戦し、ロシアに対する火砲の増強とハミナの防衛力強化策を使命としていた。オーボ（トゥルク）条約後、フィンランド防衛拠点が論議されると、これまでの経験をもとにヘルシンキと周辺諸島を調査し、要塞建設を王フレドリック一世に進言した。一七四八年一月、三七歳のエーレンスヴァールドは、進言の後に設計図を携えてヘルシンキへと渡った。彼の要塞設計では四年もあれば完成するだろうと考えていた。しかし、その後四〇年以上も費やされたのであった。工事に取り掛かろうにも準備が不十分で、厳しい気候、資材と人手不足、そして予算不足に悩まされた。そこでヘルシンキ本土での要塞建設を断念し、現在のスヴェアボリィ建設に集中することにした。幸いにも、ドック建設や風車の動力建設などではダニエル・アフ・ツンベリィ、群島艦隊創設や艦隊建造ではF・H・アフ・チャップマンなどの助力で工事を進められた。この間、工事そのものに直接携わることはなかったと言われるが、議会工作や資金集めに奔走した。

だが、二大政党の政争に巻き込まれ、一時、要塞司令官を解任される。だが、ハット党が政権を取ると、復権し、セラフィム勲章やザ・スワード勲章を授与され、フィンランド群島艦隊の司令官（一七五六〜一七六六、一七七〇〜一七七二死去まで）となる。ただし、スヴェアボリィ建設は彼の人生そのものであった。当時、彼はストックホルムの公聴会で、「称号や勲章そのものは結構なものではある。だが、もしも王が深い情けを私にお与え下さるならば、艦隊や要塞建設に資金をお与えください。その他のものは全て虚しく存じます」と語っている。まさにスヴェアボリィありの彼にふさわしい言葉であった。

また彼は有能な美術家であり、教育心理学者、植物学者でもあった。特に絵画は多くの直筆の要塞風景画を残し、スウェーデンの風景画に大きな影響を与えている。巨匠エリアス・マルチンや彼の息子カール・アウグストなど、名を残す芸術家を育てている。しかし、ポンメルン戦争で受けた傷が悪化し、一七七一年にスヴェアボリィを去りミエトイネン（南フィンランド）で暮らす。翌年の一七七二年一〇月、肺炎で静養中にトゥルク郊外の群島ヴィルモで死去する。葬儀は現地のミネメキ教会、夏にはオーボ（トゥルク）、さらにヘルシンキのウリカ・エレオノーラ教会（大聖堂広場）で催されている。一七八三年、グスタヴ三世自ら指揮を執り、スヴェアボリィのグレート・コートヤードで厳粛な追悼式が行われた。亡くなる三週間前には陸軍最高司令官に昇進している。フィンランドへの芸術文化、社会への影響も大きく、フィンランド民衆に慕われ、時代の先端を走った人物と評価されている。

86・カール・オルフ・クロンステッド（C. Olof Cronstedt）

彼は一七五六年、現在のヘルシンキの一部であるボトビィで生まれた。一七六五年、わずか九歳で皇太子フレドリック・アドルフ付の親衛隊員として入隊。その後、昇進を重ねて、一七七三年に副官（中尉）になっている。その後、面白いことに、伝統的な青年期のフランス従軍を避けて、アメリカ独立戦争で親仏ボランティアとして参戦をしている。帰国後、一七八八年の第一次ロシア戦に従軍し活躍、一七九〇年、第二次ロシア戦のスヴェンスクスンドの戦いでバルト海戦最大の勝利を収めている。その後、海軍長官となり、海軍副提督を目前にして突然、スヴェアボリィ司令官に左遷された。遥か都から離れたフィンランド要塞司令官は全海軍提督になる彼の夢とはあまりにもかけ離れていた。おそらく、従来の親フランス派だったグスタヴ三世アドルフが死去したことで流れが変わったようだ。新国王グスタヴ四世アドルフは親イギリスへ舵を切ったのである。大国の潮目に乗るのは難しい。

一八〇八年五月三日の彼のスヴェアボリィ降伏に関する一つの見方をネット・ウィキペディアから要約してみよう。

「クロンステッドはロシア側に買収されていたと信じられている。確かに最近の研究でもこのような説がなおも広く行き渡っている。フィンランド戦争中、南フィンランドには要塞が二つあった。スヴェアボリィとロシア国境にあったスヴァートホルム（ロヴィーサ）である。スヴァートホルムの司令官C・M・グリペンベリィはロシア軍に包囲されるとすぐに降伏し、その後ロシア軍の高い地位に用いられた。この当時、似たような例が多くあったようである。しかし、クロンステッドはロシア皇帝からわずかな年金を得ていたことは確認されているが、戦後、すぐに退役し、財産を増やした形跡はまったくなかった。さらに彼は軍歴や貴族階級の剥奪、王立アカデミー会員からの除名などと、厳しい制裁にもかかわらず、生涯、常に栄誉あるスウェーデンの勲章を携えていたという。彼は要塞降伏の釈明をスウェーデンの法廷ですることを望んだが、ストックホルムに渡ることなく、フィンランドに留まることを受け入れた」という。勝敗の決まった大きな流れの中で、彼の行動は、結果的に多くの人々の命を救ったといえよう。一八二〇年四月七日、ヘルシンキ郊外のヘルトネスゴードで真意を明かすことなく静かに死んでいった。一九九〇年代、ヘルシンキの海軍提督波止場に造られた新しい通りに彼の名を残すことになった。

87・カール・G・E・マンネルヘイム（Carl Gustaf Emil Mannerheim）（幼少から中央アジアの帰国前まで）

マンネルヘイムは一八六七年、トゥルクのおよそ三〇キロ北西にあるロウヒサーリに生まれる。一九五一年にスイス・ローザンヌで死去し、最大の栄誉を持って故国スウェーデンに葬送され、ヒエタニエミ墓地に国葬される。

彼の父方先祖は一七世紀中頃にヨーロッパ（オランダとの説もある）からスウェーデンに帰化し、さらに一八世頃にフィンランドに移住し、マンネルヘイムの名で貴族となっている。その家系はスウェーデン宮廷兵士、役人、そして学者として名を成している。その後、曾祖父はフィンランド大公国となると、市民軍の将校、議会議員、伯爵。カールの祖父は昆虫学者やヴィーボリィの有力者であった。他方、母方の祖先はスウェーデンのセーデルマンランド地方の出身で、フィンランドのフィスカル製鉄所の所有者であるJ・ヤコブ・ユーリンの娘であった。

しかし、この恵まれた家系にもかかわらず、彼の少年時代は不運の嵐であった。彼が一三歳の時、父カール・ロベルト・マンネルヘイムが事業に失敗し、ロウヒサーリ荘園の土地や財産をすべて手放し、愛人とパリへ去っていった。翌年、母ヘレネが精神を病みながら、心臓発作で死去。彼は七人兄弟姉妹のうち、第三子であった。母の死後、それぞれが親類の手で育てられた。彼は母方の叔父と叔母に育てられている。子供のころの教育環境はスウェーデン系フィンランド人としてスウェーデン語で育っている。

しかし、叔父の家計の悪化と学校での素行問題から、一八八二年、ハミナのフィンランド軍幼年学校に入学させられた。だが、無断外出がもとで退学。さらにサンクトペテルブルグのロシア帝国騎士見習い学校でも問題行動が多く、失敗する。その後、なんとかロシア・ハリコフの親類の援助で、一八八七年にグラマースクール卒業資格に合格し、サンクトペテルブルグのニコラエフ騎兵学校を目指した。一八八七年に合格を果たし、一八八九年に好成績で卒業して騎兵少尉に進級している。

勤務はドイツ国境のカリシュのアレクサンドルスキー竜騎兵隊に始まり、一八九一年に皇后マリア・フョードロヴナの近衛騎兵となる。サンクトペテルブルグの社交界では目立つ存在となったが、その経済的な負担は大きかった。一八九二年、彼の代母である伯爵夫人の紹介で、裕福なロシア将校の遺児アナスタシア・アラフォヴァと結婚する。経済的に余裕ができる。一八九六年のニコライ二世の戴冠式では、その警護に当たり、帝国騎兵の栄誉を得る。しかし、一八九七年から王室厩舎管理も兼ねて軍馬調達にヨーロッパ各国を歴訪する中で、家族関係が悪化。一九〇二年に妻と別居。正式には、一九一九年に民事離婚している。生活や勤務環境などを変えるために、一九〇四年、日露戦争に志願し、奉天会戦で功績をあげて、終戦後は大佐に昇進している。その後、第一次世界大戦中にロシア革命に遭い、苦難と危機の中、どうにか祖国に辿り着き、祖国独立に関わることができた。

この間、一九〇六年から一九〇八年にかけて、中央アジアから中国内陸部にかけて諜報活動と探索旅行を試みている。総行程一四〇〇〇キロメートルにおよび、中央アジアに関する多くの資料や情報を持ち帰っている。著書に『アジア横断、西から東へ』は特に名高く、地理学者・探検家であるスヴェン・ヘディンも高く評価している。帰国後、連隊指揮官、少将でワルシャワ近衛槍騎兵連隊指揮官、皇帝側近であるア・ラ・スーツの称号を授与されて、一九一四年には近衛騎兵旅団司令官となっている。

現在フィンランドで最も人気のある歴史上の人物である。フィンランドの記念硬貨へ、そして二〇〇三年に造幣された一〇ユーロ記念硬貨ではコインの表がマンネルへイムの肖像になっている。

88・フィンランド・ライオン

ライオンは古代から紋章として使われてきた。特に、勇気と権力、そして王権の象徴として獅子公、獅子王の呼び名で中世以降もさまざまに描かれてきた。フィンランド国の紋章も赤地に戴冠した金色のライオンが描かれている。前肢だけが防具を装着した人間の手のようで、剣を振り掲げている。両足は剣を踏みつけている。周りには九個の銀色のバラがちりばめられている。正式には一九七八年に制定されているが、一五八〇年より前に既にそのデザインの原点が作成さている。最も知られているのは、スウェーデンのウップサラ大聖堂にあるグスタヴ一世の墓標である。この紋章は戴冠した金のライオンが剣を右足で持ち上げ、後ろ足でロシアのサーベルを踏みつけている。フィンランドの九個のバラは、当時のフィンランドの州数との説もある。フィンランド・ライオン紋章の変遷はスウェーデン・ロシア・フィンランドという歴史の中で変わってきている。現在、フィンランドの自治体の紋章にはライオンは描かれていない。

89・ロッタ・スヴァード（スヴァルド）の旗 (Lotta Svärd)

ロッタ・スヴァードの紋章は一九二一年にヴァストリームによって図案化されて、独立内戦時に白衛軍の将軍マルムベリィによって白衛軍組織のシンボルとされた。この図案の起源は一九〇二年に組織化された「女性カハール」の間で使用されていた貯金箱との説がある。カハールとは宗教や法律、あるいは、それらの共同体関係者よるヨーロッパユダヤ系の組織である。具体的な相互の関係は不明である。また、中央の逆万字の図案（ナチスのシンボル鉤十字は四五度傾かせている。尖端部分も異なる）はフィンランド防衛軍の最初の空軍機に描かれたものである。この空軍機は一九一八年にスウェーデン人エリック・フォン・ローゼン伯爵によってフィンランドに寄贈されたものである。ただし、空軍機のマークは一九四五年以降から現在まで白地に青の丸である。四つのばらの図案はローゼン伯爵の名に由来するのだろう。

90・クリミア戦争

「一八三一年、トルコの支配下にありながら自治を認められていたエジプトが領土を要求してトルコと開戦すると、ロシアはトルコを支持して南下の野心をとげようとした。が、列国の干渉にあい、またイギリスのたくみな外交政策におさえられて失敗した（エジプト事件〈エジプト＝トルコ戦争〉）。さらにナポレオン三世が聖地管理権をトルコに要求して手に入れると、ロシアはトルコ領内のギリシア正教徒保護を口実として同盟を申しこんだがうけいれられず、トルコと開戦した（一八五三年）。英・仏はトルコと結んでロシアに宣戦、クリミア半島の要塞をめぐる激しい攻防ののちロシアを破り、一八五六年のパリ条約でダーダネルス・ボスフォラス両海峡と黒海の中立化が約束されたため、ロシアの南下政策はまたも失敗した」「詳説世界史」江上波夫その他著 山川出版社 1997

クリミア戦争は黒海沿岸とクリミア半島が主戦場となったが、バルト海沿岸やボスニア湾沿岸、白海沿岸（コラ半島とカニン半島南部のバレンツ海入口、そしてフィンマルク）、ロシア極東地域（カムチャッカ半島）でも争われて、江戸末期の日本の歴史にも大きな影響を及ぼしている。

戦争の歴史的な見解は多様である。従来はロシア正教会とカトリック教会という宗教問題やロシア帝国の南下政策と英仏の地中海沿岸の権益保護の観点から論じられてきた。しかし、近年、世界史的な視点から外交政策、近代兵器、特に国民世論とメディアなどの複眼的な研究が行われ、一九世紀最大の世界大戦といわれている。フィンランドに関すれば、フィンランド人はこの戦いで帝政ロシアに忠誠を尽くし、自治権獲得の期待を寄せたとの見方もある。他方では、フィンランド知識人たちの間では意見が分かれたようである。

現代のフィンランドの歴史教科書によると、この点を「戦争で貢献したフィンランド人の忠誠に報えるべく、アレクサンドルニ世はフィンランドの自治をさらに進め、フィンランド語の地位を向上させ、フィンランドの通貨であるマルッカの使用を許可するなどをした」との記述もある。しかし、フィンランド人、オーランド島民、そしてフィンランド本土スウェーデン系住民たちは複雑な感情と立ち位置にあった。それぞれがクリミア戦争停戦後、フィンランド民族主義運動を増幅させている。

なお、英仏同盟軍はボマルスン要塞陥落の翌年の春に、第二次バルト海作戦を行っている。前年のネピアに代わり、リチャード・ダンダスを司令官として、新しい蒸気戦艦や各種砲艦を編成、クロンシュタット要塞とスヴェアボリィ要塞の奪取を目指した。英仏連合軍は三月から六月にかけてバルト海沿岸を封鎖・攻撃している。八月九日から一三日にかけてはスヴェアボリィ要塞を攻撃したが、上陸作戦はできなかった。同時にクロンシュタット要塞海域の偵察調査をサリヴァンに命じ、明るい見通しを得たものの、再度の偵察調査でかなりの犠牲と困難が予想されるとの報告を得る。いずれの要塞海域も多種多様な種障害物が設置され、新型機雷(アレフレット・ノーベル親子がこの時に事業を拡大し、多額の利益を得るが、停戦で破産寸前になる)も浮遊配置されていた。さらにロシアの陸上軍と戦艦が増援されている状況を把握。世界的な多方面同時作戦が困難なこと、さらに先の見通しがないという理由で英仏軍はバルト海から一時撤退することになる。第三次バルト海作戦が準備されたが、停戦合意により中止される。

このバルト海作戦の意義は、ロシアが英仏同盟軍の近代化を知り、ロシア国内の経済格差や封建性の矛盾に気づき、ロシアが停戦に向かって作戦を再検討する契機ともなっている。ただし、戦争がバルト海沿岸民衆に犠牲を強いたことは変わりない。

偵察調査でエストニア貴族家族と夕食を共にした時のことをサリヴァンは述べている。

「彼（ステルンベリィ男爵）は言っている。あらゆる必需品、例えばコーヒー、砂糖、茶など、特にあらゆる贅沢品はメメル（プロシア）やオーストリアから陸路で少々高めに得られるので、富裕層の人々は封鎖（の不便）を感じていない。しかし、塩はそのようには得られない。運搬費が非常に高くなり、バルト海沿岸の貧しい人々は苦しんでいる」と（拙訳）

91・クリミア戦争後のパリ条約

一八五六年三月、パリで講和条約が結ばれた。ダーダネルス・ボスフォラス両海峡はオスマン帝国以外の軍艦が通過することを禁止し、黒海沿岸の非武装化も規定。トルコの領土保全、セルビアの自治承認と実質的なルーマニア公国（ワラキアとモルダヴィアの連合）の独立とベッサラビア南部の割譲、ドナウ川の自由航行権などの確認をしている。しかし、バルカン半島の混乱は解決されなかった。その後、普仏戦争によるナポレオン三世の失脚により、ロシア外交はパリ条約の改定に成功している。

さらに、これとは別に、ロシア帝国にオーランド諸島の領有を認めたうえで、英仏・ロシア帝国は「オーランド諸島非武装化協定」を締結した。この協定にはパリ条約と同等の実効性を持たせ、「このオーランド非武装化協定は恒久的性格を有し、たとえオーランド諸島をめぐる主権が代わったとしても、その実効性は変わらないものとする。この同講和条約三三条付帯協定は、ロシアがオーランド諸島に要塞を築いたり、陸・海軍設備を形成または維持したりすることを禁じた。他方、ロシア軍の駐留や海軍の領海域への侵入を認めるという点では、部分的非武装化であった」

事実、ロシア帝国はパリ協定をなし崩しに、第一次世界大戦では対独戦に備えてオーランドの軍事施設を再建して、軍隊の駐留を行っている。一九二一年に国際連盟の提案によりオーランド諸島がフィンランドの自治領になるときに、非武装化されて、再度一八五六年のパリ条約を再確認している。この時に戦時の中立化が規定されて、非武装中立地帯となり、島の自治を獲得したという他に類のない保障がオーランド諸島に加わった。

一八五五年三月、サルデーニア王国が参戦し、英仏同盟軍の優勢が確認されると、スウェーデンは英仏両国と対ロ戦の援助協定を結び、開戦の準備を整えた。しかし、ロシア帝国はセヴァストーポリの陥落とスウェーデン参戦の動きを捉え、停戦を急いで受諾した。そのため、スウェーデンはパリ協定で得るものはなかった。島民が期待したオーランド諸島のスウェーデン帰属は実現しなかったのである。

92・オーランド自治と議会

オーランド自治政府の歴史上で重要な年代がゲートに刻まれている。

一八〇九年　スウェーデンがオーランドをロシアに割譲し、フィンランドの一部となる

一八五六年　クリミア戦争によって非武装地帯となる

一九一七年　フィンランドの独立にともなってオーランド住民はスウェーデン帰属を求めるが、フィンランドは反対

一九二〇年　フィンランド議会はオーランドの自治を承認するが、住民は拒否し、国際連盟に付託

一九二一年　国際連盟はフィンランドのオーランド統治権を認めると同時に、フィンランドはオーランド諸島住民のスウェーデン文化、言語、地域の習慣、自治の保障を義務付けた。また、非武装と中立化も決定された。非武装化は一九四七年のパリ条約でも再確認

一九五四年　オーランド自治政府の旗が決定。最初、旗のデザインがスウェーデン国旗に類似していたため、フィンランド大統領が大統領権限で自治権の制限をおこない、現在の旗に決定された

一九七〇年　オーランド諸島が北欧会議で代表権を得る

なお、ＥＵ関しては一九九五年にフィンランドがＥＵに加盟するにあたり、オーランド議会はオーランド地方自治法と二度にお

よぶ住民投票に基づきオーランドのEU加盟に同意している。この際にEUとオーランドの関係は、その後の幾つかの例外を含めて国際法的にも特別な地位を得ることになった。

外交、民法と刑事法の大部分、裁判制度（いわゆる司法権）、関税、国の税制がフィンランド本土と同様に適用される。

フィンランドの公用語は歴史的な経緯でスウェーデン語とフィンランド語であるが、オーランドは唯一スウェーデン語のみである。島の町村ではすべてスウェーデン語が使用されて、フィンランド本国当局とオーランド地方自治当局のすべてのやり取りはスウェーデン語でなければならない。フィンランド語を母語とする人でもオーランド地方自治当局とのやり取りはスウェーデン語を使うようになっている。しかし、島のカフェテリアで話した青年は、フィンランド語を知らないとあらゆる面で、特に日常の仕事で困ることが多いと話していた。

なお、スウェーデン（二〇二四）とフィンランド（二〇二三）がNATOへ加盟したことで、島民はNATOが島へ来ることで自治権が弱まるのではないか、ロシアの侵攻に対抗できるだろうかと複雑な思いを語っている。

「オーランド自治政府のベロニカ・ソーンルース首長は、中立の地位を破棄すべきだとの意見には同意できないという。NATO加盟による影響は受けないとの言質をフィンランド政府から得ていると指摘」20230609（REUTERS）、20240326

93・アレクサンドル・セルゲーエヴィチ・プーシキン（A・S・Pushkin）

A・C・プーシキンは一七九九年、モスクワで貴族の家に生まれた。母はピョートル一世に仕えたエチオピア生まれの将軍アブラム・ガンニバルの孫娘にあたる。この経緯からか、アフリカ若者の像を模ったインク壺を愛用していたという。彼は一二歳のときペテルブルグ近郊にあった「リツェイ」（貴族の子弟の学校）に入り、第一回の卒業生であった。在学中からプーシキンは詩を書き、その才能は文学ファンから高い評価を得ていた。卒業後は外務省で働いたが、農奴制に反対する詩を書いたためにアレクサンドル一世の逆鱗に触れ、何度か地方へ追放されている。

しかし、地方の空気はプーシキンの創作意欲を掻き立てた。口語体を用いたロマン主義的な彼の作風は、ロシア文学の黄金時代を切り開いたといわれる。だが、次第に社会的リアリズムによる帝政や農奴制を批判する作品となっていく。二七歳の時（一八二六）にニコライ一世によって追放も解かれ、都ペテルブルグに戻り、創作を続けたが、秘密警察の厳しい監視下におかれた。

一八三一年、絶世の美女といわれたナターリア・ゴンチャローワと結婚する。結婚後、プーシキンはモスクワから彼女のいる首都ペテルブルグに移り、数多くの有名な作品を生み出している。しかし、ナターリアとの結婚は彼の悲劇の始まりとなる。彼女はその美貌ゆえにペテルブルグ宮廷の社交界きっての華となった。そこでニコライ一世は故意に彼に低位の官職を与えた。しかし、ロシア社会で高い評価を得ている彼とっては屈辱そのものであった。逆に国王ニコライ一世は、これを理由として彼の懐柔を試み、彼の社会的蔑視を意図したともいわれる。

「一八三六年ごろからプーシキンの妻とひとりの近衛士官との関係が人々の噂にのぼるようになる。その士官はプーシキンの敵たちにそそのかされていた。詩人の妻に対する士官の求愛は無遠慮なものであった。ペテルブルグの社交界では、この件でプーシキンに対する侮辱的な噂がたえまなく流布された。彼の許にはこの問題について彼を嘲る多くの無名の手紙が届けられた。決闘は避けがたいものに思われた。彼を救おうとする友人たちはあれこれと努力したが、いずれも実を結ばなかった。皇帝もまたすべてのことを知っていたが、悲劇を防ぐどんな処置もとらなかった。ついにプーシキンとその士官との決闘は一八三七年の二月、ペテルブルグ郊外の雪の深い林の中で行われた。その結果プーシキンは重傷を負い、二日の後に三七年の生涯を終えた。彼が重傷を負ったという知らせがペテルブルグ市内に伝えられると、不安に満たされた多くの人々が彼の家を取り囲んだ。詩人の死が発表されたとき、その遺骸に別れを告げるために群衆は彼の家をおとずれ、通りに溢れた。その数は五万人に達した」（『プーシキン詩集』か

ら・・・読み易く一部修正）

プーシキンの評価は近代ロシア文学に口語体を取り入れ、近代ロシア文語文を完成させたとされる。さらに作品そのものも、後のゴーゴリ、ツルゲーネフ、ドストエフスキー、レフ・トルストイと続く一九世紀ロシア文学の幕を開いた国民詩人といえる。

ゴーゴリはプーシキンを「ロシアの国民詩人」と捉え、「プーシキンはロシア精神の他にない現れだ」と述べている。ドストエフスキーはプーシキンをロシア文学の「預言者」と呼び、彼は「世界のあらゆるものに応答する力」を「わが民衆と共有しており、そのことによってまさに民衆的詩人なのだ」と大きな評価を与えている。

著名な作品は『エウゲーニー・オネーギン』、中編小説『スペードの女王・ベールキン物語』、『大尉の娘』、物語詩『青銅の騎士』など多くの作品を残している。

『NHKTV テレビでロシア語　サンクトペテルブルグ魅惑の旅』貝澤哉著　ＮＨＫエデュケーショナル　2014

『プーシキン詩集』金子幸彦訳　解説から　岩波書店　1998

『本邦初訳　プーシキン詩集』草鹿外吉他訳　青磁社　1990

『プーシキン伝』池田健太郎著　中央公論社　1974

９４・『レーニンの思い出　下』クループスカヤ著　内海周平訳　青木書店　1954

９５・『レーニン伝』Ｇ・ヴァルテル著　橘西路訳　角川書店　1971

９６・イサク大聖堂

初期のイサク聖堂は、一七一〇年、ピョートル大帝によってワシリエフスキー島に建てられた。当時の聖堂は木造だった。ピョートル一世、エカテリーナ一世（一六八四～一七二七、在位一七二五～一七二七）の結婚式はこの大聖堂で行われている。大聖堂の名称は、ピョートル大帝の誕生日が五月三〇日の守護聖人イサクの日に由来する。聖イサクは現在のクロアチア地方のダルマチア出身である。その後、一七一七年にイサクの墓所をここに移したが、落雷によって焼失し、一七九〇年にエカテリーナ二世、パーヴェル一世によって再建された。なお現在の建物は一八一八年から一八五八年まで四〇年に亙り建築された。アレクサンドル戦勝記念柱など、多くの名建造物を残したフランスの建築家オーギュスト・ド・モンフェランによって設計監督されている。残念にも、彼は完成の一か月後に亡くなっている。この地の地盤は軟弱で多くの杭が打ち込まれた。土台だけでも五年以上も費やされた。聖堂本体は煉瓦、外壁は花崗岩、内壁は大理石が施され、豪華荘重な造りである。建設開始時の皇帝はアレクサンドル一世、そしてニコライ一世、アレクサンドル二世と三世と世代交代している。聖イサクはロマノフ王朝の守護神として長く崇められた。聖堂の収容人数は一万四〇〇〇人で、豪華な円柱は三〇種類を超える大理石で作られている。ドームの高さは一〇一・五メートルもある。展望台は高さ六〇メートルにあり、四〇〇の階段を上ると、金色に輝く海軍省の尖塔、壮麗な宮殿広場、エルミタージュ美術館、そして血の上の教会を見渡すことができる。サンクトペテルブルグのランドマークである。

97・独ソの秘密議定書

第一条　バルト諸国（フィンランド、エストニア、ラトビア、リトアニア）に属する地域における領土的及び政治的な再編の場合、リトアニアの北の国境がドイツとソヴィエト連邦の勢力範囲の境界を示すものとする。このことに関連するヴィリニュス地域におけるリトアニアの利権は独ソ二か国により承認される。

第二条　ポーランド国に属する地域において領土的及び政治的な再編をする場合、ドイツとソヴィエト連邦の勢力範囲はナレフ（Narew）川、ヴィスワ川、サン川の線が大体の境界となる。

独ソ両国の利益にとってポーランド国の存続が望ましいか、またポーランド国がどのような国境をもつべきかという問題は、今後の政治展開の上で明確に決定される。
いかなる場合も独ソ両政府はこの問題を友好的な合意によって解決する。
第三条　南東ヨーロッパに関しては、ソ連側はベッサラビアにおける利権に注目している。ドイツ側はこの地域には全く関心を持っていないことを宣誓する。
第四条　この議定書は独ソ両国により厳重に秘密扱いされるものである。

98・交響曲第七番「レニングラード」とレニングラード包囲戦

「ショスタコーヴィッチがこの交響曲に着手したのは封鎖の少し前、一九四一年七月一九日だった。第一楽章は八月二九日、第二楽章は九月一七日、第三楽章は九月二九日に書き終えた。この頃ナチスの爆撃が激化していたので、党から避難命令があり、彼は妻子とともにモスクワに移る。一〇月一五日には列車でモスクワを出て、七日間かけて、ボリショイ劇場が疎開していたヴォルガ河畔の都市クイビシェフ（現在は革命前の名称サマーラ）に移る。第四楽章はやや苦心したようだが、一二月二七日、クイビシェフで完成した。初演は、一九四二年三月五日、やはりクイビシェフに疎開していたサムイル・サモスード指揮ボリショイ劇場管弦楽団によって行われた。なおサモスードは、終楽章にスターリンを讃える独唱と合唱を加えてはどうかと提案したが、作曲者ショスタコーヴィッチに拒否されたというエピソードがある。大成功に終わった初演に続いて、三月二九日にはモスクワで演奏されて、四月一一日には、早くもスターリン賞第一席を受賞した。連合国諸国にも評判は伝わり、楽譜はマイクロフィルムに収められ、テヘラン経由で空輸されて各国に送られた。アメリカはストコフスキー、クーセヴィッキー、トスカニーニ、ロジンスキーといった指揮者たちが初演の権利を競い、トスカニーニとNBC交響楽団がその権利を取得した。その後も各地でさかんに演奏され、ショスタコーヴィッチは一躍時の人になる。・・・しかし、大戦が終わり、冷戦がはじまると、この曲の人気も急速に衰え、どちらかといえば空虚な作品と見なされる時代が続く。再評価がはじまったのはようやく八〇年代後半、ハイティンク、ヤルヴィ、そしてこのヤンソン（注・この解説のCDを演奏している）などの優れた演奏が登場してからのことである」「ショスタコーヴィッチ」増田良介　CD解説による　2005/9　Recorded　1988

レニングラード包囲戦は、ナチスドイツの電撃戦とスターリンの大きな誤算による悲劇であった。しかし、レニングラード市民による「生」への粘りと戦況の変化によって解放に至った。だが、その悲劇はスターリンのレニングラード市民に対する英雄都市化（セヴァストーポリ、スターリングラード、カフカス、そしてレニングラード）によって真実がかき消されてきた。

マイケル・ジョーンズによる『レニングラード封鎖』の簡単な暦年表と他の資料から概要を見てみたい。もちろん、マイケル・ジョーンズによる著書『レニングラード封鎖』の最後のページにある言葉、「われわれがレニングラード封鎖の恐怖を完全に理解することは決してないだろう」を心に留めながらである。

一九四一年六月二二日　ナチスドイツ軍はバルバロッサ作戦で北方軍集団をバルト海沿岸・レニングラードへ、中央軍集団をスモレンスク・モスクワに、そしてルーマニア軍を抱き込みながら南方軍集団をウクライナ・ロストフへと進めた。

一九四一年九月八日　ナチスドイツ軍、シュリッセルブルグ（ラドガ湖南の補給・連絡路――「死の回廊」）を占領し、レニングラードが封鎖される。

一九四一年九月二二日　ヒトラーは次のように述べた。「レニングラードからの降伏の申し出は、すべて拒否されねばならない。住民の住と食の問題はわれわれには解決できないし、われわれが解決すべきものではないからである。この生き残りを賭けた戦いでは、市の住民の一定比率ですら、これを生かしておくことにわれわれはまったく関心がない」

一九四一年一一月八日　ナチスドイツ軍がチフヴィン（レニングラードへの補給鉄道站）を占領、ヒトラーは勝ち誇って「レニングラードは餓死する運命にある」と宣言する。しかし、約一か月後にソ連がチフヴィンを奪回する。

一九四二年一月二五日　最後まで活動していた水力発電所が停止し、水道、暖房、電気が止まる。

一九四二年一月二七日　市内の食糧供給・配給が止まる。

一九四二年二月一八日　市内に赤痢発生。一月と二月間の公式死者数は一九万二七六六名。しかし、非公式には死者数は一日に二万名を超えると信じられている。この間、レニングラードは最悪の飢餓状態となる。

一九四二年八月九日　レニングラード・フィルハーモニー会館の大ホールで、新生ラジオシンフォニーによるショスタコーヴィチの交響曲第七番の演奏会開催。この頃、モスクワ攻防戦（台風作戦）やスターリングラード攻防戦などでナチスドイツ軍は兵力をレニングラード戦線から南へ転戦させなければならない状況が生じた。また、シベリア方面からの大規模な増援もあり、ソヴィエト軍は攻勢となる。

一九四三年一月一八日　イスクラ作戦（レニングラード方面軍とヴォルホフ方面軍による「死の回廊」の奪回）により包囲網の一部を突破。しかし、なお包囲は続く。

一九四四年一月一四日　ソヴィエト軍、三方面から北方ナチスドイツ軍を攻撃。

一九四四年一月二七日　レニングラードの封鎖が完全に解除される。

レニングラード封鎖をまとめ書きをする中で、憤りを感じたことは死者や被害者の数についてである。後世の著述家、あるいは歴史学者たちは戦争や事変を「死者・被害者何十万人、あるいは何百万人」という数字に拘りながら歴史を論じることが多い。しかし、この問題は、数字が小さければ問題はないとか、被害が小さいとかという錯誤に陥りがちである。たとえ死者や被害者が少数であったとしても、戦争による残酷さや非人道性は消えるものではない。死者数や被害者数の意味に軽重はないのである。あくまでも戦争や紛争は避けるべき歴史事項であると論ずるべきだろう。この観点から多くの識者たちは何が人類に重要な出来事なのかをしっかりと共有したいものである。もちろん、私も心すべき点と思うのだが・・・。

『レニングラード封鎖』マイケル・ジョーンズ著　松本幸重訳　白水社　2013

『戦火のシンフォニー』ひのまどか著　新潮社　2014

99・『プーシキン詩集』金子幸彦訳　岩波書店　1998　第24刷発行

100・ピョートル一世（大帝）の内政と軍制の改革（Pyotr 1 Alekseyevich）

ナルヴァの戦いに敗れたピョートルは、軍隊の抜本的な改革に乗り出した。従来の数だけによる歩兵中心の陸軍から砲火力の増強とバルチック海軍の創設を目指した。その基盤となるものが内政と軍制の改革である。

ナルヴァ敗戦の翌年から多くの教会や修道院の鐘を没収して大砲を製造し、またウラルの鉄鉱石開発による兵器工業の勃興を促進させた。軍事装備品の増産のためにモスクワを中心とする繊維工業も発展させた。海外貿易では従来の白海にあるアルハンゲリスクに代わってサンクトペテルブルグによる西欧との交易が行われ、関税政策による軍事費の補強がなされた。もちろん、このような重商主義政策は当時ヨーロッパ各国で行われていた。しかし、ポルタヴァの勝利によってバルト海貿易はさらに関税の安定と増収につながった。いくつかの運河建設によって内陸部との交易も拡大し、軍事的財政基盤が確立されていった。

税制では、従来の世帯別の税制から一人ひとりの人頭税を実施した。これを恒常の税収とし、戦時の一時的な税収を廃止した。加えて、一七〇五年に農民の徴兵制も実施し、兵員の増強を図った。その指揮官として貴族を生涯軍務に就かせることで常備軍を置き、常に戦乱となっていた当時のヨーロッパ情勢に対応することができた。ただ、人頭税については中央機関が直接徴税に関与しなかったために、徴税が村からその地の駐屯部隊に渡り、不正の温床となり、まもなく廃止された。

内政面では、戦役などによる皇帝（ツァーリ）不在の時、従来は貴族会議を開催していたが、重要な案件を直ぐに仮決定できるように元老院を設けた。さらに、一七一七年から翌年にかけて、従来バラバラの四〇以上の常設中央機関（ブリカース）を、外務、陸軍、海軍はじめ一二の参議会制度に再編成して、各機関の自治独立と国家目標を総体的に解決するためにひとつの建物に集約した。現在、この建物には一二棟学園館としてサンクトペテルブルグ大学の事務局本部といくつかの学部が入っている。

かつてロシアツアーに参加したときに、私たちのツアーガイドが元老院広場でネヴァ川の対岸を指して、「日本語をあの建物で学んだ」と説明してくれた。この日本語学科のある東洋学部・言語学部では世界有数の日本語教育が行われている。なるほど、ガイドの日本語の流暢さには参加の仲間たちも称賛の声を上げたことが思い出される。

これらの新たな中央官庁組織編成には、大北方戦争の敵であるスウェーデンに内偵を忍ばせて、その官僚組織を調べさせたといわれている。この内政改革に多くの外国人を高官として採用していた。しかも、スウェーデン捕虜も一部その中に含まれていた。ピョートルの西欧化政策には敵さえも模範とする「意気込みと強い意志」が感じられる。

これらの軍制や内政改革は家柄や出自にかかわらずに年功と功績だけを昇進の条件とする等級制度を設けている。地方行政はピョートル治世の末期にスウェーデンに模して県制度を導入し、ピョートルの側近をその長官の地位につけている。だが、細部はそれぞれの地方市町村の教会に委ねざるを得なかった。なお、正教会・修道院の改革、総主教の廃止と宗務院の設置などによってロシア正教会を皇帝に従属させる改革を行い、宗教と世俗権力の対立を解決し、絶対王政の権力を盤石なものとした。いわゆるロシア帝国の成立である。

ピョートル改革の歴史的評価は、改革を評価する西洋派と伝統の破壊だと批判するスラブ派、そして時代や評価者の立ち位置によって大きく異なり、現在でもなお論争は続いている。ただ、ピョートルの死去によってその後の王位継承は混乱を極めた。一七九七年、パーヴェル一世によって、皇帝が指名する従来の継承方法から「定められた順序」で男系男子が継承するように固定された。それまでは在位の期間や順位が異なり、女帝も継承し、宮廷の内紛が続いていたが、一区切りとなった。

最後にまとめとして和田春樹編『ロシア史』から引用してみたい。

「ピョートル改革は、以上のようにツァーリの強い改革意志、国内の近代化、そして対外的な権力拡張、これらが明確な時期的一致を示した、ロシア史のうえで比類のない改革事業であった。だが改革は大きな犠牲をともない、とくに民衆の強い抗議行動を引き起こした。遊牧民バシキール人やアストラハンの都市住民の蜂起(一七〇五)、ドン・カザークのブラーヴィンの反乱(一七〇七~〇八)など、辺境で起こった大きな抵抗運動から農民逃亡のような日常的な抵抗まで、改革にたいする反発は治世を通してたえなかった」

また、農奴制はその基礎を強化さえし、解決されないまま、後のロシア革命の火種となったといえる。

『ピョートル大帝　西洋に憑かれたツァーリ』土肥恒之著　山川出版社　2013

『大帝ピョートル』アンリ・トロワイヤ著　工藤庸子訳　中央公論社(中公文庫)1987

『ロシア史』和田春樹著　山川出版社　2002

101・コサック(Cossacks)

コザック、あるいはロシア語でカザークともいい、元の意味は「豪胆な者」とか、「群れを離れた自由人」を意味していた。初期のコサックはトルコ人やタタール人の山賊や戦士崩れの集団で、特定の民族を称するものではない。これらの中には一四世紀、ロシア・リューリク朝のモスクワ大公ドミトリー・ドンスコイ(在位一三五九~一三八九)に仕えた者もいたといわれる。その後、キエフ・ルーシの衰退、モンゴル支配、そして一五世紀から一六世紀にかけて、オスマン帝国、モスクワ大公国やポーランド・

リトアニアなどの支配が確立する中で、抑圧支配を嫌って逃亡した人々がいた。その中で南ロシア・ウクライナ辺境のステップ地帯を流れる河川に沿って形成された集団を一般にコサックといっている。特にイヴァン四世（雷帝一五三三〜一五八四）の圧政（大荒廃時代）から逃れたモスクワ大公国農民の一部はドン川流域に定着し、「ドンコサック」とよばれるようになる。またロシアの動乱時代（スムータ、一七世紀初頭、一六〇六〜一六一三頃）、コサックは大きな政治勢力となり、一六一三年ミハイル・ロマノフが即位する頃には「ドンの大軍団」と称されるまでになる。しかし、ロシアにおける農奴制の強化、飢饉、疫病、戦争やテロなどから逃亡する者や重税回避者が増大して、コサックの数と内容、その対応が複雑化していった。

他方、ドニエプル川流域に逃れたコサックは「ザポロージエコサック」と呼ばれている。彼らは首領ヘトマン（アタマン）を選挙で選び、すべての重要事項を全員集会（ラーダ）で決めている。限定的ではあるが、いわゆる民主的な自治集団（ヘトマン国家ともいわれる？）であった。さらに周辺勢力からの圧迫や略奪に備えて、過去のタタール人の影響などによる軽装備な騎馬戦術、河川沿岸定住による水軍操作など、巧みな武力集団となっていった。これらの中にロシアやポーランド・リトアニアなどの貴族や兵士の離脱者も加わり、コサック側もまた彼らを受け入れていった。その中にはコサックの指導者になる者も出ている。

特にポーランド・リトアニア（貴族共和国）王国は、強力な「ザポロージエコサック」の軍事集団に着目して、軍務提供の見返りとして自治権を与えていた。しかし、傭兵としての登録コサックは枠外社会層を形成、コサック内部に矛盾と不平が出てくる。支配者側もまた、平時にこの集団を維持するためには財政的・経済的負担が重く、限界が生じる。コサック側はさらなる自治権と登録者の増大を要求し、支配者との絶えざる軋轢となっていった。ここにしばしば反乱が起きていった。代表的なボグダン・フメリニツキーの乱（一六四八）は、ポーランド・リトアニアを弱体化させ、ドニエプル右岸コサックを消失させている。ここで「ザポロージエコサック」のヘトマンはロシア帝国に保護を求め、一六五四年、ヘルヤスラ協定を結び、コサックの自治と皇帝の総主権を承認することで妥協する。だが、次第にロシアによるドニエプル左岸の支配が強まっていく。実質的に支配者が変わっても、圧政と抑圧は続き、大規模な反乱は続いていく。ステンカ・ラージンの乱（一六七〇〜一六七一）、プガチョフの乱（一七七三〜一七七五）は、多くの反乱の中でも特に有名である。これらは現代の人々にとってロシアの社会文化への関心事となっていった。若い時に憧れて歌ったロシア民謡「ステンカ・ラージン」が懐かしい。が、詳細を知ったのはこの稿を書く中であった。

これ以後、一七六四年、エカテリーナ二世はヘトマンとその政体（ヘトマン国家？）を廃し、直属化している。ここにウクライナを中心にしたコサックの自治機能は崩壊する。解体されたコサックは辺境防備と植民のためにカフカス、中央アジア、シベリア、極東に移住・配置変えされている。一八二七年、ロシア皇太子をすべてのコサックのアタマン（頭領・・・司令官）とする法令が定められて、コサックの軍事的な役割を自らの権力機構に組み入れた。さらに国境警備、治安維持などの任務を彼らに課している。

ロシア革命時には白軍、赤軍いずれかに所属して戦ったが、特に白軍に属したコサックはボリシェヴィキによる厳しい弾圧に遭い、ソ連時代はコサック組織そのものが禁止されて、多くのコサックが離散している。ソ連崩壊後、ウクライナやロシア市民によるコサック文化の復興運動がみられる。文学ではゴーゴリの『タラス・ブーリバ』、ショーロフの『静かなドン』などは彼らの生活を描いている。文化的には「ホパーク」などのウクライナの伝統舞踊・ダンスが広く知られている。

102・サムソンとライオン

サムソンとライオンの像は、サンクトペテルブルグの南西約三〇キロメートルにあるペテルゴーフの大滝の真ん中にある。この庭園はピョートル一世によって一七一四年から建設された宮殿である。設計にはピョートル自身が関わり、完成のセレモニーは一七二三年、彼の死の二年前である。宮殿はフランス式の庭園、大宮殿、そして多くの趣向が凝らされている噴水と大滝、下の公園から成っている。

大滝の中央にあるサムソン像はポルタヴァの対スウェーデン戦勝二五周年記念（一七三四）のときに造られたものである。由来は、この記念日が「聖サムソン」の日であり、怪力のピョートル・サムソンとスウェーデン王室紋章ライオンを象ったものである。現在のこの像は、一八〇二年に造りなおされたコピーである。

以前、フィンランド湾に流れ出るこの噴水の運河を眺めながらロシア人ツアーガイドに、「対スウェーデン」の感想を聞いたことがある。スウェーデンは科学の発達した調和の取れた社会であると彼女はいう。しかも、スウェーデンの人々が感じている対ロシア観と違い、両国の覇権戦いは過去の話であるといい、両国感情の齟齬を一蹴したのであった。噴水から立ち上る「霧の鏡」に遠い昔のバルト海の風景が映し出されていた。

サムソンについて聖書を読み出してみると、この戦勝記念像の予期しない結末に苦笑した。

サムソンは旧約聖書「士師記」の一三章から一六章に出てくる。イスラエルの諸部族がカナンの地に定住し、王制が導入されるまでの諸部族の指導者や英雄たちについて記述している部分である。

イスラエル人がペリシテ人の支配下に置かれた時代、サムソンは天使のお告げによるナジル人（特別の契約で神にささげた者）として生まれる。彼が告げられたことは、「ぶどう酒や強い酒を飲まないこと。汚れた物を食べてはならないこと。そして、頭にカミソリを当ててはならないこと」であった。その後、彼は成人してペリシテ人と戦い、多くのペリシテ人を殺す。その話の中に、「一頭の若い獅子が吠え猛りながら彼に向かって来た。このとき、主の霊が激しく彼の上に下って、彼は、まるで子やぎを引き裂くように、それを引き裂いた。彼はその手に何ももっていなかった」。そして、その獅子から蜜を得て食べ、彼の父母にも食べさせる。なるほど、ロシアは大北方戦争の蜜を十分に食べ尽くして、二〇世紀に至ったようである。

その後、サムソンは二〇年間、神から授かった力でイスラエルの民を導き、ペリシテ人との争いも続く。だが、サムソンはガザでペリシテ人に買収された女デリラに出会い、愛するようになる。女は度々彼の力の源をサムソンに執拗に訊ねる。ついにサムソンはその力の秘密を話す。そこで「彼女は自分のひざの上でサムソンを眠らせ、ひとりの男を呼んで、彼の髪の毛を七ふさほどそり落とさせた。彼の苦しみが始まった。彼の力は彼を去っていったのである」。

力を失った彼はペリシテ人に捕らわれて、両眼を奪われて、牢の中で大臼を挽かされる。だが、やがて頭髪も伸びて、力が回復する。ペリシテ人は人々の集まる宮殿で彼をさらし者にしようとする。彼は宮殿を支える二本の主柱に寄りかかることを彼らに懇願する。寄り掛かったときに彼が主柱を力込めて引く。宮殿は崩壊して、多くのペリシテ人とともにサムソンもまた死す。

聖書の面白さはいろいろと解釈できる自由さにある。最後のサムソンの死は、ロマノフ王朝（ロシア帝国）の終焉かもしれないし、他方多くのペリシテ人が死んだことは、何に譬えたらよいだろうか。ピョートルに苦しんできた民衆だろうか。聖書の中に出てくる謎解きもまた楽しいものである。

多くの詩、音楽、絵画、演劇や映画などがサムソンを題材にしている。サンサーンス作曲のオペラ「サムソンとデリラ」、ルカ・ジョルダーノによる油彩画「サムソンとデリラ」はそれらの代表作ともいえる。おそらく、怪力サムソンの派手な活躍、そして滑稽なほどの後半の部分、これらは人々にサムソンの人間味を感じさせ、共感させるのであろう。

映画「サムソンとデリラ」（一九四九）は第二三回（一九五〇）アカデミー賞の美術監督・装置賞（カラー）、衣装デザイン（色彩部門）賞を得ている。この時の衣装デザイナーのイーデス・ヘッドは「イヴの総て」によって白黒部門でも賞を得ている。二冠である。ＤＶＤによるこの映画鑑賞は著作をしながら、楽しいひと時であった。

デポット（Depot）※本文注釈と重複あり。また、ここに掲載しない多くの参考文献があったが、詳細は省略しました。
01（邦文）
全般
ジョン・ピムロット著　田川憲二郎訳『第二次世界大戦』河出書房新社　2000
北欧文化協会、バルト=スカンディナヴィア研究会、北欧建築・デザイン協会編『北欧文化事典』丸善出版　2017
百瀬宏、熊野聡、村井誠人共著『北欧史』山川出版社　1998版、『北欧史上下』2022版
デヴィド・クリスタル著　風間喜代三、長谷川欣佑=監訳『言語学百科事典』大修館書店　1992
翻訳・新改訳聖書刊行会『新改訳大型聖書』日本聖書刊行会　2007
ジョン・ボウカー編著　荒井献、池田裕、井谷嘉男監訳『聖書百科全書』三省堂　2000
百瀬宏、村井誠人監修『北欧』新潮社　1996
地球の歩き方編集室『地球の歩き方2021～22　北欧　デンマーク・ノルウェー・スウェーデン・フィンランド』ダイヤモンド・ビック社　2020
江上浪夫、山本達郎、林健太郎、成瀬治『詳説世界史　改訂版』山川出版　1997
土田陽介、浅岡敬史、小谷明、深井聡男編『北ヨーロッパ　小さいまち紀行』グラフィック社　1998
オーランドー・ファイジズ著　染谷徹訳『クリミア戦争上下』白水社　2015
ストックホルム
武田龍夫著『物語　スウェーデン史』新評論社　2003
宇野幹雄著『スウェーデンの世界遺産紀行　――自然と歴史のひとり旅――』新評論　2008

スティーグ・ハデニウス著、岡沢憲芙監修、木下淑恵、渡辺慎二訳『スウェーデン議会史』早稲田大学出版部　2008
石原俊時著『市民社会と労働者文化』木鐸社　1996
西川正雄、松村高夫、石原俊時共著『もう一つの選択肢』平凡社　1995
水田洋著『十人の経済学者』日本評論社　1984
アリス・リュツキンス著　中山庸子訳『スウェーデン女性史　1、2、3』学藝書林　1994
ケント・ハールステット著　中村みお訳『死の海からの生還　エストニア号沈没、そして物語はつくられた』岩波書店　1996
岡沢憲芙著『ストックホルムストーリー』早稲田大学出版　2004
邸景一、岩間幸司共著『旅名人ブックス　スウェーデン』日経BP　2001、2007
I・アンデション＝J・ヴェイブル著　潮見健三郎訳『スウェーデンの歴史』文真堂　1988
吉村行雄写真　川島洋一文『E. G. ASPLUND　アスプルンドの建築 1885-1940』TOTO出版　2021

ヘルシンキ

ハッリ・リンタ＝アホ、マルヤーナ・ニエミ、パイヴィ・シルタラ＝ケイナネン、オッリ・レヒトネン著、百瀬宏監訳、石野裕子、高瀬愛共訳『世界史のなかのフィンランドの歴史　フィンランド中学校近現代史教科書』明石書店　2011
日本フィンランドデザイン協会　萩原健太郎著『フィンランドを知るためのキーワード A to Z』ネコ・パブリッシング　2019
小泉保編訳『カレワラ物語　フィンランドの神々』岩波少年文庫　岩波書店　2008
石野裕子著『大フィンランド　思想の誕生と変遷』岩波書店　2012
ディヴィッド・カービー著　百瀬宏、石野裕子監訳　東真理子、小林洋子、西川美紀訳『フィンランドの歴史』明石書店　2008

百瀬宏、石野裕子著『フィンランドを知るための４４章』明石書店　2008
石野裕子著『物語フィンランドの歴史』中央公論新社　2017
古城利明編『リージョンの時代と島の自治　バルト海オーランド島と東シナ海沖縄島の比較研究』中央大学出版部　2006
カイ・ライティネン著　小泉保訳『図説フィンランドの文学　叙事詩「カレワラ」から現代文学まで』大修館書店　1993
Ａ・Ｅ・ノルデンシェルド著　小川たかし訳『１８７８～１８８０　ヴェガ号航海誌上下』フジ出版社　1988
群ようこ著『かもめ食堂』幻冬舎　2006　小林聡美主演、荻上直子脚本・監督　ＤＶＤ「かもめ食堂」バップ　2006
冨原真弓著『トーヴェ・ヤンソンとガルムの世界　ムーミントロールの誕生』青土社　2009
森田安一著『ルター　ヨーロッパ中世世界の破壊者』山川出版社　2018
深井智朗著『プロテスタンティズム』中央公論新社　2017
エミール＝Ｇ・レオナール著　渡辺信夫訳『改訳プロテスタントの歴史』白水社　1991
徳善義和著『マルティン・ルター』岩波書店　2012
浅岡敬史著『ヨーロッパ陶磁器の旅物語〔3〕デンマーク、オランダ、フィンランド、スウェーデン』グラフィック社　1991
萩原健太郎著、永禮健写真『北欧デザインの巨人たち　あしあとをたどって』ビー・エヌ・エス新社　2011
マッティ・フットゥネン著　館野泉日本版監修、菅野浩和訳『シベリウス　写真でたどる生涯』音楽之友社　2000
植村英一著『グスタフ・マンネルヘイム　フィンランドの白い将軍』荒地出版　1992

サンクトペテルブルグ

ひのまどか著『戦火のシンフォニー』新潮社　2014

マケル・ジョーンズ著　松本幸重訳『レニングラード封鎖』白水社　2013
和田春樹編『ロシア史』山川出版社　2002 版、『ロシア史 上下』2023 版
平本真理、谷口佳恵、藤原浩取材執筆『地球の歩き方ロシア 2016〜17』ダイヤモンド・ビッグ社　2016
斎藤治子著『令嬢たちのロシア革命』岩波書店　2011
E・H・カー著　原田三郎、田中菊次、服部文男共訳『ソヴェト革命史』みすず書房　1959
クループスカヤ著　内海周平訳『レーニンの思い出 上下』青木書店 1969-1970
G・ヴァルテル著　橘西路訳『レーニン伝』角川書店　1971
和田春樹著『ヒストリカル・ガイド　ロシア』山川出版社　2001
土肥恒之著『図説　帝政ロシア　光と闇の二〇〇年』河出書房新社　2009

02（欧文） 本文注釈と重複あり、また編集上で省略文献あり

Märtha Norrback ed: *A GENTLEMANS HOME The museum of Gustaf Mannerheim Marshal of Finland,* Otava Keuruu 20011
Arvi Ilonen: *an architectural guide HELSINKI ESPOO KAUNIAINEN VANTA,* Otava, Keuruu 2009
Stig Hadenius, the Swedish Riksdag: *THE RIKSDAG IN FOCUS,* The Swedish Riksdag, Arlöv 1997
Leif Anker, Gunilla Litzell, Bengt Lundberg: *WORLD HERITAGE SITES IN SWEDEN,* The National Heritage Board and The Swedish Institute, Västra Aros 2002
Olof Hultin ed: *The complete guide to ARCHITECTURE in STOCKHOLM,* Architecture Förlag, Stockholm 2009
Riitta Hannula ed: *The SPORTS MUSEUM of Finland,* Otava Keuruu 2008

Michael Meyer: *Strindberg A Biography*, Oxford University Press New York 1985

Björn Medidal, the Swedish Institute: *August Strindberg A writer for the world*, the Swedish Institute n.p. 1995

Herman Lindqvist: *A History Of Sweden From Ice Age to our Age*, NORSTEDTS Stockholm 2002

Neil Ken: *Helsinki*, Signal Books Oxford 2004

Matti Klinge, Laura Kolbe: *Helsinki DAUGHTER OF THE BALTIC*, OTVA Keuruu 1999 and 2007

Andrew C. Rath: *The Crimean War in Imperial Context 1854-1856*, PALGRAVE MACMILLAN New York 2015

Tom Kelly: *From the Fleet in The Fifties A History of The Crimean War*, HURST AND BLACKETT London 1902

Franklin D. Scott: *Sweden The Nations History With an epilogue by Steven Koblik*, Southern Illinois University n.p. 1988

Stig. Jägerskiöld: *MANNERHEIM MARSHAL OF FINLAND*, C. Hurst & Co. London 1986

J.E.O. Screen: *MANNERHEIM The Finnish Years*, C. Hurst & Co London 2014

Herausgeben von Meri Eskola & Tapani Eskola: *THE CATHEDRAL OF HELSINKI*, Kustannus Helsinki 1999

Jaana af Hällström ed: *Olof af Hällström Look at Suomenlinna-Sveaborg*, The estate of Olof af Hällström Saarijärven 1988

Henrik Meinander: *A HISTORY OF FINLAND*, C. Hurst & Co. London 2011

Fred Singleton: A Short History of Finland, Cambridge University New York 1989, 1998

０３（ネット）参考資料

ネット上の参考資料や欧文拙訳の出所は、煩雑を避けて省略しました。お詫びいたします。

なお、地図についてはグーグルマップをスニッピングツールで利用しました。

西暦	ロシア	西暦	世界・日本
862	リューリク兄弟ノヴァゴロド占領	794	平安京遷都
882	オレーグ、キエフ占領、公となる	800	カール大帝皇帝戴冠
988s	ウラジーミル洗礼、ギリシア正教受け入れ	1054	ローマとコンスタンティノープル東西教会の分裂
1019	ヤロスラフ、キエフ大公になる	1096	第１回十字軍～1099（セルジューク朝、11世紀～12世紀）
1223	モンゴルとカルカ河畔の戦い	1192	鎌倉幕府成立
1238	ウラジーミル大公国陥落、1240キエフ破壊	1238	ムハンマド、アルハンブラを建設
1240	アレクサンドル・ネフスキー、瑞に勝利	1243	バトゥ、キプチャックハン建てる
1242	ネフスキー、チュード湖でドイツ騎士団破る	1274	元・高麗軍博多に（文永の役）1281（弘安の役）
1283	アレクサンドルの子ダニール、モスクワ公	1299	オスマン帝国成立～1922
1299	キエフ・ルーシ府主教座、キエフからウラジーミル	1316	ゲティミナスがリトアニア再統一～1341
1323	ネーテボリィ条約（瑞とノヴゴロド）	1337	英仏百年戦争(1339)～1453
1359	ドミートリー・ドンスコイ、モスクワ公	1338	室町幕府成立
1380	クリコヴォの戦い（対タタール）	1340s	黒死病流行
1400s	モスクワ公国、リトアニアとの紛争	1385	リトアニア・ポーランド同君連合
1448	ルーシ主教会議でヨナ府主教を選（ロシア正教会成立）	1410	タンネンベルグでドイツ騎士団（波・リ・ルーシに敗北）
1478	モスクワ、ノヴァゴロドを併合	1453	ビザンティン（東ローマ）帝国（330～）滅亡
1480	ウグラ河畔の対峙（タタールの軛からの終焉）	1467	応仁・文明の乱始まる
1480s	モスクワ大公国独立?（1485モスクワのクレムリン建造）	1517	ルター95か条の論題
1533	イヴァン4世（雷帝）即位～1584	1555	アウグスブルグの宗教和議
1558	リヴォニア戦争~1583（露と丁瑞波リト騎士団）	1581	オランダ独立、1582天正遣欧使節
	（１５７５－１５７７休戦、1581講和）	1588	英、西無敵艦隊（アルマダ）を撃破
1583	瑞と休戦（1582波）、1584イヴァン4世没	1592	朝鮮出兵（文禄の役）、1597（慶長の役）
1610	波軍モスクワ入城～1612	1600	英、東インド会社設立
1611	瑞のノヴァゴロド入城	1603	江戸幕府成立
1613	ミハイル・ロマノフ（ロマノフ朝~1917）選出	1618	30年戦争～1648
	瑞ノヴァゴロドを露に返還	1620	メイフラワー号、プリマス到着
1618	波とデウリノ（モスクワ北）で休戦	1628	英「権利の請願」承認さる
1619	フョードル（ミハイルの父捕虜）波から帰還し総主教	1637	島原の乱～1638
1632	露波開戦（1634露、波に降伏　ポリャノフカ講和）	1640	英ピューリタン革命～1660（王政復古）
1637	ドン・コサックのアゾフ占拠（後にトルコへ）	1643	仏ルイ14世（太陽王）即位～1715
1645	ロマノフ・ミハイル没し、アレクセイ即位	1648	ウエストファリア条約
1648	モスクワ塩一揆、ボグダン・フメリッキーの乱	1649	英チャールズ1世処刑、共和制～1660

スウェーデン・フィンランド・ロシア関係史

西暦	スウェーデン	西暦	フィンランド
793	ビルカ建設	B Cs	地名（タキツス、ピュテアス）、狩猟焼畑農業
850s	アンスガル、ビルカ再訪	700s	瑞が南西から、ノヴァゴロド公国が東から
1103	ルンド大司教座設置(北欧全体を管理)	800s	以後も政治的統合なし（スオミ、ハメ、カレリア）
1155	エーリック9世聖王十字軍、フィンランドに侵入、ヘンリック随行		
1163	ウップサラ大司教座設置	1216	オーボ司教区がウップサラの管轄に
1225	ヴィスビィ聖マリア大聖堂建立（ハンザ同盟）	1229	オーボ司教座の設置(1276説あり)
1240	瑞軍ノヴァゴロドにネヴァ川河口で破れる	1249	第２回十字軍遠征（1239年説あり）
1250s	ビルイェル・ヤール摂政～1266没	1284	瑞王の弟マグヌス・ベンクトを芬大公に
1250s	ストックホルム城壁建設	1293	第３回十字軍遠征、カレリア地方まで進出
1266	ヴァルデマール(1250~1275) の実権フォルクング朝	1340	ダン・ニクリソン東部知事（本フィンラドの東）
1323	ネーテボリィ条約、カレリアを２分、ノヴァゴロドとの国境確定		
1362	フィンランドがスウェーデン国王選出の代表権を得る		
1397	エーリック・ア・ポンメルン連合王に戴冠、カルマル連合成立(実質的には1448まで、～1523ヴァーサによる離脱)		
1434	エンゲルブレクトの乱	1435	ノールフィンとセーデルフィンに分割統治
1435	身分制議会の始まり、1442一般ランド法	1442	瑞の一般ランド法をフィンランドへにも適用
1471	ブルンケベリィの戦い	1485	ニール・エリクソン（丁）オーランドを封土
1520	ステューレ派をストックホルムで大虐殺	1495	モスクワ大公国、突如ヴィーボリィを撤退
1523	グスタヴ・ヴァーサ即位、1527ルター派国教	1548	M・アグリコラのフィンランド語新約聖書
1563	北方7年戦争（主に対デンマーク　～　1570）	1550	グスタヴ・ヴァーサがヘルシンキ市設立
1570	シュテティーン条約（丁が瑞への王位請求放棄）	1554	ヴィーボリィ第２の監督区となる
1570	瑞露戦争（フィンランドが主戦場）1595タユッシナ講和（国内批准なし、「長き怒り」の時代）で瑞露国境再確定		
1587	シギスムンド3世、波・リトアニアの王位	1581	ユーハン3世、芬を大公領とする
1594	波のシギスムンド3世、瑞王として戴冠		グスタヴ・アドルフ2世まで瑞混乱の余波が続く
1599	議会がシギスムント3世の廃位を決定	1596	棍棒戦争～1597（瑞政権争いが絡む農民蜂起）
1611	カルマル戦争（瑞丁）～1613クネーレの講和	1607	ロレンツィオ、トゥルク監督（カール9世により）
1617	瑞最初の議会法　瑞露ストルボヴァ条約（瑞カレリアの一部とイングリアを露から得る), 1616 ヘルシンキ身分制議会、		
1629	アルトマルク条約で波からリヴォニアを得る	1623	フィンランド総督・高等裁判所の設置（オーボ）
1630	30年戦争にプロテスタント側で介入	1637	ペール・ブラーへが芬総督～1640、1648～1654
1632	グスタヴ2世アドルフ戦死（リュッツェン）	1638	ブラーへ郵便局設置（支配の象徴）
1634	「政体法」を制定、ストックホルム首都に	1640	オーボ王立アカデミー設立
1643	トシュテンソン戦争（1645ブレムセブルー講和）	1642	瑞ネヴァに要塞都市（後にサンクトペテルブルグ）
1648	ウエストファリア条約（瑞の領土が北独まで拡大）	1649	中等教育が瑞語になった

1654	露ウクライナ併合、対波15年戦争に瑞介入	1652	第一次英蘭戦争～1654
1656	露、瑞バルト海沿岸地方に侵入	1661	中国、康熙帝即位～1722
1670 ステンカ・ラージンの乱～1671		1679	英「人身保護法」制定
1682	ピョートル1世即位～1725	1688	独プファルツ継承戦争、英「名誉革命」～1689
1689	対清、ネルチンスク条約	1689	英「権利の章典」公布
年次により国々離合集散、露暦法の改正、軍教会行政の改革		1699	カルロヴィッツ条約（土／ヨーロッパ諸国）
バルト帝国の終焉とロシア帝国の勃興		1701	普フリードリヒ1世即位～1713
		1701	スペイン継承戦争～1713ユトレヒト条約
1712	モスクワからペテルブルグに遷都	1702	英仏、北アメリカ植民地戦争（アン女王戦争）
1720	総主教座の廃止　1724聖職参議会を宗務院	1720	英南海泡沫事件（バブル経済崩壊）
イングリア、バルト海沿岸（1721露）を失う		1727	英西戦争～1729（カリブ海、ジブラルタル包囲）
1741	エリザヴェータ女帝権力掌握～1761	1740	普フリードリヒ2世即位～1786、墺継承戦争
エリザヴェータは商人などの農奴購入を禁止		1757	プラッシーの乱、英インド領確立
1756	7年戦争～1763（普墺英仏露独諸諸侯瑞西葡など）　1762普露サンクトペテルブルグ条約		
1762	エカテリーナ２世～1796	1760s	英産業革命
1768	第二次露土戦争～1774（クチュク・カイナルジ条約）	1772	普露墺第1回ポーランド分割（1793、1795）
1773	プガチョフの乱～1775（ドン・コサック）	1776	米独立宣言
1780	第一次武装中立同盟(瑞丁露蘭対英米）～1783	1778	仏、米を承認し対英宣戦～1783パリ講和独立承認
1787 セヴァストポリをめぐり露土戦争～1791		1789	フランス革命
瑞へ援助金）：グスタヴ3世とエカテリーナ２世		1792	仏第１共和政、　ラックスマン根室来航
1800	ナポレオンと反英同盟	1799	ナポレオン、ブリュメールのクーデター
1801	アレクサンドル１世即位～1825	1804	ナポレオン皇帝即位
1805	アウステルリッツ三帝会戦に敗北	1805	第３回対仏大同盟
併合宣言、9月終結　初代総督：M・スプレングトポルテン		1807	ティルジット条約
フレードリクスハムン(ハミナ）条約（フィンランド割譲）		1808	西独立戦争（半島戦争）、1809仏ウィーン入城
1810	大陸封鎖を破棄	1812	米英戦争～1814、1810メキシコ独立戦争～1821
1812	ナポレオンのモスクワ遠征、モスクワ大火	1813s	南米諸国独立に動く
1813	露普同盟（前年普将軍ヨルクのタウロッゲン協約）	1813	ライプツィヒ会戦でナポレオン敗北
1814	露軍、パリ入城、皇帝ポーランド王兼ねる	1814	ウィーン会議~1815
1819	ペテルブルグ大学設立	1815	ワーテルローの戦い、ウイーン条約成立
1823	プーシキン『エヴゲーニー・オネーギン』~1830	1821	ギリシア独立戦争～1829、ナポレオン死去
1825	ニコライ1世即位～1855、デカブリストの乱	1830	仏七月革命、1848仏二月革命、諸国民の春
1853	クリミア戦争～1856 露：／主に英仏土、1855アレクサンドル2世～1881、1854日英和親条約、1855日露通商友好条約		

1658	ロスキレ条約（丁からスコーネ、ブレーキングなど獲）	1654	ペール・ブラーへは芬総督を去るが、1670年に亡くなるまで瑞芬両国に影響力を有した
1660	丁コペンハーゲン条約、波オリヴァ条約		
1661	瑞露カルディス講和（1617のストルボヴァ条約の再確認）		同じ年に丁と波とも講和
1675	スコーネ戦争～1679（ルンド講和）	1686	教会法（スウェーデン化、宗教同化、識字率向上）
1682	カール11世「土地回収」と武装中立政策	1690s	大飢饉、疫病、戦争、ロシア占領～1720s
1700	大北方戦争～1721(瑞：波諸侯、土、一部コサック、1700英蘭　／露：丁、ザクセン、波、普、一部コサック、ハノーファー・英)		
1709	カール12世、ポルタヴァの大敗（1718カール12世没）		
1713	ロシアがフィンランドの大部分を占領、のちにフィンランド「大いなる怒り」の時代と呼ぶ		
1719	ウルリカ・エレオノーラ、フレドリック1世～「自由の時代」～ 1772（王権を制限、貴族中心の議会）		
1720	フレズレクスボー和議（対丁）	18c	エリート層は瑞同様にハット党とキャップ党
1721	ニュスタード条約（大北方戦争）：瑞はバルト海南東海岸（1719ハノーファー、1720普、丁）、東フィンランド、		
1741	ハット党戦争（対露）～ 1743	1742	露によるフィンランド占領～1743
1743	瑞オーボ(トゥルク）条約でフィンランドは返還されたが、国境はキュミ川以東のフィンランド東南部を割譲、		
1757	じゃがいも戦争（1756の7年戦争～1763）へ遠征	1748	スヴェアボリィ着工（1991世界遺産）
1762	瑞普ハンブルグ講和、1766 出版自由法	1766	H・G・ポルタン『芬の歌謡について』5巻～1778
1772	グスタヴ3世無血クーデタ、新政体法を制定し、フィンランドはこの法律を1919年まで維持		
1780	瑞丁露蘭第一次武装中立同盟	1770s	新聞、議会審議、紙幣に芬語の出現
1783	瑞米友好通商条約をパリで	1788	芬将校「リッカラ書簡」をエカテリーナ2世へ
1788	第一次瑞露戦争～1790（カレリア、フィンランド湾）　アンヤラ盟約の失敗　1789追加政体法（王権拡大）		
1790	スヴェンスクスンドの海戦　ヴェレラ条約（ヴァララ）（内政干渉の取り消しとオーボ条約の再確認、対フランス革命対応、		
1792	グスタヴ3世暗殺、グスタヴ4世即位	1794	有力顧問官アームフェルトがロシアへ逃亡
1800	瑞丁露蘭普第二次武装中立同盟	1796	1803二度の露軍の襲撃に民衆が怯える
1805	第３回対仏大同盟に参加（反ナポレオン）	1790s	ミカエル・フランツェーン『年老いた騎士』
1808	ナポレオン軍丁進駐、スコーネ侵犯の恐れ、「半島戦争」に注力　2月、露フィンランド侵入（フィンランド戦争）		
1809	グスタヴ4世の廃位、カール13世の即位と新憲法、ポルヴォー議会召集、フィンランド大公国の設立、		
1810	英に宣戦布告、議会がベルナドットを迎える	1812	フィンランド銀行（トゥルク）の創設
1812	摂政カール・ユーハンが英露と対仏同盟	1812	古フィンランドを芬に返還、ヘルシンキ首都
1814	丁とキール条約（丁から諾を割譲、ポンメルン普へ）	1816	セナーッティ（大公国評議会から）設置
1815	瑞諾同君連合法を国王が裁可～1905	1821	A・アルヴィドソン（詩人・歴史家）瑞に亡命
1818	カール14世即位～1844、ベルナドット朝	1827	トゥルク大火
1842	各コミューンによる男女普通義務小学校設立	1828	オーボ王立アカデミーがヘルシンキへ
1848	瑞フューン島へ（スカンディナヴィア主義）：対晋	1831	芬文学協会設立、1835『カレワラ』刊行開始
1853	救貧法を制定、国有鉄道網開始	1851	トペリウス『軍医物語』～1866

オーランド非武装化、瑞の帰属はならず、露（ダーダネルス海峡・ボスフォラス両海峡の軍艦通過不可、黒海の非武装、バルカン問題）			
1861	農奴解放令	1864	第１インターナショナル結成（ロンドン）
1864	ゼムストヴォ（地方自治組織）の設置	1866	普墺戦争、1868明治維新
1877	露土戦争～1878サン・ステファノ条約	1870	普仏戦争～1871、1871パリ・コミューン
1878	ベルリン会議で露の南下阻止	1875	独社会主義労働者党結成、ゴータ綱領
1881	アレクサンドル２世暗殺（アレクサンドル3世即位）	1890	ビスマルク引退
1894	ニコライ２世即位～1917	1894	日清戦争～1895（下関条約）、露仏同盟
1898	清から旅順大連租借・南満支線権益の獲得	1895	露独仏、日本に三国干渉
1904	日露戦争～1905：ポーツマス条約（朝鮮の管理、満州撤退、関東州租借と南満州鉄道、南樺太、賠償金なし）		
1905	1月血の日曜日事件（司祭ガポンの請願に発砲）	1910	第2回日露協約で満州権益分割秘密協定
1907	英露仏三国協商、第１回日露協商締結	1911	辛亥革命、モンゴル独立宣言
露、独に宣戦布告、　首都をペテログラードに改称　　日本の対独宣戦、日は独領南洋諸島・青島占領			
1917	2月（3月）革命、10月（11月）革命	1917	米、対独宣戦布告
1918	3月ソ独ブレスト・リトフスク講和（11月破棄）	1918	日米、シベリア出兵宣言、11月大戦終結
1919	コミンテルン結成、赤白軍内戦～1920	1919	パリ講和会議（ヴェルサイユ条約）、北京で反日デモ
1920	エストニア(タルトゥ）で芬ソ国境確定	1920	国際連盟発足～1946（1945発足の国際連合に継承採択）
1921	新経済政策（ネップ）、1922ソ連邦の設立	1923	仏、白がルール地方を占拠、関東大震災
1924	レーニン没、1934国連加入常任理事国	1931	満州事変、1933国連脱退（3月に日、10月に独）
1939	独ソ不可侵条約、ソ芬を攻撃（冬戦争）	1939	9月独が波へ侵攻、第二次世界大戦～1945
国連はソの侵略で除名		1939	ノモンハン事件、ナチス北欧侵攻開始
後に芬は独の領内通過を認める　ソのバルト3国進駐		1940	日独伊三国同盟、日本の仏領インドシナ進駐
1941	独ソ戦、独レニングラード包囲	1941	日ソ中立条約、1941太平洋戦争～1945
1942	独スターリングラード戦開始～1943	1942	ミッドウェー海戦、米ソ相互援助協定
1943	カサブランカ会談（米英）、伊連合軍に降伏、独ローマを占領、カイロ会談（米英中）、テヘラン会談（米英ソ）		
1944	モスクワでスターリン・チャーチル会談（南欧問題）	1944	連合国軍、ノルマンディー上陸
1945	ヤルタ会談（米英ソ）、独の降伏、ポツダム会談（米英ソ）、ソ対日戦、日本の降伏、10月国際連合憲章発効		
1946	チャーチルの鉄のカーテン演説、冷戦幕開け	1946	インドシナ戦争～1954

1855	クリミア戦争で11月協定（親英仏の立場）	1856	パリ条約：芬は露領のまま、オーランド諸島は大公国の一部
1863	カール15世、デンマーク支援模索（対普）	1860	独自の貨幣マルッカの発行～2002
1865	４身分制議会を廃して二院制議会	1863	言語令（芬瑞の両言語同等の公用語）、1868大飢饉
1873	瑞諾同君連合のもとで関税同盟	1870	鉄道開通(サンクトペテルブルグ・ヘルシンキ)
1879	ストリンドベリィ『赤い部屋』	1878	新徴兵制で独自の軍隊、LMUの金本位制～1915
1881	瑞社会民主協会設立、労働時間立法	1880s	林業が発展し経済を支える、1886林業法制定
1889	ブランティング中心に社会民主労働党結成	1890	芬の郵便制度が露に統合
1897	ヘイデンステム『カール王麾下の人々』	1899	「二月宣言」ロシア化政策、芬労働者党結成
1898	全国労働組合連合（LO）発足	1901	芬軍を廃止し露軍に統合
1901	ノーベル賞第一回（レントゲン、デュナンなど）	1904	ボーブリコフ暗殺、反ロシアのパリ会議
1905	カールスタード協定で諾が瑞から独立	1905	ゼネスト、赤衛隊と白衛隊が衝突
1914	第一次世界大戦～1918、北欧３か国王の中立共同宣言		
1917	レーニン、ストックホルムに滞在、帰国	1917	独立宣言、年末にボリシェヴィキ政権が承認
1918	住民保護でオーランド諸島へ海軍派遣	1918	マンネルヘイムの勝利で内戦終結（5月）
1919	女性普通選挙権と被選挙権	1919	新統治法を制定、フィンランド共和国
1920	社会民主労働党政権、国際連盟加入（3月）	1920	国際連盟加入
1921	死刑を廃止、この頃国内政権短命が続く	1921	オーランド諸島（国際連盟の調査勧告で）芬に帰属
1926	北欧4か国（丁瑞諾芬）紛争の平和的解決で協定		
1939	北欧4か国それぞれ中立宣言		
1939	挙国一致連立(ペール・アルビン・ハンソン～1945)	1939	芬ソ戦争（冬戦争）
1940	英仏からのラップランド経由の芬支援を拒否	1940	モスクワで芬ソ講和条約（カレリア地峡を失う）
1941	厳正中立宣言、独軍に領内通過を認める	1941	芬ソ戦争（継続戦争）、年末英が芬に宣戦布告
1943	ナチスの軍事物資と兵員輸送を制限	1942	レニングラード封鎖では芬軍南下せず
1940s	諾・丁亡命者の軍事訓練と避難民の受け入れ	1943	米、芬ソ戦争で休戦を試みるが、失敗
1944	ウォーレンベリィ、ブタペストで救出活動	1944	芬ソ休戦、マンネルヘイム大統領、ラップランド戦争
1945	リンドグレーン『長くつ下のピッピ』	1945	ムーミンシリーズ刊行、パーシキヴィ内閣
1946	国連加入、ハンソン急死、エルランデル首相へ	1946	マンネルヘイムが体調不良で政界引退

1947	コミンフォルム結成、ルーブルのデノミ	1947	パリ講和条約（同盟国と伊芬枢軸国諸国）
1948	自然改造15年計画発表、ショスタコヴィチ批判	1948	ベルリン封鎖始まる～1949（西ベルリン封鎖解除）
1949	コメコン設立、中華人民共和国承認	1949	ＮＡＴＯ調印、東西ドイツ成立
1950	中ソ友好同盟相互援助条約	1950	朝鮮戦争～1953
1952	ヴォルガ・ドン運河開通、長春鉄道中国返還	1951	サンフランシスコ対日講和条約（ソ参加なし）
1953	スターリン没、フルシチョフ第一書記	1955	アジアアフリカ会議（バンドン：平和10原則発表）
1955	ワルシャワ条約機構調印（東欧７か国）	1954s	ヴェトナム戦争～1975
1956	ポズナム反政府暴動、ハンガリー動乱	1956	日ソ共同宣言（国交回復）
1964	フルシチョフ北欧3国歴訪、後失脚	1964	東京オリンピック
1968	チェコ侵攻、1979アフガニスタン侵攻	1975	全欧州安保首脳ヘルシンキ宣言（35か国、ソ含）
1980	モスクワオリンピック（西側不参加）、西独首相訪ソ	1984	ロスサンゼルスオリンピック（ソ東欧不参加）
1986	チェルノブイリ原発事故、米ソレイキャヴィク会談	1987	ソ連のバルト3国で自由化・独立の反ソデモ
1988	アフガニスタン撤退、1989マルタ会談（冷戦終）	1989	ベルリンの壁崩壊、天安門事件、1990東西ドイツ統一
1991	ソ連最高会議、ソ連の消滅を宣言	1995	阪神淡路大震災、1993マーストリヒト条約発効
2000	プーチン大統領、バレンツ海で原潜（クルスク）沈没	2001	米同時多発テロ事件、2011東日本大震災
2022	2月ウクライナ侵攻	2019	新型コロナウイルス流行、2020英EU離脱

参考資料『ロシア史』山川出版社
『北欧史』山川出版社
『タペストリー』帝国書院
『世界史年表』岩波書店
『フィンランドの歴史』明石書店
『北欧文化事典』丸善出版
『世界史年表・地図』吉川弘文館
『物語フィンランドの歴史』中央公論新社
“*Historiska fickfakta*“
“*A short history of FINLAND*“

1946	エルランデル（社会福祉と住宅、中立外交）～1969	1947	英ソと講和条約、マーシャルプラン不参加
1948	中立宣言、NATO加盟を拒否	1948	芬ソ友好協力相互援助条約、IMF加盟
1951	社民・農民連合政権（赤緑連合）～1957	1950	第一次ケッコネン内閣（5期5年、大統領4期26年）
1953	ダグ・ハマーショルド国連事務総長～1961	1952	対ソ賠償完了、オリンピック夏季大会
1953	北欧会議（芬は1956から）ただし外交・安保は除く	1955	国連加盟、ポルッカラ基地ソから返還
1955	北欧共同労働市場の協定（5か国）	1956	国連PKO、北欧4国初派兵(スエズ危機)
1960	国民付加年金制度発足（ATP）、EFTA加入	1958	ソの内政干渉（霧夜事件）～1959
1971	二院制議会を廃して一院制議会	1961	EFTA準加盟～1986正式加盟
1972	修正ヘルシンキ協定として「北欧閣僚会議」	1973	ECとコメコンの双方と貿易協定
1974	バルト海洋環境保護協定、北欧環境保護条約		
1975	新統治法(2010統治法の大幅な改正)	1991	金融危機と不況でマルッカの平価切下げ
1993	瑞エコサイクル法、環バレンツ海協力評議会設置（北欧5カ国と米、加、露、2023現在米ソの氷のカーテンで進展なし）		
1995	両国がEU（欧州連合）加盟（2023年1月現在27国）、1996シェンゲン協定に署名		
1997	EU通貨統合に不参加を表明～2023現在クローナ	1999	議会が新憲法可決し、翌年施行、ユーロ導入
2003	ユーロ加盟国民投票否決、アンナ・リンド暗殺	2000	タルヤ・ハロネン初女性大統領
2024	ＮＡＴＯ加盟（2023芬、2024瑞）		

国名略称

英：イギリス　墺：オーストリア　仏：フランス　芬：フィンランド　土：（オスマン）トルコ

ソ：ソヴィエト　波：ポーランド　葡：ポルトガル　瑞：スウェーデン　諾：ノルウェー

丁：デンマーク　蘭：オランダ　露：（旧ロシア帝国）ロシア　伊：イタリア　白：ベルギー

注釈：資料によって年号（特に露はロシア暦の和田春樹著を参照）にズレがある

〈著者略歴〉

1941年、福島県に生まれる

福島大学経済学部経済学科卒

〈主著〉

『ウップサラ物語』1996年

『オーローラとの共生社会』2001年

『バルト海の風と波』2008年

ノーザンミラーズ ——北《きた》の合《あ》わせ鏡《かがみ》

2024年7月10日　印刷

2024年7月20日　発行

著　者　高《たか》　橋《はし》　一《かず》　夫《お》

発　行　揺　　籃　　社

〒192-0056　東京都八王子市追分町10-4-101

TEL 042-620-2615　FAX 042-620-2616

URL https://www.simziukobo.com/

E-mail info@simizukobo.com

ISBN978-4-89708-516-6 C0026　　乱丁・落丁はお取替えします。